普通高等教育"十二五"系列教材

中国电力教育协会
高校电气类专业精品教材

U0657901

电力系统通信技术

（第三版）

编著　张淑娥　孔英会　高　强
主审　侯思祖

中国电力出版社
CHINA ELECTRIC POWER PRESS

内 容 提 要

本书为普通高等教育"十二五"系列教材。

本书充分考虑了电力系统通信实际,较全面地介绍了电力系统通信技术。其中,第一章给出电力系统通信网总体构架以及为构造此框架所需的各种通信技术,然后从通信基础出发,从传输、交换、通信网方面介绍通信技术;第二章讲述通信知识基础;第三章~第六章讲述传输技术,包括电力线载波技术、光纤通信技术、微波与卫星通信技术、移动通信技术;第七章讲述现代交换技术;第八章讲述现代通信网技术;第九章讲述接入网技术;第十章讲述智能电网通信技术。

本书重点阐述各种通信技术的基本概念、系统组成、工作原理、特点及在电力系统中的应用。

本书可作为非通信专业的电气类学生学习通信技术的教材,也可作为电力系统通信工作者的参考用书。

图书在版编目(CIP)数据

电力系统通信技术/张淑娥,孔英会,高强编著. —3 版. —北京:中国电力出版社,2015.1(2024.11重印)
普通高等教育"十二五"规划教材
ISBN 978-7-5123-6535-3

Ⅰ. ①电… Ⅱ. ①张… ②孔… ③高… Ⅲ. ①电力系统-通信技术-高等学校-教材 Ⅳ. ①TM73

中国版本图书馆 CIP 数据核字(2014)第 230312 号

中国电力出版社出版、发行
(北京市东城区北京站西街 19 号 100005 http://www.cepp.sgcc.com.cn)
北京雁林吉兆印刷有限公司印刷
各地新华书店经售

*

2005 年 7 月第一版
2015 年 1 月第三版 2024 年 11 月北京第十八次印刷
787 毫米×1092 毫米 16 开本 21 印张 513 千字
定价 42.00 元

前　　言

　　《电力系统通信技术（第二版）》自 2009 年出版以来，已经有四年时间。这四年间，移动通信、自动交换光网络、软交换、接入网、物联网及智能电网等通信技术不断发展，为了反映电力系统通信技术的最新进展，本书作者在第二版教材的基础上做了修订，具体修订情况如下。

　　第二章～第九章，在原有内容的基础上进行了调整，更新了相应的新技术。例如，在第二章中增加了正交频分复用（OFDM）、图像信号编码等，在第四章中增加了 MSTP 技术、OTN、PTN 及 ASON 技术等，在第五章中增加了卫星应急通信系统，在第六章中增加了 LTE 及 4G 技术，在第九章中增加了 xDSL 技术、无线接入技术、PLC 关键技术，并增加了第十章智能电网通信技术。

　　本书第一、四、五、六由张淑娥编写，第二、三、九章由孔英会编写，第七、八章由高强编写，第十章由高强、孔英会编写。全书由张淑娥统稿，侯思祖教授负责审稿。

　　限于编者水平，再版中仍难免有疏漏和不妥之处，欢迎读者批评指正。

编　者

2014.12

第二版前言

当前通信技术迅猛发展，为我们的生活带来了巨大的变化。因此通信技术课程也越来越受到重视。

电力系统通信是电力行业的一部分，但在技术上又深受电信技术的影响，各种新的电信技术在电力系统通信中处处、时时得以体现，且又有自己的特色，如在光纤通信技术中，广泛使用的是电力特种光缆，电力线载波技术更是行业特色和优势。近年来，随着电力系统信息化的兴起，对电力行业从业人员的素质要求越来越高，在非通信专业人员中普及通信技术教育势在必行。鉴于目前还没有一本适合电力系统非通信专业学生学习通信技术的教材，我们在电力系统通信教材委员会指导下编写了本书。

本教材充分考虑了电力系统通信实际，为适应现代通信技术发展而编写，力求使它具有教材和手册双重特点。

本书的主要特点是结合电力系统实际，全面讲述通信最新技术。书中内容通俗易懂、结合电力系统实际应用，具有行业特色。

本书首先给出通信网总体构架，然后以点线网这一自然发展规律及逻辑思维而编写。在第一章中给出电力系统通信网总体构架以及为构造此框架所需的各种通信技术。然后从通信基础出发，从传输、交换、通信网方面论述通信技术。使学生对电力系统通信主要技术和工程应用有全面的了解。在具体介绍每种技术时，尽量给出电力系统通信实例，特别是具体的业务传输过程和线路配置等方面技术细节。

本书第一、四、五、六由张淑娥编写，第二、三、九章由孔英会编写，第七、八章由高强编写。全书由张淑娥统稿，侯思祖教授负责审稿。

限于编者水平，书中难免有不妥之处，敬请读者批评指正。

编　者

2009. 10

目 录

第一章 概 述

通信对现代社会的意义十分重要，包括通信在内的信息产业，给我们的日常生活和社会活动带来了许多方便，已成为国民经济和社会发展的重要条件和保障。

作为国民经济发展的先行官——电力工业，其发展离不开通信技术。随着电力系统自动化的广泛应用，电力通信系统已成为电力系统安全、稳定、经济运行的三大支柱之一，在未来电力市场的发展中，电力通信网将充当越来越重要的角色。

本章将扼要介绍通信、通信系统、通信网的基本概念；电力通信系统的现状与发展；电力通信网的构成以及构成电力通信网所需的通信技术及分类等。

第一节 通信、通信系统以及通信网的基本概念

一、通信

通信的目的是传送信息，即把信息源产生的信息（语言、文字、数据、图像等）快速、准确地传到收信者。

最普遍、最典型的通信就是打电话。当甲拿起电话机，拨完乙的电话号码后，电信局的交换机将进行一系列的工作，接通乙的电话机并振铃，在乙拿起电话机后，双方就可以通话了。

现代通信的概念已远不止是简单的通电话，而是利用多种通信终端传输各种各样的信息，如数据、图像等。通信者也已不仅仅局限于两个人之间，而是多人可以同时共享信息。而且，通信的地理范围已基本上不受任何限制，从技术上说，地球上任意两点间均可进行通信。

二、通信系统的基本组成

通信系统由信息发送者（信源）、信息接收者（信宿）和处理、传输信息的各种设备共同组成。图 1-1 所示为通信系统的组成模型。

信源和信宿既可以是人，也可以是机器设备，如计算机、传真机等，因而既可以实现人—人通信，也可以实现人—机或机—机通信。信源发出的信号既可以是话音信号，也可以是数字、符号、图像等非语音信号。

图 1-1 通信系统组成模型

发信设备对信源发来的信息进行加工处理，使之变换为适合于信道传输的形式，同时将信号功率放大，从信道发送出去。

信道是信息的传输媒体。从其物理特性可将信道分为有线和无线两大类。现代的有线信道包括电缆和光缆；无线信道即无线电传输信道。不同的频段，利用不同性能的设备和配置方法，组成不同的无线通信系统，如微波中继通信、卫星通信、移动通信等。不同的信道传

输性能不同，传送的信号形式也不同。如频率在 $0.3\sim3.4\mathrm{kHz}$ 范围内的语音信号，通过常规的电缆信道可直接传输。若用光缆传送，则必须将话音信号变换为光信号。若用微波传送，则需要对话音信号进行调制，将信号频谱搬移到微波系统的射频频段上去。发信设备对信源信息进行加工、处理，其目的就是完成这些变换。另外，信号传输一般都要经过很长的距离，无论是有线还是无线信道，都会使信号能量逐渐衰减。因此，发信设备中一般都包含有功率放大器，将发送的信号功率放大到适当水平，使沿信道衰减后，收信设备仍能接收到足够强度的信号。

在传输信号的同时，自然界存在的各种干扰噪声也同时作用在信道上。这里的噪声主要是各种电磁现象引起的干扰脉冲，如雷电、电晕、电弧等，另外还有邻近、邻频的其他信道的干扰。干扰噪声对信号的传输质量影响很大，如果噪声过强而又没有有效的抗干扰措施，轻则使信号产生失真，重则出错，甚至将有效信号完全淹没掉。

正因为如此，收信设备除了应对接收到的信号进行与发信设备的信号加工过程相反的变换以外，还应具有强大的干扰抑制能力，能有效地去除噪声、抑制干扰，准确地恢复原始信号。

图 1-1 只是一个单向的点—点通信系统模型。实际中，大多数的通信系统都是双向的，即两端都有信源和信宿，这就需要在两端都设置有发、收信设备。为了实现多点间的通信，则需要利用交换设备、网络连接设备将上述多个双向系统连接在一起。

综上所述，通信系统可解释为从信息源节点（信源）到信息终节点（信宿）之间完成信息传送全过程的机、线设备的总体，包括通信终端设备及连接设备之间的传输线所构成的有机体系。

三、通信网概念

物理结构上的网，即为线的集合，自然界经常见到的蜘蛛网、渔网等都是用线编织而成的。

通信网的定义，可描述为由各种通信节点（端节点、交换节点、转接点）及连接各节点的传输链路互相依存的有机结合体，以实现两点及多个规定点间的通信体系。由通信网的定义可看出，从物理结构或从硬件设施方面去看，它由终端设备、交换设备及传输链路三大要素组成。终端设备主要包括电话机、PC 机、移动终端、手机和各种数字传输终端设备，如 PDH 端机、SDH 光端机等。交换节点包括程控交换机、分组交换机、ATM 交换机、移动交换机、路由器、集线器、网关、交叉连接设备等。传输链路即为各种传输信道，如电缆信道、光缆信道、微波、卫星信道及其他无线传输信道等。通信网构成如图 1-2 所示。

四、通信系统与通信网间的关系

1. 通信系统与通信网

从以上通信系统和通信网的描述中，可以明显地看出两种概念及它们之间的密切关系。用通信系统来构架，通信网即为通信系统的集，或者说是各种通信系统的综合，通信网是各种通信系统综合应用的产物。通信网源于通信系统，又高于通信系统。但是不论通信网的种类、功能、技术如何复杂，从物理上的硬件设施分析，通信系统是各种网不可缺少的物质基础，这是一种自然发展规律，没有线即不能成网。因此，通信网是通信系统发展的必然结果。通信系统可以独立地存在，然而一个通信网是通信系统的扩充，是多节点各通信系统的综合，通信网不能离开系统而单独存在。

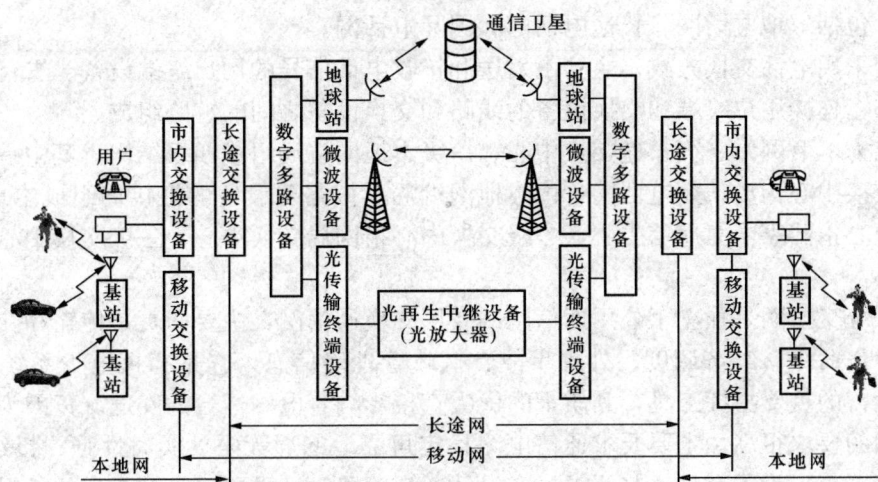

图 1-2　通信网构成

2. 现代通信系统与现代通信网

以上我们讲到的通信系统和通信网的基本概念是从物理结构及硬件设施方面去理解和定义的，然而现在的通信系统及通信网已经融入了计算机技术。

现代通信就是数字通信与计算机技术的结合。同样在数字通信系统中融合了计算机硬、软件技术，这样的系统即为现代通信系统，如 SDH 光同步传输系统出现后，在光纤传输设备中有 CPU 进行数据运算处理，并引进了管理比特用计算机进行监控与管理，就构成了所谓的现代通信系统。现在的通信网已实现了数字化，并引入了大量的计算机硬、软件技术，使通信网越来越综合化、智能化，把通信网推向一个新时代，即现代通信网。它产生了更多、更广的功能，适用范围更广，为不断满足人们日益增长的物质文化生活的需要提供了服务平台。我们现在经常谈到的通信网、电话网、数据网、计算机网和移动通信网等都属于现代通信网，也可简称通信网。

第二节　电力系统通信网

电力系统通信网是国家专用通信网之一，是电力系统不可缺少的重要组成部分，是电网调度自动化、电网运营市场化和电网管理信息化的基础，是确保电网安全、稳定、经济运行的重要手段。其最重要的特点是高度的可靠性和实时性；另一特点是用户分散、容量小、网络复杂。目前电力通信主干网络基本上呈树形与星形相结合的复合型网络结构。电力系统通信网按业务的种类分为电话及传真网、数据通信网、图像通信网、可视电视电话网等；按服务区域范围分为本地通信网、长途通信网、移动通信网等等。电力系统通信网中常见的通信网络有电话交换网、电力数据网、电视电话会议网、企业内联网 intranet 等。电力数据网包含传统的远动信息网（SCADA 系统）、EMS、MIS 等。

一、电力电话交换网

电话通信网是进行交互型话音通信，开放电话业务的电信网，简称电话网。它是一种电信业务量最大，服务面积最广的专业网，可兼容其他许多种非话业务网，是电信网的基本形式和基础，包括本地电话网、长途电话网和国际电话网。

电话网采用电话交换方式，主要由发送和接收电话信号的用户终端设备、进行电路交换的交换设备、连接用户终端和交换设备的线路和交换设备之间的链路组成。

我国电力电话网由三级长途交换中心和一级本地网端局组成四级结构。其中一、二、三级的长途交换中心构成长途电话网，由本地网端局和按需要设置的汇接局组成本地电话网。一级交换中心指国家电力通信中心，二级交换中心指网局交换中心，三级交换中心指省一级的交换中心。

电力系统交换网是独立于公用通信网的专用交换通信网，主要职责是传输和交换电力调度人员的操作命令、经济调度、处理事故、行政管理等信息，它是指挥电力系统安全、稳定、经济运行的重要指挥工具，其质量的优劣直接影响着电网运行的安危。正因为如此，对电力交换网的要求很高，主要要求通信电路稳定可靠、畅通无阻、实时性强、接续速度快、调度功能完善等。为了满足这些要求，在设计通信电路时，重要厂、站要有两条以上独立通信通道，以保证在任何情况下均有电路可用。

二、电视电话会议网

会议电视系统就是依托计算机网络在异地多个会场召开电视会议的系统。其国际标准为 H.32x，主要为 H.320 和 H.323。它的网络类型可以是电路交换网络和分组交换网络，它能方便迅速地召开会议。

电力行业会议电视系统一期工程于 2001 年 3 月建成投运，一期工程开通了省级以上的 22 个点(会场)，另外还实现了和原有已建成的 8 个省局会议电视终端的互联互通。电力行业会议电视网络采用星形辐射结构、两级 MCU(多点控制单元)汇接组网，主 MCU 设置在原国家电力公司北京白广路会场，各电力集团公司的从 MCU 和直属省电力公司通过微波或光纤通道与北京主 MCU 相连，其他各省电力公司与其所在区域电力集团公司(分公司)从 MCU 相连。

各省电力公司一般都建设了会议电视电话系统，覆盖各地区供电局（电业局）及各大电厂。

三、电力数据通信网

1. 国家电力数据通信网

国家电力数据通信网是电力通信网的重要业务网络之一，是电力系统内各种计算机应用系统实现网络化的公共平台，是实现电力信息化的基础。

国家电力数据通信网承载的主要业务有：

(1) 企业管理信息及办公自动化（含 DMIS、通信 MIS 等）。

(2) 电力市场信息发布。

(3) IP 会议电视（会议电视、远程教育、视频监视、协同工作等）。

(4) 网络通用业务（Web 浏览、E-mail、文件传输、GIS、电子商务等）。

(5) IP 电话及 IP 电话会议系统。

(6) 通信网网管数据通信通道（DCN）的备用传输。

国家电力数据通信网的建成，形成了电力专用通信网 IP 业务的综合平台。

2. 国家电力调度数据网

为了确保各调度中心之间以及调度中心与厂站之间计算机监控系统等实时数据通信的可

靠性和安全性，依照国家经贸委令〔2002〕第 30 号《电网和电厂计算机监控系统及调度数据网络安全防护规定》，建设全国性的统一的国家电力调度数据网，按照"统一规划设计、统一技术体制、统一路由策略、统一组织实施"的原则进行网络工程建设。

国家电力调度数据网的骨干网核心层由国调、6 个网调等 9 个节点组成；汇聚层由除四川省调以外的 29 个省调节点组成；接入层由各接入厂站及调度中心业务网组成。调度数据网承载的业务主要有以下两类：

（1）实时监控业务。包括：① EMS 与 RTU 或变电站自动化系统的实时数据；② EMS 之间交换的实时数据；③ 水调自动化数据；④ 实时电力市场辅助控制信息；⑤ 电力系统动态测量数据。

（2）调度生产直接相关业务。包括：① 发电及联络线交换计划、联络线考核；② 调度票、操作票、检修票等；③ 调度生产运行报表（日报、月报、季报）；④ 电能量计量计费信息；⑤ 故障录波、保护和安全自动装置有关管理数据；⑥ 电力市场申报数据和交易计划数据。

3. 网省公司电力数据通信网

全国大部分网、省电力公司建设了数据通信网，这些数据通信网主要覆盖范围是网、省电力公司直属供电公司、所管辖的电厂和变电站。

第三节 电力系统通信技术分类

电力系统通信网主要由传输、交换、终端三大部分组成。其中传输与交换部分组成通信网络，传输部分为网络的线，交换设备为网络的节点。目前常见的交换方式有电路交换、分组交换、ATM 异步传送模式和帧中继。传输系统以光纤、数字微波传输为主，卫星、电力线载波、电缆、移动通信等多种通信方式并存，实现了对除台湾外所有省（自治区）、直辖市的覆盖，承载的业务涉及语音、数据、远动、继电保护、电力监控、移动通信等领域。

电力系统通信技术主要有以下八种。

1. 电力线载波通信

电力线载波通信（Power Line Carrier，PLC）是利用高压输电线作为传输通路的载波通信方式，用于电力系统的调度通信、远动、保护、生产指挥、行政业务通信及各种信息传输。电力线路是为输送 50Hz 强电设计的，线路衰减小，机械强度高，传输可靠，电力线载波通信复用电力线路进行通信不需要通信线路建设的基建投资和日常维护费用，是电力系统特有的通信方式。

2. 光纤通信

光纤通信是以光波为载波，以光纤为传输媒介的一种通信方式。在我国电力通信领域普遍使用电力特种光缆，主要包括全介质自承式光缆 ADSS、架空地线复合光缆 OPGW、缠绕式光缆 GWWOP。电力特种光缆是适应电力系统特殊的应用环境而发展起来的一种架空光缆体系，它将光缆技术和输电线技术相结合，架设在 10～500kV 不同电压等级的电力杆塔和输电线路上，具有高可靠、长寿命等突出优点。

3. 微波通信

微波通信是指利用微波（射频）作载波携带信息，通过无线电波空间进行中继（接力）

的通信方式。常用微波通信的频率范围为 1～40GHz。微波按直线传播，若要进行远程通信，则需在高山、铁塔或高层建筑物顶上安装微波转发设备进行中继通信。

4. 卫星通信

卫星通信是在微波中继通信的基础上发展起来的。它是利用人造地球卫星作为中继站来转发无线电波，从而进行两个或多个地面站之间的通信。卫星通信主要用于解决国家电网公司至边远地区的通信。目前电力系统内已有地球站 32 座，基本上形成了系统专用的卫星通信系统，实现了北京对新疆、西藏、云南、海南、广西、福建等边远省区的通信。卫星通信除用作话音通信外，还用来传送调度自动化系统的实时数据。

5. 移动通信

移动通信是指通信的双方中至少有一方是在移动中进行信息交换的通信方式。作为电力通信网的补充和延伸，移动通信在电力线维护、事故抢修、行政管理等方面发挥着积极的作用。

6. 现代交换方式

现代交换方式包括电路交换、分组交换、ATM 异步传送模式、帧中继和多协议标记交换（MPLS）技术。电路交换和分组交换是两种不同的交换方式，是代表两大范畴的传送模式，帧中继和 ATM 异步传送模式则属于快速分组交换的范畴。

电路交换是固定分配带宽的，连接建立后，即使无信息传送也需占电路，电路利用率低；要预先建立连接，有一定的连接建立时延，通路建立后可实时传送信息，传输时延一般可以不计；无差错控制措施。因此，电路交换适合于电话交换、文件传送及高速传真，不适合突发业务和对差错敏感的数据业务。

分组交换是一种存储转发的交换方式。它将需要传送的信息划分为一定长度的包，也称为分组，以分组为单位进行存储转发。而每个分组信息都包含源地址和目的地址的标识，在传送数据分组之前，必须首先建立虚电路，然后依序传送。

在分组交换网中可以在一条实际的电路上，能够传输许多对用户终端间的数据。其基本原理是把一条电路分成若干条逻辑信道，对每一条逻辑信道有一个编号，称为逻辑信道号，将两个用户终端之间的若干段逻辑信道经交换机链接起来构成虚电路。

分组交换最基本的思想就是实现通信资源的共享。分组交换最适合数据通信。数据通信网几乎全部采用分组交换。

快速分组交换为简化协议，只具有核心的网络功能，以提供高速、高吞吐量和低时延服务。

帧中继（Frame Relay，FR）技术是在 OSI 第二层上用简化的方法传送和交换数据单元的一种技术。

异步传送模式（Asynchronous Transfer Mode，ATM）是电信网络发展的一个重要技术，是为解决远程通信时兼容电路交换和分组交换而设计的技术体系。

多协议标记交换（MPLS）技术是一种新兴的路由交换技术。MPLS 技术是结合二层交换和三层路由的 L2/L3 集成数据传输技术，不仅支持网络层的多种协议，还可以兼容第二层上的多种链路层技术。采用 MPLS 技术的 IP 路由器以及 ATM、FR 交换机统称为标记交换路由器（LSR），使用 LSR 的网络相对简化了网络层复杂度，兼容现有的主流网络技术，降低了网络升级的成本。此外，业界还普遍看好用 MPLS 提供 VPN 服务，实现负载均衡的网络流量工程。

7. 现代通信网

现代通信网按功能划分可以分为传输网、支撑网。

支撑网是使业务网正常运行，增强网络功能，提供全网服务质量，以满足用户要求的网络。在各个支撑网中传送相应的控制、检测信号。支撑网包括信令网、同步网和电信管理网。

（1）信令网。在采用公共信道信令系统之后，除原有的用户业务之外，还有一个起支撑作用的、专门传送信令的网络——信令网。信令网的功能是实现网络节点间（包括交换局、网络管理中心等）信令的传输和转接。

（2）同步网。实现数字传输后，在数字交换局之间、数字交换局和传输设备之间均需要实现信号时钟的同步。同步网的功能就是实现这些设备之间的信号时钟同步。

（3）电信管理网。电信管理网是为提高全网质量和充分利用网络设备而设置的。网络管理实时或近实时地监视电信网络的运行，必要时采取控制措施，以达到任何情况下，最大限度地使用网络中一切可以利用的设备，使尽可能多的通信业务得以实现。

8. 接入网

接入网是由业务节点接口和用户网络接口之间的一系列传送实体（如线路设施和传输设施）组成的、为传送电信业务提供所需传送承载能力的实施系统，可经由 Q3 接口进行配置与管理。接入的传输媒体可以是多种多样的，可灵活支持混合的、不同的接入类型和业务。G. 963 规定，接入网作为本地交换机与用户端设备之间的实施系统，可以部分或全部代替传统的用户本地线路网，可含复用、交叉连接和传输功能。

通信技术与计算机技术、控制技术、数字信号处理技术等相结合是现代通信技术的典型标志。随着电力系统信息化的兴起，电力系统通信技术的发展趋势可概括为数字化、综合化、宽带化、智能化和个人化。电力系统通信技术大发展时代已经开始。

第二章　通 信 基 础 知 识

第一节　通信的基本概念与基本问题

一、通信系统模型

图 1-1 给出的是通信系统的一般模型，反映了通信系统的共性，根据研究的对象和关注的问题不同，各方框的内容和作用有所不同。按照信道中传输的信号是模拟信号还是数字信号，可将通信系统分为模拟通信系统与数字通信系统。

（一）模拟通信系统模型

凡信号参量的取值是连续的或取无穷多个值的，且直接与消息相对应的信号，均称为模拟信号，如电话机送出的语音信号、电视摄像机输出的图像信号等。模拟信号有时也称连续信号，这个连续是指信号的某一参量可以连续变化，或者说在某一取值范围内可以取无穷多个值，而不一定在时间上也连续，如抽样信号。信道中传输模拟信号的系统称为模拟通信系统。模拟通信系统的模型如图 2-1 所示。

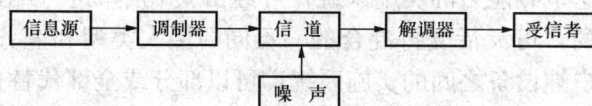

信息源 → 调制器 → 信道 → 解调器 → 受信者

噪声

图 2-1　模拟通信系统模型

模拟通信系统模型由图 1-1 演变而成，调制器和解调器就代表图 1-1 中的发送设备和接收设备。

（二）数字通信系统模型

凡信号参量只能取有限个值，并且常常不直接与消息相对应的信号，均称为数字信号，如电报信号、计算机输入/输出信号、PCM 信号等。数字信号有时也称离散信号，这个离散是指信号的某一参量是离散变化的，而不一定在时间上也离散，如 2PSK 信号。信道中传输数字信号的系统称为数字通信系统。数字通信系统的模型如图 2-2 所示。

数字通信涉及的技术问题很多，其中主要有信源编码/译码、信道编码/译码、数字调制/解调、数字复接、同步以及加密等。

其中信源编码的作用之一是设法减少码元数目和降低码元速率，即通常所说的数据压缩，码元速率将直接

信息源 → 信源编码 → 信道编码 → 调制器 → 信道 → 解调器 → 信道译码 → 信源译码 → 受信者

噪声

图 2-2　数字通信系统模型

影响传输所占的带宽，而传输带宽又直接反映了通信的有效性；作用之二是，当信息源给出的是模拟信号时，信源编码器将其转换成数字信号，以实现模拟信号的数字化传输。模拟信号数字化传输主要有两种方式：脉冲编码调制（PCM）和增量调制（ΔM）。信源译码是信源编码的逆过程。

信道编码是为了降低误码率，提高数字通信的可靠性而采取的编码。基本思想是通过对信息序列作某种变换，使原来彼此独立，相关性极小的信息码元产生某种相关性，从而在接收端利用这种规律检查或纠正信息码元在信道传输中所造成的差错。

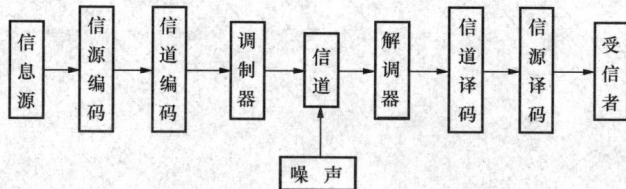

数字调制就是把数字基带信号的频谱搬移到高频处，形成适合在信道中传输的频带信号。基本的数字调制方式有振幅键控 ASK、频移键控 FSK、绝对相移键控 PSK、相对（差分）相移键控 DPSK。对这些信号可以采用相干解调或非相干解调还原为数字基带信号。

同步是保证数字通信系统有序、准确、可靠工作的不可缺少的前提条件。同步使收、发两端的信号在时间上保持步调一致。按照同步的功能不同，可分为载波同步、位同步、群同步和网同步。

数字复接就是依据时分复用基本原理把若干个低速数字信号合并成一个高速的数字信号，以扩大传输容量和提高传输效率。

对两种通信系统来说，数字通信是发展的主流，因为数字通信具有以下优点：

（1）抗干扰能力强，数字信号可以再生从而消除噪声累积。

（2）便于进行各种数字信号处理。

（3）便于实现集成化。

（4）便于加密处理。

（5）便于综合传递各种信息，实现综合业务数字网。

但是，数字通信的许多优点都是用比模拟通信占据更宽的系统频带为代价而换取的。以电话为例，一路模拟电话通常只占据 4kHz 带宽，但一路接近同样话音质量的数字电话可能要占据 64kHz 的带宽，因此数字通信的频带利用率不高。另外，由于数字通信对同步要求高，因而系统设备比较复杂。不过，随着新的宽带传输信道（如光导纤维）的采用、窄带调制技术和超大规模集成电路、信息压缩等技术的发展，数字通信的这些缺点已经弱化。随着微电子技术和计算机技术的迅猛发展和广泛应用，数字通信在今后的通信方式中必将逐步取代模拟通信而占主导地位。

需要说明的是，上述模型图中只给出了点到点的单向通信系统，实际在大多数场合通信系统需要双向进行，信源兼为受信者，通信设备包括发信设备和收信设备。此外，通信系统除了完成信息传输外，还必须进行信息的交换，传输系统和交换系统共同组成一个完整的通信系统，乃至通信网。

（三）信息、消息与信号

学习通信概念及理论过程中要区分信息、消息与信号几个名词。

（1）信息。信息是一种不确定度的描述，是语言、文字、数据或图像中所包含的人们想知道的内容，是内在的实质的东西。

（2）消息。消息是具体的，有不同的形式。消息中包含了信息，如符号、文字、语音、数据、图像等，根据所传输的消息不同形成了目前的各种通信业务，我们可以从消息中提取信息。因此，通信的根本目的在于传输含有信息的消息，否则，就失去了通信的意义。基于这种认识，"通信"也就是"信息传输"或"消息传输"。

（3）信号。信号为消息的表示形式，在通信系统中传输的实际是表现为各种消息形式的电信号。

二、通信系统的分类

根据讨论问题的侧重点不同，通信系统有不同的分类方法，这里从通信系统模型展开介绍。

1. 按通信业务不同分类

按照目前通信业务的不同可将通信系统分为电报通信系统、电话通信系统、传真通信系统、数据通信系统、可视电话系统、无线寻呼系统等。另外从广义的角度来看，广播、电视、雷达、导航、遥控、遥测等也应列入通信的范畴，因为它们都满足通信的定义。由于广播、电视、雷达、导航等的不断发展，目前它们已从通信中派生出来，形成了独立的学科。

这些系统可以是专用的，但通常是兼容的或并存的，趋势是发展综合业务数字网，各种类型的信息都能在一个统一的通信网中传输、交换和处理。

2. 按调制方式不同分类

根据是否采用调制，可将通信系统分为基带传输系统和频带传输（或称载波传输）系统。基带传输系统指不经过调制直接传输，而频带传输系统可以采用表 2-1 所示的各种调制方式。线性调制和非线性调制统称为模拟调制。

表 2-1　　　　　　　　　常 用 的 调 制 方 式

调 制 方 式			用 途
连续波调制	线性调制	常规双边带调幅 AM	广播
		抑制载波双边带调制 DSB	立体声广播
		单边带调制 SSB	载波通信、无线电台、数据传输
		残留边带调制 VSB	电视广播、数据传输、传真
	非线性调制	频率调制 FM	微波中继、卫星通信、广播
		相位调制 PM	中间调制方式
	数字调制	幅度键控 ASK	数据传输
		频移键控 FSK	数据传输
		相位键控 PSK、DPSK QPSK 等	数据传输、数字微波、空间通信
		其他高效数字调制 QAM、MSK	数字微波、空间通信
脉冲调制	脉冲模拟调制	脉幅调制 PAM	中间调制方式、遥测
		脉宽调制 PDM（PWM）	中间调制方式
		脉位调制 PPM	遥测、光纤传输
	脉冲数字调制	脉码调制 PCM	市话、卫星、空间通信
		增量调制 DM	军用、民用电话
		差分脉码调制 DPCM	电视电话、图像编码
		ADPCM、APC、LPC	中低速数字电话

3. 按传输信号的特征分类

按照信道中所传输的是模拟信号还是数字信号，相应地把通信系统分成模拟通信系统和数字通信系统。

4. 按传送信号的复用方式分类

传输多路信号有频分复用（FDM）、时分复用（TDM）、码分复用（CDM）、波分复用（WDM）和空分复用（SDM）。频分复用是用频谱搬移的方法使不同信号占据不同的频率范围；时分复用是用脉冲调制的方法使不同信号占据不同的时间区间；码分复用是用正交的脉冲序列分别携带不同信号。传统的模拟通信中都采用频分复用，随着数字通信的发展，时分复用的应用越来越广泛，码分复用主要用于移动通信系统，波分复用主要用于光纤通信，卫星通信中还有空分复用（SDM）。

5. 按传输媒介分类

按传输媒介，通信系统可分为有线通信系统和无线通信系统两大类。有线通信是用导线（如架空明线、同轴电缆、光导纤维、波导等）作为传输媒介完成通信的，如市内电话、有线电视、海底电缆通信等。无线通信是依靠电磁波在空间传播达到传递消息的目的的，如短波电离层传播、微波视距传播、卫星中继等。各种传输媒质有其特定的工作频率，常用传输媒介的频率范围及用途见表 2-2。

表 2-2　　　　　　　　　　常用传输媒介的频率范围及用途

频率范围	波　　长	符号	传 输 媒 介	用　　途
3Hz～30kHz	$10^8～10^4$m	甚低频 VLF	有线线对长波无线电	音频、电话、数据终端、长距离导航、时标
30～300kHz	$10^4～10^3$m	低频 LF	有线线对长波无线电	导航、信标、电力线通信
300kHz～3MHz	$10^3～10^2$m	中频 MF	同轴电缆中波无线电	调幅广播、移动陆地通信、业余无线电
3～30MHz	$10^2～10$m	高频 HF	同轴电缆短波无线电	移动无线电话、短波广播、定点军用通信、业余无线电
30～300MHz	10～1m	甚高频 VHF	同轴电缆米波无线电	电视、调频广播、空中管制、车辆通信、导航
300MHz～3GHz	100～10cm	特高频 UHF	波导、分米波无线电	电视、空间遥测、雷达、导航、点对点通信、移动通信
3～30GHz	10～1cm	超高频 SHF	波导、厘米波无线电	微波接力、卫星和空间通信、雷达
30～300GHz	10～1mm	极高频 EHF	波导、毫米波无线电	雷达、微波接力、射电天文学
$10^5～10^7$GHz	$3×10^{-4}～3×10^{-6}$cm	紫外线、可见光、红外线	光纤激光空间传播	光通信

三、通信方式

（一）单工、半双工及全双工通信

按消息传送的方向与时间的关系，通信方式可分为单工通信、半双工通信及全双工通信三种。

1. 单工通信

单工通信是指消息只能单方向传输的工作方式，因此只占用一个信道，如图2-3（a）所示。广播、遥测、遥控、无线寻呼等就是单工通信方式的例子。

2. 半双工通信

半双工通信是指通信双方都能收发消息，但不能同时进行收和发的工作方式，如图 2-3（b）所示。例如，使用同一载频的对讲机，收发报机以及问询、检索、科学计算等数据通信都是半双工

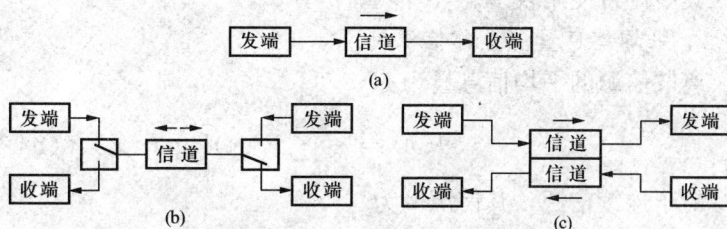

图 2-3　单工通信、半双工通信和全双工通信方式示意图
（a）单工通信；（b）半双工通信；（c）全双工通信

通信方式。

3. 全双工通信

全双工通信是指通信双方可同时进行收发消息的工作方式。一般情况全双工通信的信道必须是双向信道，如图 2-3（c）所示。普通电话、手机都是最常见的全双工通信方式，计算机之间的高速数据通信也是这种方式。

（二）并行传输和串行传输

在数字通信中，按数字信号代码排列顺序不同分为并行传输和串行传输。

1. 并行传输

并行传输是将代表信息的数字序列以成组的方式在两条或两条以上的并行信道上同时传输，如图 2-4（a）所示。并行传输的优点是节省传输时间，但需要传输信道多，设备复杂，成本高，故较少采用，一般适用于计算机和其他高速数字系统，特别适用于设备之间的近距离通信。

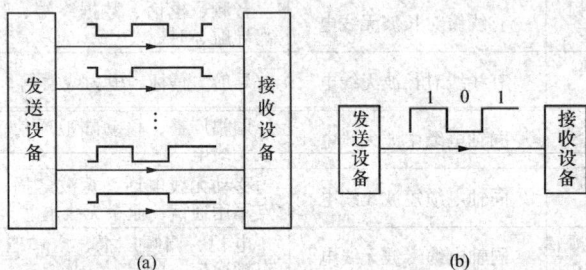

图 2-4　并行和串行传输示意图
（a）并行传输；（b）串行传输

2. 串行传输

串行传输是数字序列以串行方式一个接一个地在一条信道上传输，如图 2-4（b）所示。通常，一般的远距离数字通信都采用这种传输方式。

四、信息及其度量

通信的目的在于传输信息，为了衡量通信系统传输信息的能力，需要对被传输的信息进行定量的描述，这就涉及信息量的定义。

1. 信息量

消息携带的信息量大小与消息出现的可能性有关，而可能性可以由消息的统计特性——概率描述。离散消息 x_i 携带的信息量为

$$I(x_i) = \log_a \frac{1}{P(x_i)} = -\log_a P(x_i)$$

单位由对数的底 a 来确定：

（1）对数以 2 为底时，$I(x_i)$ 的单位为比特（bit）。

（2）对数以 e 为底时，$I(x_i)$ 的单位为奈特（nit）。

（3）对数以 10 为底时，$I(x_i)$ 的单位为哈特莱（Hartley）。

其中比特使用较多。

2. 平均信息量（也称信源熵）

离散信源的平均信息量为

$$H(x) = -\sum_{i=1}^{L} P(x_i) \log_2 P(x_i) \quad (\text{b/ 符号})$$

对于连续信源，其信源熵为

$$H(x) = -\int_{-\infty}^{\infty} f(x) \log_2 f(x) \mathrm{d}x$$

式中 $f(x)$ ——消息出现的概率密度。

五、通信系统的主要性能指标

在设计或评价通信系统时，往往以具体指标衡量其性能的优劣，性能指标也称质量指标。通信系统的性能指标涉及有效性、可靠性、适应性、标准性、经济性、维护使用等，但从研究信息传输的角度来说，主要性能指标有两个，即有效性和可靠性。

其中有效性指传输的速度问题，即给定信道内所传输的信息内容多少；可靠性指传输的质量问题，即接收信息的准确程度。二者是一对矛盾，通常根据实际应用求得相对的统一，即在满足一定可靠性指标下，尽量提高传输速度；或在维持一定有效性指标时，使消息传输质量尽可能提高。

两个主要性能指标对于不同通信系统，具体表现也不同。

（一）模拟通信系统的主要性能指标

1. 有效性

模拟通信系统的有效性指标用传输频带衡量，不同调制方式需要的频带宽度（简称带宽 B）也不同，信号的带宽 B 越小，占用信道带宽越少，在给定信道时容纳的传输路数越多，有效性越好。

2. 可靠性

模拟通信系统的可靠性指标用接收端的最终输出信号噪声功率比（简称信噪比 S/N 或 SNR—Signal Noise Ratio）衡量，不同调制方式在同样信道信噪比下所得到的最终解调输出信噪比也不同，如调频系统的输出信噪比大于调幅系统，故可靠性比调幅系统好，但调频信号所需传输带宽高于调幅。

（二）数字通信系统的主要性能指标

1. 有效性

数字通信系统的有效性指标用传输速率衡量，传输速率又分为码元传输速率和信息传输速率。

（1）码元传输速率（R_B），简称传码率，又称符号速率，指单位时间能够传送的码元数，单位为波特（Baud）。

若 T_B（单位为秒，s）为每个码元传输所占用的时间，则

$$R_B = 1/T_B \text{（波特，Baud，简称 B）}$$

若码元为二进制，则 R_B 对应 R_{B2}，码元为 M 进制，则 R_B 对应 R_{BM}，有

$$R_{B2} = R_{BM} \log_2 M$$

（2）信息传输速率（R_b），简称传信率，又称比特率，指单位时间能够传送的平均信息量，单位为比特/秒（bit/s），简称 b/s，bps。

传码率和传信率的关系为

$$R_b = R_B \log_2 M$$

$$R_B = R_b / \log_2 M$$

$R_B \leqslant R_b$，因为多进制码元要用多位二进制表示，所需传输时间长，传输速率降低。

例如：图 2-5 中四进制有 -3、-1、1、3 四个代码，每个代码含有 2 比特信息量，码元周期加倍，码元速率为信息速率的 $1/2$。

有两点需要说明：

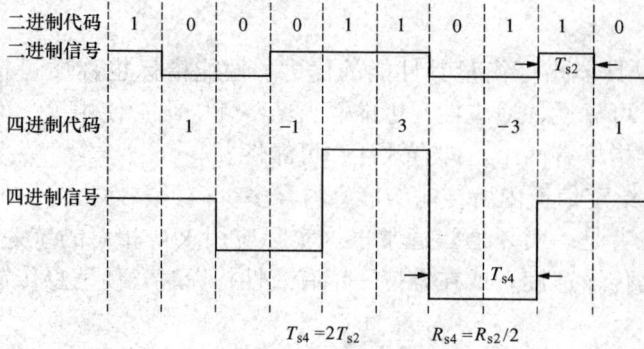

图 2-5　传码率和传信率的关系

1) 带宽与速率。在许多资料上也借用带宽来描述数字通信系统的有效性即传输速率，例如说某信道的带宽为 56kb/s，也就意味着该信道的数据传输速率为 56kb/s。

2) 频带利用率 η。比较不同通信系统的有效性时，只看它们的传输速率还不够，还应看该传输速率下所占用的带宽，故经常用频带利用率 η（单位频带内的码元传输速率）来衡量数字通信系统的有效性。

频带利用率 η 定义为

$$\eta = \frac{R_b}{B} \ [\text{b}/(\text{s} \cdot \text{Hz})] \ 或 \ \eta = \frac{R_B}{B} \ (\text{B/Hz})$$

2. 可靠性

数字通信系统的可靠性指标用差错概率衡量，差错概率又分为误码率和误信率。

（1）误码率（码元差错概率）P_e。误码率指接收的错误码元数在传输总码元数中所占的比例，即码元在通信系统中被传错的概率，$P_e = \dfrac{错误码元数}{传输总码元数}$。

（2）误信率（信息差错概率）P_b。误信率指发生差错的比特数在传输总比特数中所占的比例，$P_b = \dfrac{错误比特数}{传输总比特数}$。

当采用多进制传输（进制数 $M>2$）时，由于一个多进制码元有 $\log_2 M$ 个比特信息，当 $\log_2 M$ 个比特信息中有一个比特发生错误，就会使整个多进制码元发生错误；由此可以判断误码率与信率的关系为 $P_b \leqslant P_e$。

六、信道容量与香农公式

1. 单天线信道容量与香农公式

信道容量 C 指信道中无差错传输信息的最大速率，分为连续信道的信道容量和离散信道的信道容量。

对于连续信道的信道容量，有著名的香农公式

$$C = B\log_2(1 + S/N) = B\log_2\left(1 + \frac{S}{n_0 B}\right) \tag{2-1}$$

式中　S——信号的功率；

　　　B——信道带宽；

　S/N——信道信噪比；

　　n_0——噪声功率谱密度。

关于香农公式，有几点需要说明：

（1）$S/N \uparrow \to C \uparrow$，$N \to 0$，则 $C \to \infty$。

（2）$B \uparrow \to C \uparrow$，但 B 无限增加时，信道容量趋于定值 $\lim\limits_{B \to \infty} C = 1.44\dfrac{S}{n_0}$。

（3）信道容量 C 一定时，带宽 B 与信噪比 $\dfrac{S}{N}$ 可以互换。

香农公式是现代通信的基础，实际通信系统在保持一定信道容量 C 时，根据具体情况解决带宽 B（有效性）与信噪比 S/N（可靠性）的矛盾与统一。如 FM 系统牺牲带宽换取信噪比的改善；移动通信节省带宽，需要加大发信功率等。

2. MIMO 系统的信道容量

式（2-1）结果为单根天线发射和单根天线接收的通信系统（Single-Input Single-Output，SISO）的信道容量，对于配备有 N_T 根发射天线和 N_R 根接收天线的 MIMO（Multiple-Input Multiple-Output）信道，发射端在不知道传输信道的状态信息的条件下，其信道容量的公式可以表示为

$$C = \log_2\left[\det\left(I_{N_\text{R}} + \frac{\rho}{N_\text{T}}HH^H\right)\right]$$

式中：ρ 是接收端平均信噪比，H 是 $N_\text{R} \times N_\text{T}$ 信道矩阵，其元素 h_{ji} 是从发射天线 i 到接收天线 j 之间的信道衰落系数。Det $\{\cdot\}$ 表示矩阵"$\cdot$"的行列式。

当 N_T 和 N_R 很大，则信道容量 C 近似为

$$C = [\min(N_\text{R},\ N_\text{T})]\log_2(\rho/N_\text{T})$$

其中，$\min(N_\text{R},\ N_\text{T})$ 为 N_R，N_T 的较小者。上式表明：功率和带宽固定时，多入多出系统的最大容量或容量上限随最小天线数的增加而线性增加。

利用 MIMO 信道可以成倍地提高无线信道容量，在不增加带宽和天线发送功率的情况下，频谱利用率可以成倍地提高。同时也可以提高信道的可靠性，降低误码率。可见，MIMO 技术是一种通过多天线的配置充分利用信号的空间资源，有效提高衰落信道容量的方法。

第二节　信号分析基础

通信系统中要传输的是包含信息的信号，因此对通信系统分析离不开信号分析。描述信号的基本方法是写出它的数学表达式（一般为时间的函数），绘出函数的图形（称为信号的波形），这种方法称为时域分析法，时域分析法对于计算信号某时刻的值很方便；有时还关心信号在频域的分布，以确定信号的带宽，用合适的信道来传输信息，这种方法称为频域分析法。

信号分析方法是以基本信号的某种运算表示各种复杂信号，对其性质及对系统的作用进行分析研究。

一、信号分类

自然界中有很多信号，可以从不同的角度对信号进行分类。在信号分析中，常以信号所具有的时间函数特性来加以分类。这样，信号可以分为确知信号与随机信号（如图 2-6 所示）、连续时间信号与离散时间信号（如图 2-7 所示）、非周期信号（如图 2-8 所示）与周期信号（如图 2-9 所示）、能量信号与功率信号等。

二、傅里叶变换与频谱

分析信号的频域分布，可以确定信号的带宽，以合理分配传输信道，这种方法称为频域分析法。傅里叶变换可以使信号的时域与频域间建立对应关系。

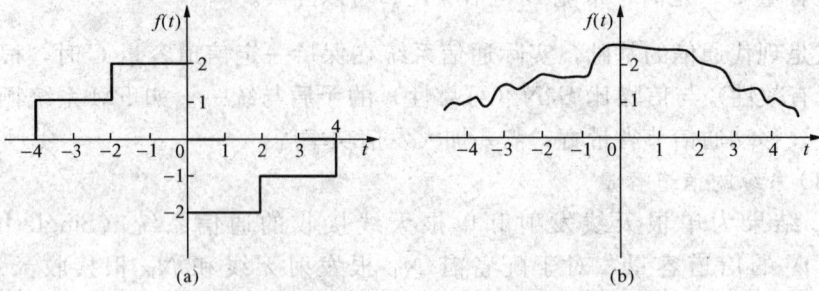

图 2-6　确知信号与随机信号

(a) 确知信号；(b) 随机信号

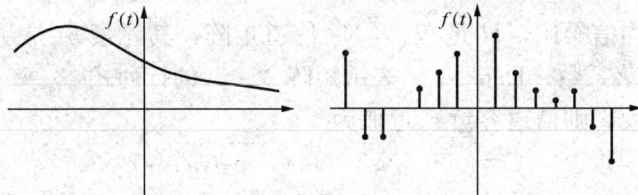

图 2-7　连续时间信号与离散时间信号

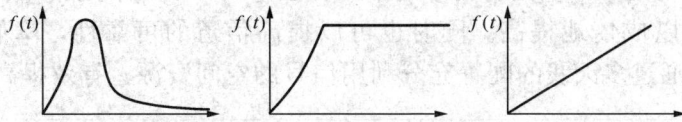

图 2-8　几种非周期信号

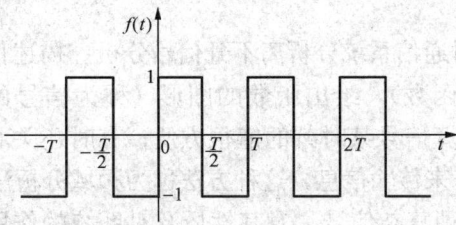

图 2-9　周期信号

（一）傅里叶变换与频谱

傅里叶变换定义为

$$F(\omega) = \int_{-\infty}^{+\infty} f(t) e^{-j\omega t} \, dt$$

傅里叶反变换定义为

$$f(t) = \frac{1}{2\pi} \int_{-\infty}^{+\infty} F(\omega) e^{j\omega t} \, d\omega$$

记作 $\qquad\qquad\qquad\qquad\qquad f(t) \longleftrightarrow F(\omega)$

其中，$F(\omega)$ 称为 $f(t)$ 的频谱密度函数或频谱函数，简称频谱。对应的 $F(\omega) \sim \omega$ 曲线称为频谱图。

（二）常用信号的傅里叶变换

1. 冲激信号及频谱

时域冲激信号：$\delta(t) \longleftrightarrow 1$

频域冲激信号：$1 \longleftrightarrow 2\pi\delta(\omega)$

对应的波形及频谱如图2-10所示。

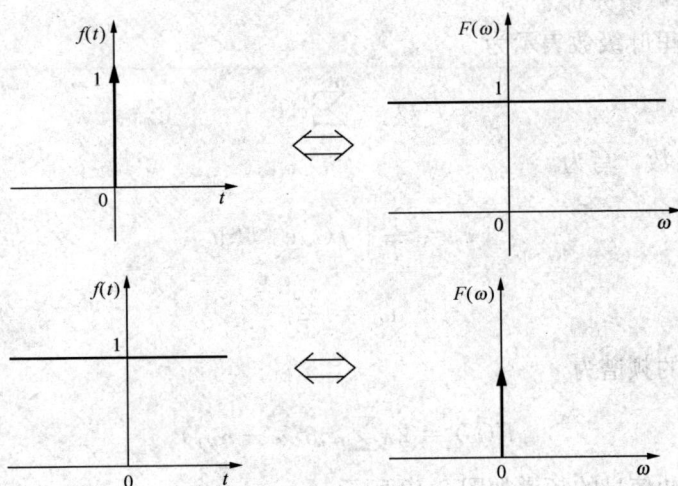

图 2-10　冲激信号及频谱特性

2. 矩形脉冲信号 ［即门函数 $G_\tau(t)$］及频谱

$$F(\omega) = \int_{-\infty}^{\infty} f(t)\,\mathrm{e}^{-\mathrm{j}\omega t}\,\mathrm{d}t = \int_{-\tau/2}^{\tau/2} \mathrm{e}^{-\mathrm{j}\omega t}\,\mathrm{d}t = \frac{2}{\omega}\sin\left(\frac{\omega\tau}{2}\right) = \tau S_\mathrm{a}\left(\frac{\omega\tau}{2}\right)$$

即　$G_\tau(t) \longleftrightarrow \tau S_\mathrm{a}\left(\dfrac{\omega\tau}{2}\right)$

频域门函数为

$$\frac{\omega_\mathrm{c}}{2\pi} S_\mathrm{a}\left(\frac{\omega_\mathrm{c} t}{2}\right) \longleftrightarrow G_{\omega_\mathrm{c}}(\omega)$$

门函数 $G_\tau(t)$ 对应的波形及频谱如图 2-11 所示。

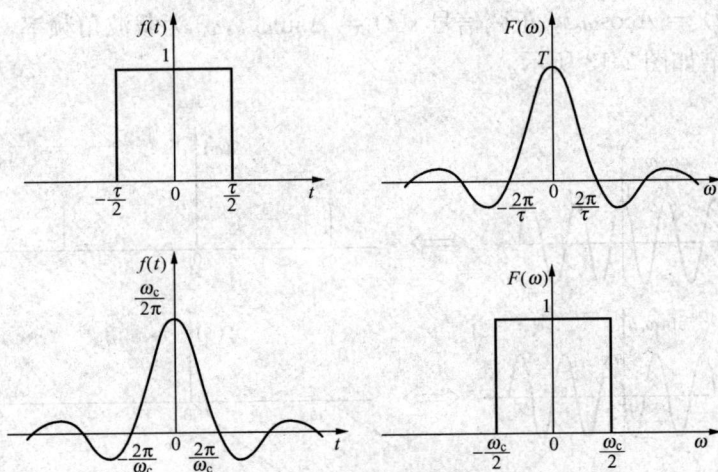

图 2-11　门函数及频谱特性

3. 周期信号及频谱分析

周期信号的傅里叶级数表示为

$$f(t) = \sum_{-\infty}^{+\infty} c_n e^{jn\omega_1 t}$$

其中 c_n 为傅里叶系数，写为

$$c_n = \frac{1}{T} \int_{-\infty}^{+\infty} f(t) e^{-jn\omega_1 t} dt$$

$$\omega_1 = \frac{2\pi}{T}$$

相应周期信号的频谱为

$$F(\omega) = 2\pi \sum_{-\infty}^{+\infty} c_n \delta(\omega - n\omega_1)$$

周期性矩形脉冲信号的频谱如图 2-12 所示。

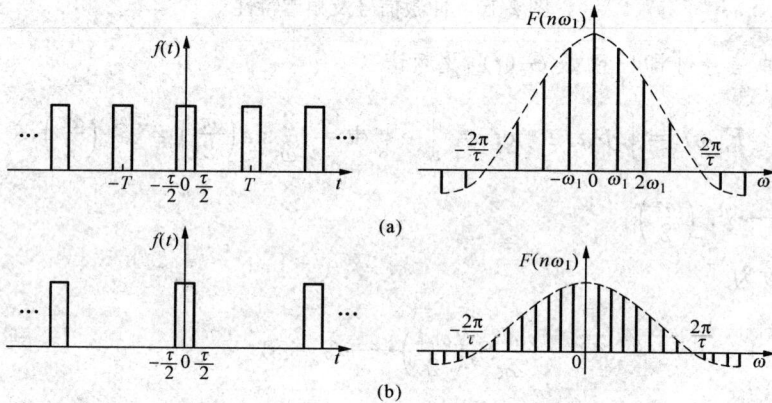

图 2-12　周期性矩形脉冲信号的频谱

4. 正弦信号和余弦信号的频谱分析

余弦信号 $s(t) = A\cos\omega_c t$，正弦信号 $s(t) = A\sin\omega_c t$，ω_c 为载波角频率，正弦信号和余弦信号的波形和频谱如图 2-13 所示。

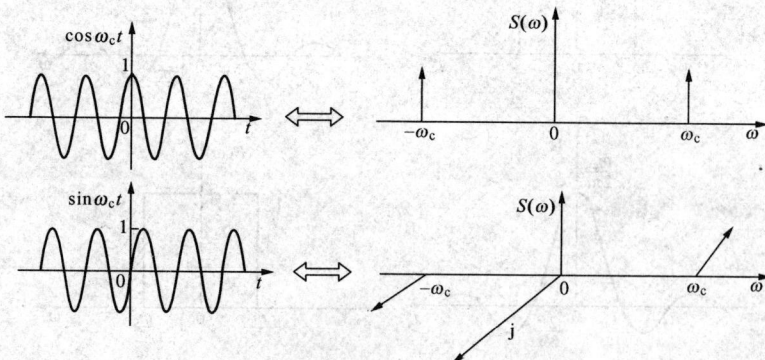

图 2-13　正弦信号和余弦信号的频谱

三、信号通过线性系统

信号通过通信系统传输时，系统的特性及信道中的噪声特性会影响信号传输的质量。系统可看作产生信号变换的任何过程，系统可用传递函数 $H(\omega)$ 和冲击响应 $h(t)$ 表示（如图2-14所示），我们关心经过系统后输出、输入信号之间的关系。

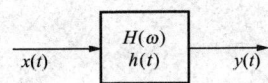

图 2-14 信号通过线性系统

（一）信号通过线性系统后输出与输入之间的各种关系

时域关系 $\qquad y(t) = x(t) \times h(t)$

频域关系 $\qquad Y(\omega) = X(\omega)H(\omega)$

（二）无失真传输系统特性

无失真传输系统满足条件

$$| H(\omega) | = K, \ \varphi(\omega) = -\mathrm{j}\omega t_0$$

可用图 2-15 所示图形表示。

常用的线性系统有各种滤波器（包括低通滤波器 LPF、高通滤波器 HPF、带通滤波器 BPF）、积分器、微分器等。

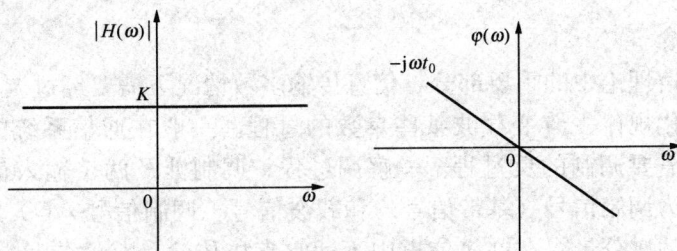

图 2-15 无失真传输系统特性

四、系统的带宽

指一个系统的幅频特性 $| H(\omega) |$ 在给定数值范围内分布的那段正频率区间。

1. 低通系统带宽

对于图 2-16 所示的理想低通系统，其带宽 $B = f_m$，单位为赫兹（Hz），$\omega_h = 2\pi f_m$。

2. 带通系统带宽

对于图 2-17 所示的理想带通系统，其带宽 $B = 2f_m$。

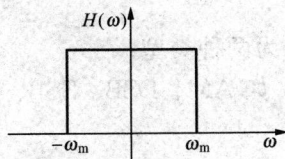

图 2-16 理想低通系统特性

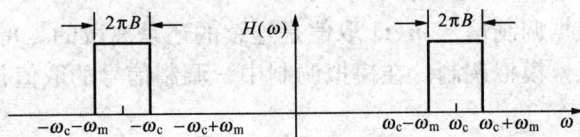

图 2-17 理想带通系统特性

3. 3dB 带宽

对于图 2-18 所示的系统，其带宽 B 定义为幅频特性在频带中心处取值的 0.707 倍以内（即 3dB 内或半功率点内）的频率范围，也称作 3dB 带宽，$B_{3dB} = f_2 - f_1$（其中 $\omega_1 = 2\pi f_1$，$\omega_2 = 2\pi f_2$）。

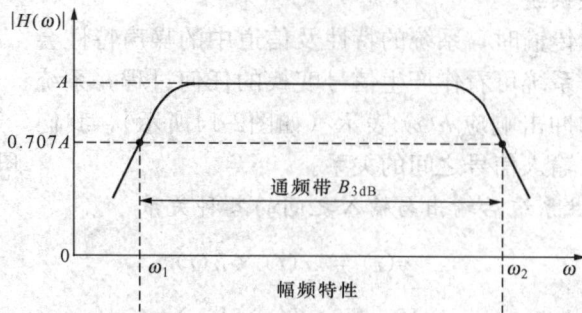

图 2-18 系统的 3dB 带宽

注意系统带宽（也称信道带宽）与信号带宽不同。系统带宽（也称信道带宽）指系统的传输能力，信道容许的频率范围；而信号带宽指携带信息的信号的频率分布范围，各种信号带宽会在本章第三节描述。

第三节 通信中的调制技术

一、调制的概念

调制技术是通信理论中的重要部分，信息传输多数情况下需要经过调制。所谓调制，就是按调制信号的变化规律去改变载波某些参数的过程。一般在通信系统的发送端有调制过程，而在接收端则需要调制的反过程——解调过程。调制涉及两个输入信号和一个输出信号。两个输入信号为调制信号（基带信号）和载波信号。调制信号 $m(t)$ 为包含信息的原始信号，具有较低的频谱分量，在许多信道中不适宜直接传输；载波信号 $c(t)$ 为参数受调制信号控制、用来承载信息的特定信号。一个输出信号为在信道中传输的已调信号 $S_m(t)$。

（一）调制的作用

（1）进行频谱搬移。把调制信号的频谱搬移到所希望的位置上，从而将调制信号转换成适合于信道传输的已调信号。

（2）实现信道多路复用，提高信道的频带利用率。

（3）通过选择不同的调制方式改善系统传输的可靠性。

（二）调制的分类

1. 按照调制信号 $m(t)$ 分类

根据调制信号 $m(t)$ 取值是连续的还是离散的，可将调制分为两种类型：

（1）模拟调制。在模拟调制中，调制信号的取值是连续的，如 AM、DSB、SSB、VSB、FM、PM。

（2）数字调制。数字调制中，调制信号的取值为离散的，如 ASK、FSK、PSK 等。

2. 按照载波信号 $c(t)$ 分类

根据载波信号 $c(t)$ 是连续的正弦波还是脉冲串，又可将调制分为两种类型：

（1）连续波调制。$c(t)$ 为连续正弦波，如 AM、DSB、SSB、VSB、FM、PM、ASK、FSK、PSK 等。

（2）脉冲调制。$c(t)$ 为周期性脉冲串，如 PCM、PAM、PDM、PPM 等。

3. 按照 $m(t)$ 对 $c(t)$ 不同参数的控制分类

根据 $m(t)$ 对 $c(t)$ 不同参数的控制还可将调制分为幅度调制、频率调制和相位调制三种基本的调制方式。

（1）幅度调制。载波的幅度随调制信号线性变化的过程，如 AM、DSB、SSB、VSB、ASK。

（2）频率调制，如 FM、FSK。

（3）相位调制，如 PM、PSK、DPSK。

另外还有同时改变两种载波参数的调制方式，如 QAM 等。

这里从模拟调制和数字调制两种类型展开讨论。

二、模拟调制

模拟调制又分成线性调制和非线性调制两种类型。

（一）线性调制

线性调制有 AM、DSB、SSB 和 VSB 四种方式，它们的共同特点是调制前后信号频谱只有位置变化。

1. 常规调幅（Amplitude Modulation，AM）

AM 信号表达式为

$s_{AM}(t) = [A_0 + m(t)]\cos\omega_c t$，要求 $|m(t)|_{max} \leqslant A_0$，称为包络检波不失真条件。

调幅过程波形及频谱如图 2-19 所示。

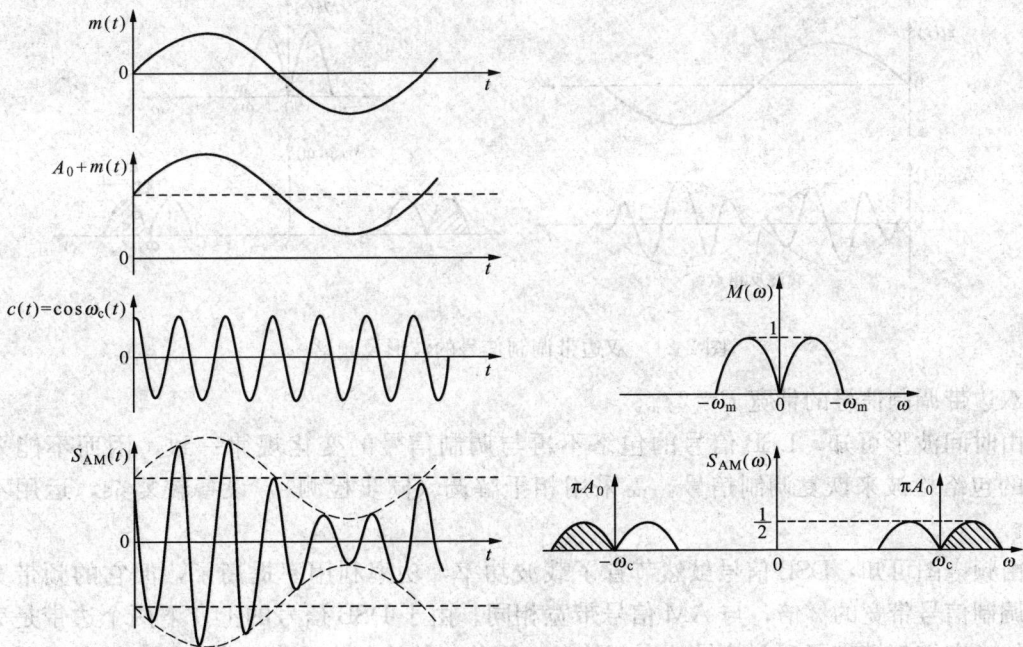

图 2-19 调幅过程的波形及频谱

由频谱图可知，AM 信号的带宽为 $B = 2f_m$。

由图 2-19 的时间波形可知，当满足条件 $|m(t)|_{max} \leqslant A_0$ 时，AM 信号的包络与调制信号成正比，所以用包络检波的方法很容易恢复出原始的调制信号，如果不满足条件，将会出

现过调幅现象而产生包络失真。这时不能用包络检波器进行解调，为保证无失真解调，可以采用图 2-20 所示的同步检测器（即相干解调器）。

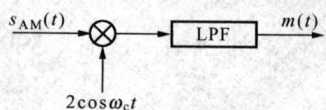

图 2-20　相干解调器方框图

相干解调需要与发送端完全同频同相的载波（称为相干载波），才能保证原始信息的正确恢复，相干载波的产生一般需要载波提取电路，使设备比较复杂。而包络检波不需要相干载波，设备简单，易于实现。

AM 的优点是接收设备简单；缺点是功率利用率低，抗干扰能力差，在传输中如果载波受到信道的选择性衰落，则在包络检波时会出现过调失真，信号频带较宽，频带利用率不高。因此 AM 制式用于通信质量要求不高的场合，目前主要用在中波和短波的调幅广播中。

2. 抑制载波的双边带调制（DSB－SC）

双边带调制信号对应表达式为

$$s_{DSB}(t) = m(t)\cos\omega_c t$$

双边带调制信号的波形及频谱如图 2-21 所示。

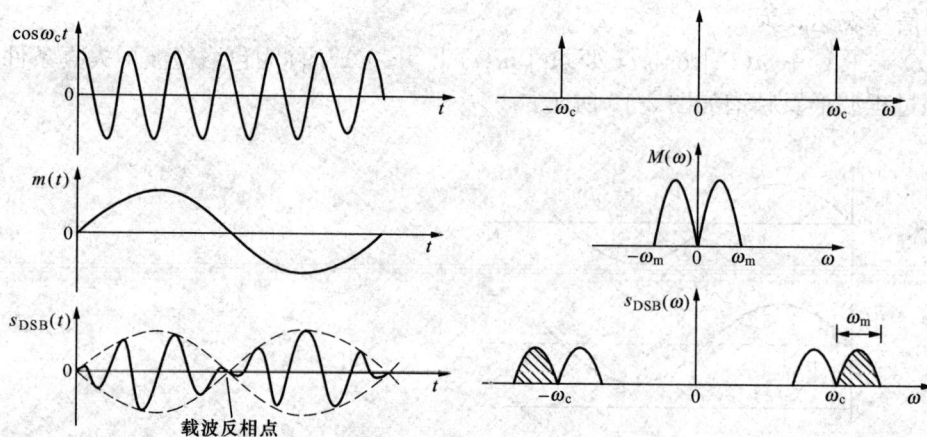

图 2-21　双边带调制信号的波形及频谱

双边带调制信号的带宽 $B = 2f_m$。

由时间波形可知，DSB 信号的包络不再与调制信号的变化规律一致，因而不能采用简单的包络检波来恢复调制信号，需采用相干解调（同步检测），设备较复杂，运用不太广泛。

由频谱图可知，DSB 信号虽然节省了载波功率，功率利用率提高了，但它的频带宽度仍是调制信号带宽的 2 倍，与 AM 信号带宽相同。由于 DSB 信号的上、下两个边带是完全对称的，它们都携带了调制信号的全部信息，因此仅传输其中一个边带即可，这就是单边带调制能解决的问题。

3. 单边带调制（SSB）

让 DSB 信号分别通过图 2-22 所示的边带滤波器，保留所需要的一个边带，滤除不要的边带，就可分别取出下边带信号频谱 $S_{LSB}(\omega)$ 或上边带信号频谱 $S_{USB}(\omega)$，如图 2-23 所示。

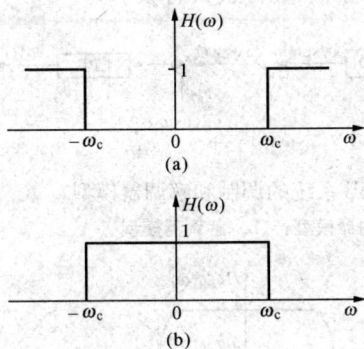

图 2-22　形成 SSB 信号
的滤波特性

（a）理想高通特性可取出下边带
信号频谱；（b）理想低通特性可
取出上边带信号频谱

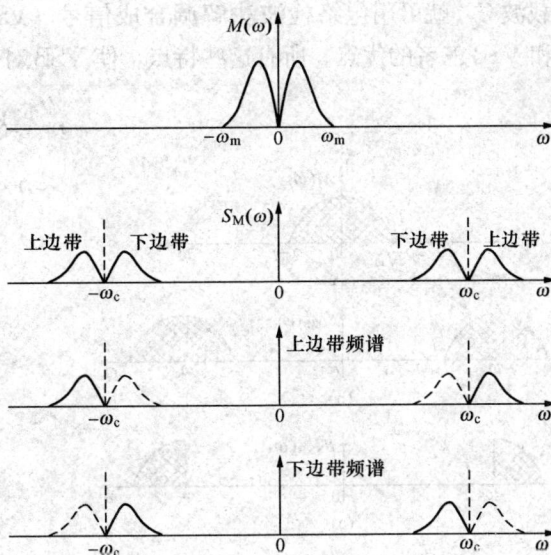

图 2-23　SSB 信号的频谱

SSB 信号的带宽为 $B = f_m$。

用滤波法形成 SSB 信号的技术难点是，由于一般调制信号都具有丰富的低频成分，经调制后得到的 DSB 信号的上、下边带之间的间隔很窄，这就要求单边带滤波器在 f_c 附近具有陡峭的截止特性，才能有效地抑制无用的一个边带。这就使滤波器的设计和制作很困难，有时甚至难以实现。为此，在工程中往往采用多级调制滤波的方法。还可以利用希尔伯特变换（相当于宽带相移网络）得到 SSB 信号，这种方法称作相移法，原理框图如图 2-24 所示。

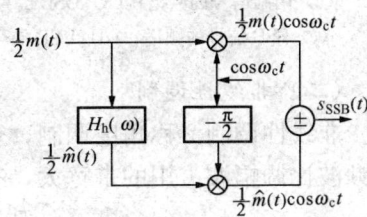

图 2-24　单边带调制相移法的模型

用相移法形成 SSB 信号的困难在于宽带相移网络的制作，该网络要对调制信号 $m(t)$ 的所有频率分量严格相移 $\pi/2$，这一点即使近似达到也是困难的。为解决这个难题，可以采用维弗（Weaver）法，有兴趣的读者可参考相关文献资料。SSB 调制的优点是功率利用率和频带利用率都较高，抗干扰能力和抗选择性衰落能力均优于 AM，而带宽只有 AM 的一半；缺点是发送和接收设备都复杂。鉴于这些特点，SSB 制式普遍用在频带比较拥挤的场合，如频分多路复用的载波通信系统中。

4. 残留边带调制（VSB）

残留边带调制是介于双边带与单边带之间的一种线性调制，既克服了 DSB 占双倍带宽的缺点，又解决了 SSB 实现的难题。VSB 不是将一个边带完全抑制，而是部分抑制，使其仍保留一小部分。VSB 信号的频谱如图 2-25（d）所示。

由 VSB 的频谱图可看出，VSB 信号带宽 B 界于 f_m 与 $2f_m$ 之间。

VSB 信号的调制和解调方法如图 2-26 所示。

只要残留边带滤波器的特性 $H_{VSB}(\omega)$ 在 $\pm \omega_c$ 处具有图 2-27 所示的互补对称（奇对称）特性，那么，采用相干解调法解调残留边带信号就能够准确地恢复所需的基带信号。

VSB 的性能与 SSB 相当，解调原则上也需相干解调，但在某些 VSB 系统中，附加一个足够大的载波 C，就可用包络检波法解调合成信号（VSB+C），这种（VSB+C）方式综合了 AM、SSB 和 VSB 三者的优点。所有这些特点，使 VSB 对商用电视广播系统特别具有吸引力。

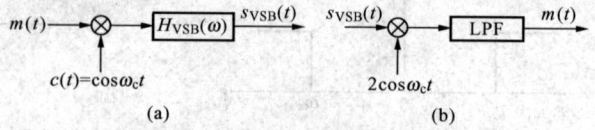

图 2-26　VSB 系统的调制和解调器模型
（a）调制器模型；（b）解调器模型

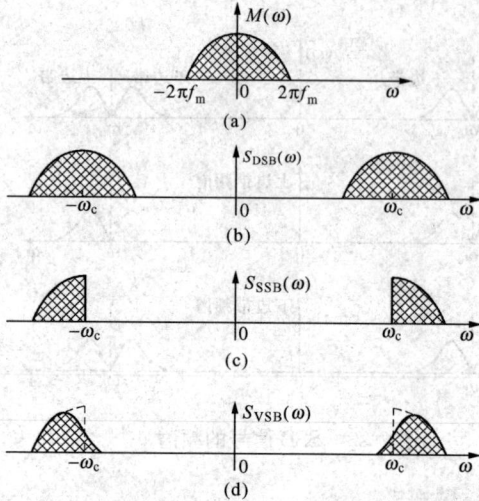

图 2-25　DSB、SSB 和 VSB 信号的频谱
（a）调制信号的频谱；（b）DSB 信号的频谱；
（c）SSB 信号的频谱；（d）VSB 信号的频谱

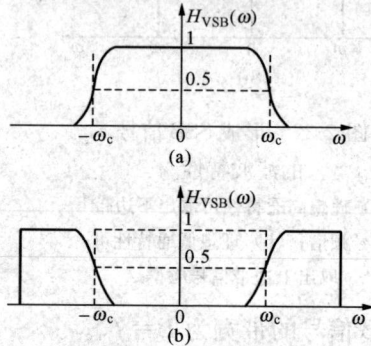

图 2-27　残留边带滤波器特性
（a）残留部分上边带的滤波器特性；
（b）残留部分下边带的滤波器特性

（二）非线性调制

非线性调制又称角度调制，包含调频 FM 和调相 PM 两种，实际中 FM 方式最为常用。调频波比调幅波占用的带宽大，有

$$B_{FM} = 2(m_f + 1)f_m = 2(\Delta f + f_m)$$

式中　m_f——调频指数。

在高调频指数时，调频系统的输出信噪比（即抗干扰能力）远大于调幅系统。例如，$m_f = 5$ 时，宽带调频的输出信噪比 S_0/N_0 是调幅时的 112.5 倍。这也可理解成当两者输出信噪比相等时，调频信号的发射功率可减小到调幅信号的 1/112.5。应当指出，调频系统的这一优越性是以增加传输带宽来换取的。

FM 的抗干扰能力强，可以实现带宽与信噪比的互换，因而宽带 FM 广泛应用于长距离高质量的通信系统中，如空间和卫星通信、调频立体声广播、超短波电台等。宽带 FM 的缺点是频带利用率低，存在门限效应，因此在接收信号弱、干扰大的情况下宜采用窄带 FM，这就是小型通信机常采用窄带调频的原因。另外，窄带 FM 采用相干解调时不存在门限效应。

三、数字调制

数字调制与模拟调制类似，也有调幅、调频、调相三种基本形式，并派生出多种其他形式。但由于调制信号为数字形式，为离散状态，在状态切换时，类似于对载波进行开关控制，故称作键控。数字调制可分为二进制数字调制和多进制数字调制。

（一）二进制数字调制

根据调制信号对载波控制的参数不同，又分为四种情况。

1. 二进制振幅键控（2ASK）

振幅键控是正弦载波的幅度随数字基带信号而变化的数字调制。当数字基带信号为二进制时，则为二进制振幅键控。二进制振幅键控信号可表示为

$$s_{2\mathrm{ASK}}(t) = \sum_n a_n g(t - nT_\mathrm{S})\cos\omega_c t$$

二进制振幅键控信号的时间波形如图 2-28 所示。

2ASK 信号带宽 $B_{2\mathrm{ASK}} = 2R_\mathrm{b}$。

2ASK 应用于早期电报通信，但抗噪性能力差（对信道衰减敏感），数字通信中很少用，但它是研究其他数字调制方式的基础。

2. 二进制移频键控（2FSK）

正弦载波的频率随二进制基带信号在 f_1 和 f_2 两个频率点间变化，则产生二进制移频键控信号（2FSK信号）。二进制移频键控信号的时间

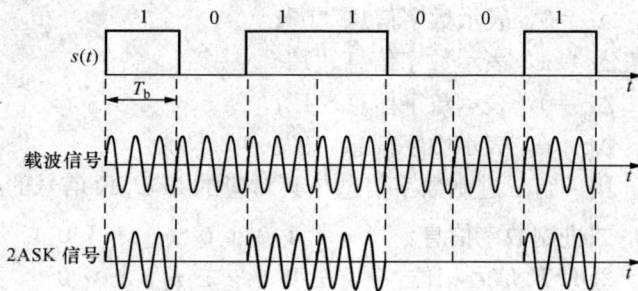

图 2-28   2ASK 信号波形

波形如图 2-29 所示，若二进制基带信号的 1 符号对应于载波频率 f_1，0 符号对应于载波频率 f_2，则二进制移频键控信号的时域表达式为

$$s_{2\mathrm{FSK}(t)} = \Big[\sum_n a_n g(t - nT_\mathrm{S})\Big]\cos(\omega_1 t + \varphi_n) + \Big[\sum_n \bar{a}_n g(t - nT_\mathrm{S})\Big]\cos(\omega_2 t + \theta_n)$$

二进制移频键控信号的带宽 $B_{2\mathrm{FSK}} = 2R_\mathrm{b} + |f_2 - f_1|$。

2FSK 方式频带利用率低，只适用于中低速率数据传输，在话带内进行 2FSK 数据传输，速率≤1200b/s。

3. 二进制移相键控 2PSK

当正弦载波的相位随二进制数字基带信号离散变化时，则产生二进制移相键控（2PSK）信号。通常用已调信号载波的 0°和 180°分别表示二进制数字基带信号的 1 和 0。二进制移相键控信号的时域表达式为

$$s_{2\mathrm{PSK}}(t) = \sum_n a_n g(t - nT_\mathrm{S})\cos\omega_c t \qquad (2\text{-}2)$$

式（2-2）中，a_n 与 2ASK 和 2FSK 时的不同，在 2PSK 调制中，a_n 应选择双极性，2PSK 信号的时间波形如图 2-30 所示。

在 2PSK 信号的载波恢复过程中存在着 180°的相位模糊，所以 2PSK 信号的相干解调存在随机的"倒 π"现象或"反向"现象，从而使得 2PSK 方式在实际中很少采用。

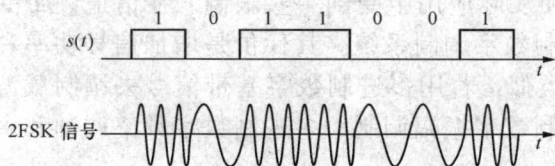

图 2-29   2FSK 信号波形

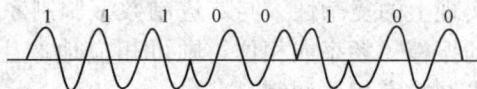

图 2-30   2PSK 信号波形

4. 二进制差分相位键控（2DPSK）

在 2PSK 信号中，信号相位的变化是以未调正弦载波的相位作为参考，用载波相位的绝对数值表示数字信息的，所以称为绝对移相。由于 2PSK 信号解调出的二进制基带信号出现反向现象，从而难以实际应用。为了解决 2PSK 信号解调过程的反向工作问题，提出了二进制差分相位键控（2DPSK）。

2DPSK 方式是用前后相邻码元的载波相对相位变化来表示数字信息。假设前后相邻码元的载波相位差为 $\Delta\varphi$，可定义一种数字信息与 $\Delta\varphi$ 之间的关系为：

$\Delta\varphi=0$，表示数字信息"0"；

$\Delta\varphi=\pi$，表示数字信息"1"。

或　$\Delta\varphi=0$，表示数字信息"1"；

$\Delta\varphi=\pi$，表示数字信息"0"。

则一组二进制数字信息与其对应的 2DPSK 信号的载波相位关系如下所示：

二进制数字信息：　　1 1 0 1 0 0 1 1 1 0

2DPSK 信号相位：　0 π 0 0 π π π 0 π 0 0

　　　　　或　　　　π 0 π π 0 0 0 π 0 π π

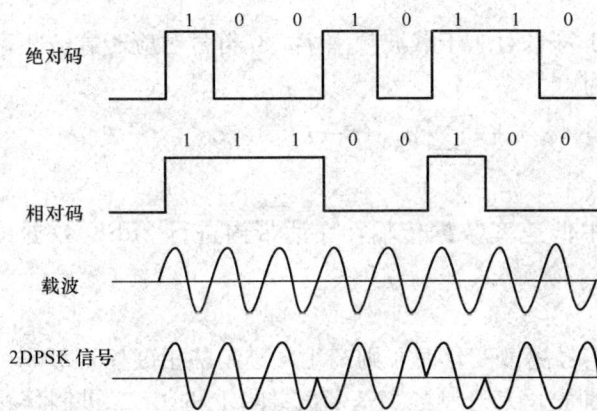

图 2-31　2DPSK 信号波形

2DPSK 信号的实现方法可以先对二进制数字基带信号进行差分编码，将绝对码表示二进制信息变换为用相对码表示的二进制信息，然后再进行绝对调相，从而产生二进制差分相位键控信号。2DPSK 信号调制过程波形图如图 2-31 所示。2DPSK 广泛应用于中高速率数据传输，虽抗噪性能比 2PSK 稍有损失，但影响不大。比较二进制数字调制系统的性能可知，对调制和解调方式的选择需要考虑的因素较多。通常，只有对系统的要求作全面的考虑，并且抓住其中最最主要的要求，才能做出比较恰当的选择。在恒参信道传输中，如果要求较高的功率利用率，则应选择相干 2PSK 和 2DPSK，而 2ASK 最不可取；如果要求较高的频带利用率，则应选择相干 2PSK 和 2DPSK，而 2FSK 最不可取。若传输信道是随参信道，则 2FSK 具有更好的适应能力。

（二）多进制数字调制系统

二进制数字调制系统是数字通信系统最基本的方式，具有较好的抗干扰能力。由于二进制数字调制系统频带利用率较低，使其在实际应用中受到一些限制。在信道频带受限时，为了提高频带利用率，通常采用多进制数字调制系统。其代价是增加信号功率和实现上的复杂性。与二进制数字调制系统相类似，若用多进制数字基带信号去调制载波的振幅、频率或相位，则可相应地产生多进制数字振幅调制、多进制数字频率调制和多进制数字相位调制。

由信息传输速率 R_b、码元传输速率 R_B 和进制数 M 之间的关系 $R_B=R_b/\log_2 M$ 可知，在信息传输速率不变的情况下，通过增加进制数 M，可以降低码元传输速率，从而减小信号带宽，节约频带资源，提高系统频带利用率。由关系式可以看出，在码元传输速率不变的情况下，通过增加进制数 M，可以增大信息传输速率，从而在相同的带宽中传输更多的信息量，有效性提高。

但是随着 M 增大，接收端判决时信号之间距离变小，误判可能性大，误码率 P_e 增大，可靠性变差；图 2-32、图 2-33 分别给出当 M 变化时，多进制数字相位调制 MPSK 的性能变化。M 增大，第一零点带宽减小，有效性变好；误码率增大，可靠性变差。

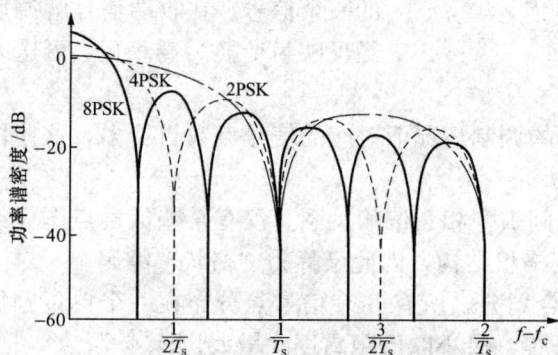

图 2-32　M 进值数字相位调制信号功率谱

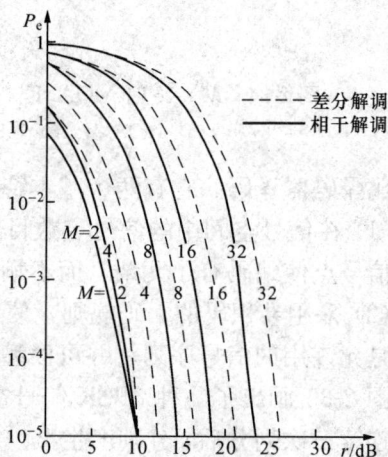

图 2-33　MPSK 系统的误码率性能曲线

（三）其他数字调制方式

在现代通信中，提高频谱利用率一直是人们关注的焦点之一。近年来，随着通信业务需求的迅速增长，寻找频谱利用率高的数字调制方式已成为数字通信系统设计、研究的主要目标之一。

1. 正交振幅调制

正交振幅调制（Quadrature Amplitude Modulation，OAM）是一种频谱利用率很高的调制方式，其在中大容量数字微波通信系统、有线电视网络高速数据传输、卫星通信系统等领域得到了广泛应用。在移动通信中，随着微蜂窝和微微蜂窝的出现，使得信道传输特性发生了很大变化。过去在传统蜂窝系统中不能应用的正交振幅调制也引起人们的重视。

正交振幅调制是用两个独立的基带数字信号对两个相互正交的同频载波进行抑制载波的双边带调制，利用这种已调信号在同一带宽内频谱正交的性质来实现两路并行的数字信息传输。如果每路载波的幅度有 n 个不同幅度，则 QAM 信号的星座图上有 $n^2 = M$ 个状态点，这些状态点呈正方形分布在半径为 A 的圆内，而 MPSK 状态点分布在半径为 A 圆上，以 $M=16$ 为例，二者信号状态点构成的星座图如图 2-34（a）、（b）所示。

计算两种星座图上两个相邻信号之间的距离，显然 d_{MQAM} 大于 d_{MPSK}，因而判决的准确度更高，误码性能提高。故 MQAM 系统的抗干扰能力优于 MPSK。

2. 网格编码调制

网格编码调制（Trellis Coded Modulation，TCM）是将纠错编码与调制技术相结合的

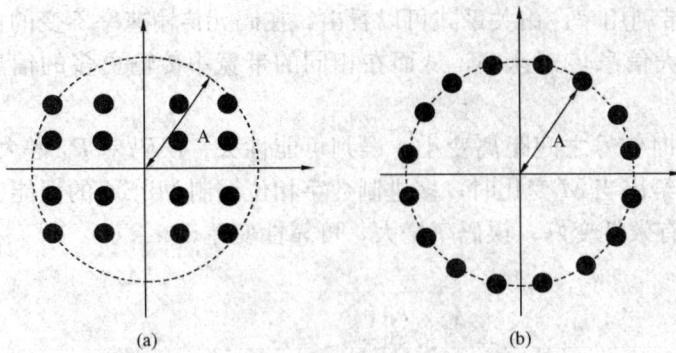

图 2-34　$M=16$ 时 MQAM 与 MPSK 的星座

(a) 16QAM；(b) 16PSK

调制方式，它能够保证在不降低信息传输速率、不增加信道频带宽度的前提下，获得可观的编码增益，提高了整个系统的误码性能，是一种高效利用频带的数字传输技术。

TCM 技术利用编码效率为 $n/(n+1)$ 的卷积码，并将每一码段映射为 2^{n+1} 个调制信号集中的一个信号。在收端信号解调后经反映射变换为卷积码，再送入维特比译码器译码。它有两个基本特点：

（1）在信号空间中的信号点数目比无编码的调制情况下对应的信号点数目要多，这些增加的信号点使编码有了冗余，而不牺牲带宽。

（2）采用卷积码的编码规则，使信号点之间引入相互依赖关系。仅有某些信号点图样或序列是允许用的信号序列，并可模型化成为网格状结构，因此又称为"格状"编码。

图 2-35 画出了一种 8PSK 信号空间的集合划分，所有 8 个信号点分布在一个单位圆周上，连续三次划分后，分别产生 2、4、8 个子集，最小欧氏距离逐次增大，即

$$d_0 < d_1 < d_2$$

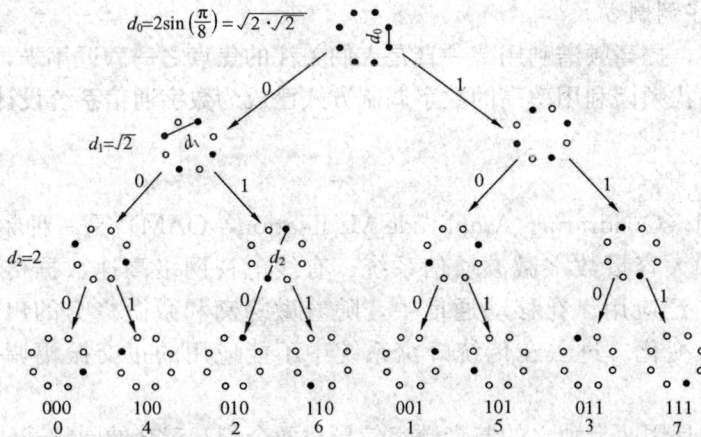

图 2-35　8PSK 信号空间的集合划分

得到了信号点的子集划分后，通过编码器设计使 $2n+1$ 个信号点与 $2n+1$ 个子码对应，即进行适当的映射，使已调信号之间的自由欧氏距离最大。在不增加带宽和相同的信息速率下可获得 3-6dB 的编码增益。

3. 偏移四相相移键控

偏移四相相移键控（offset-QPSK，OQPSK）是在 QPSK（即 4PSK）基础上发展起来的一种恒包络数字调制技术。这里，所谓恒包络技术是指已调波的包络保持为恒定，它与多进制调制是从不同的两个角度来考虑调制技术的。恒包络技术所产生的已调波经过发送带限

后，当通过非线性部件时，只产生很小的频谱扩展。这种形式的已调波具有两个主要特点：其一是包络恒定或起伏很小；其二是已调波频谱具有高频快速滚降特性，或者说已调波旁瓣很小，甚至几乎没有旁瓣。采用这种技术已实现了多种调制方式。

一个已调波的频谱特性与其相位路径有着密切的关系，因此，为了控制已调波的频率特性，必须控制它的相位特性。恒包络调制技术的发展正是始终围绕着进一步改善已调波的相位路径这一中心进行的。OQPSK 是 QPSK 的改进型。它与 QPSK 有同样的相位关系，也是把输入码流分成两路，然后进行正交调制。不同点在于它将同相和正交两支路的码流在时间上错开了半个码元周期。由于两支路码元半周期的偏移，每次只有一路可能发生极性翻转，不会发生两支路码元极性同时翻转的现象。因此，OQPSK 信号相位只能跳变 $0°$、$\pm 90°$，不会出现 $180°$ 的相位跳变。OQPSK 信号的产生原理如图 2-36 所示。图中，

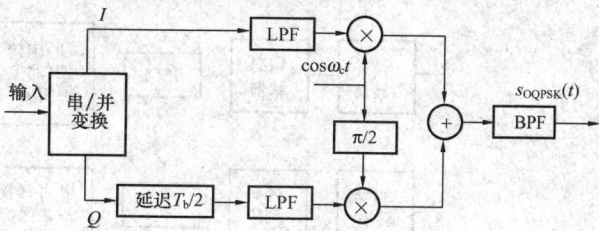

图 2-36　OQPSK 信号产生

$T_b/2$ 的延迟电路是为了保证 I、Q 两路码元偏移半个码元周期。BPF 的作用是形成 QPSK 信号的频谱形状，保持包络恒定。

4. 最小移频键控（MSK）

由于一般移频键控信号相位不连续、频偏较大等原因，使其频谱利用率较低。最小移频键控 MSK（Minimum Frequency Shift Keying，有时也称为快速移频键控 FFSK）是二进制连续相位 FSK 的一种特殊形式，它比 2PSK 有更高的频谱利用率，并且有更强的抗噪声性能，从而得到了广泛的应用。

5. 高斯最小移频键控（GMSK）

由上面分析可知，MSK 调制方式的突出优点是已调信号具有恒定包络，且功率谱在主瓣以外衰减较快。但是，在移动通信中，对信号带外辐射功率的限制十分严格，一般要求必须衰减 70dB 以上。从 MSK 信号的功率谱可以看出，MSK 信号仍不能满足这样的要求。高斯最小移频键控（GMSK）就是针对上述要求提出来的。GMSK 调制方式能满足移动通信环境下对邻道干扰的严格要求，它以良好的性能而被泛欧数字蜂窝移动通信系统（GSM）所采用。

6. 正交频分复用（OFDM）

前面所讨论的数字调制解调方式都是属于串行体制，和串行体制相对应的一种体制是并行体制。它是将高速率的信息数据流经串/并变换，分割为若干路低速率并行数据流，然后每路低速率数据采用一个独立的载波调制并叠加在一起构成发送信号，这种系统也称为多载波传输系统。

在并行体制中，正交频分复用方式是一种高效调制技术，它具有较强的抗多径传播和频率选择性衰落的能力以及较高的频谱利用率，因此得到了深入的研究。

OFDM（Orthogonal Frequency Division Multiplexing）系统已成功地应用于接入网中的高速数字环路 HDSL、非对称数字环路 ADSL，高清晰度电视 HDTV 的地面广播系统。在移动通信领域，OFDM 是第三代、第四代移动通信系统准备采用的技术之一。目前，电力系统宽带电力载波通信也多采用 OFDM 技术。

　　OFDM 是一种高效调制技术，基本原理是将发送的数据流分散到许多个子载波上，使各子载波的信号速率大为降低，从而能够提高抗多径和抗衰落的能力。为了提高频谱利用率，OFDM 方式中各子载波频谱有重叠，但保持相互正交，在接收端通过相关解调技术分离出各子载波，同时消除码间干扰的影响。

　　正交多载波调制（OFDM）是把高速的串行数据转换成 N 路的低速数据流，去分别调制 N 路相互正交的了载波，然后将 N 路子载波合并成一路进行传输的一种调制效率很高的技术。OFDM 系统原理如图 2-37 示，OFDM 信号频谱图如图 2-38 所示。

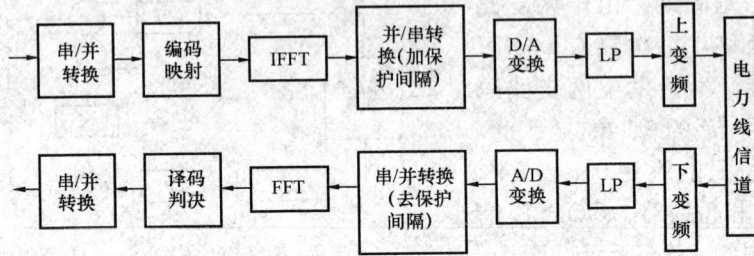

图 2-37　OFDM 电力线通信实现框图

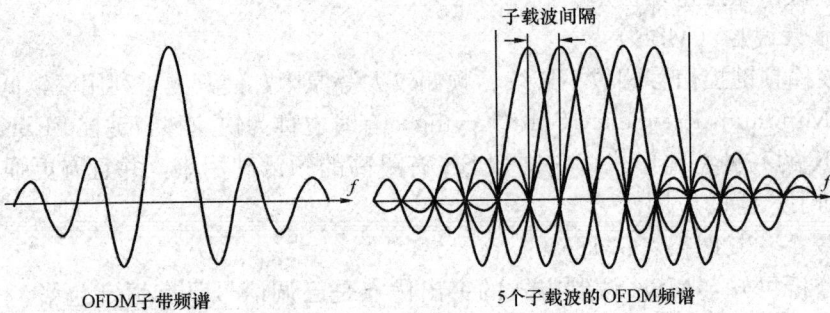

图 2-38　OFDM 信号频谱图

　　OFDM 技术有以下三个优点：

　　（1）可以有效地对抗信号波形间的干扰，适用于多径环境和衰落信道中的高速数据传输。当信道中因为多径传输而出现频率选择性衰落时，只有落在频带凹陷处的子载波以及其携带的信息受影响，其他的子载波未受损害，因此系统总的误码率性能要好得多。

　　（2）通过各子载波的联合编码，具有很强的抗衰落能力。OFDM 技术本身已经利用了信道的频率分集，如果衰落不是特别严重，就没有必要再加时域均衡器。通过将各个信道联合编码，则可以使系统性能得到提高。

　　（3）OFDM 技术抗窄带干扰性很强，因为这些干扰仅仅影响到很小一部分的子信道。

　　7. 扩频调制

　　由于频谱是一个有限的资源，以上所研究的各种调制方式的一个主要设计思想就是减小传输带宽，提高频谱利用率。然而，在一些应用中，我们也得考虑通信系统的多址能力，抗干扰、抗阻塞能力以及隐蔽能力等。扩频技术是解决以上问题的有效措施。扩频系统则是将发送的信息扩展到一个很宽的频带上，通常要比发送的信息带宽宽很多。在接收端，通过相关检测恢复出发送的信息。扩频系统对于单个用户来说频谱利用率很低，但是扩频系统允许很多用户在同一个频带中同时工作，而不会相互产生明显的干扰。当采用码分多址（CDMA）技术，实现多用户工作时，扩频系统的频谱效率就变得较高。

扩频系统具有以下主要特点：

（1）抗干扰和抗衰落、抗阻塞能力强。

（2）多址通信时频谱利用率高。

（3）信号的功率谱密度很低，有利于信号的隐蔽。

扩频通信系统的工作方式有直接序列扩频（Direct Sequence Spread Spectrum）、跳变频率扩频（Frequency Hopping Spread Spectrum）、跳变时间扩频（Time HoppingSpread Spectrum）和混合扩频。

以扩频技术为基础的码分多址（CDMA）方式已得到广泛应用，并确定为第三代移动通信系统的多址方式。

第四节　通信中的编码技术

通信中的编码技术主要有信源编码和信道编码。

信源编码的作用之一是设法减少码元数目和降低码元速率，即通常所说的数据压缩。码元速率将直接影响传输所占的带宽，而传输带宽又直接反映了通信的有效性。作用之二是，当信息源给出的是模拟语音信号时，信源编码器将其转换成数字信号，以实现模拟信号的数字化传输。模拟信号数字化传输的方式有脉冲编码调制（PCM）和增量调制（ΔM）、ADPCM 等。信源译码是信源编码的逆过程。

信道编码是为了降低误码率，提高数字通信的可靠性而采取的编码。数字信号在信道传输时，由于噪声、衰落以及人为干扰等，将会引起差错。为了减少差错，信道编码器对传输的信息码元按一定的规则加入保护成分（监督元），组成所谓"抗干扰编码"。接收端的信道译码器按一定规则进行解码，从解码过程中发现错误或纠正错误，从而提高通信系统抗干扰能力，实现可靠通信。

下面分别介绍两种编码技术的原理及实现过程。

一、信源编码

因数字通信系统具有许多优点而成为当今通信的发展方向。然而自然界的许多信号经各种传感器感知后都是模拟量，例如电话、电视等通信业务，其信源输出的都是模拟信号。若要利用数字通信系统传输模拟信号，一般需三个步骤：

（1）把模拟信号数字化，即模数转换（A/D）；

（2）进行数字方式传输；

（3）把数字信号还原为模拟信号，即数模转换（D/A）。

第（2）步包括数字基带传输和数字频带传输（即第三节的数字调制）另作讨论，因此这里只讨论（1）、（3）两步。由于 A/D 或 D/A 变换的过程通常由信源编（译）码器实现，所以我们把发送端的 A/D 变换称为信源编码，而接收端的 D/A 变换称为信源译码，如语音信号的数字化叫作语音编码。由于电话业务在通信中占有最大的业务量，所以这里以语音编码为例，介绍模拟信号数字化的有关理论和技术。

模拟信号数字化的方法大致可划分为波形编码、参数编码和混合编码。波形编码是直接把时域波形变换为数字代码序列，比特率通常在 $16\sim64\text{kbit/s}$ 范围内，接收端重建信号的质量好，典型方法有如脉冲编码调制（PCM）、自适应差分脉冲编码调制（ADPCM）、增量调制（ΔM）；参数编码是利用信号处理技术，提取语音信号的特征参数，再变换成数字代码，其比特率在 16kb/s 以下，但接收端重建（恢复）信号的质量不够好，如线性预测编码 LP。混合编码则是在波形编码和参数编码的基础上，以相对较低的比特率上获得较高的语音质量，因此，其数据率和音质介于二者之间，混合编码是适合于数字移动通信的语音编码技术。目前，较为成功的混合型编码方案有多脉冲激励线性预测编码（MPLPC）和码激励线性预测编码（CELP）。

目前应用最普遍的波形编码方法有 PCM、ΔM 和 ADPCM。采用 PCM 的模拟信号数字传输系统如图 2-39 所示，首先对模拟信息源发出的模拟信号进行抽样，使其成为一系列离散的抽样值，然后将这些抽样值进行量化并编码，变换成数字信号，这时信号便可用数字通信方式传输。在接收端，则将接收到的数字信号进行译码和低通滤波，恢复原模拟信号。

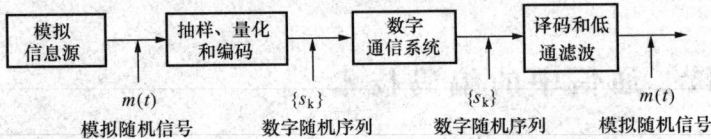

图 2-39 模拟信号的数字传输

这里重点讨论模拟信号数字化的两种方式，即 PCM 和 ΔM 的原理及性能。

（一）PCM 原理

脉冲编码调制 PCM（简称脉码调制）是一种用一组二进制数字代码来代替连续信号的抽样值，从而实现通信的方式。由于这种通信方式抗干扰能力强，它在光纤通信、数字微波通信、卫星通信中均获得了极为广泛的应用。

PCM 是一种最典型的语音信号数字化的波形编码方式，其系统原理框图如图 2-40 所示。首先，在发送端进行波形编码（主要包括抽样、量化和编码三个过程），把模拟信号变换为二进制码组。编码后的 PCM 码组的数字传输方式可以是直接的基带传

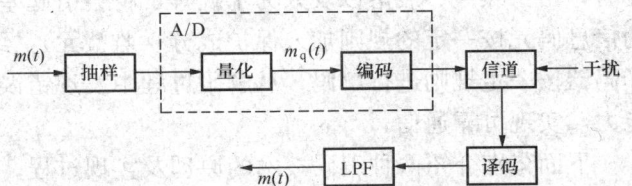

图 2-40 PCM 系统原理框图

输，也可以是对微波、光波等载波调制后的调制传输。在接收端，二进制码组经译码后还原为量化后的样值脉冲序列，然后经低通滤波器滤除高频分量，便可得到重建信号。

1. 抽样

抽样是按抽样定理把时间上连续的模拟信号转换成一系列时间上离散的抽样值的过程，能否由此样值序列重建原信号，是抽样定理要回答的问题。

抽样定理的大意是，如果对一个频带有限的时间连续的模拟信号抽样，当抽样速率达到一定数值时，则根据它的抽样值就能重建原信号。也就是说，若要传输模拟信号，不一定要传输模拟信号本身，只需传输按抽样定理得到的抽样值即可。因此，抽样定理是模拟信号数字化的理论依据。

根据信号是低通型的还是带通型的，抽样定理分低通抽样定理和带通抽样定理；根据抽样的脉冲序列是冲激序列还是非冲激序列，抽样可分理想抽样和实际抽样。

（1）低通抽样定理。一个频带限制在（0，f_H）内的时间连续信号 $m(t)$，如果以 $T_s \leqslant 1/(2f_H)$ 的间隔对它进行等间隔（均匀）抽样，则 $m(t)$ 将被所得到的抽样值完全确定。

抽样定理告诉我们：若 $m(t)$ 的频谱在某一角频率 ω_H 以上为零，则 $m(t)$ 中的全部信息完全包含在其间隔不大于 $1/(2f_H)$ 的均匀抽样序列里。换句话说，在信号最高频率分量的每一个周期内起码应抽样两次。或者说，抽样速率 f_s（每秒内的抽样点数）应不小于 $2f_H$，即 $f_s \geqslant 2f_H$。其中 $T_s = 1/2f_H$，是最大允许抽样间隔，称为奈奎斯特间隔，相对应的最低抽样速率 $f_s = 2f_H$ 称为奈奎斯特速率。

若抽样速率 $f_s < 2f_H$，则会产生失真，这种失真称作混叠失真。

（2）带通抽样定理。一个带通信号 $m(t)$，其频率限制在 f_L 与 f_H 之间，带宽为 $B = f_H - f_L$，若最高频率 f_H 为带宽的整数倍，即 $f_H = nB$，则最小抽样速率 $f_s = 2B$；若最高频率 f_H 不为带宽的整数倍，即

$$f_H = nB + kB \tag{2-3}$$

式中：n 为一个不超过 f_H/B 的最大整数；$0 < k < 1$。

此时，最小抽样速率为

$$f_s = 2B\left(1 + \frac{k}{n}\right)$$

当 $f_L \gg B$ 时，f_s 趋近于 $2B$。所以当 $f_L \gg B$ 时，不论 f_H 是否为带宽的整数倍，都可简化为

$$f_s \approx 2B$$

实际中应用广泛的高频窄带信号就符合这种情况，这是因为 f_H 大而 B 小，f_L 当然也大，因此带通信号通常可按 $2B$ 速率抽样。

抽样定理不仅为模拟信号的数字化奠定了理论基础，它还是时分多路复用及信号分析、处理的理论依据。

2. 量化

量化是把幅度上仍连续（无穷多个取值）的抽样信号进行幅度离散，即利用预先规定的有限个电平来表示模拟信号抽样值的过程。

时间连续的模拟信号经抽样后的样值序列，虽然在时间上离散，但在幅度上仍然是连续的，即抽样值 $m(kT)$ 可以取无穷多个可能值，因此仍属模拟信号。如果用 N 位二进制码组来表示该样值的大小，以便利用数字传输系统来传输的话，那么，N 位二进制码组只能同 $M = 2^N$ 个电平样值相对应，而不能同无穷多个可能取值相对应。这就需要把取值无限的抽样值划分成有限的 M 个离散电平，此电平被称为量化电平。

量化的物理过程可通过图 2-41 所示的例子说明，其中，$m(t)$ 是模拟

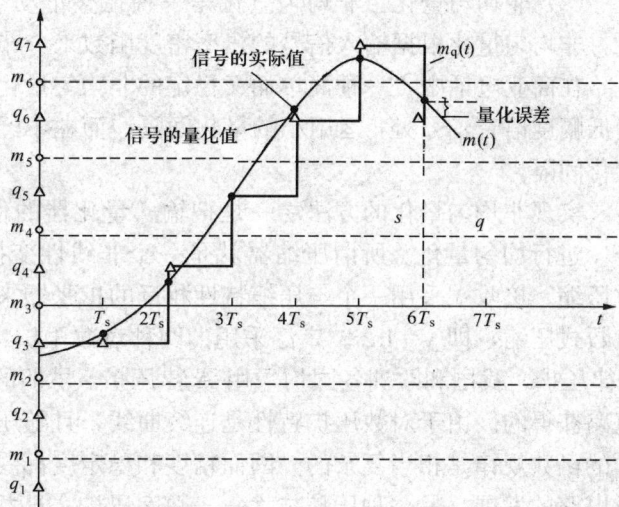

图 2-41　量化过程示意图

信号,抽样速率为 $f_s=1/T_s$,第 k 个抽样值为 $m(kT_s)$,$m_q(t)$ 表示量化信号;$q_1 \sim q_M$ 是预先规定好的 M 个量化电平(这里 $M=7$);m_i 为第 i 个量化区间的终点电平(分层电平);电平之间的间隔 $\Delta i=m_i-m_{i-1}$ 称为量化间隔。量化器的输出是图中的阶梯波形 $m_q(t)$。

可以看出,量化后的信号 $m_q(t)$ 是对原来信号 $m(t)$ 的近似,当抽样速率一定,量化级数(量化电平数)增加并且量化电平选择适当时,可以使 $m_q(t)$ 与 $m(t)$ 的近似程度提高。

$m_q(kT_s)$ 与 $m(kT_s)$ 之间的误差称为量化误差。对于语音、图像等随机信号,量化误差也是随机的,它像噪声一样影响通信质量,因此又称为量化噪声。量化误差的平均功率与量化间隔的分割有关,如何使量化误差的平均功率最小或符合一定规律,是量化的理论所要研究的问题。

均匀量化的量化信噪比为

$$\frac{S}{N_q}=M^2$$

量化信噪比随量化电平数 M 的增加而提高,系统质量越好。通常量化电平数应根据对量化信噪比的要求来确定,量化方法有两种。

(1) 均匀量化。把输入信号的取值域按等距离分割的量化称为均匀量化。在均匀量化中,每个量化区间的量化电平均取在各区间的中点,其量化间隔 Δi 取决于输入信号的变化范围和量化电平数。均匀量化广泛应用于线性 A/D 变换接口,例如在计算机的 A/D 变换中;另外,在遥测遥控系统、仪表、图像信号等的数字化接口中,也都使用均匀量化。

但在语音信号数字化通信(或叫数字电话通信)中,均匀量化则有一个明显的不足:量化信噪比随信号电平的减小而下降。产生这一现象的原因是均匀量化的量化间隔为固定值,量化电平分布均匀,因而无论信号大小如何,量化噪声功率固定不变,这样,小信号时的量化信噪比就难以达到给定的要求。通常,把满足信噪比要求的输入信号的取值范围定义为动态范围。因此,均匀量化时输入信号的动态范围将受到较大的限制。为了克服均匀量化的缺点,实际中往往采用非均匀量化。

(2) 非均匀量化。非均匀量化是一种在整个动态范围内量化间隔不相等的量化。换言之,非均匀量化根据输入信号的概率密度函数来分布量化电平,以改善量化性能。

在商业电话中,一种简单而又稳定的非均匀量化器为对数量化器。该量化器在经常出现的低幅度语音信号处,运用小的量化间隔,而在不经常出现的高幅度语音信号处,运用大的量化间隔。

实现非均匀量化的方法之一是把输入量化器的信号 x 先进行压缩处理,再把压缩的信号 y 进行均匀量化。所谓压缩器就是一个非线性变换电路,微弱的信号被放大,强的信号被压缩。接收端采用一个与压缩特性相反的扩张器来恢复。通常使用的压缩器中,大多采用对数式压缩,即 $y=\ln x$。广泛采用的两种对数压扩特性是 μ 律压扩和 A 律压扩。美国采用 μ 律压扩,我国和欧洲各国均采用 A 律压扩。早期的 A 律和 μ 律压扩特性是用非线性模拟电路获得的。由于对数压扩特性是连续曲线,且随压扩参数的不同而不同,在电路上实现这样的函数规律是相当复杂的,因而精度和稳定度都受到限制。随着数字电路特别是大规模集成电路的发展,另一种压扩技术——数字压扩,日益获得广泛的应用。它是利用数字电路形成许多折线来逼近对数压扩特性。

　　在实际中常采用的方法有两种：一种是采用 13 折线近似 A 律压缩特性；另一种是采用 15 折线近似 μ 律压缩特性。A 律 13 折线压缩特性主要用于英、法、德等欧洲各国的 PCM 30/32 路基群中，我国的 PCM30/32 路基群也采用 A 律 13 折线压缩特性。μ 律 15 折线压缩特性主要用于美国、加拿大和日本等国的 PCM 24 路基群中。CCITT 建议 G.711 规定上述两种折线近似压缩律为国际标准，且在国际数字系统相互连接时，要以 A 律为标准。A 律 13 折线压缩特性的形成如图 2-42 所示。

　　图中给出的是正方向，由于语音信号是双极性信号，因此在负方向也有与正方向对称的一组折线，也是 7 根，但其中靠近零点的 1、2 段斜率也都等于 16，与正方向的第 1、2 段斜率相同，又可以合并为一根，因此，正、负双向共有 2×(8−1)−1＝13 折，故称其为 13 折线。

　　13 折线实际有 16 段，每一段又等间隔分成 16 个量化区间，共有 256 个量化区间，需要 8 位编码就可以完全描述。采用此压缩特性后小信号时的量化信噪比改善量可达 24dB。

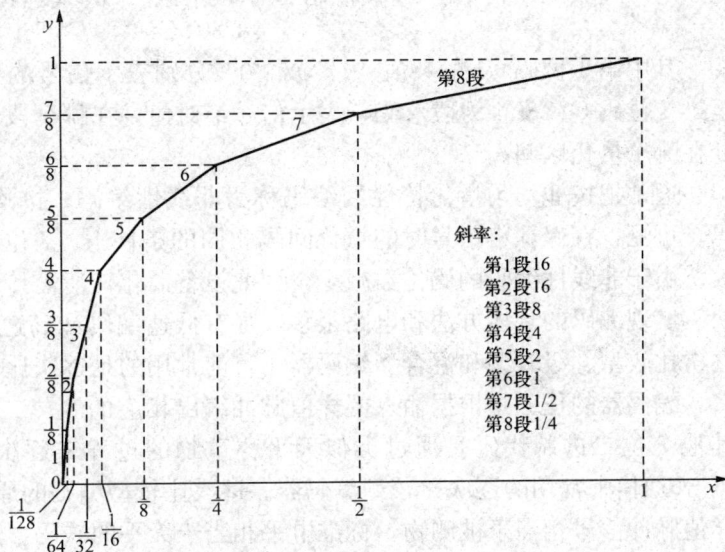

图 2-42　A 律 13 折线压缩特性

3. 编码和译码

　　把量化后的信号电平值变换成二进制码组的过程称为编码，其逆过程称为解码或译码。

　　模拟信息源输出的模拟信号 $m(t)$ 经抽样和量化后得到的输出脉冲序列是一个 M 进制（一般常用 128 或 256）的多电平数字信号，如果直接传输的话，抗噪声性能很差，因此还要经过编码器转换成二进制数字信号（PCM 信号）后，再经数字信道传输。在接收端，二进制码组经过译码器还原为 M 进制的量化信号，再经低通滤波器恢复原模拟基带信号。量化与编码的组合称为模/数变换器（A/D 变换器）；译码与低通滤波的组合称为数/模变换器（D/A 变换器）。编码需要考虑以下几个问题。

　　（1）码字和码型的选择。考虑到二进制码具有抗干扰能力强，易于产生等优点，因此 PCM 中一般采用二进制码。对于 M 个量化电平，可以用 N 位二进制码来表示，其中的每一个码组称为一个码字。为保证通信质量，目前国际上多采用 8 位编码的 PCM 系统。

　　码型指的是代码的编码规律，其含义是把量化后的所有量化级，按其量化电平的大小次序排列起来，并列出各对应的码字，这种对应关系的整体就称为码型。常用的二进制码型有三种：自然二进码、折叠二进码和格雷二进码，在 PCM 通信编码中，折叠二进码比自然二进码和格雷二进码优越，它是 A 律 13 折线 PCM 30/32 路基群设备中所采用的码型。

　　（2）码位的选择与安排。至于码位数的选择，它不仅关系到通信质量的好坏，而且还涉及到设备的复杂程度。码位数的多少，决定了量化分层的多少，反之，若信号量化分层数一定，则编码位数也被确定。在信号变化范围一定时，用的码位数越多，量化分层越细，量化误差就越小，通信质量当然就更好。但码位数越多，设备越复杂，同时还会使总的传码率增加，传输带宽加大。一般从话音信号的可懂度来说，采用 3～4 位非线性编码即可，若增至 7～8 位时，通信质量就比较理想了。8 位码的安排分为极性码、段落码、段内码三部分。

$$
\begin{array}{ccc}
\text{极极码} & \text{段落码} & \text{段内码} \\
C1 & C2C3C4 & C5C6C7C8
\end{array}
$$

其中第 1 位码 C1 的数值"1"或"0"分别表示信号的正、负极性，称为极性码。第 2 至第 4 位码 C2C3C4 为段落码，表示信号绝对值处在哪个段落。C5C6C7C8 表示信号绝对值处在哪个量化区间。

通常把按非均匀量化特性的编码称为非线性编码；按均匀量化特性的编码称为线性编码。可见，在保证小信号时的量化间隔相同的条件下，7 位非线性编码与 11 位线性编码等效。由于非线性编码的码位数减少，因此设备简化，所需传输系统带宽减小。

实现编码的具体方法和电路很多，如有低速编码和高速编码、线性编码和非线性编码；逐次比较型、级联型和混合型编码器。目前常用的是逐次比较型编码器。

编码器的任务是根据输入的样值脉冲编出相应的 8 位二进制代码。除第一位极性码外，其他 7 位二进制代码是通过类似天平称重物的过程来逐次比较确定的。这种编码器就是 PCM 通信中常用的逐次比较型编码器。逐次比较型编码的原理与天平称重物的方法相类似，样值脉冲信号相当于被测物，标准电平相当于天平的砝码。

（二）增量调制

增量调制简称 ΔM 或 DM，它是继 PCM 后出现的又一种模拟信号数字传输的方法，其目的在于简化语音编码方法。

ΔM 与 PCM 虽然都是用二进制代码来表示模拟信号的编码方式。但是，在 PCM 中，代码表示样值本身的大小，所需码位数较多，从而导致编译码设备复杂；而在 ΔM 中，它只用一位编码表示相邻样值的相对大小，从而反映出抽样时刻波形的变化趋势，与样值本身的大小无关。ΔM 系统框图如图 2-43 所示。

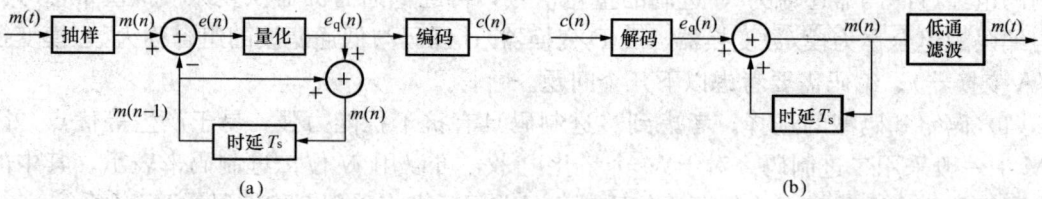

图 2-43　ΔM 系统框图
(a) 编码；(b) 解码

ΔM 与 PCM 编码方式相比具有编译码设备简单，低比特率时的量化信噪比高，抗误码特性好等优点，在军事和工业部门的专用通信网和卫星通信中得到了广泛应用，近年来在高速超大规模集成电路中用作 A/D 转换器。

ΔM 一般适于小容量支线通信，话路上、下方便灵活。目前，随着集成电路的发展，ΔM 的优点已不再那么显著。在传输语音信号时，ΔM 话音清晰度和自然度方面都不如 PCM。因此目前在通用多路系统中很少用或不用 ΔM。ΔM 一般用在通信容量小和质量要求不十分高的场合以及军事通信和一些特殊通信中。

（三）自适应差分脉冲编码调制

64kb/s 的 A 律或 μ 律的对数压扩 PCM 编码已经在大容量的光纤通信系统和数字微波通信系统中得到了广泛的应用。但 PCM 信号占用频带要比模拟通信系统中的一个标准话路带宽（3.1 kHz）宽很多倍，这样，对于大容量的长途传输系统，尤其是卫星通信，采用 PCM 的经济性能很难与模拟通信相比。

以较低的速率获得高质量编码，一直是语音编码追求的目标。通常，人们把话路速率低于 64b/s 的语音编码方法，称为语音压缩编码技术。语音压缩编码方法很多，其中，自适应差分脉冲编码调制（ADPCM）是语音压缩中复杂度较低的一种编码方法，它可在 32kb/s 的比特率上达到 64kb/s 的 PCM 数字电话质量。近年来，ADPCM 已成为长途传输中一种新型的国际通用的语音编码方法。在长途传输系统中，ADPCM 有着远大的前景。相应地，CCITT 也形成了关于 ADPCM 系统的规范建议 G.721、G.726 等。

（四）线性预测编码（LPC）

线性预测编码（LPC）及其他各种改进型都属于参数编码。参数编码是建立在人类语音产生的全极点模型的理论上，参数编码器传输的编码参数也就是全极点模型的参数—基频、线谱对、增益。对语音来说，参数编码器的编码效率最高，但对音频信号，参数编码器就不太合适。典型的参数编码 LPC 用来获取一时变数字滤波器的参数。这个滤波器用来模拟说话人的声道输出。由于它是以滤波器为主来构造语音产生模型，发送的只是滤波器的参数和相关的特征值，可以将比特率压得很低，但合成语音质量不是很好。这种方法在低数率声码器中普遍采用。

（五）混合编码

20 世纪 80 年代后期，综合波形编码和参数编码的混合编码算法成为主流，这种算法也假定了一个语音产生模型，但同时又使用与波形编码相匹配的技术将模型参数编码，吸收了两者的优点。根据这种方法进行编码的有多脉冲激励线性预测编码（MPLPC），码率在 9.6～16k/s 范围内，码激励线性预测编码（CELP），在 4.8～16kb/s 范围内可获得质量相当高的合成语音。近年来码激励线性预测（CELP）编码作为一种优秀的中、低速率方案得到了很好的重视和研究，在降低复杂度、增强 CELP 性能、提高语音质量等方面取得了许多新的进展。矢量和激励线性预测编码（VSELP）成为北美第一种数字蜂窝移动通信网的语音编码标准，与美国政府标准 4.8kb/s CELP 语音编码器基本相同。CCITT 最终选定了由 AT&T 实验室提出的 16kb/s 低延迟线性预测编码方案，并经过进一步的研究和优化，通过了 G.728 低延迟码激励线性预测算法 LD-CELP，LD-CELP 可应用于可视电话伴音、存储和转发系统、数字移动无线通信、数字语音插空设备、语音信息录音和分组语音等领域。

（六）图像信号编码

图像通信以其确切、直观、高效率和多业务的适应性等优点而受到越来广泛的重视。电力系统也逐渐涉及越来越多的图像通信业务。一幅数字图像的数据量通常是很大的，从而对其存储和传输都带来许多问题。由于单纯增加存储器容量及提高信道带宽都是不现实的，所以这些问题的解决就要依靠图像编码技术。在未经压缩的数字图像中存在三种基本的数据冗余：编码冗余、像素间冗余和心理视觉冗余，只要能消除或减少其中的一种或多种冗余就能取得压缩效果。压缩可分为两类：一类压缩是可逆的，即从压缩后的数据可以完全恢复出原来的图像，没有任何信息损失，称为无损压缩；另一类压缩是不可逆的，即从压缩后的数据无法完全恢复原来的图像，信息有一定的损失，称为有损压缩。通常情况下有损压缩的压缩效率比无损压缩的压缩效率要高。常见图像压缩方法如下。

1. 行程长度压缩

行程长度压缩 RLE（Run-Length Encoding）也称游程编码，原理是将一扫描行中的颜色值相同的相邻像素用一个计数值和那些像素的颜色值来代替。例如：aaabcccccddeee，则可用 3a1b6c2d3e 来代替。对于拥有大面积，相同颜色区域的图像，用 RLE 压缩方法非常有效。由 RLE 原理派生出许多具体行程压缩方法。

2. 霍夫曼编码压缩

霍夫曼编码压缩也是一种常用的压缩方法，是 1952 年为文本文件建立的，其基本原理是频繁使用的数据用较短的代码代替，很少使用的数据用较长的代码代替，每个数据的代码各不相同。这些代码都是二进制码，且码的长度是可变的。如：有一个原始数据序列，ABACCDAA 则编码为 A（0），B（10），C（110），D（111），压缩后为 010011011011100。产生霍夫曼编码需要对原始数据扫描两遍，第一遍扫描要精确地统计出原始数据中的每个值出现的频率，第二遍是建立霍夫曼树并进行编码，由于需要建立二叉树并遍历二叉树生成编码，因此数据压缩和还原速度都较慢，但简单有效，因而得到广泛的应用。

3. LZW 压缩方法

LZW 压缩技术比其他大多数压缩技术都复杂，压缩效率也较高。基本原理是把每一个第一次出现的字符串用一个数值来编码，在还原程序中再将这个数值还成原来的字符串，如用数值 0x100 代替字符串"abccddeee"这样每当出现该字符串时，都用 0x100 代替，起到了压缩的作用。至于 0x100 与字符串的对应关系则是在压缩过程中动态生成的，而且这种对应关系是隐含在压缩数据中，随着解压缩的进行这张编码表会从压缩数据中逐步得到恢复，后面的压缩数据再根据前面数据产生的对应关系产生更多的对应关系。直到压缩文件结束为止。LZW 是可逆的，所有信息全部保留。

4. 算术压缩方法

算术压缩与霍夫曼编码压缩方法类似，但比霍夫曼编码更加有效。算术压缩适合于由相同的重复序列组成的文件，算术压缩接近压缩的理论极限。这种方法，是将不同的序列映像到 0 到 1 之间的区域内，该区域表示成可变精度（位数）的二进制小数，越不常见的数据要的精度越高（更多的位数），这种方法比较复杂，因而不太常用。

5. JPEG

JPEG（联合摄影专家组，Joint Photographic Experts Group）标准与其他的标准不同，定义了不兼容的编码方法，在最常用的模式中，它是带失真的，一个从 JPEG 文件恢复出来的图像与原始图像总是不同的，但有损压缩重建后的图像常常比原始图像的效果更好。JPEG 的另一个显著的特点是它的压缩比例相当高，原图像大小与压缩后的图像大小相比，比例可以从 1％到 80％～90％不等。这种方法效果也好，适合多媒体系统。

6. MPEG

MPEG（动态图像专家组，Moving Picture Experts Group）是指一个研究视频和音频编码标准的"动态图像专家组"组织，成立于 1988 年，致力开发视频、音频的压缩编码技术。现在我们所说的 MPEG 泛指由该小组制定的一系列视频编码标准。该小组于 1988 年组成，至今已经制定了 MPEG-1、MPEG-2、MPEG-3、MPEG-4、MPEG-7 等多个标准，MPEG 图像编码是基于变换的有损压缩。MPEG-1、MPEG-2、MPEG-4 采用了运动量估计和运动量补偿技术。在利用了运动量补偿的帧（图像）中，被编码的是经过运动量补偿的参考帧与目前图像的差。与传统图像编码技术不同，MPEG 并不是每格图像进行压缩，而是以一秒时段作为单位，将时段内的每一格图像做比较，由于一般视频内容都是背景变化小、主体变化大，MPEG 技术就应用这个特点，以一幅图像为主图，其余图像格只记录参考资料及变化数据，更有效记录动态图像。从 MPEG-1 到 MPEG-4，其核心技术仍然离不开这个原理，之间的分别主要在于比较的过程和分析的复杂性等。

7. H. 26x 系列视频编码

ITU-T（国际电联）下属的视频编码技术的标准化组织 VCEG（Video Code Expert Group，视频编码专家组）。VCEG 制定的标准有 H. 261、H. 262、H. 263、H. 264，这些标准应用于实时视频通信领域。

二、信道编码

（一）概述

数字信号在传输过程中，加性噪声、码间串扰等都会产生误码。为了提高系统的抗干扰性能，可以加大发射功率，降低接收设备本身的噪声，以及合理选择调制、解调方法等；此外，还可以采用信道编码技术。

信道编码技术的基本思想是通过对信息序列作某种变换，使原来彼此独立，相关性极小的信息码元产生某种相关性，从而在接收端利用这种规律检查或纠正信息码元在信道传输中所造成的差错。

1. 差错类型

差错类型可分为随机差错和突发差错。其中随机差错由随机噪声的干扰引起，差错互相独立、互不相关，恒参高斯白噪声信道是典型的随机信道；突发差错由突发噪声的干扰引起，错误通常成串出现，错误之间具有相关性，具有脉冲干扰的信道是典型的突发信道。

2. 差错控制方式

差错控制方式一般分为三种，对于不同类型的信道，应采用不同的差错控制方式。

（1）检错重发方式。检错重发又称自动请求重传方式，记作 ARQ（Automatic Repeat Request）。由发端送出能够发现错误的码，由收端判决传输中有无错误产生，如果发现错误，则通过反向信道把这一判决结果反馈给发端，然后，发端把收端认为错误的信息再次重发，从而达到正确传输的目的。其特点是需要反馈信道，译码设备简单，对突发错误和信道干扰较严重时有效，但实时性差，主要应用在计算机数据通信中。

（2）前向纠错方式（Forward Error Correction，FEC）。发端发送能够纠正错误的码，收端收到信码后自动地纠正传输中的错误。其特点是单向传输，实时性好，但译码设备较复杂。

（3）混合纠错方式（Hybrid Error Correction，HEC）是 FEC 和 ARQ 方式的结合。发

端发送具有自动纠错同时又具有检错能力的码。收端收到码后，检查差错情况，如果错误在码的纠错能力范围以内，则自动纠错；如果错误超过了码的纠错能力，但能检测出来，则经过反馈信道请求发端重发。这种方式具有自动纠错和检错重发的优点，可达到较低的误码率，因此，近年来得到广泛应用。

3. 纠错码的分类

（1）线性码和非线性码。根据纠错码各码组信息元和监督元的函数关系，可分为线性码和非线性码。如果函数关系是线性的，即满足一组线性方程式，则称为线性码，否则为非线性码。

（2）分组码和卷积码。根据码组信息元和监督元的函数关系涉及的范围，可分为分组码和卷积码。分组码的各码元仅与本组的信息元有关；卷积码中的码元不仅与本组的信息元有关，而且还与前面若干组的信息元有关。

（3）检错码和纠错码。根据码的用途，可分为检错码和纠错码。检错码以检错为目的，不一定能纠错；而纠错码以纠错为目的，一定能检错。

4. 纠错编码的基本原理

（1）码距与最小码距。分组码一般可用（n，k）表示。其中，k 是每组二进制信息码元的数目，n 是码组的码元总位数，又称为码组长度，简称码长。$n-k=r$ 为每个码组中的监督码元数目。简单地说，分组码是对每段 k 位长的信息组以一定的规则增加 r 个监督元，组成长为 n 的码字。在二进制情况下，共有 2^k 个不同的信息组，相应地可得到 2^k 个不同的码字，称为许用码组。其余 2^n-2^k 个码字未被选用，称为禁用码组。

在分组码中，非零码元的数目称为码字的汉明重量，简称码重。例如，码字 10110，码重 $w=3$。

两个等长码组之间相应位取值不同的数目称为这两个码组的汉明（Hamming）距离，简称码距。例如 11000 与 10011 之间的距离 $d=3$。码组集中任意两个码字之间距离的最小值称为码的最小距离，用 d_0 表示。最小码距是码的一个重要参数，是衡量码检错、纠错能力的依据。

（2）检错和纠错能力。码的最小距离 d_0 直接关系着码的检错和纠错能力；任一（n，k）分组码，在码字内应满足：

1）检测 e 个随机错误，则要求码的最小距离 $d_0 \geq e+1$；

2）纠正 t 个随机错误，则要求码的最小距离 $d_0 \geq 2t+1$；

3）纠正 t 个同时检测 e（$e \geq t$）个随机错误，则要求码的最小距离 $d_0 \geq t+e+1$。

5. 编码效率

用差错控制编码提高通信系统的可靠性，是以降低有效性为代价换来的。我们定义衡量有效性的编码效率 R

$$R=k/n$$

式中：k 为信息元的个数；n 为码长。

对纠错码的基本要求是：检错和纠错能力尽量强，编码效率尽量高，编码规律尽量简单。实际中要根据具体指标要求，保证有一定纠、检错能力和编码效率，并且易于实现。

（二）常用的几种简单编码

1. 奇偶监督码

奇偶监督码是在原信息码后面附加一个监督元，使得码组中"1"的个数是奇数或偶数。

或者说，它是含一个监督元，码重为奇数或偶数的（n，$n-1$）系统分组码。奇偶监督码又分为奇监督码和偶监督码。

2. 恒比码

码字中 1 的数目与 0 的数目保持恒定比例的码称为恒比码。由于恒比码中，每个码组均含有相同数目的 1 和 0，因此恒比码又称为等重码，定 1 码。这种码在检测时，只要计算接收码元中 1 的数目是否正确，就知道有无错误。目前我国电传通信中普遍采用 3：2 码，又称"5 中取 3"的恒比码，即每个码组的长度为 5，其中 3 个"1"。这时可能编成的不同码组数目等于从 5 中取 3 的组合数。实践证明，采用这种码后，我国汉字电报的差错率大为降低。

（三）主要的信道编码方法

1. 线性分组码

信息位和监督位由线性方程联系，构成线性码，若线性码的各码元仅与本组的信息元有关，则称为线性分组码。线性分组码中循环码的编码和解码设备都不太复杂，且纠错能力较强，目前在理论和实践上都有了较大发展。

分组码是把 k 个信息比特的序列编成 n 个比特的码组，每个码组的 $n-k$ 个校验位仅与本码组的 k 个信息位有关，而与其他码组无关。为了达到一定的纠错能力和编码效率，分组码的码组长度一般都比较大。编译码时必须把整个信息码组存储起来，由此产生的译码延时随 n 的增加而增加。汉明码是能够纠正 1 位错误的效率较高的线性分组码。

循环码是线性分组码中最重要的一种子类，是目前研究得比较成熟的一类码。循环码具有许多特殊的代数性质，这些性质有助于按照要求的纠错能力系统地构造这类码，并且简化译码算法，目前发现的大部分线性码与循环码有密切关系。循环码还有易于实现的特点，很容易用带反馈的移位寄存器实现，且性能较好，不但可以用于纠正独立的随机错误，也可以用于纠正突发错误。循环码具有码的代数结构清晰、性能较好、编译码简单和易于实现的特点，因此在目前的计算机纠错编码系统中所使用的线性分组码多为循环码。

循环码中的 BCH 码纠错能力强并且容易解码，应用较多，可以纠正多个随机错误；RS 是一种具有很强纠错能力的多进制 BCH 码；CRC 码在计算机通信中得到广泛应用。

2. 卷积码

卷积码是另外一种信道编码方法，它也是将 k 个信息比特编成 n 个比特，但 k 和 n 通常很小，特别适合以串行形式进行传输，时延小。与分组码不同，卷积码编码后的 n 个码元不仅与当前段的 k 个信息有关，还与前面的 $N-1$ 段信息有关，编码过程中互相关联的码元个数为 nN。卷积码的纠错性能随 N 的增加而增大，而差错率随 N 的增加而指数下降。在编码器复杂性相同的情况下，卷积码的性能优于分组码。但卷积码没有分组码那样严密的数学分析手段，目前大多是通过计算机进行好码的搜索。

卷积码在译码方面，不论在理论上还是在实用上都超过了分组码，因而在差错控制和数据压缩系统中得到广泛应用。网络编码调制 TCM 利用了卷积码，并与调制一起考虑，提高了抗干扰能力，得到广泛应用。

3. Turbo 码

Turbo 码是一种级联码，又称并行卷积码，它巧妙地将卷积码和随机交织机制相结合，产生很长的码字并能提供更好的传输性能，更适于在噪声严重、低信道比环境中确保一定的误码率指标。级联码首先由 Forney 提出，它将两个或多个单码级联，在不增加译码复杂度的情况下，可以得到高的编码增益和与长码相同的纠错能力。Berrou 等人提出的 Turbo 码在发送端采用级联编码结构并在接收端采用迭代译码算法，当误比特率为 $10-5$、码率为 $1/2$ 时，使用带宽为 1Hz 的 AWGN 理想信道传送速率为 1bit/s 的信息所需要的信噪比离信道容量的极限要求只有 0.7dB 的距离。Turbo 码由两个或多个子编码单元组成，它们分别对信息序列和其交织后的序列进行编码。Turbo 码作为一种在理论上有重要意义的信道编码方式，有着广泛的应用前景，在一些第 3 代移动通信系统的方案中已经被实际采用。全球 3G 标准 WCDMA、TD-SCDMA 和 CDMA2000 均使用了 Turbo 码。

第五节　数字基带传输系统

一、数字基带传输系统与数字基带信号

来自数据终端的原始数据信号，如计算机输出的二进制序列，电传机输出的代码，或者是来自模拟信号经数字化处理后的 PCM 码组，ΔM 序列等等都是数字信号。这些信号往往包含丰富的低频分量，甚至直流分量，因而称之为数字基带信号。在某些具有低通特性的有线信道中，特别是传输距离不太远的情况下，数字基带信号可以直接传输，我们称之为数字基带传输。而大多数信道，如各种无线信道和光信道，则是带通型的，数字基带信号必须经过载波调制，把频谱搬移到高载处才能在信道中传输，我们把这种传输称为数字频带传输（也称调制传输或载波传输，数字频带传输原理已在数字调制部分作过介绍）。

目前，虽然在实际应用场合，数字基带传输不如频带传输那样广泛，但对于基带传输系统的研究仍是十分有意义的。一是因为在利用对称电缆构成的近程数据通信系统中广泛采用了这种传输方式；二是因为数字基带传输包含频带传输的许多基本问题，也就是说，基带传输系统的许多问题也是频带传输系统必须考虑的问题；三是因为任何一个采用线性调制的频带传输系统可等效为基带传输系统来研究。

（一）数字基带传输系统构成

数字基带传输系统的基本结构如图 2-44 所示。它主要由信道信号形成器、信道、接收滤波器和抽样判决器组成。为了保证系统可靠有序地工作，还应有同步系统。

图中各部分的作用如下：

1. 信道信号形成器

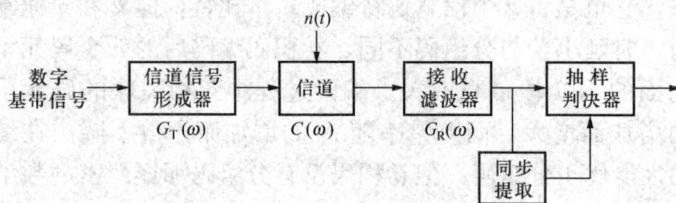

图 2-44　数字基带传输系统

基带传输系统的输入是由终端设备或编码器产生的脉冲序列，往往不适合直接送到信道中传输。信道信号形成器的作用就是把原始基带信号变换成适合于信道传输的基带信号。这种变换主要是通过码型变换和波形变换来实现的。其目的是与信道匹配，便于传输，减小码间串扰，利于同步提取和抽样判决。

2. 信道

它是允许基带信号通过的媒质，通常为有线信道，如市话电缆、架空明线等。信道的传输特性通常不满足无失真传输条件，甚至是随机变化的。另外信道还会进入噪声。在通信系

统的分析中，常常把噪声 $n(t)$ 等效，集中在信道中引入。

3. 接收滤波器

它的主要作用是滤除带外噪声，对信道特性均衡，使输出的基带波形有利于抽样判决。

4. 抽样判决器

它是在传输特性不理想及噪声背景下，在规定时刻（由位定时脉冲控制）对接收滤波器的输出波形进行抽样判决，以恢复或再生基带信号。而用来抽样的位定时脉冲则依靠同步提取电路从接收信号中提取，位定时的准确与否将直接影响判决效果。

（二）数字基带信号

数字基带信号是指消息代码的电波形，它是用不同的电平或脉冲来表示相应的消息代码。数字基带信号（以下简称为基带信号）的类型有很多，常见的有矩形脉冲、三角波、高斯脉冲和正余弦脉冲等。最常用的是矩形脉冲，因为矩形脉冲易于形成和变换，下面就以矩形脉冲为例介绍几种最常见的基带信号波形。

1. 单极性不归零波形

单极性不归零波形如图 2-45（a）所示。这是一种最简单、最常用的基带信号形式。这种信号脉冲的零电平和正电平分别对应着二进制代码 0 和 1，或者说，它在一个码元时间内用脉冲的有或无来对应表示 0 或 1 码。其特点是极性单一，有直流分量，脉冲之间无间隔。另外位同步信息包含在电平的转换之中，当出现连 0 或连 1 序列时没有位同步信息。

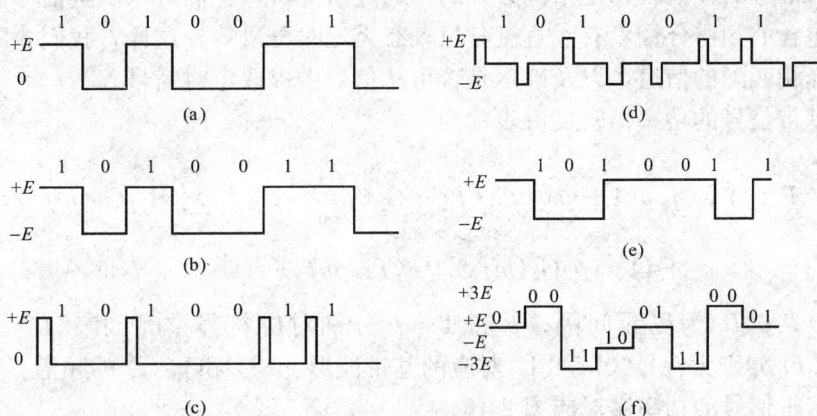

图 2-45　几种常见的基带信号波形

（a）单极性不归零波形；（b）双极性不归零波形；（c）单极性归零波形；
（d）双极性归零波形；（e）差分波形；（f）多电平波形

2. 双极性不归零波形

在双极性不归零波形中，脉冲的正、负电平分别对应于二进制代码 1、0，如图 2-45（b）所示。由于它是幅度相等极性相反的双极性波形，故当 0、1 符号等可能出现时无直流分量。这样，恢复信号的判决电平为 0，因而不受信道特性变化的影响，抗干扰能力也较强。故双极性波形有利于在信道中传输。

3. 单极性归零波形

单极性归零波形与单极性不归零波形的区别是有电脉冲宽度小于码元宽度，每个有电脉冲在小于码元长度内总要回到零电平［见图 2-45（c）］，所以称为归零波形。单极性归零波形可以直接提取定时信息，是其他波形提取位定时信号时需要采用的一种过渡波形。

4. 双极性归零波形

它是双极性波形的归零形式，如图 2-45（d）所示。图中，每个码元内的脉冲都回到零点平，即相邻脉冲之间必定留有零电位的间隔。它除了具有双极性不归零波形的特点外，还有利于同步脉冲的提取。

5. 差分波形

这种波形不是用码元本身的电平表示消息代码，而是用相邻码元的电平的跳变和不变来表示消息代码，如图 2-45（e）所示。图中，以电平跳变表示 1，以电平不变表示 0，当然上述规定也可以反过来。由于差分波形是以相邻脉冲电平的相对变化来表示代码，因此称它为相对码波形，而相应地称前面的单极性或双极性波形为绝对码波形。用差分波形传送代码可以消除设备初始状态的影响，特别是在相位调制系统中用于解决载波相位模糊问题。

6. 多电平波形

上述各种信号都是一个二进制符号对应一个脉冲。实际上还存在多于一个二进制符号对应一个脉冲的情形。这种波形统称为多电平波形或多值波形，如图 2-45（f）所示。

（三）数字基带信号的频谱特性

研究基带信号的频谱结构是十分必要的，通过谱分析，我们可以了解信号需要占据的频带宽度，所包含的频谱分量，有无直流分量，有无定时分量等。这样，我们才能针对信号谱的特点来选择相匹配的信道，以及确定是否可从信号中提取定时信号。

二进制基带信号的功率谱密度可表示为

$$P_s(f) = f_s p(1-p) \mid G_1(f) - G_2(f) \mid^2 + f_s^2 \sum_{m=-\infty}^{+\infty} \mid p G_1(mf_s)$$

$$+ (1-p)G_2(mf_s) \mid^2 \delta(f - mf_s) \tag{2-4}$$

式中，$f_s = 1/T_s$；T_s 为码元间隔；p 和 $1-p$ 分别对应符号"0"和"1"出现的概率；$G_1(f)$ 和 $G_2(f)$ 分别为符号"0"和"1"对应的基带波形 $g_1(t)$ 和 $g_2(t)$ 的频谱。

二进制基带信号的功率谱对应图 2-46。

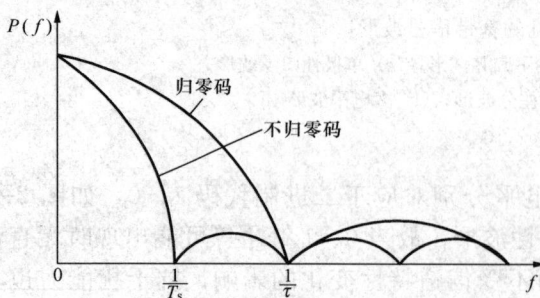

图 2-46　二进制基带信号的功率谱密度

由图 2-44 可以看出，数字基带信号功率谱集中在低频部分。随机序列的带宽主要依赖单个码元波形的频谱函数 $G_1(f)$ 或 $G_2(f)$，两者之中应取较大带宽的一个作为序列带宽。时间波形的占空比越小，频带越宽。通常以谱的第一个零点作为矩形脉冲的近似带宽，它等于脉宽 τ 的倒数，即 $B_s = 1/\tau$。由图 2-44 可知，不归零脉冲的 $\tau = T_s$，则 $B_s = f_s$；半占空归零脉冲的 $\tau = T_s/2$，则 $B_s = 1/\tau = 2f_s$。其中 $f_s = 1/T_s$，为位定时信号的频率，在数值上与码速率 R_B 相等。

二、数字基带传输的常用码型

在实际的基带传输系统中，并不是所有代码的电波形都能在信道中传输。例如，前面介绍的含有直流分量和较丰富低频分量的单极性基带波形就不适宜在低频传输特性差的信道中传输，因为它有可能造成信号严重畸变。又如，当消息代码中包含长串的连续"1"或"0"符号时，非归零波形呈现出连续的固定电平，因而无法获取定时信息。单极性归零码在传送连"0"时，存在同样的问题。因此，对传输用的基带信号主要有两个方面的要求：

（1）对代码的要求。原始消息代码必须编成适合于传输用的码型。

（2）对所选码型的电波形要求。电波形应适合于基带系统的传输。

关于码型的选择问题，将取决于实际信道特性和系统工作的条件。通常，考虑下列主要因素：

（1）相应的基带信号无直流分量，且低频分量少。

（2）便于从信号中提取定时信息。

（3）信号中高频分量尽量少，以节省传输频带并减少码间串扰。

（4）具有内在的检错能力，传输码型应具有一定规律性，以便利用这一规律性进行宏观监测。

（5）编译码设备要尽可能简单等。

满足或部分满足以上特性的传输码型种类繁多，这里准备介绍目前常见的几种。

（一）AMI 码

AMI 码是传号交替反转码。其编码规则是将二进制消息代码"1"（传号）交替地变换为传输码的"+1"和"−1"，而"0"（空号）保持不变。例如：

消息代码：　　1 0 0 1 1 0 0 0 0 0 0 0 0 1 1 0 0 1 1

AMI 码：　　+1 0 0 −1 +1 0 0 0 0 0 0 0 0 −1 +1 0 0 −1 +1

AMI 码对应的基带信号是正负极性交替的脉冲序列，而 0 电位持不变的规律。AMI 码的优点是，由于 +1 与 −1 交替，AMI 码的功率谱（见图 2-47）中不含直流成分，高、低频分量少，能量集中在频率为 1/2 码速处。位定时频率分量虽然为 0，但只要将基带信号经全波整流变为单极性归零波形，便可提取位定时信号。此外，AMI 码的编译码电路简单，便于利用传号极性交替规律观察误码情况。鉴于这些优点，AMI 码是 CCITT 建议采用的传输码型之一。

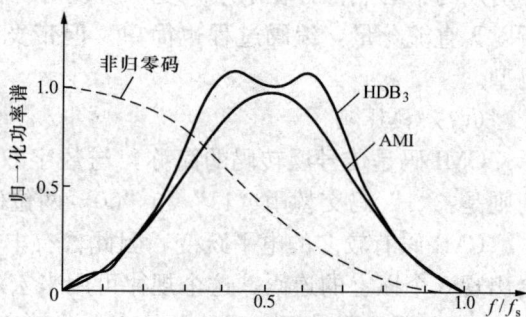

图 2-47　AMI 码和 HDB₃ 码的功率谱

AMI 码的不足是，当原信码出现连"0"串时，信号的电平长时间不跳变，造成提取定时信号的困难。解决连"0"码问题的有效方法之一是采用 HDB₃ 码。

（二）HDB₃ 码

HDB₃ 码的全称是 3 阶高密度双极性码，它是 AMI 码的一种改进型，其目的是保持 AMI 码的优点而克服其缺点，使连"0"个数不超过 3 个。其编码规则如下：

（1）当信码的连"0"个数不超过 3 时，仍按 AMI 码的规则编，即信号极性交替。

（2）当连"0"个数超过 3 时，则将第 4 个"0"改为非"0"脉冲，记为＋V 或－V，称之为破坏脉冲。相邻 V 码的极性必须交替出现，以确保编好的码中无直流。

（3）为了便于识别，V 码的极性应与其前一个非"0"脉冲的极性相同，否则，将四连"0"的第一个"0"更改为与该破坏脉冲相同极性的脉冲，并记为＋B 或－B。

（4）破坏脉冲之后的信号码极性也要交替。例如：

代码：　　　　1000　　0　　1000　　0　　1　　1　　000　　0　　1　　1

AMI 码：　　－1000　　0　　＋1000　　0　　－1　　＋1　　000　　0　　－1　　＋1

HDB₃ 码：　－1000　－V　＋1000　＋V　－1　＋1　－B00　－V　＋1　－1

其中的±V 脉冲和±B 脉冲与±1 脉冲波形相同，用 V 或 B 符号的目的是示意将原信码的"0"变换成"1"码。

虽然 HDB₃ 码的编码规则比较复杂，但译码却比较简单。从上述原理看出，每一个破坏符号 V 总是与前一非 0 符号同极性（包括 B 在内）。

HDB₃ 码保持了 AMI 码的优点外，同时还将连"0"码限制在 3 个以内，故有利于位定时信号的提取。HDB₃ 码是应用最为广泛的码型，A 律 PCM 四次群以下的接口码型均为 HDB₃ 码。

（三）数字双相码

数字双相码又称曼彻斯特（Manchester）码。它用一个周期的正负对称方波表示"0"，而用其反相波形表示"1"。编码规则之一是："0"码用"01"两位码表示，"1"码用"10"两位码表示，例如：

代码：　　　1　　1　　0　　0　　1　　0　　1

双相码：　　10　　10　　01　　01　　10　　01　　10

双相码只有极性相反的两个电平，而不像前面的码具有 3 个电平。因为双相码在每个码元周期的中心点都存在电平跳变，所以富含位定时信息。又因为这种码的正、负电平各半，所以无直流分量，编码过程也简单。但带宽比原信码大 1 倍。计算机以太网中常采用这种码型。

（四）CMI 码

CMI 码是传号反转码的简称，与数字双相码类似，它也是一种双极性二电平码。编码规则是："1"码交替用"11"和"00"两位码表示；"0"码固定地用"01"表示。

CMI 码有较多的电平跃变，因此含有丰富的定时信息。此外，由于 10 为禁用码组，不会出现 3 个以上的连码，这个规律可用来宏观检错。

由于 CMI 码易于实现，且具有上述特点，因此是 CCITT 推荐的 PCM 高次群采用的接口码型，在速率低于 8.448Mb/s 的光纤传输系统中有时也用作线路传输码型。

在数字双相码和 CMI 码中，每个原二进制信码都用一组 2 位的二进码表示，因此这类码又称为 1B2B 码。

（五）nBmB 码

nBmB 码是把原信息码流的 n 位二进制码作为一组，编成 m 位二进制码的新码组。

由于 $m>n$，新码组可能有 2^m 种组合，故多出 2^m-2^n 种组合。从中选择一部分有利码组作为可用码组，其余为禁用码组，以获得好的特性。在光纤数字传输系统中，通常选择

$m=n+1$，有 1B2B 码、2B3B 码、3B4B 码以及 5B6B 码等，其中，5B6B 码型已实用化，用作三次群和四次群以上的线路传输码型。

三、无码间串扰的基带传输特性

数字信号的基带传输还要考虑形成合适的基带传输波形，保证抽样时刻无码间串扰。因此，基带传输特性应满足的频域条件为

$$\sum_i H\left(\omega+\frac{2\pi i}{T_s}\right)=T_s,\ |\omega|\leqslant\frac{\pi}{T_s} \tag{2-5}$$

式（2-5）的物理意义是，按 $\omega=\pm(2n-1)\pi/T_s$（其中 n 为正整数）将 $H(\omega)$ 在 ω 轴上以 $2\pi/T_s$ 间隔切开，然后分段沿 ω 轴平移到 $(-\pi/T_s,\pi/T_s)$ 区间内进行叠加，其结果应当为一常数（不必一定是 T_s），这种特性称为等效理想低通特性，记为 $H_{eq}(\omega)$。

式（2-4）称为奈奎斯特第一准则。它提供了检验一个给定的系统特性 $H(\omega)$ 是否产生码间串扰的一种方法。

输入序列若以 $1/T_s$ 的速率进行传输时，所需的最小传输带宽为 $1/2T_s$，这是在抽样时刻无码间串扰条件下，基带系统能达到的极限情况。此时基带系统所能提供的最高频带利用率为 $\eta=2B/Hz$。通常，我们把 $1/2T_s$ 称为奈奎斯特带宽，记为 W_1，则该系统无码间串扰的最高传输速率为 $2W_1$，称为奈奎斯特速率。

四、无码间串扰基带系统的抗噪声性能

码间串扰和信道噪声是影响接收端正确判决而造成误码的两个因素。在无码间串扰的条件下，噪声对基带信号传输的影响，即噪声引起的误码率为

双极性信号
$$p_e=\frac{1}{2}erf\left(\frac{A}{\sqrt{2}\sigma_n}\right)$$

单极性信号
$$p_e=\frac{1}{2}erf_c\left(\frac{A}{2\sqrt{2}\sigma_n}\right)$$

可见误码率仅依赖于信号峰值 A 与噪声均方根值 σ_n 的比值，而与采用什么样的信号波形无关（当然，这里的信号波形必须是能够消除码间干扰的）。若比值 A/σ_n 越大，则 p_e 就越小。

在单极性与双极性基带信号的峰值 A 相等、噪声均方根值 σ_n 也相同时，单极性基带系统的抗噪声性能不如双极性基带系统。此外，在等概率条件下，单极性的最佳判决门限电平为 $A/2$，当信道特性发生变化时，信号幅度 A 将随着变化，故判决门限电平也随之改变，而不能保持最佳状态，从而导致误码率增大。而双极性的最佳判决门限电平为 0，与信号幅度无关，因而不随信道特性变化而变化，故能保持最佳状态。因此，基带系统多采用双极性信号进行传输。

第六节 通信中的复用和多址技术

一、复用技术

随着信息时代的到来，对通信的需求呈现加速增长的趋势。发展迅速的各种新型业务（特别是高速数据和视频业务）对通信网的带宽（或容量）提出了更高的要求。为了

适应通信网传输容量的不断增长和满足网络交互性、灵活性的要求，产生了各种复用技术。"复用"是将若干个彼此独立的信号合并为一个可以在同一信道上传输的复合信号的方法。

从实际应用角度，信道所提供的带宽往往比一路信号所占用的带宽要宽得多，如中波广播信道可用频率范围 1000kHz 以上，采用调幅方式一路信号所需带宽约 10kHz，用 1000kHz 带宽只传输一路 10kHz 信号对信道资源是巨大的浪费。为了提高频谱利用率，充分利用信道资源，需要采用多路复用技术，即在同一信道中同时传输多路信号。目前采用的复用方法有频分复用（FDM）、时分复用（TDM）、码分复用（CDM）和波分复用（WDM）。

其中频分复用主要用于传统的模拟通信，时分复用广泛用于数字微波通信等，码分复用主要用于移动通信，波分复用主要用于光纤通信，卫星通信中还有空分复用（SDM）。

（一）频分复用

频分复用（Frequency division Multiplexing，FDM）是指按照频率的不同来复用多路信号的方法。在频分复用中，信道的带宽被分成若干相互不重叠的频段，每路信号占用其中一个频段，因而在接收端可以采用适当的带通滤波器将多路信号分开，从而恢复出所需要的信号。

频分复用系统组成原理如图 2-48 所示。图中，各路基带信号首先通过低通滤波器（LPF）限制基带信号的带宽，避免它们的频谱出现混叠；然后，各路信号分别对各自的载波进行调制、合成后送入信道传输。在接收端，分别采用不同中心频率的带通滤波器分离出各路已调信号，解调后恢复出基带信号。

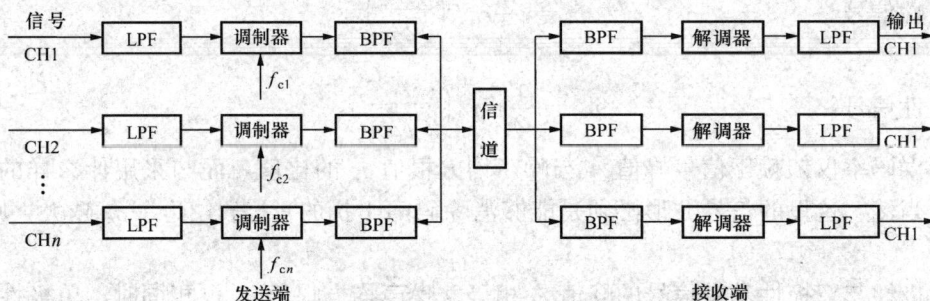

图 2-48　频分复用系统组成原理图

频分复用是利用各路信号在频率域不相互重叠来区分的。若相邻信号之间产生相互干扰，将会使输出信号产生失真。为了防止相邻信号之间产生相互干扰，应合理选择载波频率 f_{c1}，f_{c2}，…，f_{cn}，并使各路已调信号频谱之间留有一定的保护间隔。若基带信号是模拟信号，则调制方式可以是 DSB-SC、AM、SSB、VSB 或 FM 等，其中 SSB 方式频带利用率最高。若基带信号是数字信号，则调制方式可以是 ASK、FSK、PSK 等各种数字调制。复用信号的频谱结构示意图如图 2-49 所示。

（二）时分复用

时分复用（Time Division Multiplexing，TDM）是利用各信号的抽样值在时间上不相互重叠来达到在同一信道中传输多路信号的一种方法。在 FDM 系统中，各信号在频域上是

图 2-49　频分复用信号的频谱结构示意图

分开的而在时域上是混叠在一起的；在 TDM 系统中，各信号在时域上是分开的，而在频域上是混叠在一起的。图 2-50 给出了两个基带信号进行时分复用的原理图。图中，对 $m_1(t)$ 和 $m_2(t)$ 按相同的时间周期进行采样，只要采样脉冲宽度足够窄，在两个采样值之间就会留有一定的时间空隙。

时分复用（TDM）将时间帧划分成若干时隙和各路信号占有各自时隙，在数字通信中经常被采用。与 FDM 方式相比，TDM 方式主要有以下两个突出优点：

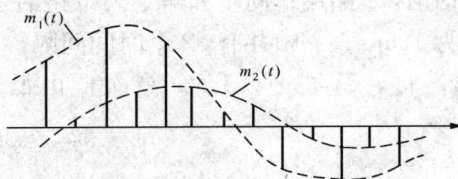

图 2-50　两个基带信号时分复用原理

（1）多路信号的复接和分路都是采用数字处理方式实现的，通用性和一致性好，比 FDM 的模拟滤波器分路简单、可靠。

（2）信道的非线性会在 FDM 系统中产生交调失真和高次谐波，引起路间串话，因此，要求信道的线性特性要好，而 TDM 系统对信道的非线性失真要求可降低。

1. 时分复用标准

目前国际有两大时分复用标准，即 PDH（准同步数字系列）和 SDH（同步数字系列）。而 PDH 又分成欧洲、中国和北美、日本两个数字复接系列，不同标准在路数和速率上规定不同，见表 2-3。

表 2-3　　　　　　　　　　　　　时 分 复 用 标 准

群路等级	北 美、日 本		欧 洲、中 国	
	信息速率（kbit/s）	路　数	信息速率（kbit/s）	路　数
基　群	1544	24	2048	30
二 次 群	6312	96	8448	120
三 次 群	32064/44736	480/672	34368	480
四 次 群	97728/274176	1440/4032	139264	1920
STM-1	155520kbit/s			
STM-4	622080kbit/s			
STM-16	2488320kbit/s			
STM-64	9953280kbit/s			

对于 PDH 标准，必须有相同制式才能互通，且高次群速率在低次群倍数上还需开销，如 A 律二次群 8.448Mbit/s，$2.048 \times 4 = 8.192$Mbit/s，相差 256kbit/s（每个话路 64kbit/s，共 4 个话路）用来传同步；但 SDH 的高次群正好是低次群整倍，因为开销已预留，PDH 的两种制式都可接入。

我国在 1995 年以前，一般均采用准同步数字序列（PDH）的复用方式，1995 年以后，随着光纤通信网的大量使用,开始采用同步数字序列(SDH)的复用方式,原有的 PDH 数字传输网可逐步纳入 SDH 网。目前,SDH 发速迅速,在光纤通信系统中得到广泛应用。SDH 的原理在本书光纤通信部分有详细介绍。

2. PCM 基群帧结构

目前国际上推荐的 PCM 基群有两种标准,即 PCM30/32 路(A 律压扩特性)制式和 PCM24 路(μ 律压扩特性)制式,并规定,国际通信时,以 A 律压扩特性为标准。我国也规定采用 PCM30/32 路制式。

PCM30/32 路制式基群帧结构如图 2-51 所示,共由 32 路组成,其中 30 路用来传输用户话语,2 路用作同步和信令。每路话音信号抽样速率 $f_s = 8000\text{Hz}$,故对应的每帧时间间隔为 $125\mu\text{s}$。一帧共有 32 个时间间隔,称为时隙。各个时隙从 0~31 顺序编号,分别记作 T_{s0},T_{s1},T_{s2},…,T_{s31}。高次群由低次群复接而成,复接时有码速调整问题,收端再分接。

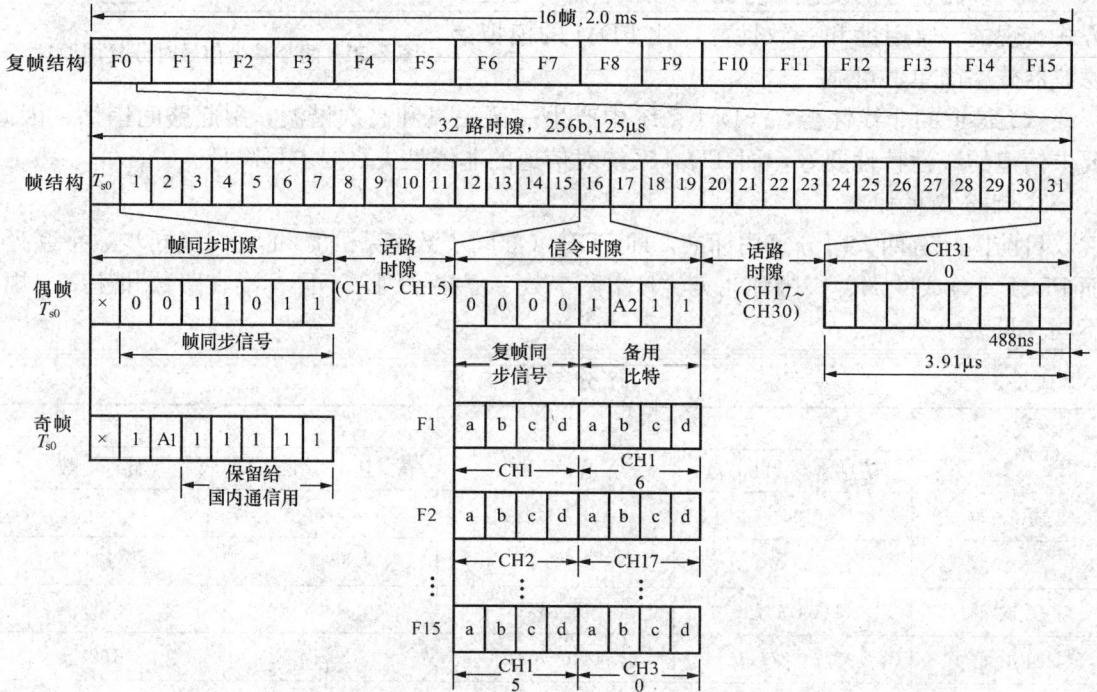

图 2-51　PCM30/32 路制式基群帧结构

其中,T_{s1} 至 T_{s15} 和 T_{s17} 至 T_{s31} 这 30 路时隙用来传送 30 路电话信号的 8 位编码码组,T_{s0} 分配给帧同步,T_{s16} 专用于传送话路信令。每个路时隙包含 8 位码,一帧共包含 256 个比特。信息传输速率为 $R_b = 8000[(30+2) \times 8] = 2.048\text{Mb/s}$。

3. PCM 高次群

以上我们讨论的 PCM30/32 路称为数字基群或一次群。如果要传输更多路的数字电话,则需要将若干个一次群数字信号通过数字复接设备复合成二次群,二次群复合成三次群等。我国和欧洲各国采用以 PCM30/32 路制式为基础的高次群复合方式,北美和日本采用以 PCM24 路制式为基础的高次群复合方式。

4. 数字复接技术

在数字通信系统中，为了扩大传输容量，通常将若干个低等级的支路比特流汇集成一个高等级的比特流在信道中传输。这种将若干个低等级的支路比特流合成为高等级比特流的过程称为数字复接。完成复接功能的设备称为数字复接器。在接收端，需要将复合数字信号分离成各支路信号，该过程称为数字分接。完成分接功能的设备称为数字分接器。由于在时分多路数字电话系统中每帧长度为 $125\mu s$，因此，传输的路数越多，每比特占用的时间就越少，实现的技术难度也就越高。

数字复接实质上是对数字信号的时分多路复用。数字复接系统组成原理如图 2-47 所示。数字复接设备由数字复接器和数字分接器组成。数字复接器将若干个低等级的支路信号按时分复用的方式合并为一个高等级的合路信号。数字分接器将一个高等级的合路信号分解为原来的低等级支路信号。

在数字复接中，如果复接器输入端的各支路信号与本机定时信号是同步的，则称为同步复接器；如果不是同步的，则称为异步复接器。如果输入各支路数字信号与本机定时信号标称速率相同，但实际上有一个很小的容差，这种复接器称为准同步复接器。

在复接器中，码速调整单元完成对输入各支路信号的速率和对相位进行的必要调整，形成与本机定时信号完全同步的数字信号，使输入到复接单元的各支路信号是同步的。定时单元受内部时钟或外部时钟控制，产生复接需要的各种定时控制信号。码速调整单元及复接单元受定时单元控制。

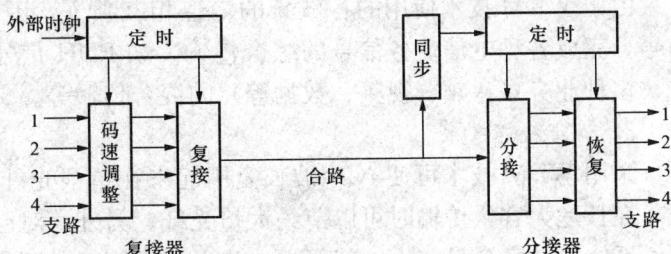

图 2-52 数字复接系统组成原理

元受定时单元控制。在分接器中，合路数字信号和相应的时钟同时送给分接器。分接器的定时单元受合路时钟控制，因此它的工作节拍与复接器定时单元同步。同步单元从合路信号中提出帧同步信号，用它再去控制分接器定时单元。恢复单元把分解出的数字信号恢复出来。

5. 同步时分复用与异步时分复用

时分多路复用又分为同步时分复用（Synchronous Time division Multiplexing，STDM）和异步时分复用（Asysnchronous Time Division Multiplexing，ATDM），其中同步时分指发送端的多台计算机通过一条线路向接收端发送数据时进行分时处理，它们以固定的时隙进行分配，如上面介绍的 PCM 设备采用的是时分多路复用。

异步时分与同步时分有所不同，异步时分复用技术又被称为统计时分复用技术（Statistic Time-Division Multiplexing，STDM），它能动态地按需分配时隙，以避免每个时隙段中出现空闲时隙。异步时分在分配时隙时是不固定的，而是只给想发送数据的发送端分配其时隙段，当用户暂停发送数据时，则不给它分配时隙。这种方法提高了设备利用率，但是技术复杂性也比较高，所以这种方法主要应用于高速远程通信过程中，如异步传输模式 ATM。

（三）码分复用

码分复用（CDM）系统的全部用户共享一个无线信道，用户信号的区分靠所用码型的不同，目前在移动通信中采用的 CDMA 蜂窝系统具有扩频通信系统所固有的优点，如抗干扰、抗多径衰落和具有保密性等，码分多址（CDMA）是最具有竞争力的多址方式。码分复用的原理在移动通信部分有详细描述。

（四）波分复用

在光纤通信系统中采用的光波分复用（Wavelength Division Multiplexing，WDM）技术是在一根光纤中同时传输多个波长光信号的一项技术。其基本原理是在发送端将不同波长的光信号组合起来（复用），并耦合到光缆线路上的同一根光纤中进行传输，在接收端又将组合波长的光信号分开（解复用），并作进一步处理，恢复出原信号后送入不同的终端，因此将此项技术称为光波长分割复用，简称光波分复用技术。人们把在同一窗口中信道间隔较小的波分复用称为密集波分复用（Dense Wavelength Division Multiplexing，DWDM）。

WDM 技术具有如下特点：

1. 充分利用光纤的巨大带宽资源

光纤具有巨大的带宽资源（低损耗波段），WDM 技术使一根光纤的传输容量比单波长传输增加几倍至几十倍甚至几百倍，从而增加光纤的传输容量，降低成本，具有很大的应用价值和经济价值。

2. 同时传输多种不同类型的信号

由于 WDM 技术使用的各波长的信道相互独立，因而可以传输特性和速率完全不同的信号，完成各种电信业务信号的综合传输，如 PDH 信号和 SDH 信号，数字信号和模拟信号，多种业务（音频、视频、数据等）的混合传输等。

3. 节省线路投资

采用 WDM 技术可使 N 个波长复用起来在单根光纤中传输，也可实现单根光纤双向传输，在长途大容量传输时可以节约大量光纤。另外，对已建成的光纤通信系统扩容方便，只要原系统的功率余量较大，就可进一步增容而不必对原系统作大的改动。

4. 降低器件的超高速要求

随着传输速率的不断提高，许多光电器件的响应速度已明显不足，使用 WDM 技术可降低对一些器件在性能上的极高要求，同时又可实现大容量传输。

5. 高度的组网灵活性、经济性和可靠性

WDM 技术有很多应用形式，如长途干线网、广播分配网、多路多址局域网，可以利用 WDM 技术选择路由，实现网络交换和故障恢复，从而实现未来的透明、灵活、经济且具有高度生存性的光网络。

波分复用的原理在光纤通信部分有详细描述。

（五）其他复用技术

除了比较熟悉的时分复用（TDM）技术外，还出现了其他的复用技术，例如，光时分复用（OTDM）以及副载波复用（SCM）技术、卫星通信的空分复用（SDM）等。

SDM 空分复用是一种卫星通信模式，它利用碟形天线的方向性来优化无线频域的使用并减少系统成本。这种技术是利用空间分割构成不同的信道。举例来说，在一颗卫星上使用多个天线，各个天线的波束射向地球表面的不同区域。地面上不同地区的地球站，它们在同一时间、即使使用相同的频率进行工作，它们之间也不会形成干扰。

空分复用（SDM，Space Division Multiplexing），又理解为多对电线或光纤共用一条缆的复用方式。例如，五类线就是四对双绞线共用一条缆，还有市话电缆（几十对）也是如此。能够实现空分复用的前提条件是光纤或电线的直径很小，可以将多条光纤或多对电线做在一条缆内，既节省外护套的材料又便于使用。

在移动通信中，能实现空间分割的基本技术就是采用自适应阵列天线，在不同的用户方向上形成不同的波束。也叫做 SDM。如果把空间的分割来区别不同的用户，就叫做 SDMA。移动通信中的空分复用采用 MIMO 技术。

二、多址技术

在同一通信网内各个通信台、站共用同一指定的射频信道，进行相互间的多方通信，这种通信系统就称为多址通信系统。多址通信与上面讨论的多路复用，都是利用分割理论进行通信的技术。多址通信指多个电台或通信站的射频信号在射频信道复用，以实现各台、站之间各用户的多方通信；多路复用指一个站内的多路低频信号在群路信道上的复用，在接收端用低通滤波器分开，以实现两个台站之间点对点的多用户通信。目前采用多址技术的有卫星通信、移动通信等。

多址方式的基本类型有频分多址（FDMA）、时分多址（TDMA）和码分多址（CDMA）。实际中也常用到三种基本多址方式的混合多址方式，比如，频分多址/时分多址（FDMA/TDMA）、频分多址/码分多址（FDMA/CDMA）、时分多址/码分多址（TDMA/CDMA）等。此外，随着数据业务的需求日益增长，另一类称为随机多址方式的如 ALOHA 和载波检测多址（CSMA）等也日益得到广泛应用，其中也包括固定多址和随机多址的综合应用。各种多址方式的原理在卫星通信、移动通信中有描述。

第七节 通信中的同步

所谓同步是指收发双方在时间上步调一致，故又称定时。在数字通信中，按照同步的功用分为载波同步、位同步、群同步和网同步。

一、载波同步

载波同步是指在相干解调时，接收端需要提供一个与接收信号中的调制载波同频同相的相干载波。这个载波的获取称为载波提取或载波同步。在模拟调制以及数字调制学习过程中，要想实现相干解调，必须有相干载波。因此，载波同步是实现相干解调的先决条件。

二、位同步

位同步又称码元同步。在数字通信系统中，任何消息都是通过一连串码元序列传送的，所以接收时需要知道每个码元的起止时刻，以便在恰当的时刻进行取样判决。如最佳接收机结构中，需要对积分器或匹配滤波器的输出进行抽样判决，判决时刻应对准每个接收码元的终止时刻。这就要求接收端必须提供一个位定时脉冲序列，该序列的重复频率与码元速率相同，相位与最佳取样判决时刻一致。我们把提取这种定时脉冲序列的过程称为位同步。

三、群同步

群同步包含字同步、句同步、分路同步，它有时也称帧同步。在数字通信中，信息流是用若干码元组成一个"字"，又用若干个"字"组成"句"。在接收这些数字信息时，必须知道这些"字"、"句"的起止时刻，否则接收端无法正确恢复信息。对于数字时分多路通信系统，如 PCM30/32 电话系统，各路信码都安排在指定的时隙内传送，形成一定的帧结构。为了使接收端能正确分离各路信号，在发送端必须提供每帧的起止标记，在接收端检测并获取这一标志的过程，称为帧同步。因此，在接收端产生与"字"、"句"及"帧"起止时刻相一致的定时脉冲序列的过程统称为群同步。

四、网同步

在获得了以上讨论的载波同步、位同步、群同步之后，两点间的数字通信就可以有序、准确、可靠地进行了。然而，随着数字通信的发展，尤其是计算机通信的发展，多个用户之间的通信和数据交换，构成了数字通信网。显然，为了保证通信网内各用户之间可靠地通信和数据交换，全网必须有一个统一的时间标准时钟，这就是网同步的问题。

同步也是一种信息，按照获取和传输同步信息方式的不同，又可分为外同步法和自同步法。

（1）外同步法。由发送端发送专门的同步信息（常被称为导频），接收端把这个导频提取出来作为同步信号的方法，称为外同步法。

（2）自同步法。发送端不发送专门的同步信息，接收端设法从收到的信号中提取同步信息的方法，称为自同步法。

自同步法是人们最希望的同步方法，因为可以把全部功率和带宽分配给信号传输。在载波同步和位同步中，两种方法都采用，但自同步法正得到越来越广泛的应用。而群同步一般都采用外同步法。

同步本身虽然不包含所要传送的信息，但只有收发设备之间建立了同步后才能开始传送信息，所以同步是进行信息传输的必要和前提。同步性能的好坏又将直接影响着通信系统的性能。如果出现同步误差或失去同步就会导致通信系统性能下降或通信中断。因此，同步系统应具有比信息传输系统更高的可靠性和更好的质量指标，如同步误差小、相位抖动小以及同步建立时间短、保持时间长等。

各种同步的原理和过程在此不做详述，可查阅相应参考书。

第三章 电力线载波通信

第一节 概　　述

电力线载波通信（Power Line Carrier，PLC）是利用输电线作为传输通路的载波通信方式，用于电力系统的调度通信、远动、保护、生产指挥、行政业务通信及各种信息传输。电力线是为输送 50Hz 强电设计的，线路衰减小，机械强度高，传输可靠，电力线载波通信复用电力线进行通信不需要通信线路建设的基建投资和日常维护费用，在电力系统中占有重要地位。

电力线载波通信是电力系统特有的通信方式。

一、电力线载波通信的特点

与其他通信相比，电力线载波通信具有以下一些特点。

1. 独特的耦合设备

电力线上有工频大电流通过，载波通信设备必须通过高效、安全的耦合设备才能与电力线相连。这些耦合设备既要使载波信号有效传送，又要不影响工频电流的传输，还要能方便地分离载波信号与工频电流。此外，耦合设备还必须防止工频电压、大电流对载波通信设备的损坏，确保安全。

2. 线路频谱安排的特殊性

电力线载波通信能使用的频谱由三个因素决定：

（1）电力线本身的高频特性。

（2）避免 50Hz 工频的干扰。

（3）考虑载波信号的辐射对无线电广播及无线通信的影响。

我国统一规定电力线载波通信使用的频率范围为 40～500kHz。

电力线在发电厂和变电站内均按相同电压等级连接在同一母线上。同一电厂、变电站中不同电压等级的电力线均处于同一高压区，并由电力变压器将其互相耦合。这样，在一条电力线上开设电力线载波通信时，其信号虽被耦合设备阻塞，仍会程度不等地串扰到同一母线的其他相电力线上去。由于同一母线的不同相电力线间跨越衰耗不大，致使每条电力线上开设载波的频谱不能重复，而只能在 40～500kHz 频带内合理安排。此外，在同一电力系统中，电力线是相互连接的，若想重复使用频谱，至少需相隔两段电力线路。由于这些原因，同母线上各条电力线所能共同利用的频谱，实际上比 40～500kHz 还要窄。

3. 线路存在强大的电磁干扰

由于电力线上存在强大的电晕等干扰噪声，因此要求电力线载波设备具有较高的发信功率，以获得必需的输出信噪比。

另外，由于 50Hz 谐波的强烈干扰，使得 0.3～3.4kHz 的话音信号不能直接在电力线上传输，只能将信号频谱搬移到 40kHz 以上，进行载波通信。

二、电力线载波通信方式分类

早期电力线载波通信主要用于 110kV 及以上输电线路，使用的通信频率范围受限。目前由于需求的变化和技术的发展,电力线载波出现多种通信方式。

1. 按照电力线电压等级划分

按照电力线电压等级划分,电力线载波通信可分为高压、中压、低压电力线载波通信。

(1) 高压电力线载波指应用于35kV及以上电压等级的载波通信设备。载波线路状况良好,主要传输调度电话、远动、高频保护及其他监控系统的信息,用于特高压线路的电力线载波通信设备亦属于此类。

(2) 中压电力线载波指应用于10kV电压等级的电力线载波通信设备。载波线路状况较差,主要传输配电网自动化、小水电和大用户抄表信息。

(3) 低压电力线载波指应用于380V及以下电压等级的电力线载波通信设备。载波线路状况极差,主要传输电力线上网、用户抄表及家庭自动化的信息和数据。

2. 从使用的带宽角度划分

从使用的带宽角度来说,电力线载波通信分为宽带电力线载波通信(Broadband Power Line Communication,BPLC)和窄带电力线载波通信。所谓电力线宽带通信技术就是指带宽限定在2M~30MHz之间、通信速率通常在1Mbit/s以上的电力线载波通信技术,它多采用先进的OFDM技术,实现高速数据传输。所谓窄带电力线载波通信技术就是指带宽限定在3~500kHz、通信速率小于1Mbit/s的电力线载波通信技术,它多采用普通的PSK技术、线性调频Chirp技术等。

三、我国电力线载波通信的现状

高压电力线载波是电力行业载波技术应用的主流,随着电力线载波通信技术的不断发展和进步,当今的高压电力线载波通信技术及其在电力通信中的应用已经发生了极大变化。与20世纪80年代电力线载波应用的鼎盛时期相比,近20年来电力线载波通信在许多方面都发生了变化,主要表现为:

(1) 电力线载波技术得到更新换代的发展,由模拟通信发展为数字通信,由单通道发展为多通道;

(2) 电力线载波的应用由原来的基本通信方式改变为备用通信方式;

(3) 电力线载波传输的信息由话音和远动信号发展为更多的计算机、网络及监控系统的信息;

(4) 电力通信对电力线载波通信设备的通信容量、接口功能、信息采集、网管性能和质量水平提出了更高的要求。

电力线载波曾经是我国电力通信的基本方式,近几年来随着技术的发展和现场应用需求的变化,电力线载波通信技术及应用方式已经发生了巨大的变革。但是,电力线载波的可靠、路由合理、经济性的特点没有变,需要正确对待电力线载波在电力通信中的作用,发挥每一种通信方式的长处,合理选用电力线载波作为备用通道;积极发展特高压和中压载波;努力研究电力线载波在高速宽带上的技术突破,为电网自动化服务。

电力线通信技术使用电力系统独有的电力线资源进行数据传输,可以应用于居民用户宽带接入、VoIP电话、居民远程抄表、智能家居等方面,为城市电网提供新传输手段。

《国家电网公司"十一五"通信规划》把电力线载波通信技术的研究列入了重大研究课题中,表明我国在近期将要执行的电力通信技术政策与当前的技术发展和应用是相适应的,也反映了电力行业对电力线载波技术和设备发展的要求。

第二节 电力线载波通信系统

一、电力线载波通信系统构成

电力线载波通信系统主要由电力线载波机、电力线和耦合设备构成，如图 3-1 所示。其中耦合装置包括线路阻波器 GZ、耦合电容器 C、结合滤波器 JL（又称结合设备）和高频电缆 GL，与电力线一起组成电力线高频通道。

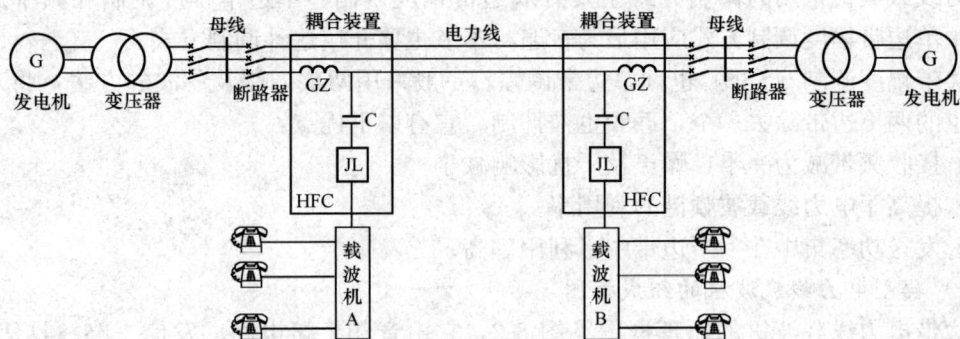

图 3-1 电力线载波通信系统构成方框图

各构成部分的作用如下：

电力载波机是电力线载波通信系统的主要组成部分，主要实现调制和解调，即在发端将音频搬移到高频段电力线载波通信频率，完成频率搬移，载波机性能好坏直接影响电力线载波通信系统的质量。

耦合电容器 C 和结合滤波器 JL 组成一个带通滤波器，其作用是通过高频载波信号，并阻止电力线上的工频高压和工频电流进入载波设备，确保人身、设备安全。

线路阻波器 GZ 串接在电力线和母线之间，是对电力系统一次设备的"加工"，故又称"加工设备"。加工设备的作用是通过电力电流，阻止高频载波信号漏到变压器和电力线分支线路等电力设备，以减小变电站和分支线路对高频信号的介入损耗及同一母线不同电力线上的衰耗。

结合设备连接载波机与输电线，包括高频电缆，作用是提供高频信号通路。

输电线既传输电能又传输高频信号。

二、电力线载波机

（一）电力线载波机的特点

电力线载波机是将音频信号调制到高频载波上，并通过电力线传送信息的载波通信设备。其特点是：

（1）电力线上噪声电平很高，为保证接收端信噪比符合要求，载波机发送功率较大（约为 1～100W）。

（2）为集中利用发送功率，一台载波机的路数较少。

（3）电力线上载波信号的传输衰减受电力系统运行方式及自然状况的影响，接收机应具有较好的自动电平调节系统，在接收信号电平变化较大的情况下，仍使音频输出电平变动很小。

（4）主要用来传送电力调度及安全运行所需的电话、远动、远方保护信号。可以复合传送这些信号的，称为复用机，而专门传送其中一种信号的，称为专用机。

为了满足不同电压等级的线路上开设电力线载波通信的需求，目前国产电力线载波机已形成系列机，通过对系列机的选择和组合，可以实现调度所、发电厂和变电站之间的各种通信。

（二）调制方式

电力线载波机采用的调制方式主要有双边带幅度调制、单边带幅度调制和频率调制三种，其中单边带幅度调制方式应用最为普遍，本节主要介绍这种调制方式。

单边带幅度调制（SSB）也称单边带调幅，一般采用两次调制及滤波的方法，将双边带调幅产生的两个边带除去一个，载频也被抑制。它有以下优点：

（1）接收频带减为一半，噪声及干扰影响减小。

（2）提高了电力线载波频谱的利用率。

（3）发送功率集中在一个边带中，利用率高。

（三）典型电力线载波机的组成框图

单边带电力线载波机的原理框图见图 3-2，它由音频汇接电路、发信支路、收信支路、自动电平调节系统、呼叫系统等部分组成。

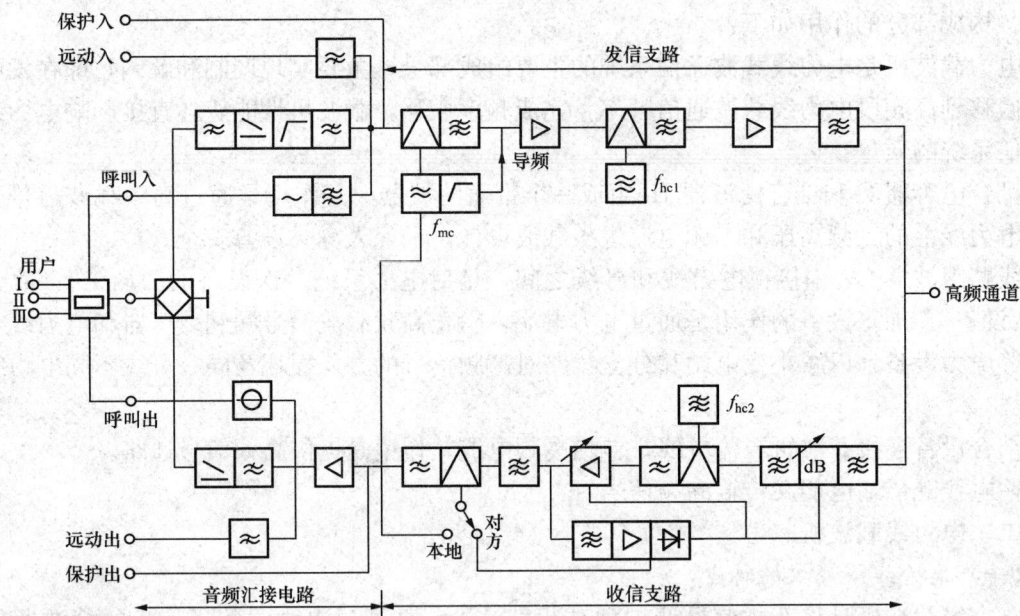

图 3-2　单边带电力线载波机原理方框图

1. 音频汇接电路

电力线载波机为实现电话通信，不仅要传输话音信号，同时还应传输呼叫信号，尤其是为电力系统专用通信网服务的电力线载波机，除电话通信外，还同时要传输远动信号和远方保护信号。这些信号均在 $0 \sim 4\text{kHz}$ 的音频段中传输，通常话音信号采用 $0.3 \sim$

2.0kHz 的窄带传输，其 2.4～3.4kHz 的音频段用于传输远动信号。呼叫信号插在其中，如 2.220kHz±30Hz，或插在二者之上 3.660kHz±30Hz。远方保护信号一般采用与话音、远动信号在时间上交替传输的办法。所有这些信号均在音频部分汇集后再送入发信支路，相应地在收信支路要将其分离后分别输出。电力线载波机的音频汇接电路就是实现汇集/分离的接口电路。

远动信号是脉冲序列。为使它能和话音信号同时传输，需经过调制解调器将脉冲信号调制在远动信号频段内的音频上，然后才能送入载波机的远动入口。所以，对电力线载波机而言，远动信号是指已调的音频信号，通常采用频移键控（FSK）方式传输，2.220kHz±30Hz，或 3.660kHz±30Hz 等呼叫信号也是采用 FSK 方式传输。

远方保护信号也是音频信号。远方保护装置在发生电力事故时，需要可靠地将信号传送到远方。一般这种信号的传输时间极短，因此经常在传输远方保护信号时，先停送话音、远动、呼叫信号，等远方保护信号传完后，再继续传送其他信号。这是一种时间交替传输的复用方法，由于时间极短，并不影响其他信号的传输，同时可以全功率传输远方保护信号，确保保护信号的可靠性。

2. 发信支路

发信支路将要传输的音频信号用载波进行调制，实现变频后放大，送到高频通道。一般采用二次调制，第一次调制将音频信号搬移到中频，故第一次变频称为中频调制，中频载波的频率一般取 12kHz，调制后取上边带。第二次调制进一步将中频信号频谱搬移到线路频带 40～500kHz，称之为高频调制，高频调制后取下边带。

3. 收信支路

收信支路从高频通道上选出对方送来的高频信号进行解调，恢复出对方发送的音频信号。解调方法选用相干解调，这就要求收信端的高频与中频载频与发送端完全相等，为了保证载频稳定度，一般采用图 3-3 所示的最终同步法控制载频偏差。

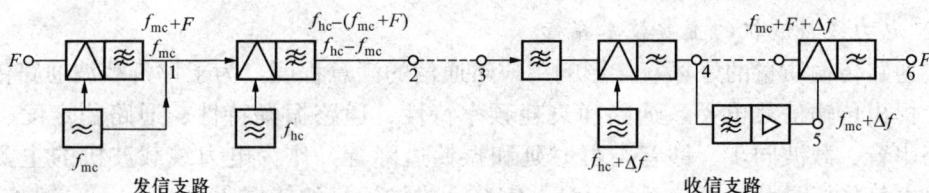

图 3-3　最终同步法原理框图

最终同步法的工作原理是发信端发送一个中频载波信号 f_{mc}（一般为 12kHz），在收信端由窄带滤波器滤出，供给收信支路的第二次解调作为载频用。这样可以抵消收信支路高频载波 f_{hc} 产生的频率偏差 Δf，使输出信号的频率与原始信号的频率相同，达到了最终同步。

4. 自动电平调节系统

电力线载波所用的高频通道的传输特性非常不稳定，它的线路衰减随气候条件、电力设备的操作和线路故障有很大变化。为保证通信质量，在收信端设有自动电平调节系统，用于补偿高频通道在运行过程中的衰减变化，保证收信端传输电平的稳定。

自动电平调节的过程是，在发送端发送一个导频信号（为了简单，采用中频载波作为导频信号）。在对方收信支路，用窄带滤波器滤出导频信号，经放大、整流后作为控制信号，控制收信支路中可调放大器的增益或可调衰减器的衰减，实现自动调节。

5. 呼叫系统、自动交换系统

电力线载波机在传输语音信号之前，首先应呼出对方用户，因此在发信支路中要发送一个称为呼叫信号的音频。在对方收信支路中接入呼叫接收电路（即收铃器）这样才能沟通双方用户。电力线载波机采用自动呼叫方式，通常机内附设有自动交换系统（国产载波机一般设四门用户交换系统，实现通过自动拨号选叫所需用户，但几个用户分时占用同一条载波通路。进口载波机一般不设交换系统，而是连接小交换机），以提高通路的利用率和实现组网功能。如图 3-2 所示，主叫用户Ⅰ摘机、拨号，呼叫对方用户Ⅱ，则本侧自动交换系统控制呼叫系统，发出相应的音频脉冲。对方收信支路的收铃器选出呼叫信号，取出音频脉冲，去控制其自动交换系统工作，选中用户Ⅱ并对其振铃，沟通双方用户，实现通话。

（四）设备类型

为满足电力系统载波通信方式的不同需要，电力线载波机可以分成不同机架，一般有载波架、音频架、高频架、人工呼叫台和增音机。其中音频架、人工呼叫台和增音机三种机架不分电压等级，对各种机型都一样。

载波架是按单架设计的电力线载波机，适合于调度所与变电站较近的场合。载波架安装在变电站的载波室，然后用音频电缆连接调度所的电话用户和远动通路。如果调度所与变电站距离较远，为了保证通信质量，一般在调度所侧安装音频架，而在变电站侧安装高频架，两架之间用音频电缆连接。

人工呼叫台主要安装在变电站载波室，用于集中控制所有载波机的维护电话。当变电站载波室的高频架要进行维护通话时，就可以用人工呼叫台来实现。

增音机完成长距离通信的增音放大作用。

（五）电力线载波机的主要技术指标

载波通路传输质量的好坏直接影响用户对通信的满意程度，为了评价载波通路传输质量的好坏，提出传输信号电平、通路净衰耗频率特性、通路振幅特性、通路稳定度、通路杂音、通路串音、载波同步、回音与群时延和振铃边际等，作为电力线载波机的主要技术指标，这些电气指标是载波通信系统设计、安装和维护运行的依据。

电力线载波机的技术指标应满足国标 GB/T 7255—1998《单边带电力线载波机》、IEC60495《单边带电力线载波终端机》及 ITU-T 有关建议。

三、电力线高频通道

电力线高频通道由结合滤波器 JL、耦合电容器 C、阻波器 GZ 和电力线路组成。

（一）耦合装置与耦合方式

1. 耦合装置

耦合装置包括结合设备、加工设备及耦合电容器。结合设备 JL 连接在耦合电容器 C 的低压端和载波机的高频电缆 GL 之间；耦合电容 C 连接在结合设备 JL 和高压电力线路之间，其作用是传输高频信号，阻隔工频电流，并在电气上与结合设备中的调谐元件配合，形成高通滤波器或带通滤波器，耦合电容器的容量一般为 3000～10000pF；线路阻波器 GZ 与电力线路串联，接于耦合电容器在电力线路上的连接点和变电站之间。线路阻波器 GZ 主要由强流线圈、保护元件及电感、电容与电阻等调谐元件组成，线路阻波器的电感量一般为 0.1～2mH。在结合设备 JL 的输出端子和载波机 ZJ 之间一般用高频电缆 GL 连接，由于载波机的型号不同，高频电缆可以是不平衡电缆或平衡电缆，电缆的阻抗一般为 75Ω（不平衡）和150Ω（平衡）。

　2. 耦合方式

　　目前电力线载波的耦合方式有：相—地耦合、相—相耦合和相—地、相—相混合耦合三种方式。

　　（1）相—地耦合方式，如图 3-4 所示。这种方式将载波设备连接在一根相导线和大地之间，其特点是只需一个耦合电容器和一个阻波器，在设备的使用上比较经济，因而得到了广泛应用。但这种方式引起的衰减比相—相耦合方式大，而且在相导线发生接地故障时高频衰减增加很多。

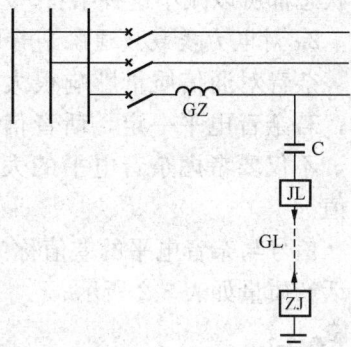

　　（2）相—相耦合方式，如图 3-5 所示。这种耦合方式需要两个耦合电容器和两个阻波器，耦合设备费用约为相—地耦合方式的两倍；但相—相耦合方式的优点是高频衰减小，而且当电力线路故障时，由于 80％的故障属于单相故障，所以具有较高的安全性。目前国内外在一些可靠性要求较高的电力线高频通道中已采用了相—相耦合方式。

图 3-4　相—地耦合方式

　　除此之外，国内也有少数线路开始采用相—相、相—地混合耦合方式。

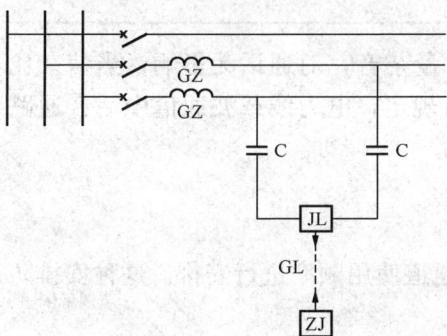

　　（二）电力线载波通路上的杂音干扰

　　1. 杂音的类型

　　电力线载波通信利用电力线传输高频信号，但同时不可避免地引入干扰。电力线载波通路上的干扰有杂音和串音，杂音对语音的较弱部分掩盖，使人耳对有用信号的听觉灵敏度降低，从而降低了语音的清晰度。串音有可懂串音和不可懂串音，不可懂串音对于通路的影响与杂音相同，因此将不可懂串音也视为杂音。

　　通路上的杂音大体上包括线路杂音、设备内的固有杂音、制际串音形成的杂音和路际串音形成的杂音。

图 3-5　相—相耦合方式

　　线路杂音主要是在高压电力线上，由导线发生电晕和绝缘子表面局部放电所造成的杂音。这种分布性的干扰杂音的电平很高，是电力线载波通路中的主要杂音来源。不同电压等级的电力线路杂音电平数值见表 3-1。

表 3-1　　　　　　　　　　　　　不同电压等级的线路杂音电平

线路电压等级（kV）	35	110	220	500
5kHz 带宽杂音电平（dB）	−43.4	−39.1	−26.1	−21.7
2kHz 带宽杂音电平（dB）	−47.4	−43.1	−30.1	−25.7

设备内固有的杂音包括导体电阻的热噪声、晶体管的热噪声和电源滤波不良产生的纹波电压所引起的杂音等。

制际串音形成的杂音是指其他通信设备传输信号时串入设备的不可懂杂音。科学合理地安排载波设备线路频谱以及提高载波设备收信支路的选择性能有效地减小制际串音。

路际串音形成的杂音是指在同一设备中,各通路间的不可懂串音。它主要是由线路放大器等部件的非线性所造成的。提高部件的非线性衰耗,增加滤波器的防卫度,选择合适的工作状态都可以减小这种杂音。

2. 对电力线载波通路杂音的要求

杂音对通信质量影响很大,如果话音信号一定,杂音信号电平越大,通信质量就越差;若杂音电平一定,话音信号越大,则通信质量越好。因此衡量杂音对通信质量的影响,不仅要考虑杂音电平的大小,还要考虑信号电平的大小以及信号电平与杂音电平的差值。

信号与杂音电平的差值称为信杂比,又称为杂音防卫度,用 SNR 表示。不同信杂比时的话音质量如表 3-2 所示。

表 3-2 不同信杂比时的话音质量

信杂比（dB）	话音质量（主观感受）	信杂比（dB）	话音质量（主观感受）
40	杂音很小,通话清晰	10	杂音相当大,通话困难
30	有少量杂音,通话无妨	0	杂音特别大,通话不明确
20	有较大杂音,尚可通话		

由表 3-2 可知,当信杂比为 30dB 时,话音质量有少量杂音,对通话无影响;当信杂比为 20dB 时,话音质量有较大杂音,尚可维持通话。现行规定,电力线载波通信中话音通路信杂比为 26dB,载波通路二线端杂音电平不大于−60dB。

(三)电力线载波通道的频率分配

1. 必要性

在电力线载波系统规划设计中,需要对电力线载波通道使用频率进行安排。这种安排防止通道间相互干扰,保证通信系统正常运行。

电力线载波通道产生的干扰如图3-6所示,其中电力线载波机 ZJA（通道 A）的频率为 f_A,电力线载波机 ZJB（通道 B）的频率为 f_B,由于电力线相互连接,各相线之间有电磁耦合,f_A 信号可由 C 相耦合至 A 相经线路传输至载波机 ZJB,对 f_B 信号产生干扰。同样,f_B 信号也可经相似路径干扰 f_A。

电力线载波通道的干扰可按式（3-1）计算,即

$$p_{S/I} = p_B - (P_A - b_T - b_I - b_S) \quad (3-1)$$

式中：P_A 为干扰载波机发送电平（dB）；

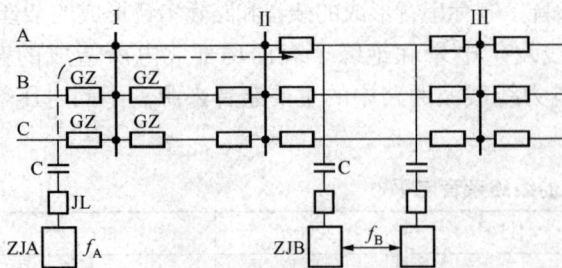

图 3-6 电力线载波通道干扰图

f_A、f_B—载波机工作频率

b_T 为干扰信号路径中的跨越衰减（dB）；b_I 为干扰信号路径的传输衰减（dB）；b_S 为干扰载波机选择性衰减（dB）；p_B 为被干扰载波机接收信号电平（dB）；$p_{S/I}$ 为信号干扰比（dB）。

按式（3-1）计算出信号干扰比值 $p_{S/I}$，要求对可懂串音防卫度大于 55dB，对不可懂串音防卫度大于 47dB，表示通道间的干扰在允许范围内可正常运行。

影响载波通道间的干扰有以下因素：

（1）电力线载波机的发送功率越大，则对其他载波通道的干扰信号越强。

（2）干扰信号在传输过程中总会有衰减，包括线路传输衰减，相间跨越衰耗和阻波器或载波频率分隔设施的跨越衰减等。这些衰减的总和使干扰减小，衰减越大，产生的干扰越小。

（3）被干扰的信号越强，则受干扰的影响越小。

（4）干扰载波机的收信选择性越高，对干扰信号和被干扰信号的分辨能力越强，则被干扰载波机所受的干扰越小。

为了提高通道间的跨越衰减，减小通道干扰，可以采取在电厂的电力线出线 A、B、C 三相用阻波器阻塞；在电厂的电力线出线 A、B、C 三相加装电力线载波频率分隔设施。

2. 频率分配方法

电力线载波系统使用的频率范围为 40～500kHz，一条电力线载波电路占用频带宽度为 2×4kHz，共有 57 组载波电路频带可供安排，通过频率分配应做到使通道间相互干扰满足指标要求，并且在指定的范围内尽可能安排较多的电路，提高频谱的利用率。

频率分配方法有频率插空法、频率实测法及频率分组重复法等。

（1）频率插空法。在已占用的电力线载波通道频率的基础上，寻找适当的频率空位，选择插入新的载波频率。经过计算，表明新老载波频率间无干扰，即可确定新加通道的频率。这种方法较简单，但频率浪费较大。

（2）频率实测法。与频率插空法类似。用测试方法证明新的载波频率不致造成与其他通道互相干扰，即可以使用。这种方法对频率的浪费也较大。

（3）频率分组重复法。这是一种较为完善的分配方法。其特点是可以重复使用频率，因此可以安排较多的通道。具体方法是根据载波机的收发频率间隔和频率选择性等参数，把载波频谱 40～500 kHz 分成若干标准频率组，如 A、B、C、D 等，每组包括几个载波通道频点。频率组的划分原则为：

1）相同的频率组用于一条电力线上，同组内各频点间无相互干扰，载波机可并联使用。

2）不同的频率组用于不同的相邻电力线上，频点间无相互干扰。

3）在经过 2～3 个电力线路段之后，可以重复使用频率组，只要经验算频点相互无干扰即可。频率分组完成后，可以进行频率分配：先选择系统中某一中间部位，一条线路选用一个频率组，如 A 组，其相邻各方向的线路段各选用相邻的频率组，如 B、C、D 等，然后依次更远的线路段选用频率组 E、F、G、H 等。以此类推，一条线路开通电路多时也可分配 2 个频率组，在经过 2～3 个线路段后，频率组可以重复使用。对于较长的线路，应安排用较低频率的频率组。这种方法的优点是：①频率分配有计划地进行，频率可重复使用，提高频谱的利用率；②一条线路分一组频率，做到频率预留，对发展留有裕度。在我国已普遍推广使用该方法。

　　电力线载波的频率分配属于线性规划范畴，可用线性规划数学工具来解决，用计算机和线性规划方法进行频率分配的优化设计。

四、电力线载波通信方式和转接方式

（一）电力线载波通信方式

　　电力线载波通信方式主要由电网结构、调度关系和话务量多少等因素决定，一般有定频通信方式、中央通信方式、变频通信方式三种。目前我国主要采用定频通信方式和中央通信方式两种。

1. 定频通信方式

　　定频通信方式如图 3-7 所示，电力线载波机的发送和接收频率固定不变。图中 A 站载波机 A 发送频率为 f_1，接收频率为 f_2，B 站载波机 B1 的发送频率 f_2，接收频率为 f_1，A 机与 B1 机构成一对一的定频通信方式；同样，B 站载波机 B2 与 C 站载波机 C 也构成一对一定频通信方式。当 A 站需要与 C 站通话时，需 B 站两台载波机转接，这种方式应用最普遍。一对一的定频通信方式又是定点通信，传输稳定，电路工作比较可靠。

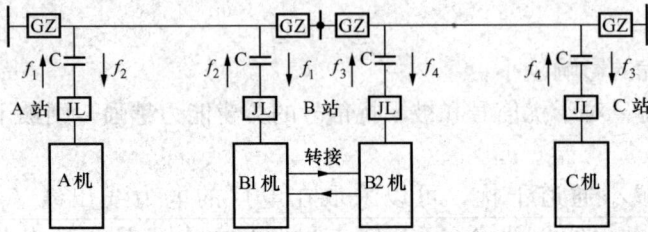

图 3-7　定频通信方式

2. 中央通信方式

　　为实现图 3-7 中 A 站与 B、C 两站通话需要，也可采用中央通信方式（见图 3-8）。图中 A 机在中央站，A 发送频率为 f_1，接收频率为 f_2，而 B、C 两机为外围站，发送频率都是 f_2，接收频率都是 f_1，B、C 两机平时不发信号，只在本站拿起话机呼叫或 A 站先拿话机呼叫到本机时，才发信号与 A 机连接通话，另一台机则不能同时连接，即使呼叫也不发信号。采用这种方式，在 A、B、C 三站或更多站间通信可只使用一对频率，节约了载波频谱也节约了设备数量。但这种方式只限 A 站与 B、C 两站或更多外围站分别通话。各外围站之间不能通话。因此，这种方式只宜在通话量少的简单通信网中使用，如集中控制站对无人值守变电站的通信。

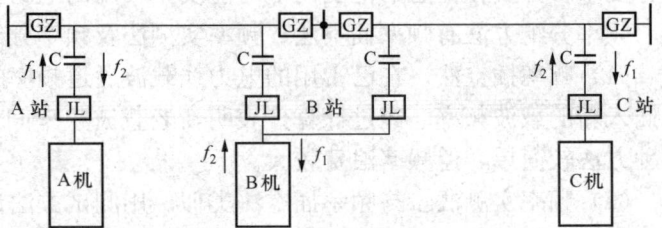

图 3-8　中央通信方式

（二）变频通信方式

　　为克服中央通信方式的不足，使各站间都能通话，仍只使用一对频率，可以采用变频通信方式（如图 3-9 所示）。平时 A、B、C 三机不发信号，发送频率都为 f_2，接收频率为 f_1。任一站拿起话机要通话时，该机就发信号并将发送频率改为 f_1，接收频率改为 f_2，其他站频率仍不改变，在被叫站被选择呼通后，拿起话机与主叫站通话。这种方式发送接收频率需改变，载波机结构复杂，各站间传输衰减变化较大，且调整困难，使得使用范围受到局限。

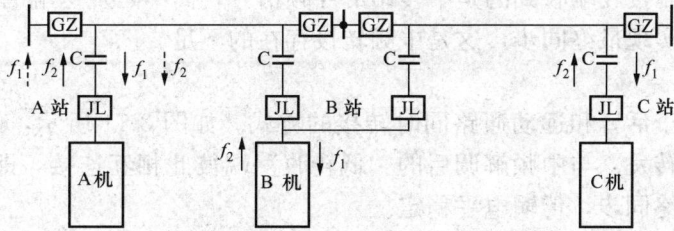

图 3-9　变频通信方式

（三）电力线载波通信的转接方式

电力线载波通信中，为了组成以调度所为中心的通信网，经常需要进行电路转接。常用的转接方式有话音、远动通路同时转接和话音通路单独转接两种转接方式。当话音、远动同时转接时，可采用中频转接或低频转接；当话音通路单独转接时，应采用音频转接。各种转接的原理及特点如下。

1. 中频转接

中频转接指转接的信号为中频信号，即不通过中频调制与解调来实现转接。如图 3-10 所示，中转站 B1 机收信支路接收到 A 站的 f_1 信号，经过高频解调变为中频信号，由 B1 机"中转收"端送到 B2 机的"中转发"端，再经 B2 机高频调制，将中频信号变为 f_3 信号，放大后送往 C 站，完成一个方向的转接。同样，B 站 B2 机收信支路接收到 C 站送来的 f_4 信号，经高频解调变为中频信号，由 B2 机的"中转收"端转接到 B1 机的"中转发"端，经 B1 机高频调制变为 f_2 信号，放大后发往 A 站，最终实现了两个方向的中频转接。

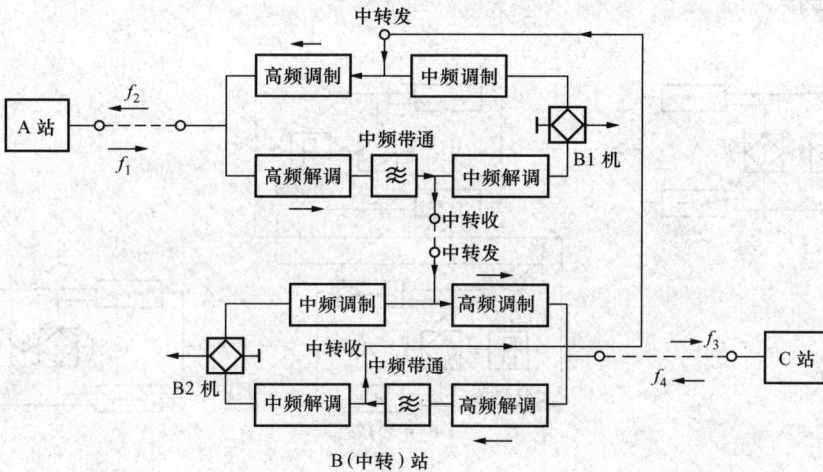

图 3-10　中频转接原理

在中频转接过程中，由于中频信号中含有话音和远动信号，因此实现了语音和远动通路同时转接；信号只经过一次调制和一次解调，转接过程中所引起的信号失真小，对保证通信质量非常有利。同时，中转站 B1 和 B2 两台单路载波机只起到增音机的作用，它们的音频部分平时无用，但通常都保留着，当通信线路检修时，中转站可以利用它们的音频部分分别与 A、C 站实现通话，具有实用价值。

但是，中频调制接收端收到的是中转站的导频信号，而不是发送端的原始导频，两个终端站的载波机无法实现最终同步，这是中频转接存在的不足。

2. 低频转接

低频转接也属于话音和远动通路同时转接的方式。如图 3-11 所示，两台中转载波机在中频调制前的"低转发"与中频解调后的"低转收"端彼此相互连接，即可实现低频转接。这种方式可实现最终同步，传输电平稳定。

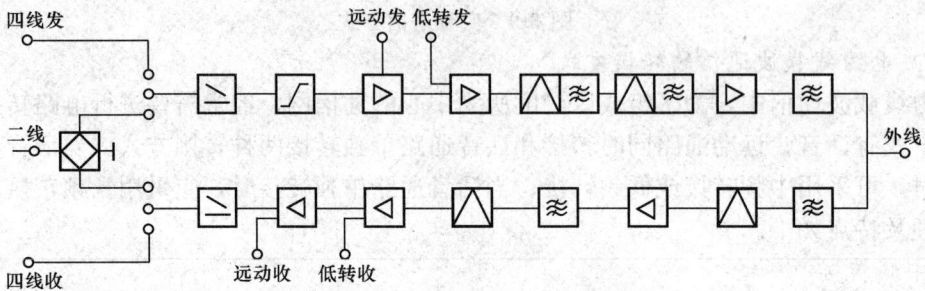

图 3-11　低频转接示意图

3. 音频转接

图 3-12 给出了音频转接示意图。图中 A 机和 B1 机之间及 B2 机和 C 机之间均可实现最终同步。

音频转接是对同时传输远动信号的载波机为了单独转接话音信号而设置的，具有低频转接的全部优点，且仅转接音频信号，可构成灵活的电话通信网。所以，目前电力线载波机大量采用音频转接。

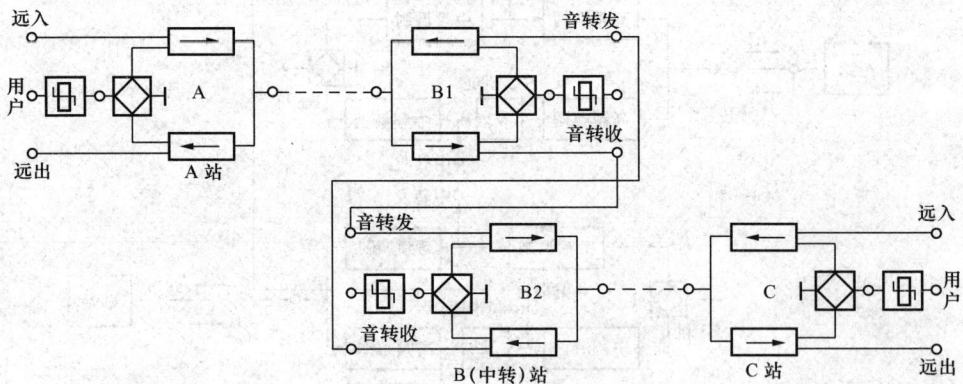

图 3-12　音频转接示意图

第三节　数字电力线载波机

一、数字电力载波通信的优点

随着各种通信系统向数字化演进，电力线载波也不例外地开始了数字化进程。融合计算机技术和数字信号处理技术、采用数字电力线载波通信 DPLC（Digital Power Liner Carrier）系统对电力线载波通信网进行扩展和改进，无论在经济上还是技术上都是最佳选择方案。

与模拟电力线载波通信相比较，数字电力线载波通信具有许多优点。

（1）在相同信道带宽（2×4kHz）条件下，能传输的电话路数增多，数据容量大，频带利用率提高。

（2）数字方式抗干扰能力强，通信质量得到提高。

（3）话音、远动和呼叫信号都变为数字形式，可不必再考虑发信功率的分配，以全功率发出即可。

（4）提供的数字接口能适应综合业务数字网（ISDN）的发展趋势，便于灵活组网。

（5）便于用外部计算机实时修改设备参数及工作状态，实现自动监测与控制。

二、对数字电力线载波机（DPLC）的要求

考虑到现有模拟电力载波机（APLC）的应用情况及将来电力数字通信网的发展，DPLC 应满足以下要求：

（1）提供现有 APLC 的各种业务（调度电话、远动、远方保护）及新增数据通信业务。

（2）通道容量应比 APLC 大 3 倍以上。

（3）占用与 APLC 相同的带宽，且不改变原有的频谱分配。

（4）在线路侧与 APLC 兼容，原有的耦合装置不变，可与 APLC 共同组网。

（5）具有良好的可扩充性能。

（6）投资少、功能强、性能价格比高。

三、数字电力线载波机的关键技术

目前的 DPLC 大致有两种类型：一种是模拟体制的 DPLC。这种设备类似于模拟电视接收机的电路数字化，在局部采用了一些先进的数字技术，如数字信号处理技术（DSP），在音频部分和其他一些功能实现了数字化，但体制还是模拟的，仍采用传统的单边带（SSB）方式，收发频带仍各为 4kHz。但由于数字技术的采用，设备性能得以提高，接口灵活，便于计算机直接监测和控制，如德国西门子公司的 ESB-2000 型、瑞士 ABB 公司的 ETL 型。另一种则是全数字化的载波机。它将音频信号变为数字编码，传输上采用多电平数字调制技术，如多电平正交调幅（MQAM）、网格编码调制（TCM）等，采用回波抵消（EC）技术实现双向通信，信息速率可达到 32kbit/s，实现了体制的彻底转变，容量得到很大提高，如挪威 Nera 公司的 A.C.E.32 型。

局部采用数字技术的 DPLC 涉及以下工作：

（1）载供系统采用锁相频率合成技术实现数字化。

（2）音频通道复用滤波器 DSP 进行数字化。

（3）调制、解调部分采用 DSP 进行数字化等。

全数字化的载波机是真正意义上的数字载波机，采用语音压缩编码、数字时分复用、纠错编码、数字调制、自适应均衡、回波抵消等多种数字通信技术，将数字信号（数据、数字化语音、传真等）调制到电力线载波频段（40～500kHz），通过高压电力线传送，其传输速率及系统容量取决于采用的数字调制方式、占用频带宽度、线路信噪比、模拟信号数字化方法等因素，一般为 10～100kbit/s，可容纳几路至几十路低速数据或压缩语音信号。

DPLC 主要采用以下几部分数字技术。

1. DSP 技术

DPLC 采用 DSP 实现滤波、均衡、调制和编码等。

(1) 滤波功能的实现。在 PLC 中，各种滤波器是决定设备指标的重要器件。传统 APLC 中滤波器由多级 LC 网络实现，其传输特性受阶数和元件精度的影响，存在较宽的过渡带，致使可用频带相对减少；DPLC 中采用了数字滤波器，可以通过算法和字长的控制，使滤波器具有很小的过渡带而接近理想情况，远动信号可用频带加宽，音频段频带利用率高，话音与远动信号间的干扰也可以减少，并且数字滤波器的参数便于通过软件进行修改，调整非常方便。

(2) 均衡的实现。由于通道特性的不理想，信号传输过程中会产生失真，如幅频特性变坏，误码增加。有效的措施是通过均衡修正频率特性和校正冲击响应。第一种均衡是通过串接滤波器对系统传输函数进行修正，以补偿系统频率特性，这种方式称为频域均衡，所串的滤波器可用上面提及的数字滤波器；第二种均衡为时域均衡，是在接收端插入一个横向滤波器，可以通过迭代算法不断调整各抽头的加权系数，使总特性能够消除码间干扰，保证信息的可靠传输。

另外，后面将要提到的调制及压缩编码功能也经常由专用 DSP 芯片实现。

2. 高效的多进制数字调制技术

DPLC 中传输的信息为数字形式，对应的调制方式为数字调制。根据通信理论有

$$R_b = R_B \log_2 M$$

表明采用多电平数字调制技术，可以在信道频带受限时使比特率增加，提高频带利用率。

目前 DPLC 中主要采用多进制正交调幅 （MQAM）技术，多进制数字调制的符号数越多，则信息速率越高。但根据通信理论，当点数无限增多时，要保持误码率 P_e 不变，必须提高信噪比，也即要增加发信功率，这就对设备提出了更高的要求。通信理论分析表明，当 $M>4$ 时，QAM 的抗噪性能优于多进制数字调相 MPSK，因此得到广泛应用，如挪威 Nera 公司的 A. C. E. 32 型中就采用了 64 QAM。

当信道带宽和信噪比一定时，可以通过合理设计基带信号和调制方式使误码率尽可能降低。采用网格编码调制 （TCM）技术就是一种有效的措施。它采用了具有纠错能力的卷积码和多电平调制相结合，提高了编码增益（指未编码系统所需信噪比与编码后所需信噪比之差）。与此相应，在解调过程中采用维特比 （Viterbi）译码来减少误判，增强了纠错能力。

3. 语音压缩编码技术

按照 CCITT G. 711 标准，0.3～3.4kHz 语音信号变为 PCM 码时，速率为 64kbit/s，按照奈氏第一定理，它所需最小带宽为 32kHz，与模拟方式（只需 4kHz）相比，占用巨大的信道带宽和存储空间。若以此方式处理语音，当 DPLC 总容量为 32kbit/s 时，连一路数字电话都无法准确传输。实际上，64kbit/s 的语音信息中冗余度相当高，随着数字通信技术的发展和高速 DSP 芯片的产生，低于 64kbit/s 语音压缩编码技术得到迅速发展，形成了波形编码和参数编码两大体系。目前 CCITT 制定的语音压缩编码标准有 G. 721 的 32kbit/s ADPCM 标准和 G. 728 的 16kbit/s LD-CELP 标准，已广泛用于数字移动通信和卫星通信中。但这些标准对于信道资源相当紧张的电力线载波通信，速率仍显太高。实际上语音信息的冗余度可以进一步压缩来降低速率，压缩率越高，速率就越低，同样容量的信道能传输的电话路数就越多或数据传输的速率就可以更高。因此各厂家将语音压缩编码技术用于 DPLC

中，旨在降低语音速率，提高电力线载波通道的频带利用率。

DPLC 中的语音压缩编码技术有 Nera 公司的 LASVQ 编码方案和美国 EIA/TIA 编码方案，其语音编码速率约为 8kbit/s，加上信令及纠错编码合成速率为 9.6kbit/s。当容量为 32kbit/s 时，每对载波机可同时传输 3 路电话或同时传输一路电话和两路 9.6kbit/s 同步数据，或是其他组合方式。

另外，还有更低速率的语音编码技术得到应用。如码激励线性预测 CELP 语音压缩编码技术，除了 G.728 的 16kbit/s 标准以外，QCELP 标准使速率可以到 4.8kbit/s，使传输的话音路数可进一步增加，对系统扩容、语音存储及多媒体通信业务的开展具有重要意义。

图 3-13 给出了数字式载波机的信号处理发送和接收过程方框图，可以看出语音压缩编码技术 QCELP、数字调制技术 QAM、TCM 的应用。

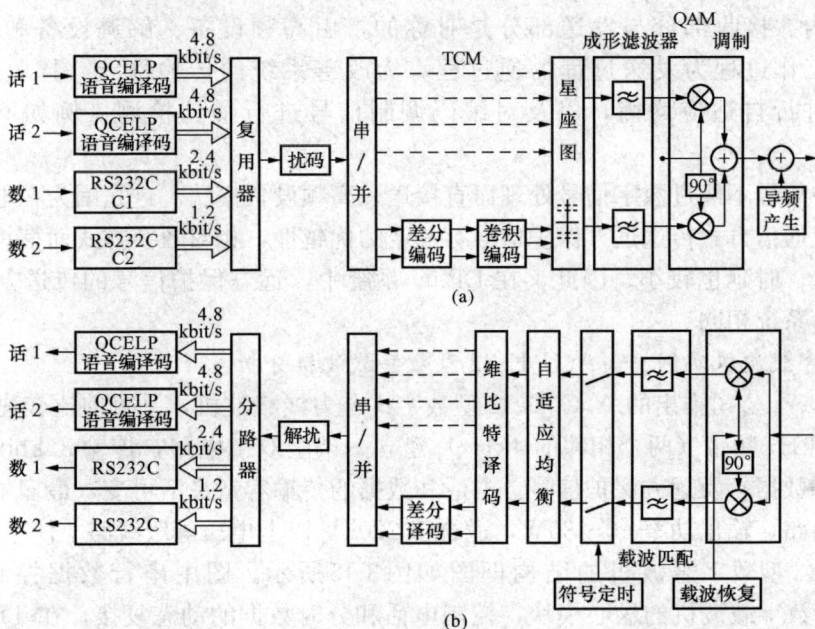

图 3-13 数字载波机的信号处理模块方框图
(a) 发送部分；(b) 接收部分

四、数字电力线载波设备构成

(一) DPLC 设备基本结构

DPLC 设备发送部分的基本结构如图 3-14 所示，主要由时分复用、数字调制和高频设备三个功能模块组成。

1. 时分复用模块

时分复用模块将多路数据或数字化语音信号进行成帧复用，复用后的信号速率通常可达 10～100kbit/s。在实际设备中，该部分通常还包含各种音频及数据接口电路和模拟信号数字化转换（如 PCM、ADPCM、话音压缩编码等）装置，可直接接入电话、远动、数传、电报、传真等设备。

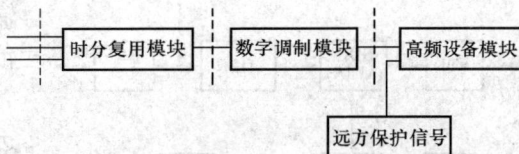

图 3-14 数字式载波机发送部分结构示意图

2. 数字调制模块

数字调制模块将时分复用设备输出的高速数字信号通过正交幅度调制（QAM）、网格编码调制（TCM）或多载波调制（MCM）等新型的高效数字编码调制技术，转换为符合电力线载波频带要求的调制信号。采用高效编码调制技术的主要目的是提高频谱利用率。针对电力线上噪声大的特点，为提高系统的抗误码能力，可采用纠错编码技术。

3. 高频设备模块

高频设备模块完成频率搬移、功率放大、阻抗匹配等功能。DPLC 可以和 APLC 一样采用二线双频制通信方式，收发信机分别工作于不同的领带上，还可利用回波抵消技术、采用二线单频制通信方式，从而节省电力线载波的频率资源。

以上三个功能模块可以是协同工作的三套独立设备，也可以部分或全部集成在一台数字载波机内。接收部分与发送部分是对称的，由高频设备、解调设备和去复用三部分组成，其工作过程为发送过程的逆过程。为改善系统的传输性能，接收设备中常根据信道特性进行自适应均衡，以及对编码调制信号进行最佳检测（例如 viterbi 译码）等技术。

远方保护信号不经过数字信号处理而直接送入高频设备模块。这是因为在电力线载波通道中，以模拟通信方式传送远方保护信号有一定的优越性，相对数字方式而言，对通道质量的要求低一些，时延也较小。因此，在 DPLC 系统中，远方保护信号的传送方式与模拟电力线载波通信系统相同。

（二）数字载波机实例——A.C.E.32 型数字载波机分析

由挪威 Nera 公司推出的 A.C.E.32 型数字式电力线载波机，是目前比较先进的数字载波机。它以 8kHz 频带（两个相邻的 4kHz）建立一条全双工电路，传输 32kbit/s 的数据信息（含语音和数据）及远方保护信号，电话和数据的传输容量灵活可变，最多可有 3 条话路或 9 条数据通路，输出功率 40～80W，适合于 220kV 以上电压等级线路上使用。

A.C.E.32 型数字载波机的结构框图如图 3-15 所示。图中串行数据控制器 SDC 是 A.C.E.32 型数字载波机的核心模块，控制电话和分时数据的动态复接，在 TEL/SDI 模块和 ALT 模块间传送串行数据。TEL 电话通路及编译码器，其语音编码采用低滞后线性预测编码（LASVQ），最多可配置 3 条话路。SDI 是串行数据输入模块，总共可配置 9 条数据通路。

ALT 是线路传输转换部分，经 SDC 复接的数字流在 ALT 中进行数字调制，将要传输的信号转换到电力线载波频段，而接收的载波信号则在这里被解调成基带信号，再由 SDC 分解为不同业务的信号。数字调制采用 64QAM/16QAM/4PSK 三种方式，根据线路传输条件任意设定，分别得到 32/21/11kbit/s 的传输速率，以保证误码率 $P_e < 10^{-6}$。

远方保护输入 TPI 和远方保护模块 TPS 对远方保护命令进行处理。当载波机不发送远方保护命令时，将连续发送监护信号；发送远方保护命令时，停止发送监护信号和电话、数据信号，而以全功率发送保护命令信号。

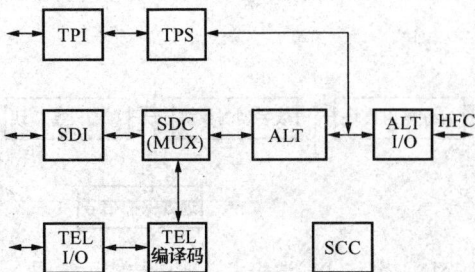

图 3-15　A.C.E.32 型数字载波机的结构

ALT I/O 部分包括线路滤波、差分汇接、功率放大等，最终与高频电缆（GL）相连。整个载波由微机实现实时监督控制（SCC）。

第四节 电力线载波通信新技术

一、中/低压电力载波通信技术的开发及应用

110kV 以上的高压电力线载波技术已经进入了数字化时代，随着电力线载波技术的不断发展和社会的需要，中/低压电力载波通信的技术开发及应用亦出现了方兴未艾的局面，电力线载波通信这座被国外传媒喻为"未被挖掘的金山"正逐渐成为一门电力通信领域乃至关系到千家万户的热门专业。

中低压电力线载波的应用目前主要在 10kV 电力线作为配电网自动化系统的数据传输通道，以及在 380/220V 用户电网作为集中远方自动抄表系统的数据传输通道，还有正在开发并取得阶段性成果的电力线上网（PLC，又称电力线接入，其工作原理在第九章第七节介绍）。在这些方面，中低压电力线载波在 10kV 上的应用已达到了实用化，作为自动抄表系统通道的载波应用目前已能够形成组网通信，完成数据抄收功能，关于电力线上网的电力载波技术应用目前已在北京等地开通了实验小区，取得了大量的第一手工程资料，这是一个非常好的开端。至于何时能够进入商业化生产和运营还需综合考虑技术性能、成本核算和符合国家有关环境政策等方面的问题。

二、中/低压电力载波通信的关键技术

我国大规模地开展用户配电网载波应用技术的研究是在 2000 年左右，目前在自动集抄系统中采用的载波通信方式有扩频、窄带调频或调相，在使用的设备中，以窄带调制类型的设备为多数，其主要原因可能是其成本低廉。

电力线上网的应用由于要求的速率至少需要达到 512kbit/s～10Mbit/s，而中低压电力线传输通信信号时信道特性相当复杂，负载多，噪声干扰强，信道衰减大，信道延时，通信环境相当恶劣，传统的载波通信原理的最大的弱点就是抗干扰能力有限，扩频通信技术和 OFDM 技术是近几年得到快速发展的数字通信技术，两者都具有抗干扰能力强，通信速率高的优点，对于以中低压电力线为传输媒介的场合是较好的通信手段。所以大多采用中低压电力线载波采用正交频分复用、扩频通信技术。由于采用正交频分多路复用技术（Orthogonal Frequency Division Multiplexing，OFDM）调制具有突发模式的多信道传输、较高的传输速率、更有效的频谱利用率和较强的抗突发干扰噪声的能力，再加上前向纠错、交叉纠错、自动重发和信道编码等技术来保证信息传输的稳定可靠，因而成为电力线上网应用的主导通信方式，主要应用于宽带电力线通信即对通信速率要求高的场合。扩频通信是信号所占带宽远远大于发送信息所必需的最小频带宽度的一种传输方式，它由于种抗干扰能力强广泛用于电力线载波。

三、中/低压电力载波通信解决方案举例

Archnet 公司积十多年的低压电网通信技术的经验，成功开发并推出迄今为止最佳的电力线载波通信解决方案——基于直序扩频（DSSS）技术的电力线载波自动抄表系统（AMR）和电力线载波通信（PLC）解决方案。直序扩频技术具有高可靠性、高灵活性和低成本等特点，特别适用于低、中速率的数据传输系统，即使在噪声干扰严重的情况下，也可

以保证可靠的通信。

　　使用该技术的 ATL80 系列电力线载波自动抄表（AMR）系统，具有最高的性能价格比，同时具有低功耗、体积小、灵活的结构配置等特点，特别是其相位识别功能（可以识别出电表或模块所在的相别）为配用电管理提供极大方便，使该系统的使用价值大大提高。

　　新的直序扩频（DSSS）技术，为 Archnet 公司的嵌入式电力线载波 Modem（PLC Modem）"家族"增添了新的成员（ATL90 系列），为客户提供了更加灵活的、低成本的通信解决方案。Archnet 公司采用了科学的数字处理技术，使 ATL90 系列（PLC Modem）和 ATL80 系列（AMR）产品具有无可比拟的优势：

　　（1）保证在噪声干扰严重的环境中的通信可靠。

　　（2）在 30～150kHz 的频率范围内，提供不同的工作频率，用户可以在一个配电变压器范围内建立多个通信和控制系统。

　　（3）在 150～600b/s 范围内，提供不同的数据传输速率。

　　（4）低功耗和小体积大大降低客户的二次开发成本。

第四章 光纤通信技术

第一节 光纤通信概述

一、光纤通信基本概念

光纤通信是以光为载波，以光纤为传输介质的通信方式。任何通信系统追求的最终技术目标都是要可靠地实现最大可能的信息传输容量和传输距离。通信系统的传输容量取决于对载波调制的频带宽度，载波频率越高，频带宽度越宽。光纤通信的载波是光波。虽然光波和电波都是电磁波，但是频率差别很大。目前，光纤通信用的近红外光波长范围约 $0.8\sim1.8\mu m$，频率约 $300THz$。光纤通信用的频带宽度约为 $200THz$，在常用的 $1.31\mu m$ 和 $1.55\mu m$ 两个波长窗口频带宽度也在 $20THz$ 以上。由于光源和光纤特性的限制，目前，光强度调制的带宽一般只有 $20GHz$，因此还有 3 个数量级以上的带宽潜力可以挖掘。

光纤是由绝缘的石英（SiO_2）材料制成的，通过提高材料纯度和改进制造工艺，可以在宽波长范围内获得很小的损耗。

在光纤通信系统中，作为载波的光波频率比电波频率高得多，而作为传输介质的光纤又比同轴电缆或波导管的损耗低得多，因此，相对于其他的通信手段，光纤通信具有许多独特的优点。

1. 容许频带很宽，传输容量很大

目前，单波长光纤通信系统的传输速率一般为 2.5 Gbit/s 和 10Gbit/s，采用外调制技术，传输速率可以达到 40Gbit/s。波分复用和光时分复用更是极大地增加了传输容量。密集波分复用（Dense Widelength Division Multiplexing，DWDM）最高水平为 132 个信道，传输容量为 20Gbit/s×132＝2640 Gbit/s。

2. 损耗小，中继距离长

石英光纤在 $1.31\mu m$ 和 $1.55\mu m$ 波长时，传输损耗分别为 0.50dB/km 和 0.20dB/km，甚至更低。因此，光纤通信系统中继距离长。目前，采用外调制技术，波长为 $1.55\mu m$ 的色散移位单模光纤通信系统，若其传输速率为 10 Gbit/s，则中继距离可达 200km。

传输容量大、传输误码率低、中继距离长的优点，使光纤通信系统不仅适合于长途干线网，而且适合于接入网的使用。这也是降低每 km 话路的系统造价的主要原因。

3. 质量轻、体积小

光纤质量很轻，直径很小，即使制成光缆，在芯数相同的条件下，其质量还是比电缆轻得多，体积也小得多。

4. 抗电磁干扰性能好

光纤由电绝缘的石英材料制成，光纤通信线路不受各种电磁场的干扰和闪电雷击的损坏。无金属光缆非常适合于存在强电磁场干扰的高压电力线周围和油田、煤矿等易燃易爆环境中使用。光纤复合架空地线（OPGW）是光纤与电力输送系统的地线组合而成的通信光缆，已在电力系统的通信中发挥重要作用。

5. 泄漏小，保密性能好

在光纤中传输的光泄漏非常微弱，即使在弯曲地段也无法窃听。没有专用的特殊工具，光纤不能分接，因此信息在光纤中传输非常安全。

6. 节约金属材料，有利于资源合理使用

制造同轴电缆和波导管的铜、铝、铅等为金属材料，而制造光纤的石英（SiO_2）在地球上基本上是取之不尽的材料。

总之，光纤通信不仅在技术上具有很大的优越性，而且在经济上具有巨大的竞争能力，因此其在信息社会中将发挥越来越重要的作用。

二、光纤通信系统的基本组成

光纤通信系统是以光为载波，以光纤为传输介质的通信系统，可以传输数字信号，也可以传输模拟信号。用户要传输的信息多种多样，一般有话音、图像、数据等多媒体信息。为叙述方便，这里仅以数字电话和模拟电视为例。图 4-1 示出单向传输的光纤通信系统，包括发射、接收和作为广义信道的基本光纤传输系统。

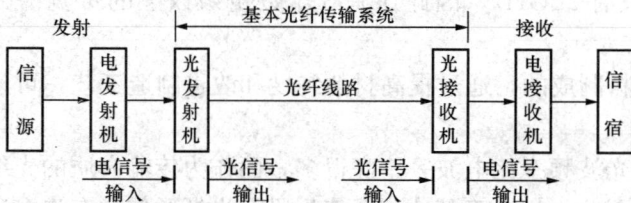

图 4-1　光纤通信系统的基本组成（单向传输）

如图 4-1 所示，信源把用户信息转换为原始电信号，这种信号称为基带信号。电发射机把基带信号转换为适合信道传输的信号，这个转换如果需要调制，则其输出信号称为已调信号。例如，对于数字电话传输，电话机把话音转换为频率范围为 0.3～3.4 kHz 的模拟基带信号，电发射机把这种模拟信号转换为数字信号，并把多路数字信号组合在一起。模/数转换普遍采用脉冲编码调制（PCM）方式实现。一路话音转换成传输速率为 64kb/s 的数字信号，然后用数字复接器把 30 路 PCM 信号组合成 2.048Mb/s 的一次群甚至高次群的数字系列，最后把这种已调信号输入光发射机。

不管是数字系统，还是模拟系统，输入到光发射机带有信息的电信号，都通过调制转换为光信号。光载波经过光纤线路传输到接收端，再由光接收机把光信号转换为电信号。电接收机的功能和电发射机的功能相反，它把接收的电信号转换为基带信号，最后由信宿恢复用户信息。

在整个通信系统中，在光发射机之前和光接收机之后的电信号段，光纤通信所用的技术和设备与电缆通信相同，不同的只是由光发射机、光纤线路和光接收机所组成的基本光纤传输系统代替了电缆传输。

光纤可以传输数字信号，也可以传输模拟信号。光纤通信在通信网、广播电视网、计算机局域网和广域网、综合业务光纤接入网以及在其他数据传输系统中，都得到了广泛应用。

第二节　光纤和光缆

一、光纤结构和类型

1. 光纤结构

光纤（Optical Fiber）是由中心的纤芯和外围的包层同轴组成的圆柱形细丝。光纤的外形，如图 4-2 所示。纤芯的折射率比包层稍高，损耗比包层更低，光能量主要在纤芯内传输。包层为光的传输提供反射面和光隔离，并起一定的机械保护作用。

设纤芯和包层的折射率分别为 n_1 和 n_2，光能量在光纤中传输的必要条件是 $n_1 > n_2$。纤芯和包层的相对折射率差 $\Delta = (n_1 - n_2)/n_1$ 的典型值，一般单模光纤为 $0.3\% \sim 0.6\%$，多模光纤为 $1\% \sim 2\%$。

2. 光纤类型

光纤种类很多，这里只讨论作为信息传输波导用的由高纯度石英（SiO_2）制成的光纤。实用光纤主要有三种基本类型，图 4-3 示出其横截面的结构和折射率分布、光线在纤芯传播的路径以及由于色散引起的输出脉冲相对于输入脉冲的畸变。这些光纤的主要特征如下：

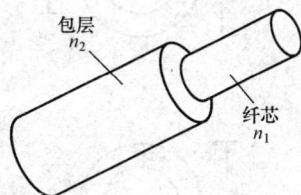

图 4-2 光纤的外形

突变型多模光纤（Step-Index Fiber，SIF），如图 4-3（a）所示，纤芯折射率为 n_1 保持不变，到包层突然变为 n_2。这种光纤一般纤芯直径 $2a = 50 \sim 80\mu m$，光线以折线形状沿纤芯中心轴线方向传播，特点是信号畸变大。

渐变型多模光纤（Graded-Index Fiber，GIF），如图 4-3（b）所示，在纤芯中心折射率最大为 n_1，沿径向 r 向外围逐渐变小，直到包层变为 n_2。这种光纤一般纤芯直径 $2a$ 为 $50\mu m$，光线以正弦形状沿纤芯中心轴线方向传播，特点是信号畸变小。

单模光纤（SMF—Single—Mode Fiber），如图 4-3（c）所示，折射率分布和突变型光纤相似，纤芯直径只有 $8 \sim 10\mu m$，光线以直线形状沿纤芯中心轴线方向传播。因为这种光纤只能传输一个模式，所以称为单模光纤。

那么我们怎样理解光纤模式的概念呢？光也是电磁波，电磁波由交变的电场和磁场组成且满足一定的数学关系。光在光纤中的传播就是电场和磁场相互交替地变换传播，电场和磁场不同的分布形式（满足特定的方程）就构成不同的模式。所谓单模光纤就是指只传输 HE11 一种矢量模式。多模光纤则指能同时传输多种模式（例如 HE11、TM01、TE01、HE12 等矢量模式）的光纤。

渐变型多模光纤和单模光纤，包层外径 $2b$ 都选用 $125\mu m$。实际上，根据应用的需要，可以设计折射率介于 SIF 和 GIF 之间的各种准渐变型光纤。为调整工作波长或改善色散特性，可以在图 4-3（c）常规单模光纤的基础上，设计许多结构复杂的特种单模光纤。

有在 $1.3 \sim 1.6\mu m$ 之间色散变化很小的色散平坦光纤（Dispersion Flattened Fiber，DFF）；有把零色散波长移到 $1.55\mu m$ 的色散移位光纤（Dispersion Shifted Fiber，DSF）；有偏振保持光纤等。

各种光纤，其用途也不同。突变型多模光纤信号畸变大，相应的带宽只有 $10 \sim 20MHz \cdot km$，用于小容量、短距离系统。渐变型多模光纤的带宽可达 $1 \sim 2GHz \cdot km$，适用于中等容量、中等距离系统。大容量（$565Mb/s \sim 2.5Gb/s$）长距离（30km 以上）系统要用单模光纤。色散平坦光纤适用于波分复用系统，这种系统可以把传输容量提高几倍到几十倍。外差接收方式的相干光系统要用偏振保持光纤，这种系统最大优点是提高接收灵敏度，增加传输距离。

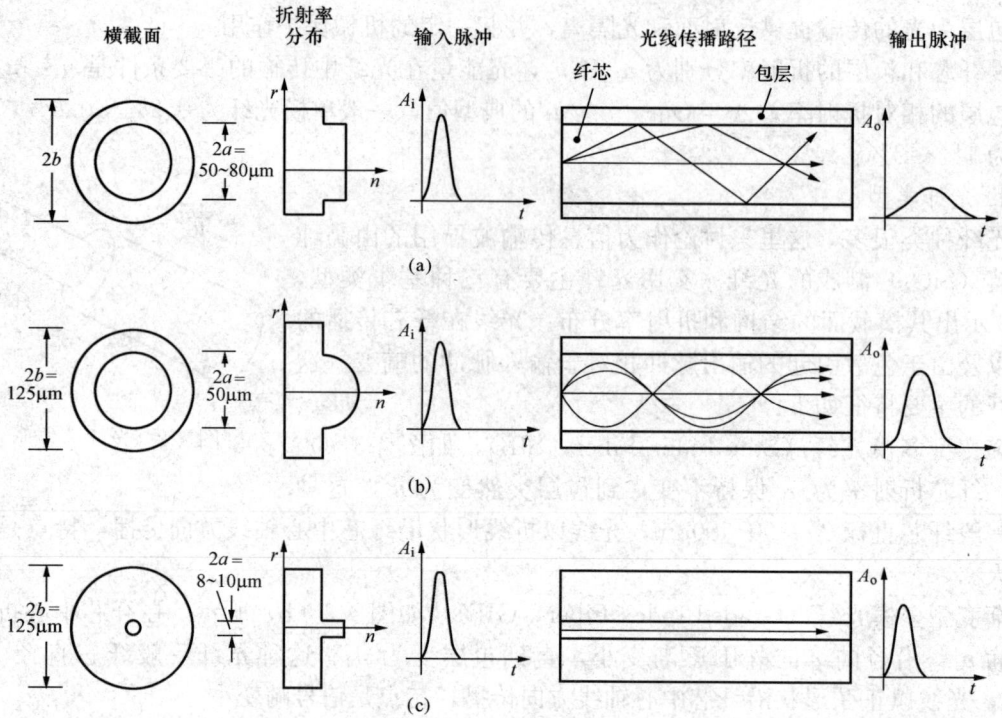

图 4-3 三种基本类型的光纤
(a) 突变型多模光纤；(b) 渐变型多模光纤；(c) 单模光纤

二、光纤传光原理

要详细描述光纤传光原理，需要求解由麦克斯韦方程组导出的波动方程。但在极限（波数 $k=2\pi/\lambda$ 非常大，波长 $\lambda \to 0$）条件下，可以用几何光学的射线方程作近似分析。几何光学的方法比较直观，容易理解，但并不十分严格。

用几何光学方法分析光纤传输原理，我们关注的问题主要是光束在光纤中传播的空间分布和时间分布，并由此得到数值孔径和时间延迟的概念。

1. 突变型多模光纤

设纤芯和包层折射率分别为 n_1 和 n_2，空气的折射率 $n_0=1$，纤芯中心轴线与 z 轴一致，如图 4-4 所示。

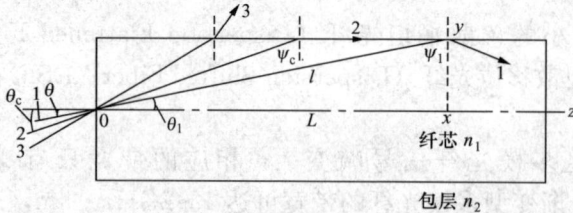

图 4-4 突变型多模光纤的光线传播原理

光线在光纤端面以小角度 θ 从空气入射到纤芯（$n_0 < n_1$），折射角为 θ_1，折射后的光线在纤芯直线传播，并在纤芯与包层交界面以角度 Ψ_1 入射到包层（$n_1 > n_2$）。改变角度 θ，不同 θ 相应的光线将在纤芯与包层交界面发生反射或折射。根据全反射原理，存在一个临界角 θ_c，当 $\theta < \theta_c$ 时，相应的光线将在交界面发生全反射而返回纤芯，并以折线的形状向前传播，如图 4-4 中光线 1。根据斯奈尔（Snell）定律可得

$$n_0 \sin\theta = n_1 \sin\theta_1 = n_1 \cos\psi_1 \tag{4-1}$$

当 $\theta = \theta_c$ 时，相应的光线将以 ψ_c 入射到交界面，并沿交界面向前传播（折射角为 $90°$），如光线 2；当 $\theta > \theta_c$ 时，相应的光线将在交界面折射进入包层并逐渐消失，如图 4-4 中光线 3。由此可见，只有在半锥角 $\theta \leqslant \theta_c$ 的圆锥内入射的光束才能在光纤中传播。根据这个传播条件，定义临界角 θ_c 的正弦为数值孔径（Numerical Aperture，NA）。根据定义和斯奈尔定律可得

$$NA = n_0 \sin\theta_c = n_1 \cos\psi_c$$

$$n_1 \sin\psi_c = n_2 \sin 90° \tag{4-2}$$

$n_0 = 1$，由式（4-2）经简单计算得到

$$NA = \sqrt{n_1^2 - n_2^2} \approx n_1 \sqrt{2\Delta} \tag{4-3}$$

式中，$\Delta = (n_1 - n_2)/n_1$ 为纤芯与包层相对折射率差。

设 $\Delta = 0.01$，$n_1 = 1.5$，得到 $NA = 0.21$。

NA 表示光纤接收和传输光的能力，NA（或 θ_c）越大，光纤接收光的能力越强，从光源到光纤的耦合效率越高。即在 θ_c 内的入射光都能在光纤中传输。NA 越大，纤芯对光能量的束缚越强，光纤抗弯曲性能越好。

现在我们来观察光线在光纤中的传播时间。根据图 4-4，入射角为 θ 的光线在长度为 L（$0x$）的光纤中传输，所经历的路程为 l（$0y$），在 θ 不大的条件下，得到最大入射角（$\theta = \theta_c$）和最小入射角（$\theta = 0$）的光线之间时间延迟差近似为

$$\Delta\tau = \frac{n_1 L}{c \sin\psi_c} - \frac{n_1 L}{c} = \frac{n_1 L}{c}\left(\frac{n_1}{n_2} - 1\right) \approx \frac{n_1 L}{c}\Delta \tag{4-4}$$

式中，c 为真空中的光速。这种时间延迟差在时域产生脉冲展宽，或称为信号畸变。由此可见，突变型多模光纤的信号畸变是由于不同入射角的光线经光纤传输后，其时间延迟不同而产生的，其大小与 Δ 成正比。

可见，NA 越大，经光纤传输后产生的信号畸变越大，因而限制了信息传输容量。所以要根据实际使用场合，选择适当的 NA。

2. 渐变型多模光纤

渐变型多模光纤具有能减小脉冲展宽、增加带宽的优点。渐变型多模光纤的子午面（$r-z$）示于图 4-5，一般光纤相对折射率差都很小，光线和中心轴线 z 的夹角也很小，即 $\sin\theta \approx 0$。

由图 4-5 可见，渐变型多模光纤的光线轨迹是传输距离 z 的正弦函数。对于确定的光纤，其幅度的大小取决于入射角 θ_0，其周期 $T = 2\pi a/\sqrt{2\Delta}$，取决于光纤的结构参数（$a$，$\Delta$），而与入射角 θ_0 无关。这说明不同入射角的相应光线，虽然经历的路程不同，但是最终都会聚在 P 点上，见图 4-5。这种现象称为自聚焦（Self-Focusing）效应。

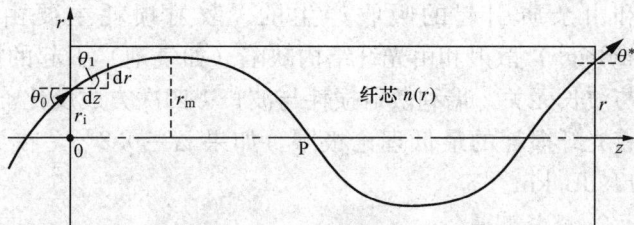

图 4-5 渐变型多模光纤的光线传播原理

渐变型多模光纤具有自聚焦效应，不仅不同入射角相应的光线会聚在同一点上，而且这些光线的时间延迟也近似相等。这是因为光线传播速度 $v(r) = c/n(r)$（c 为光速），入射角大的光线经历的路程较长，但大部分路程远离中心轴线，$n(r)$ 较小，传播速度较快，补偿了较长的路程。入射角小的光线情况正相反，其路程较短，但速度较慢。这些光线的时间延迟近似相等。所以渐变型多模光纤的信号畸变比突变型多模光纤的信号畸变要小。

三、光纤传输特性

光信号经光纤传输后要产生损耗和畸变（失真），因而输出信号和输入信号不同。对于脉冲信号，不仅幅度要减小，而且波形要展宽。产生信号畸变的主要原因是光纤中存在色散。损耗和色散是光纤最重要的传输特性。损耗限制系统的传输距离，色散则限制系统的传输容量。本节讨论光纤的色散和损耗的机理和特性，为光纤通信系统的设计提供依据。

（一）光纤色散

色散（Dispersion）是在光纤中传输的光信号，由于不同成分的光的时间延迟不同而产生的一种物理效应。色散一般包括模式色散、材料色散和波导色散。

（1）模式色散是由于不同模式光的时间延迟不同而产生的，它取决于光纤的折射率分布，并和光纤材料折射率的波长特性有关。

（2）材料色散是由于光纤的折射率随波长而改变，以及模式内部不同波长成分的光（实际光源不是纯单色光）的时间延迟不同而产生的。这种色散取决于光纤材料折射率的波长特性和光源的谱线宽度。

（3）波导色散是由于波导结构参数与波长有关而产生的，它取决于波导尺寸和纤芯与包层的相对折射率差。色散对光纤传输系统的影响，在时域和频域的表示方法不同。如果信号是模拟调制的，色散限制带宽（Bandwidth）；如果信号是数字脉冲，色散产生脉冲展宽。所以，色散通常用 3dB 光带宽 f_{3dB} 或脉冲展宽 $\Delta\tau$ 表示。

光纤色散测量有相移法、脉冲时延法和干涉法等。

（二）光纤损耗

由于损耗的存在，在光纤中传输的光信号，不管是模拟信号还是数字脉冲，其幅度都要减小。光纤的损耗在很大程度上决定了系统的传输距离。损耗的大小用损耗系数 α 表示，表达式为

$$\alpha = \frac{10}{L} \lg \frac{P_i}{P_o} \quad \text{(dB/km)} \tag{4-5}$$

式中：L 为光纤的长度（km）；P_i 为输入光功率；P_o 为输出光功率。

1. 损耗的机理

光纤损耗机理包括吸收损耗和散射损耗两部分。吸收损耗是由 SiO_2 材料引起的固有吸收和由杂质引起的吸收产生的。散射损耗主要由材料微观密度不均匀引起的瑞利（Rayleigh）散射和由光纤结构缺陷（如气泡）引起的散射产生的。结构缺陷散射产生的损耗与波长无关。瑞利散射损耗与波长 λ 四次方成反比。瑞利散射损耗是光纤的固有损耗，决定着光纤损耗的最低理论极限。如果 $\Delta = 0.2\%$，在 $1.55\mu m$ 波长，光纤最低理论极限为 $0.149 dB/km$。

2. 损耗测量

光纤损耗测量有两种基本方法：一种是测量通过光纤的传输光功率，称剪断法和插入

法；另一种是测量光纤的后向散射光功率，称后向散射法。在工程上最实用的是后向散射法。

由于瑞利散射光功率与传输光功率成比例，利用与传输光相反方向的瑞利散射光功率来确定光纤损耗系数的方法，称为后向散射法。

设在光纤中正向传输光功率为 p，经过长度 L_1 和 L_2（$L_1 < L_2$）时分别为 p_1 和 p_2（$p_1 > p_2$），从这两点返回输入端（$L=0$），光检测器的后向散射光功率分别为 $p_d(L_1)$ 和 $p_d(L_2)$，经分析推导得到，正向和反向平均损耗系数为

$$\alpha = \frac{10}{2(L_2 - L_1)} \lg \frac{p_d(L_1)}{p_d(L_2)} \quad (\text{dB/km}) \tag{4-6}$$

式中，右边分母中因子 2 是光经过正向和反向两次传输产生的结果。

后向散射法不仅可以测量损耗系数，还可利用光在光纤中传输的时间来确定光纤的长度 L，计算式为

$$L = \frac{ct}{2n_1} \tag{4-7}$$

式中：c 为光速；n_1 为光纤的纤芯折射率；t 为光脉冲从发出到返回的时间。

图 4-6 所示为后向散射法光纤损耗测量系统的框图。光源应采用特定波长、稳定的大功率激光器、调制的脉冲宽度和重复频率应和所要求的长度分辨率相适应。耦合器件把光脉冲注入被测光纤，又把后向散射光注入光检测器。光检测器应有很高的灵敏度。

图 4-7 是后向散射功率曲线的示例。图中 A 为输入端反射区；BC 为恒定斜率区，用以确定损耗系数；C 为连接器、接头或局部缺陷引起的损耗；D 为介质缺陷（例如气泡）引起的反射；E 为输出端反射区（光纤断点），用以确定光纤长度。

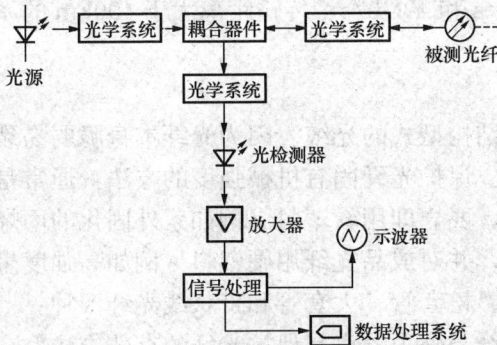

图 4-6　后向散射法光纤损耗测量系统

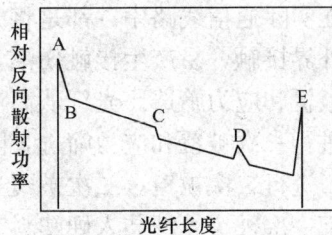

图 4-7　后向散射功率
曲线的示例

用后向散射法的原理设计的测量仪器称为光时域反射仪（OTDR）。这种仪器采用单端输入和输出，不破坏光纤，使用非常方便。OTDR 不仅可以测量光纤损耗系数和光纤长度，还可以测量连接器和接头的损耗，观察光纤沿线的均匀性和确定故障点的位置，确实是光纤通信系统工程现场测量不可缺少的工具。

（三）光纤标准和应用

制订光纤标准的国际组织主要有 ITU-T 和 IEC（国际电工委员会）。光纤应用情况

如下：

(1) G.651：多模渐变型（GIF）光纤，这种光纤在光纤通信发展初期广泛应用于中小容量、中短距离的通信系统。

(2) G.652：常规单模光纤，其特点是在波长 $1.31\mu m$ 色散为零、性能最佳单模光纤，系统的传输距离只受损耗的限制。目前世界上已敷设的光纤线路 90% 采用这种光纤。在新敷设的情况下，G.652 光纤/光缆主要应用于城域网、接入网及复用路数不多的密集波分复用骨干网。对于速率很高、距离很长的系统，应采用有小 PMD（Polarization Mode Dispersion）的 G.652B 光纤/光缆。

(3) G.653：色散移位光纤，是第二代单模光纤，其特点是在波长 $1.55\mu m$ 色散为零，损耗又最小。因此，这种光纤主要应用于在 1550nm 波长区开通长距离 10 Gb/s（或以上）速率的系统。但由于工作波长零色散区的非线性影响，容易产生严重的四波混频效应，不支持波分复用系统，故 G.653 光纤仅用于单信道高速率系统。目前新建或改建的大容量光纤传输系统均为波分复用系统，故 G.653 光纤基本不采用。

(4) G.654：光纤为 1550nm 波长衰减最小单模光纤，一般多用于长距离海底光缆系统。陆地传输一般不采用。

(5) G.655：是一种改进的色散移位光纤。它同时克服 G.652 光纤在 1550nm 波长色散大和 G.653 光纤在 1550nm 波长产生非线性效应不支持波分复用系统的缺点，是最新一代的单模光纤。这种光纤适合应用于采用密集波分复用的大容量的骨干网和孤子传输系统中使用，实现了超大容量超长距离的通信。根据对 PMD 和色散的不同要求，G.655 光缆又分为 G.655A、G.655B 和 G.655C 三种。G.655A 应用于速率大于 2.5Gb/s、有光放大器的多波长信道系统时，典型的信道间隔为 200GHz；而 G.655B，则典型的信道间隔为 100GHz 或更小；G.655C 可以支持传输速率分别为 10Gb/s 和 40Gb/s、传输距离大于 400km 的系统工作。

四、光缆及电力特种光缆

在实际通信线路中，都是将光纤制成不同结构型式的光缆。因为光纤本身脆弱易裂，直接和外界接触，易产生接触伤痕，甚至被折断。保护光纤固有机械强度的方法，通常是采用塑料被覆和应力筛选。光纤从高温拉制出来后，要立即用软塑料（例如紫外固化的丙烯酸树脂）进行一次被覆和应力筛选，除去断裂光纤，并对成品光纤用硬塑料（例如高强度聚酰胺塑料）进行二次被覆。二次被覆光纤有紧套管、松套管、大套管和带状线光纤四种。

把一次被覆光纤装入硬塑料套管内，使光纤与外力隔离是保护光纤的有效方法。在工程应用中，光缆不可避免要遭受一定的拉力而伸长，或者遭遇低温而收缩。因此，松套管内的光纤要留有一定的余长，使光纤受拉力或压力的作用。

（一）光缆结构和类型

光缆一般由缆芯和护套两部分组成，有时在护套外面加有铠装。

1. 缆芯

缆芯通常包括被覆光纤（或称芯线）和加强件两部分。被覆光纤是光缆的核心，决定着光缆的传输特性。

光缆类型多种多样，图 4-8 给出若干典型实例。根据缆芯结构的特点，光缆可分为四种基本型式：

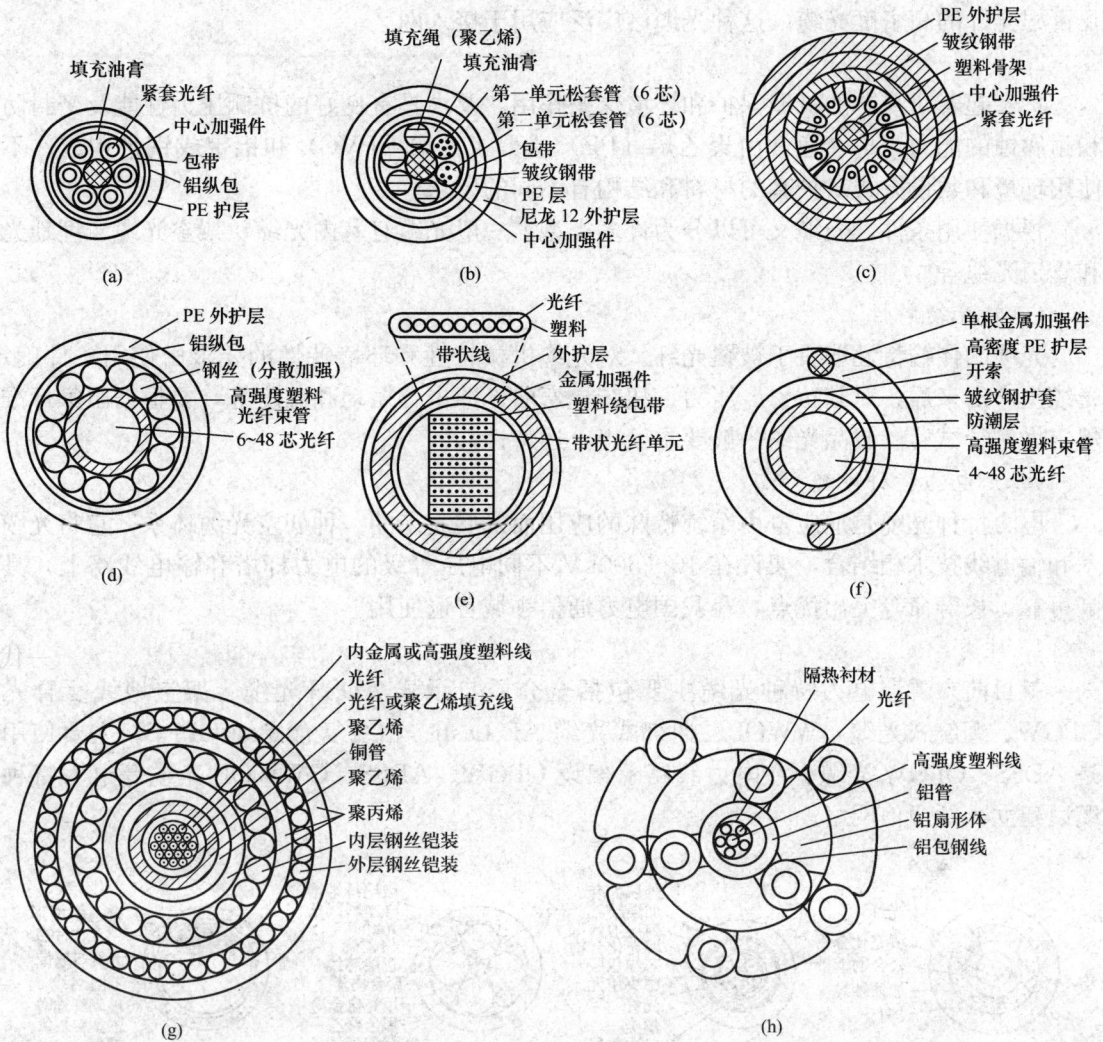

图 4-8　光缆类型的典型实例

（a）6 芯紧套层绞式光缆（架空、管道）；（b）12 芯松套层绞式光缆（直埋防蚁）；（c）12 芯骨架式光缆（直埋）；
（d）6～48 芯束管式光缆（直埋）；（e）108 芯带状光缆；（f）LXE 束管式光缆（架空、管道、直埋）；
（g）浅海光缆；（h）架空地线复合光缆（OPGW）

（1）层绞式，系把松套光纤绕在中心加强件周围绞合而构成。这种结构的缆芯制造设备简单，工艺相当成熟，得到广泛应用。采用松套光纤的缆芯可以增强抗拉强度，改善温度特性。

（2）骨架式，系把紧套光纤或一次被覆光纤放入中心加强件周围的螺旋形塑料骨架凹槽内而构成。这种结构的缆芯抗侧压力性能好，有利于对光纤的保护。

（3）中心束管式，系把一次被覆光纤或光纤束放入大套管中，加强件配置在套管周围而构成。这种结构的加强件同时起着护套的部分作用，有利于减轻光缆的重量。

（4）带状式，系把带状光纤单元放入大套管内，形成中心束管式结构，也可以把带状光纤单元放入骨架凹槽内或松套管内，形成骨架式或层绞式结构。带状式缆芯有利于制造容纳几百根光纤的高密度光缆。这种光缆已广泛应用于接入网。

2. 护套

护套起着对缆芯的机械保护和环境保护作用，要求具有良好的抗侧压力性能及密封防潮和耐腐蚀的能力。护套通常由聚乙烯（PE）或聚氯乙烯（PVC）和铝带或钢带构成。不同使用环境和敷设方式对护套的材料和结构有不同的要求。

根据使用条件，光缆又可以分为许多类型。一般光缆有室内光缆、架空光缆、埋地光缆和管道光缆等。

（二）光缆特性

光缆的传输特性取决于被覆光纤。对光缆机械特性和环境特性的要求由使用条件确定。光缆生产出来后，对其拉力、压力、扭转、弯曲、冲击、振动和温度等，要根据国家标准的规定做例行试验。成品光缆一般要求给出上述特性。

（三）电力特种光缆

电力特种光缆是适应电力系统特殊的应用而发展起来的一种架空光缆体系，它将光缆技术和输电线技术相结合，架设在 $10\sim500\mathrm{kV}$ 不同电压等级的电力杆塔和输电线路上，具有高可靠、长寿命等突出优点，在我国电力通信领域普遍使用。

1. 种类

就目前来看，电力特种光缆主要包括全介质自承式 ADSS 光缆、架空地线复合光缆 OPGW、缠绕式光缆 GWWOP、捆绑式光缆 AL-Lash、相线复合光缆 OPPC。主要使用的是 ADSS、OPGW 光缆。在电力线路上架设 OPGW、ADSS、GWWOP 光缆等电力特种光缆以建立光纤通信网络。

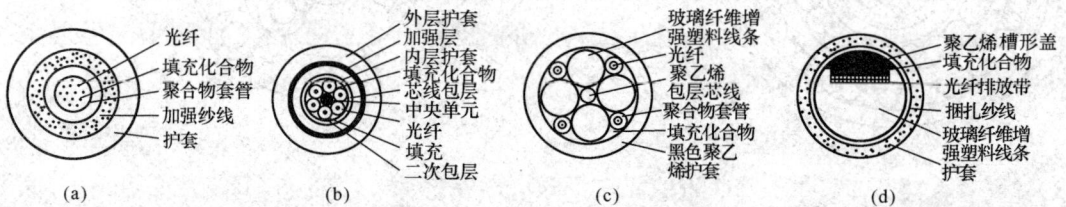

图 4-9 几种无金属自承式架空（ADSS）光缆的结构图
(a) A 型 ADSS 光缆；(b) B 型 ADSS 光缆；(c) C 型 ADSS 光缆；(d) D 型 ADSS 光缆

（1）ADSS 光缆。目前世界上 ADSS 光缆的结构主要有四种类型，如图 4-9 所示。A型：中心束管式 ADSS 光缆；B 型：层绞式 ADSS 光缆；C 型：分布式增强型 ADSS 光缆；D型：带状式 ADSS 光缆。其中 A 型与 B 型在电力系统中应用较广泛。

其主要特点是：采用了具有高弹性模量的高强度芳纶纱作为抗张元件。芳纶纱弹性模量高、重量轻，具有负膨胀系数，有防弹能力。同时光缆几何尺寸小，缆重仅为普通光缆的1/3，可直接架挂在电力杆塔的适当位置上，对杆塔增加的额外负荷很小；外护套经过中性离子化浸渍处理，使光缆具有极强的抗电腐蚀能力。光缆采用无金属材料，绝缘性能好，能避免雷击，电力线出故障时，不会影响光缆的正常运行；利用现有电力杆塔，可以不停电施工，与电力线同杆架设，可降低工程造价；运行温度范围为 $-40\sim+70$℃；使用跨距范围为

50～1200m。

（2）OPGW 光缆。OPGW 光缆是将光纤媒体复合在输电线路的架空地线里，地线和通信功能合二为一。OPGW 光缆主要是由铝包钢线或铝合金线组成的外部绞线包裹着光纤缆、中心加强件等组成的。OPGW 光缆按光纤与其外层束管的"紧密"程度分为"松套"和"紧套"两种类型，大多数厂家都采用松套结构。OPGW 光缆主要特点是：

1）OPGW 光缆既可避雷，又可用于通信，不需要另外加挂光缆。

2）光缆位于 OPGW 中，外层有铝包钢线或铝合金线包裹，光缆受到保护，可靠性较高。

3）OPGW 光缆是随着电力线架设，因而节省了施工费。

4）OPGW 光缆是架设在

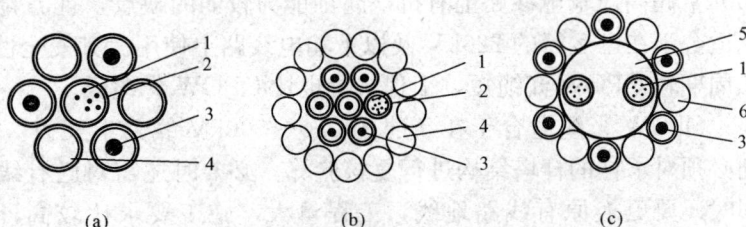

图 4-10 几种 OPGW 光缆结构示意图

（a）中心束管式；（b）偏管层绞式；（c）骨架式 OPGW 光缆

1—光纤；2—不锈钢钢管（铝管/塑管）；3—铝包钢线；4—铝合金线；

5—螺旋型带槽铝合金骨架；6—镀锌钢管

输电线路铁塔上，这种铁塔比起邮电部门的通信电杆可靠、安全，且不易被盗窃。

目前电力系统主要使用如图 4-10 所示几种结构的 OPGW 光缆。

（3）缠绕式光缆 GWWOP，可缠绕在已运行的输电线路地线上。它是由松套缓冲管与小强度件或填充件绞绕在一起以形成圆形光纤单元，光纤单元是用交联聚乙烯护套加以保护。这个护套提供了机械和环境保护，并且抗电弧和雷击。其主要特点是：

1）抗干扰能力强、耐高温、抗老化，且不易被盗窃。

2）由于 GWWOP 光缆重量很轻，而且使用专用的机械将其缠绕在输电线路地线上，所以，在光缆架设时不需对原杆塔作复核与改动即可施工。

3）光缆可在任何自承塔上熔接。

GWWOP 光缆的缺点是易受外界损坏。

（4）全介质捆绑（AD-LASH）光缆。AD-LASH 光缆可采用捆绑式架设方法，通过捆绑机用捆绑带把其与架空地线或相线捆绑在一起。AD-LASH 光缆的特点是：

1）光缆直径小、重量轻，将它捆绑在送电线路上，基本不会产生垂直的重力荷载，不会对原有杆塔造成明显的影响。

2）光缆的全介质设计减轻了光缆的重量，避免了送电线路短路或者雷击影响。

3）可以在地线或者相线上简单快捷地安装。AD-LASH 光缆的外护套具有耐高温及防电腐蚀等特点，因此，AD-LASH 光缆不但可以在地线上安装，也可以在 35kV 及以下的相线上安装。

4）光缆由黏性捆绑带固定，不会在地线或者相线上移动。光缆的捆绑带表面有黏性物质，可以使光缆、捆绑带及送电线路牢固地粘连在一起，光缆不能左右移动，不会对光缆的外护套造成摩擦损伤。

5）光缆安装完成后，由捆绑带承受重量，光缆不会受永久性张力，不会由于张力而产生应力衰减。

6）光缆与地线或相线被平行地捆绑在一起，不会有环形状态产生。其缺点是易受外界损坏，且高压送电线路档距较大，杆塔较高，捆绑机施工比较困难。

2. 光缆结构类型的选择

电力特种光缆的选型主要是由它要架设的输电线路的情况决定的。

ADSS 光缆是目前使用较多的类型，可在现有的输电线路上附挂，不停电施工，但在 500kV 超高压输电线路上有抗电腐蚀能力较弱的缺点，且需验算铁塔的承受能力。ADSS 光缆适合于在已运行的 220kV 及以下输电线路上使用。其安全性能稍次于 OPGW 光缆，但施工周期较 OPGW 光缆短，工程造价也比 OPGW 光缆低。

OPGW 光缆适合于在新建的 220～500kV 线路上架设。若使用在已经运行的线路上，则必须对承挂的杆塔结构进行复核验算，必要时还需对已有线路杆塔结构进行加强或改造，同时还要更换原有线路地线，工程量大，施工要求比较高，施工周期和故障恢复周期均较长。

GWWOP 光缆适合于在已运行的电力线路上架设。该型光缆虽然工程造价最低，但易受外界损害。

根据目前电力系统使用光缆的情况，一般在 220kV 及以下老线路采用抗电腐蚀的 ADSS 光缆；在新建的 220kV 及以上输电线路上采用 OPGW 光缆；对 ADSS 抗拉强度不能满足要求的特大跨越档距可考虑采用 GWWOP 光缆；对 35kV 及以下运行时间较长的送电线路可考虑采用 AD-LASH 光缆。另外，随着电力系统光纤通信的发展，出现了 ADSS、OPGW 与普通光缆交替使用的情况。位于城镇地区的电业局、供电局及调度大楼等，由于高压输电线路很少深入到城市中心，因而需在部分 10kV 配电线路上附挂普通光缆，或沿城市规划的电缆沟进入市区以便于电力调度、供电自动化及行政管理工作。

3. 光缆应用中出现的问题和主要解决措施

随着电力通信网建设的加快，运行中 ADSS 和 OPGW 暴露出来许多问题，主要集中在 ADSS 外护套电腐蚀和 OPGW 雷击问题。针对 ADSS 外护套电腐蚀问题，国内有关单位已开始了大量研究工作，主要集中在电应力作用下 ADSS 损伤机理的研究、耐电痕护套材料的开发、抗电应力损伤的措施以及电腐蚀的测试方法等方面，并取得了大量的研究成果。在确保 ADSS 光缆质量的前提下，规范工程设计、施工和运行条件，ADSS 的电腐蚀是可以控制的。

ADSS 应用中的问题主要有：① ADSS 挂点的选择失误。②"干带电弧"是造成 ADSS 表面产生电腐蚀的最主要原因。电弧产生的高热，使外护套表面的温度升高，产生树枝化的电痕，直至烧穿光缆的外护套，露出芳纶纱，最后造成断缆事故发生。③ ADSS 光缆铝丝端部电晕放电引起的劣化，造成 ADSS 出现电腐蚀。

解决 ADSS 腐蚀的主要措施有：ADSS 外护套采用抗电应力损伤的新技术和新材料；采取措施降低 ADSS 光缆表面电场强度和电位差；减少放电电压的数值和均衡塔端的感应场强，如悬挂 ADSS 光缆的金具采用预绞丝结构并相应地安装均压环或防晕圈；在靠近杆塔的 ADSS 表面沿光缆方向安装半导体棒；优化 ADSS 的悬挂点等。

而针对 OPGW 遭雷击问题，已采取了提高 OPGW 本身耐雷水平，在工程设计中提高 OPGW 防护水平等措施。

第三节 光源和光检测器

光源、光检测器是光发射机、光接收机的关键器件，和光纤一起决定着光纤传输系统的水平。

一、光源

光源是光发射机的关键器件，其功能是把电信号转换为光信号。目前光纤通信广泛使用的光源主要有半导体激光二极管或称激光器（LD）和发光二极管（LED）。

（一）半导体激光器

1. 工作原理和基本结构

半导体激光器产生激光的基本原理是向半导体 PN 结注入电流，实现粒子数反转分布，产生受激辐射，再利用谐振腔的正反馈，实现光放大而产生激光振荡的。所以讨论激光器工作原理要从受激辐射开始。

（1）受激辐射和粒子数反转分布。有源器件的物理基础是光和物质相互作用的效应。在物质的原子中，存在许多能级，最低能级 E_1 称为基态，能量比基态大的能级 $E_i(i=2,3,4,\cdots)$ 称为激发态。电子在低能级 E_1 的基态和高能级 E_2 的激发态之间的跃迁有三种基本方式（如图 4-11 所示）：

1）在正常状态下，电子处于低能级 E_1，在入射光作用下，它会吸收光子的能量跃迁到高能级 E_2 上，这种跃迁称为受激吸收，如图 4-11（a）所示。电子跃迁后，在低能级留下相同数目的空穴。

2）在高能级 E_2 的电子是不稳定的，即使没有外界的作用，也会自动地跃迁到低能级 E_1 上与空穴复合，释放的能量转换为光子辐射出去，这种跃迁称为自发辐射，如图 4-11（b）所示。

3）在高能级 E_2 的电子，受到入射光的作用，被迫跃迁到低能级 E_1 上与空穴复合，释放的能量产生光辐射，这种跃迁称为受激辐射，如图4-11（c）所示。

图 4-11 能级和电子跃迁
(a) 受激吸收；(b) 自发辐射；(c) 受激辐射

受激辐射是受激吸收的逆过程。电子在 E_1 和 E_2 两个能级之间跃迁，吸收的光子能量或辐射的光子能量都要满足波尔条件，即

$$E_2 - E_1 = hf_{12} \tag{4-8}$$

式中：h 为普朗克常数，$h=6.628\times10^{-34}$ J·s；f_{12} 为吸收或辐射的光子频率。

受激辐射和自发辐射产生的光的特点很不相同。受激辐射光的频率、相位、偏振态和传播方向与入射光相同，这种光称为相干光；自发辐射光是由大量不同激发态的电子自发跃迁产生的，其频率和方向分布在一定范围内，相位和偏振态是混乱的，这种光称为非相干光。产生受激辐射和产生受激吸收的物质是不同的。设在单位物质中，处于低能级 E_1 和处于高

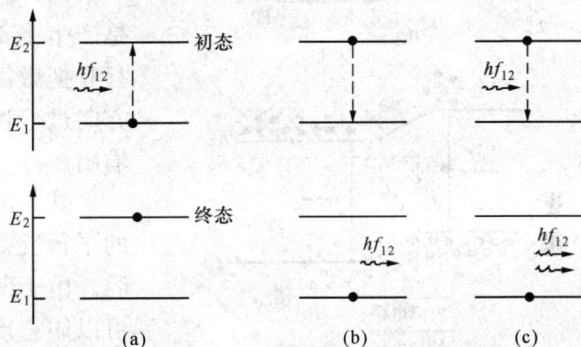

能级 $E_2(E_2 > E_1)$ 的原子数分别为 N_1 和 N_2。如果 $N_1 > N_2$，则受激吸收大于受激辐射，当光通过这种物质时，光强按指数衰减，这种物质称为吸收物质。如果 $N_2 > N_1$，则受激辐射大于受激吸收，当光通过这种物质时，会产生放大作用，这种物质称为激活物质。$N_2 > N_1$ 的原子数分布，和正常状态的分布（$N_1 > N_2$）相反，所以称为粒子数反转分布。

（2）PN 结的能带和电子分布。在 P 型和 N 型半导体组成的 PN 结界面上，由于存在多数载流子（电子或空穴）的梯度，因而产生扩散运动，形成内部电场，如图 4-12（a）所示。

内部电场产生与扩散相反方向的漂移运动，直到 P 区和 N 区的费米能级 E_f 相同，两种运动处于平衡状态为止，结果能带发生倾斜，如图 4-12（b）所示。这时在 PN 结上施加正向电压，产生与内部电场相反方向的外加电场，结果能带倾斜减小，扩散增强，使 N 区的电子向 P 区运动，P 区的空穴向 N 区运动，最后在 PN 结形成一个特殊的增益区。增益区的导带主要是电子，价带主要是空穴，结果获得粒子数反转分布，如图 4-12（c）所示。在电子和空穴扩散过程中，导带的电子可以跃迁到价带与空穴复合，产生自发辐射光。

（3）激光振荡和光学谐振腔。粒子数反转分布是产生受激辐射的必要条件，但还不能产生激光。只有把激活物质置于光学谐振腔中，对光的频率和方向进行选择，才能获得连续的光放大和激光振荡输出。

基本的光学谐振腔由两个反射率分别为 R_1 和 R_2 的平行反射镜构成，如图 4-13 所示，称为 F—P 谐振腔。由于谐振腔内的激活物质具有粒子数反转分布，可以用它产生的自发辐射光作为入射光。入射光经反射镜反射，沿轴线方向传播的光被放大，沿非轴线方向的光被减弱。反射光经多次反馈，不断得到放大，方向性得到不断改善，结果增益大幅度得到提高。另一方面，由于谐振腔内激活物质存在吸收，反射镜存在透射和散射，因此光受到一定损耗。当增益和损耗相当时，在谐振腔内开始建立稳定的激光振荡。

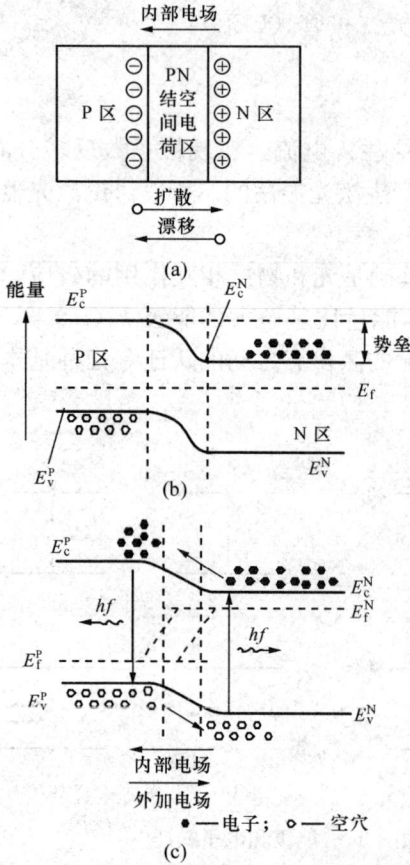

图 4-12　PN 结的能带和电子分布
（a）PN 结内载流子运动；（b）零偏压时 PN 结的能带图；（c）正向偏压下 PN 结能带图
E_c^P、E_c^N—P 型、N 型半导体中导带底的能量；
E_v^P、E_v^N—P 型、N 型半导体中价带顶的能量；
E_f^P、E_f^N—P 型、N 型半导体中的费米能级

（4）半导体激光器基本结构。半导体激光器的结构多种多样，基本结构是双异质结平面条形结构。这种结构由三层不同类型半导体材料构成，不同材料发射不同的光波长。

2. 半导体激光器的主要特性

（1）发射波长。半导体激光器的发射波长为

$$\lambda = \frac{hc}{E_g} = \frac{1.24}{E_g} \qquad (4-9)$$

式中：λ 为发射光的波长（μm）；c 为光速；h 为普朗克常数；E_g 为半导体材料的禁带宽度（eV，$1\text{eV}=1.6\times10^{-19}\text{J}$）。

（2）激光束的空间分布。激光束的空间分布用近场和远场来描述。近场是指激光器输出反射镜面上的光强分布，远场是指离反射镜面一定距离处的光强分布。典型半导体激光器远场的光束横截面呈椭圆形。

（3）转换效率和输出光功率特性。激光器的电/光转换效率用外微分量子效率 η_d 表示，其定义是在阈值电流以上，每对复合载流子产生的光子数。激光器的光功率特性通常用 $P\text{-}I$ 曲线表示，图4-14是典型激光器的光功率特性曲线。

P 和 I 分别为激光器的输出光功率和驱动电流，P_{th} 和 I_{th} 分别为相应的阈值。当 $I < I_{th}$ 时激光器发出的是自发辐射光；当 $I > I_{th}$ 时，发出的是受激辐射光，光功率随驱动电流的增加而增加。

（4）温度特性。对于线性良好的激光器，输出光功率特性如图 4-15 所示。激光器输出光功率随温度而变化有两个原因：一是激光器的阈值电流 I_{th} 随温度升高而增大；二是外微分量子效率 η_d 随温度升高而减小。图 4-15 示出脉冲调制的激光器，由于温度升高引起阈值电流增加和外微分量子效率减小，造成的输出光功率特性 $P\text{-}I$ 曲线的变化。

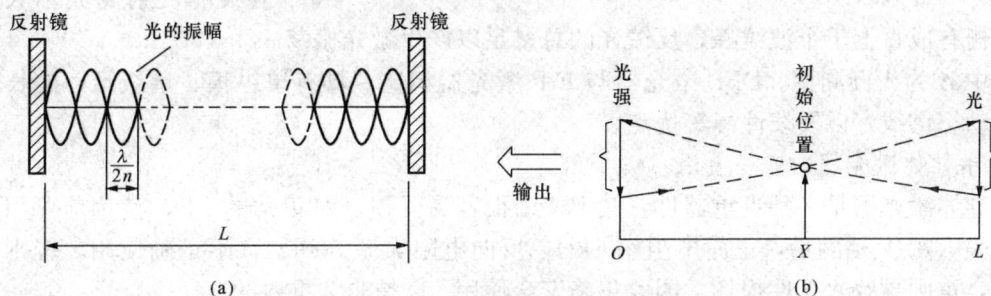

图 4-13　激光器的构成和工作原理
（a）激光振荡；（b）光反馈

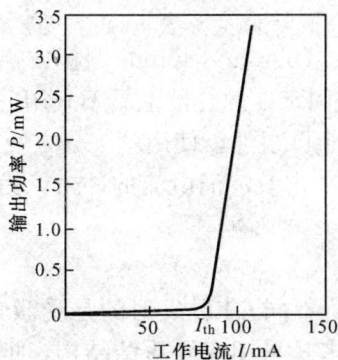

图 4-14　典型半导体激光
器的光功率特性

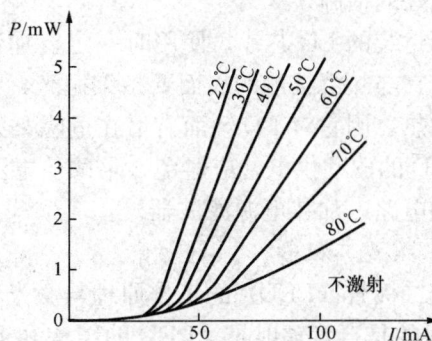

图 4-15　$P-I$ 曲线随温度的变化

3. 分布反馈激光器

随着光纤通信技术的进步，对激光器提出更高的要求：要求新型半导体激光器的谱线宽度更窄，并在高速率脉冲调制下保持动态单纵模特性；发射光波长更加稳定，并能实现调谐；阈值电流更低，而输出光功率更大。具有这些特性的动态单纵模激光器有多种类型，其中性能优良并得到广泛应用的是分布反馈（DFB-Distributed Feed Back）激光器。

DFB 激光器用靠近有源层沿长度方向制作的周期性结构（波纹状）衍射光栅实现光反馈。这种衍射光栅的折射率周期性变化，使光沿有源层分布式反馈，所以称为分布反馈激光器。

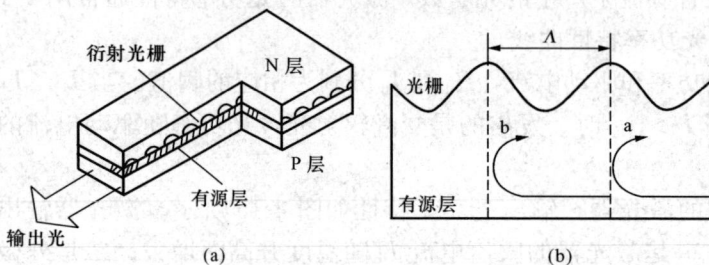

图 4-16 分布反馈（DFB）激光器
(a) 结构；(b) 光反馈

如图4-16所示，由有源层发射的光，从一个方向向另一个方向传播时，一部分在光栅波纹峰反射（如光线 a），另一部分继续向前传播，在邻近的光栅波纹峰反射（如光线 b）。如果光线 a 和 b 匹配，相互叠加，则产生更强的反馈，而其他波长的光将相互抵消。虽然每个波纹峰反射的光不大，但整个光栅有成百上千个波纹峰，反馈光的总量足以产生激光振荡。

图中 Λ 为光栅周期。DFB 激光器与 F-P 激光器相比，具有单纵模、谱线窄、波长稳定性好、动态谱线好以及线性好等优点。

4. 半导体激光器的安全使用

半导体激光器是一种贵重器件，其 PN 结很容易受损。对正常的 LD，使用前可用指针式万用表 $R×1k$ 档测量，正向电阻约 $1k\Omega$，反向电阻大于 $500k\Omega$，不正确使用，轻则降低其性能，重则导致永久性损坏，因此正确安全使用 LD 是非常重要的。

LD 对电路感应及漏电十分敏感，如焊接时烙铁漏电、人体静电感应、仪器漏电等很容易使 LD 损坏。因此在用电烙铁焊接时应很好接地，采用电池加热或电容储能式烙铁，或焊接时拔下电源插头。操作时戴金属指环并通过（0.5～1）$M\Omega$ 电阻接地，以释放人体静电，这也是很好的措施。

对未封装的 LD 芯片，使用时一定要加装面积足够大（30mm×40mm 铜板或铝板）的散热器，它与热沉接触的表面要精细抛光，将热沉用螺钉固定在散热器上。不宜用硅脂来改善接触散热，因它对 LD 镜面有潜在危险。如果购置的是 LD 组件，使用就十分方便了。

对 LD 的驱动供电，应避免 2 倍阈值电流以上的电流冲击及浪涌电流的冲击，为此可采用慢起动电路，加装电源滤波器。

(二) 发光二极管

发光二极管（LED）的工作原理与激光器（LD）有所不同，LD 发射的是受激辐射光，LED 发射的是自发辐射光。LED 的结构和 LD 相似，大多是采用双异质结结构，把有源层夹在 P 型和 N 型限制层中间，不同的是 LED 不需要光学谐振腔，没有阈值。和激光器相比，发光二极管输出光功率较小，谱线宽度较宽，调制频率较低。但发光二极管性能稳定，寿命长，光纤通信输出光功率线性范围宽，而且制造工艺简单，价格低廉。因此，这种器件在小容量短距离系统中发挥了重要作用。

LED 通常和多模光纤耦合，用于 $1.3\mu m$（或 $0.85\mu m$）波长的小容量短距离光纤通信系统。因为 LED 发光面积和光束辐射角较大，而多模 SIF 光纤或 G.651 规范的多模 GIF 光纤具有较大的芯径和数值孔径，有利于提高耦合效率，增加入纤功率。

LD 通常和 G.652 或 G.653 规范的单模光纤耦合，用于 $1.3\mu m$ 或 $1.55\mu m$ 大容量长距离光纤通信系统。这种光纤通信系统在国内外都得到最广泛的应用。分布反馈激光器（DFB－LD）主要和 G.653 或 G.654 规范的单模光纤或特殊设计的单模光纤耦合，用于超大容量的新型光纤系统，是目前光纤通信发展的主要趋势。

在实际应用中，通常把光源做成组件。图 4-17 示出 LD 组件构成的实例。

二、光检测器

光检测器是光接收机的关键器件，其功能是把光信号转换为电信号。目前光纤通信广泛使用的光检测器主要有 PIN 光电二极管和 APD 雪崩光电二极管。下面介绍 PIN 和 APD 的工作原理、基本结构和主要特性。

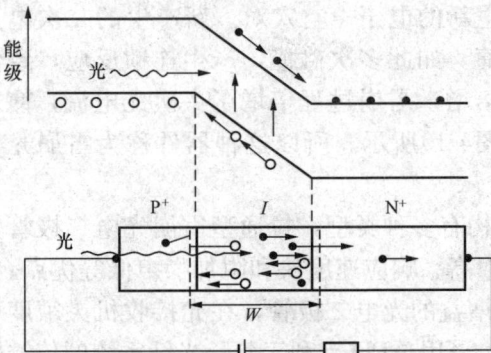

图 4-17 LD 组件构成实例

（一）光电二极管

工作原理

光电二极管（PD）把光信号转换为电信号的功能，是由半导体 PN 结的光电效应实现的。

如图 4-18 所示，当入射光作用在 PN 结时，如果光子能量大于或等于带隙（$hf \geqslant E_g$），便发生受激吸收，即价带的电子吸收光子的能量跃迁到导带形成光生电子—空穴对。在耗尽层，由于内部电场的作用，电子向 N 区运动，空穴向 P 区运动，形成漂移电流。

在耗尽层两侧是没有电场的中性区，由于热运动，部分光生电子和空穴通过扩散运动可能进入耗尽层，然后在电场作用下，形成和漂移电流相同方向的扩散电流。漂移电流分量和扩散电流分量的总和即为光生电流。当入射光变化时，光生电流随之作线性变化，从而把光信号转换成电信号。这种由 PN 结构成，在入射光作用下，由于受激吸收产生的电子—空穴对的运动，从而在闭合电路中形成光生电流的器件，就是简单的光电二极管。光电二极管通常要施加适当的反向偏压，目的是增加耗尽层

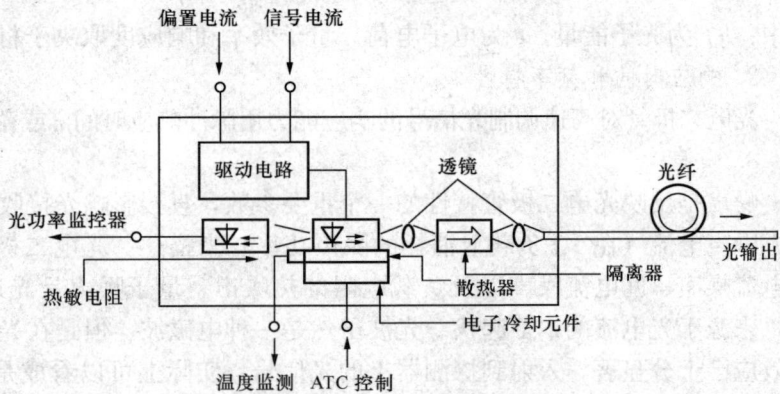

图 4-18 光电二极管工作原理

的宽度。但是提高反向偏压,加宽耗尽层,又会增加载流子漂移的渡越时间,使响应速度减慢。为了解决这一矛盾,就需要改进 PN 结光电二极管的结构。

(二) PIN 光电二极管

为改善器件的特性,在 PN 结中间设置一层掺杂浓度很低的本征半导体(称为 I 层),这种结构便是常用的 PIN 光电二极管。

PIN 光电二极管具有如下主要特性:

1. 量子效率

光电转换效率用量子效率 η 或响应度 ρ 表示。量子效率 η 的定义为一次光生电子—空穴对和入射光子数的比值。响应度的定义为一次光生电流 I_p 和入射光功率 P_0 的比值

$$\rho = \frac{I_p}{P_0} = \frac{\eta e}{hf} \qquad (4\text{-}10)$$

式中:hf 为光子能量;e 为电子电荷。量子效率和响应度取决于材料的特性和器件的结构。

2. 响应时间和频率特性

光电二极管对高速调制光信号的响应能力用脉冲响应时间 τ 或截止频率 f_c(带宽 B)表示。

3. 噪声

噪声是反映光电二极管特性的一个重要参数,直接影响光接收机的灵敏度。噪声通常用均方噪声电流(在 1Ω 负载上消耗的噪声功率)来描述。光电二极管的噪声包括量子噪声、暗电流噪声、漏电流噪声以及负载电阻的热噪声。量子噪声是光通信中特有的最基本的噪声,来源于光电流的本征起伏。光波虽然是一种电磁波,但是在光波频率波段,电磁场的量子效应已十分显著,入射到探测器上的光信号,实际上可以看成是由单个光子(或光量子)所组成的。由于到达探测器上的光信号中所包含的光子以及由这些光子激发产生的光生载流子是随机的、离散的,因此造成了光电流的起伏(这是"光信号"所产生的光电流的起伏)。这种起伏就形成了量子噪声。暗电流噪声是当没有入射光时流过器件偏置电路的电流,它是由于 PN 结内热效应产生的电子—空穴对形成的。光电二极管中还有表面漏电流,它是由于器件表面物理特性的不完善,如表面缺陷、不清洁和加有偏置电压而引起的。

(三) 雪崩光电二极管(APD)

为使入射光功率能有效地转换成光电流,根据光电效应,当光入射到 PN 结时,光子被吸收而产生电子—空穴对。如果反向偏压增加到使电场达到 200kV/cm 以上,初始电子(一次电子)在高电场区获得足够能量而加速运动。高速运动的电子和晶格原子相碰撞,使晶格原子电离,产生新的电子—空穴对。新产生的二次电子再次和原子碰撞。如此多次碰撞,产生连锁反应,致使载流子雪崩式倍增,雪崩过程倍增了一次光电流,使之得到放大,如图4-19所示。所以这种器件称为雪崩光电二极管(APD)。

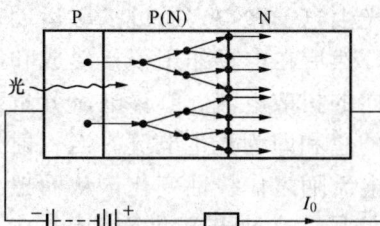

图 4-19　APD 载流子雪崩式倍增示意图

APD 的结构有多种类型,拉通型雪崩光电二极管具有光电转换效率高、响应速度快和附加噪声低等优点。

APD 是有增益的光电二极管,在光接收机灵敏度要求较高的场合,采用 APD 有利于延长光纤系统的传输距离。但是采用 APD 要求有较高的偏置电压和复杂的温度补偿电路,结果增加了成本。因此

在灵敏度要求不高的场合，一般采用 PIN，通常把 PIN 和使用场效应管（FET）的前置放大器集成在同一基片上，构成 FET-PIN 接收组件，以进一步提高灵敏度，改善器件的性能。这种组件已经得到广泛应用。

第四节　光　端　机

一、发射机

光发射机的功能是把输入电信号转换为光信号，并用耦合技术把光信号最大限度地注入光纤线路。光发射机完成把电信号转换为光信号（常简称为电/光或 E/O 转换），是通过电信号对光的调制而实现的。

（一）两种调制方式

目前调制分为直接调制和外调制两种方式，如图 4-20 所示。

1. 直接调制

直接调制是用电信号直接调制半导体激光器或发光二极管的驱动电流，使输出光随电信号变化而实现的。图 4-21 示出激光器（LD）和发光二极管（LED）直接光强数字调制原理，对 LD 施加了偏置电流 I_b。由图 4-21 可见，当激

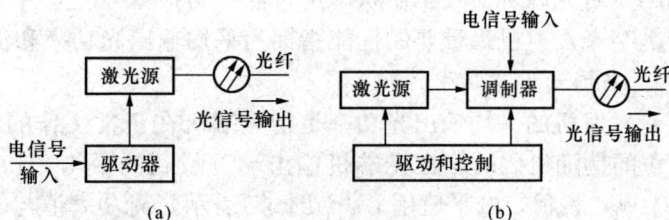

图 4-20　两种调制方案
(a) 直接调制；(b) 外调制（间接调制）

光器的驱动电流大于阈值电流 I_{th} 时，输出光功率 P 和驱动电流 I 基本上是线性关系，输出光功率和输入电流成正比，所以输出光信号反映输入电信号。

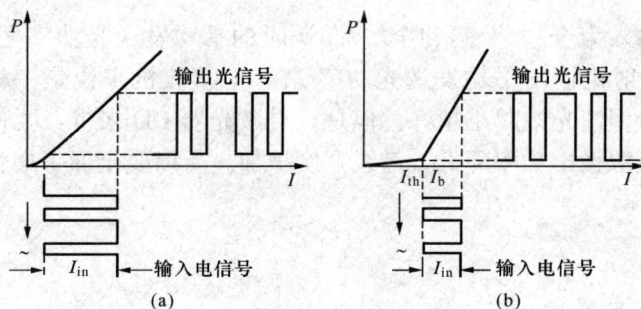

图 4-21　直接光强数字调制原理
(a) LED 数字调制原理；(b) LD 的数字调制原理

这种方案技术简单，成本较低，容易实现，但调制速率受激光器的频率特性所限制。

2. 外调制

外调制是把激光的产生和调制分开，用独立的调制器调制激光器的输出光而实现的。如图4-20(b)所示。目前有多种调制器可供选择，最常用的是电光调制器。这种调制器是利用电信号改变电光晶体的折射率，使通过调制器的光参数随电信号变化而实现调制的。外调制方式虽然技术复杂，但是传输速率和接收灵敏度很高，在大容量的波分复用和相干光通信系统中使用，是很有发展前途的调制方式。

（二）光发射机基本组成

目前技术上成熟并在实际光纤通信系统得到广泛应用的是直接光强（功率）调制。直接

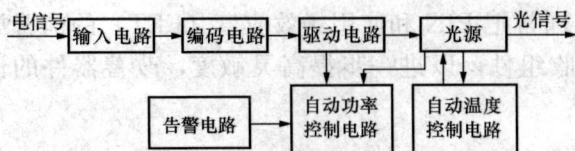

图 4-22　数字光发送机框图

调制光发射机由输入电路、编码电路、光源、驱动电路、公务及监控电路、自动偏置控制电路、温控电路等组成（图4-22），其核心是光源及驱动电路。

工作过程是这样的：输入电路将输入的 PCM 脉冲信号进行整形，变换成 NRZ/RZ 码后送给编码电路，编码电路将简单的二电平码变换为适合于光纤传输的线路码，因为在光纤通信系统中，从电端机输出的是适合于电缆传输的双极性码。光源不可能发射负光脉冲，因此必须进行码型变换，以适合于数字光纤通信系统传输的要求。在光发射机中有编码电路，在光接收机中有对应的解码电路。常用的光纤线路码有扰码、$mBnB$ 码和插入码。线路码通过驱动电路调制光源。驱动电路要给光源提供一个合适的偏置电流和调制电流。为了稳定输出的平均光功率和工作温度，通常设置一个自动功率控制电路（APC）和自动温控电路（ATC）。此外，在光发射机中还有监控、报警电路，对光源寿命及工作状态进行监控与报警等。

数字光发射机最重要的性能指标为平均输出光功率和消光比。

1. 平均输出光功率

光发射机的平均输出光功率是指光端机在正常工作的情况下，由电端机输出 $2^{23}-1$ 或 $2^{15}-1$ 的伪随机码时，在光端机输出端测量到的平均光功率。平均输出光功率的功率值用 P_T（μW）表示，电平值用 L_T（dBm）表示，光功率值与电平值之间的关系为

$$L_T = 10\lg\left(\frac{P_T}{10^3}\right) \tag{4-11}$$

对于一个实际的光纤通信系统，平均输出光功率并不是越大越好，虽然从理论上讲，输出光功率越大，通信距离越长，但光功率越大会使光纤工作在非线性状态，这种非线性状态会对光纤产生不良影响。

2. 消光比

消光比是指光发射机的电接口输入为全"1"码和全"0"码时的平均发送光功率之比，用 EXT 表示。无输入信号时，光发射机输出平均发送光功率 P_0，对接收机来说是一种噪声，会降低接收机的灵敏度，因此希望消光比越小越好。但是，对激光器 LD 来讲，要使消光比小就要减小偏置电流，从而使光源输出功率降低，谱线宽度增加。所以要全面考虑消光比与其他指标之间的矛盾。

二、光接收机

（一）光接收机基本组成

直接检测方式的数字光接收机方框图示于图 4-23，主要包括光检测器、前置放大器、主放大器、均衡器、时钟提取电路、取样判决器以及自动增益控制（AGC）电路。

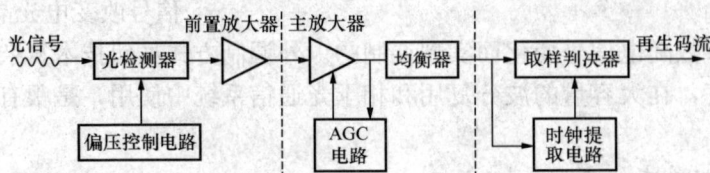

图 4-23　数字光接收机方框图

1. 光检测器

光检测器是光接收机实现光/电转换的关键器件，其性能特别是响应度和噪声直接影响光接收机的灵敏度。

2. 放大器

前置放大器应是低噪声放大器，它的噪声对光接收机的灵敏度影响很大。

主放大器一般是多级放大器，它的作用是提供足够的增益，并通过它实现自动增益控制（AGC），以使输入光信号在一定范围内变化时，输出电信号保持恒定。主放大器和 AGC 决定着光接收机的动态范围。

3. 均衡器和再生电路

均衡器是用于对经光纤传输、光/电转换和放大后已产生畸变（失真）的电信号进行补偿，使输出信号的波形适合于判决（一般用具有升余弦的码元脉冲波形），以消除码间干扰，减小误码率。

再生电路包括判决电路和时钟提取电路，它的功能是从均衡器输出的信号与噪声混合的波形中提取码元时钟，并逐个地对码元波形进行取样判决，以得到原发送的码流。

（二）光电集成接收机

为了适合高传输速率的需求，人们一直在努力开发而且已实现单片光接收机，即用"光电集成电路（OEIC）技术"在同一芯片上集成包括光检测器在内的全部元件。

（三）噪声特性

光接收机的噪声有两部分：一部分是外部电磁干扰产生的，这部分噪声可以通过屏蔽或滤波加以消除；另一部分是内部产生的，这部分噪声是在信号检测和放大过程中引入的随机噪声，只能通过器件的选择和电路的设计与制造尽可能减小，一般不可能完全消除。下面讨论的噪声是指内部产生的随机噪声。

光接收机噪声的主要来源是光检测器的噪声和前置放大器的噪声。因为前置级输入的是微弱信号，其噪声对输出信噪比影响很大，而主放大器输入的是经前置级放大的信号，只要前置级增益足够大，主放大器引入的噪声就可以忽略。

（四）主要性能

1. 灵敏度

灵敏度的定义是在保证误码率的条件下，光接收机所需的最小平均接收光功率 P_{min}，以 dBm 为单位。灵敏度是衡量光接收机质量的综合指标，反映接收机调整到最佳状态时，接收微弱光信号的能力。灵敏度主要取决于组成光接收机的光电二极管和放大器的噪声，并受传输速率、光发射机的参数和光纤线路的色散的影响，还与系统要求的误码率或信噪比有密切关系。所以灵敏度也是反映光纤通信系统质量的重要指标。

2. 动态范围

光接收机应具有一定的动态范围。由于使用条件不同，输入光接收机的光信号大小要发生变化，为实现宽动态范围，采用 AGC 是十分有必要的。

动态范围（DR）的定义是在限定的误码率条件下，光接收机所能承受的最大平均接收光功率 P_{max} 和所需最小平均接收光功率 P_{min} 的比值，以 dB 为单位。

动态范围是光接收机性能的另一个重要指标，表示光接收机接收强光的能力。数字光接收机的动态范围一般应大于 15dB。

第五节　数字光纤通信系统

一、系统结构

光纤通信系统是通信网的一个组成部分。典型的光纤通信系统结构如图 4-24 所示。从图中可以看出，该系统是由发射端机（电/光）、接收端机（光/电）、光中继器等组成。由于在前面已经对端机进行了讨论，下面仅就光中继器加以介绍。

图 4-24　光纤通信系统结构示意图

传统的光中继器采用光—电—光的转换形式，即先将收到的微弱光信号用光检测器转换成电信号后进行放大、整形和再生后，恢复出原来的数字信号，然后再对光源进行调制，变换为光脉冲信号后送入光纤继续传输。

自光纤放大器实用化以来，光纤放大器开始代替传统的光中继器，特别是在高速光纤通信系统中。光放大器能直接放大光信号，对信号的格式和速率具有高度的透明性，使得整个系统更加简单、灵活。

二、系统的主要性能指标

（一）误码性能

1. 误码的定义

光纤数字传输系统的误码性能用误码率 BER 来衡量。误码率是在特定的一段时间内所接收的错误码元与同一时间内所接收的总码元数之比。

2. 误码发生的形态和原因

误码发生的形态主要有两类：一类是随机形态的误码，即误码主要是单个随机发生的，具有偶然性；另一类是突发的、成群发生的误码，这种误码可能在某个瞬间集中发生，而其他大部分时间无误码发生。误码发生的原因是多方面的，如数字网中的热噪声、交换设备的脉冲噪声干扰、雷电的电磁感应、电力线产生的干扰等。

3. 误码性能的评定方法

评定误码性能的参数包括平均误码率、劣化分、严重误码秒和误码秒。

（二）抖动性能

1. 抖动的定义

抖动是数字信号传输中的一种瞬时不稳定现象，即数字信号的各有效瞬间对其理想时间位置的短时间偏离，称为抖动。图 4-25 为定时抖动的图解定义。

抖动可分为相位抖动和定时抖动。相位抖动是指传输过程中所形成的周期性的相位变化。定时抖动是指脉码传输系统中的同步误差。

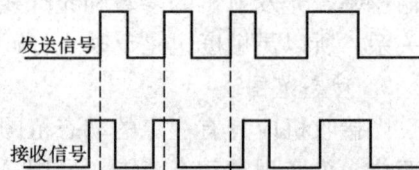

图 4-25　定时抖动的图解

抖动的大小或幅度通常可用时间、相位或数字周期来表示，目前多用数字周期来表示，即"单位间隔"，用符号 UI（Unit Interval），也就是 1b 信息所占有的时间间隔。例如码速率为 34.368Mb/s 的脉冲信号，$1UI = 1/34.368\mu s$。

2. 抖动产生的原因

(1) 数字再生中继器引起的抖动。由于再生中继器中的定时恢复电路的不完善及再生中继器的累计导致了抖动的产生和累加。

(2) 数字复接器及分接器引起的抖动。在复接器的支路输入口，各支路数字信号附加上码速调整控制比特和帧定位信号形成群输出信号，而在分接器的输入口，要将附加比特扣除，恢复原分支数字信号，这些将不可避免地引起抖动。

(3) 噪声引起的抖动。由于数字信号处理电路引起的各种噪声。

(4) 其他原因。由于环境温度的变化、传输线路的长短及环境条件等也会引起抖动。

3. 抖动的类型

(1) 随机性抖动。在再生中继器内与传输信号关系不大的抖动来源称为随机性抖动。这些抖动主要由于环境变化、器件老化及定时调谐回路失调引起。

(2) 系统性抖动。由于码间干扰、定时电路幅度—相位转换等因素引起的抖动。

4. 抖动的容限

(1) 输入抖动容限。输入抖动容限是指数字段能够允许的输入信号的最低抖动限值，即加大输入信号的抖动值，直到设备由不误码到开始误码的这个分界点。此时的输入信号上的误码即为最大允许输入抖动下限。

(2) 输出抖动容限。在数字段输入信号无抖动时，由于数字段内的中继器产生抖动，并按一定规律进行累计，于是在数字段输出端产生抖动。ITU-T 提出了数字段无输入抖动时的输出抖动上限，即为输出抖动容限。

(3) 抖动转移特性。由于输入口数字信号的抖动经设备或系统转移后到达输出口，从而构成了输出抖动的另一个来源。为了保证光纤通信系统的总质量目标，ITU-T 建议抖动转移增益不大于 1dB。

(三) 光纤通信系统接口指标

一个完整的光纤通信系统的具体组成如图 4-26 所示。

我们把光端机与光纤的连接点称为光接口。光接口有两个：一个由 S 点向光纤发送光信号；另一个由 R 点从光纤接收信号。光中继器两侧均与光纤相连，所以两侧的接口均为光接口。光接口是光纤通信系统特有的

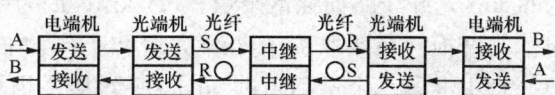

图 4-26 光纤通信系统的具体组成

接口。在 S 点的主要指标有平均发送光功率和消光比，在 R 点的主要指标有接收机灵敏度和动态范围。

图 4-26 中的 A、B 点为电接口。通常把 A 点称为输入口，B 点称为输出口。在输入口和输出口都需要测试的指标是比特率及容差、反射损耗。在输入口测试的指标有输入口允许衰减和抗干扰能力、输入抖动容限。在输出口测试的指标有输出口脉冲波形、无输入抖动时的输出抖动容限。

三、光纤传输系统的设计

数字光纤传输系统的总体设计应考虑网络拓扑、线路路由选择；网络/系统容量的确定；光纤/光缆选型，选择合适的设备；核实设备的性能指标，最后进行光传输设计。

各种拓扑结构的网络都是建立在点到点基础上的，所以 S-R 点之间的光传输距离确定

是光纤传输系统设计的基础，S-R点之间的传输距离也是分层光传送网的再生段或复用段（无须再生时）的传输距离。光传输设计主要内容是根据应用对传输距离的需求，确定经济而且可靠工作的光接口，并根据光接口的具体参数指标进行预算，验证再生段能可靠工作且经济上尽可能低成本。

光再生段组成如图 4-27 所示。

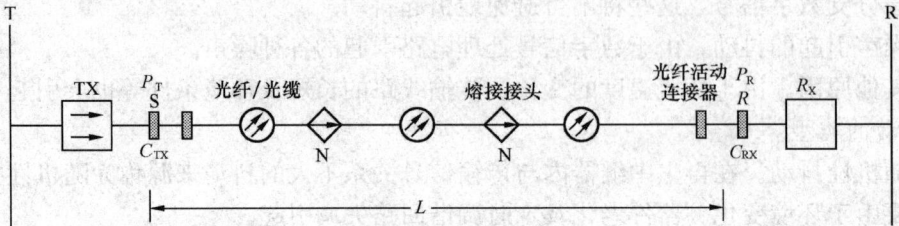

图 4-27　光再生段组成

传输距离由光纤衰减和色散等因素决定，系统速率、工作波长等各种因素对传输距离也均有影响。在实际的工程应用中，设计方式分为两种情况：第一种情况是衰减受限系统，即传输距离根据 S 和 R 点之间的光通道衰减决定；第二种是色散受限系统。下面我们分两种情况讨论。

1. 损耗受限系统

S-R 之间的光通道的损耗组成如图 4-28 所示。中继距离的长度可以用式（4-12）来估算。

$$L_1 = (P_T - P_R - 2A_C - P_P)/(A_f + A_S/L_s + M_c) \tag{4-12}$$

式中：P_T 为平均发射光功率，dBm；P_R 为接收灵敏度，dBm；A_c 为连接器损耗（dB/对）；P_p 为通道代价：包括色散代价（码间干扰；模分配噪声；频率啁啾）和反射代价（光反馈；多径干涉）；A_f 为光纤损耗系数，dB/km；As/L_f 为每 km 光纤平均接头损耗，dB/km；M_c 为每 km 光纤线路损耗富余量，dB/km；L 为中继距离，km。连接器损耗一般为 0.3～1dB/对。光纤损耗系数取决于光纤类型和工作波长。光纤损耗富余量一般为 0.1～0.2dB/km，但一个中继段总余量不超过 5dB。平均接头损耗可取 0.05dB/个，每千米光纤平均接头损耗可根据光缆生产长度计算得到。

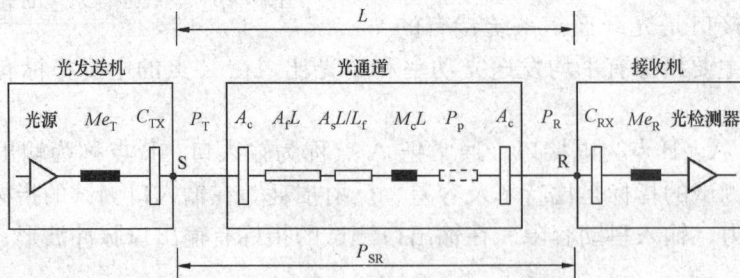

图 4-28　S-R 之间的光通道的损耗组成

2. 色散受限系统

对于色散受限系统，系统设计者首先应确定所设计的再生段的总色散（ps/nm），再据

此选择合适的光接口及相应的一整套光参数色散受限系统最大无再生传输距离的最坏值可以用下式估算

$$L_d = D_{SR}/D_m \qquad (4-13)$$

式中：L_d 为传输距离，km；D_{SR} 为选定的标准光接口 S-R 之间允许的最大总色散；D_m 为色散系数，ps/km·nm。

实际系统设计分析时，首先算出损耗受限的距离，再算出色散受限的距离，其中较短的距离为最大再生段距离。

应用举例：某光纤传输系统的应用场合为长距离局间通信目标距离 40～80km，使用已敷设的 G.652 光缆，工作波长 λ 为 1550nm，系统投入使用后两三年容量需求为 2.5Gbit/s。根据上述需求可选择采用 L-16-2 光接口，该光接口及相关各项参数如下：

最小发送光功率 P_T −2dBm

最差接收灵敏度 P_R −28dBm

允许最大色散值 D_{max} 1200～1600ps/nm

光纤活动连接损耗 A_c 0.2dB

光纤/光缆平均衰耗 A_f 0.23dB/km

光纤/光缆最大色散系数 D_m 17ps/nm.km

熔接接头平均损耗 A_s/L_f 0.04dB/km

光缆线路富余度 M_c 0.05dB/km

现进行功率和色散预算确定最大无再生传输距离。

把这些数据代入式（4-13），得到损耗受限的中继距离为 80km，色散受限的中继距离为 70.6km。因此在本例中可以确定此系统的中继距离为 70.6km，中继距离主要受色散限制。

第六节　SHD 及 MSTP 技术

目前数字传输系统都采用同步时分复用（TDM）技术，复用又分为若干等级，因而先后有两种传输体制：准同步数字系列（PDH，Plesiochronous Digital Hierarchy）和同步数字系列（SDH，Synchronous Digital Hierarchy）。在技术迅速发展的推动下，美国提出了同步光纤网（SONET）。1988 年，ITU−T 参照 SONET 的概念，提出了 SDH 的 3 个主要建议，并在 1989 年 CCITT 蓝皮书上正式刊载。它们就是：

（1）G.707——同步数字系列的比特率；

（2）G.708——同步数字系列的网络节点接口；

（3）G.709——同步复用结构。

自 1988 年以来，SDH 标准化工作进展非常迅速，涉及网络、系统和设备、光/电接口、传输网管理与性能、定时和信息模型等各个方面。

SDH 解决了 PDH 存在的问题，是一种比较完善的新一代传输体制，现已得到大量应用。这种传输体制不仅适用于光纤信道，也适用于微波信道和卫星干线传输信道。

一、同步数字系列（SDH）

1. SDH 传输网

SDH 传输网是在统一的网管系统管理下，采用光纤信道实现多个节点（网元）间同步信息传输、复用、分插和交叉连接的网络。节点与节点之间具有全世界统一的网络节点接口（NNI），有一套标准化的信息结构等级，称为同步传送模块（STM-N，$N=1$，4，16，…），STM-N采用了块状帧结构，允许安排丰富的开销（附加）比特用于网络的管理，每个节点都有统一的标准光接口，实现了不同厂家设备在光路上的互连；它的基本网元有终端复用器（TM），用于将低/高速率的码流复接/分接成高/低速率的码流，分插复用器（Add/Drop Multiplexer，ADM）用于在高速率码流中取出/插入低速率的码流，数字交叉连接设备（Digital Cross-Connect Equipment，DXC）用于同等速率码流之间的交换等；能够承载多种速率的业务，如现存的 PDH 速率体系、ATM（异步转移模式）、IP（IP 分组）和 FDDI 等；采用网管软件对网络进行配置和控制，使新功能和新特性的增加比较方便，适用于将来业务的发展。

SDH 不仅适合于点对点传输，而且适合于多点之间的网络传输。图 4-29 所示为 SDH 传输网的拓扑结构，它由 SDH 终接设备（或称 SDH 终端复用器 TM）、分插复用设备 ADM、数字交叉连接设备 DXC 等网络单元以及连接它们的（光纤）物理链路构成。SDH 终端的主要功能是复接/分接和提供业务适配，例如将多路 E_1 信号复接成 STM-1 信号及完成其逆过程，或者实现与非 SDH 网络业务的适配。ADM 是一种特殊的复用器，利用分接功能将输入信号所承载的信息分成两部分，一部分直接转发，另一部分卸下给本地用户，然后信息又通过复接功能将转发部分和本地上送的部分合成输出。DXC 类似于交换机，它一般有多个输入和多个输出，通过适当配置可提供不同的端到端连接。

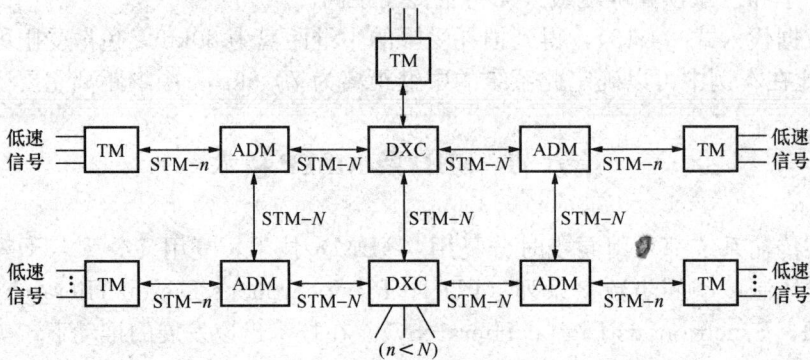

图 4-29　SDH 传输网的典型拓扑结构

通过 DXC 的交叉连接作用，在 SDH 传输网内可提供许多条传输通道，每条通道都有相似的结构，其连接模型如图 4-28（a）所示，相应的分层结构如图 4-28（b）所示。每个通道（Path）由一个或多个复接段（Line）构成，而每一复接段又由若干个再生段（Section）串接而成。

与 PDH 相比，SDH 具有下列特点：

（1）采用世界上统一的标准传输速率等级。最低的等级也就是最基本的模块称为 STM-1，传输速率为 155.520 Mbit/s；4 个 STM-1 同步复接组成 STM-4，传输速率为 $4\times$155.52 Mbit/s＝622.080 Mbit/s；16 个 STM-1 组成 STM-16，传输速率为 2488.320 Mbit/s，以此类推。

（2）各网络单元的光接口有严格的标准规范。因此，光接口成为开放型接口，任何网络

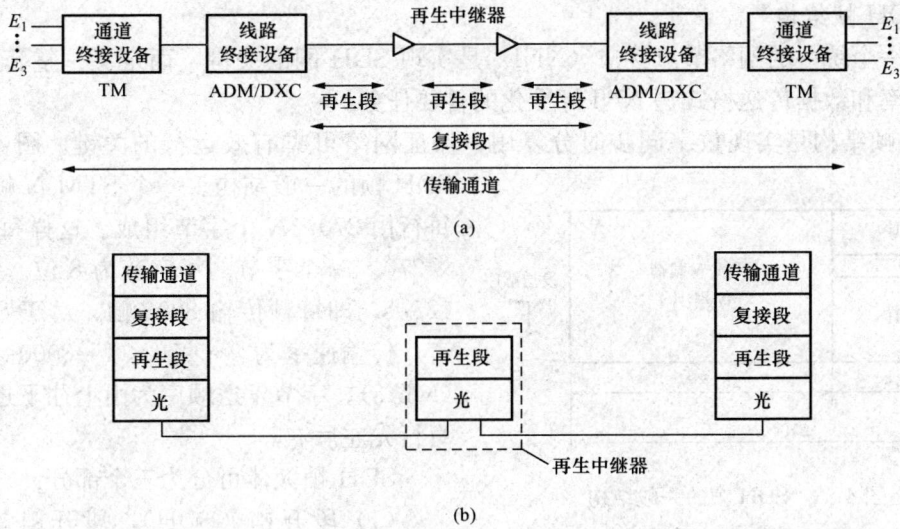

图 4-30　传输通道的结构

（a）传输通道连接模型；（b）分层结构

单元在光纤线路上可以互连，不同厂家的产品可以互通，这有利于建立世界统一的通信网络。另一方面，标准的光接口综合进各种不同的网络单元，简化了硬件，降低了网络成本。

（3）在 SDH 帧结构中，丰富的开销比特用于网络的运行、维护和管理，便于实现性能监测、故障检测和定位、故障报告等管理功能。

（4）采用数字同步复用技术，其最小的复用单位为字节，不必进行码速调整，简化了复接分接的实现设备，由低速信号复接成高速信号，或从高速信号分出低速信号，不必逐级进行。图 4-31 所示为 PDH 和 SDH 分插信号流程的比较。在 PDH 中，为了从 140Mbit/s 码流中分出一个 2Mbit/s 的支路信号，必须经过 140/34、34/8Mbit/s 和 8/2Mbit/s 三次分接。而若采用 SDH 分插复用器（ADM），

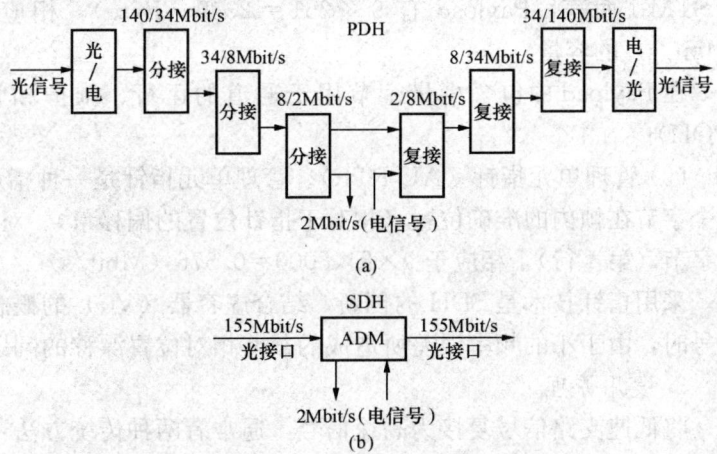

图 4-31　分插信号流程的比较

（a）PDH 分插信号流程；（b）SDH 分插信号流程

可以利用软件一次直接分出和插入 2Mbit/s 支路信号，十分简便。

（5）采用数字交叉连接设备 DXC 可以对各种端口速率进行可控的连接配置，对网络资源进行自动化的调度和管理，既提高了资源利用率，又增强了网络的抗毁性和可靠性。SDH 采用了 DXC 后，大大提高了网络的灵活性及对各种业务量变化的适应能力，将现代通

信网络提高到一个崭新的水平。

2. SDH 帧结构

建立一个统一的网络节点接口（NNI）是实现 SDH 网的关键，而定义一整套必须共同遵守的速率和数据传送格式是 NNI 标准化的首要任务。

SDH 帧结构是实现数字同步时分复用、保证网络可靠有效运行的关键。图 4-32 给出 SDH 帧的一般结构。一个 STM-N 帧有 9 行，每行由 270×N 个字节组成。这样每帧共有 9×270×N 个字节，每字节为 8 位。帧周期为 125μs，即每秒传输 8000 帧。对于 STM-1 而言，传输速率为 $9 \times 270 \times 8 \times 8000 = 155.520$（Mb/s）。字节发送顺序为由上往下逐行发送，每行先左后右。

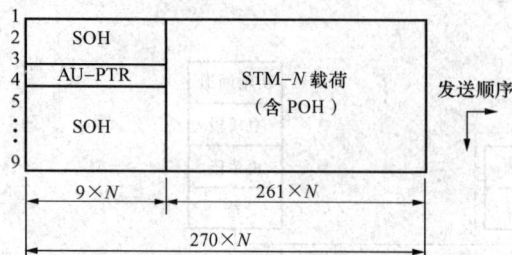

图 4-32　SDH 帧的一般结构

SDH 帧大体可分为三个部分：

（1）段开销（SOH）。段开销是在 SDH 帧中为保证信息正常传输所必需的附加字节（每字节含 64kb/s 的容量），主要用于运行、维护和管理，如帧定位、误码检测、公务通信、自动保护倒换以及网管信息传输。对于 STM-1 而言，SOH 共使用 9×8（第 4 行除外）＝72（Byte）相应于 576bit。由于每秒传输 8000 帧，所以 SOH 的容量为 $576 \times 8000 = 4.608$（Mbit/s）。

根据图 4-30（a）的传输通道连接模型，段开销又细分为再生段开销（SOH）和复接段开销（LOH）。前者占前 3 行，后者占 5～9 行。

（2）信息载荷（Payload）。信息载荷域是 SDH 帧内用于承载各种业务信息的部分。对于 STM-1 而言，Payload 有 $9 \times 261 = 2349$（Byte），相应于 $2349 \times 8 \times 8000 = 150.336$（Mbit/s）的容量。

在 Payload 中包含少量字节用于通道的运行、维护和管理，这些字节称为通道开销（POH）。

（3）管理单元指针（AU PTR）。管理单元指针是一种指示符，主要用于指示 Payload 第一个字节在帧内的准确位置（相对于指针位置的偏移量）。对于 STM-1 而言，AU PTR 有 9 个字节（第 4 行），相应于 $9 \times 8 \times 8000 = 0.576$（Mbit/s）。

采用指针技术是 SDH 的创新，结合虚容器（VC）的概念，解决了低速信号复接成高速信号时，由于小的频率误差所造成的载荷相对位置漂移的问题。

3. 复用原理

将低速支路信号复接为高速信号，通常有两种传统方法：正码速调整法和固定位置映射法。SDH 采用载荷指针技术，结合了上述两种方法的优点，付出的代价是要对指针进行处理。指针（Pointer）是管理单元和支路单元的重要组成部分。指针的作用主要有两个，一是用 AU-4 指针指明 VC-4 在 AU-4 中的位置；二是用于码速调整，即调整与标称值相比较快或较慢 VC，实现网络各支路的同步，保持低次群的完整性。

ITU-T 规定了 SDH 的一般复用映射结构。所谓映射结构，是指把支路信号适配装入虚容器的过程，其实质是使支路信号与传送的载荷同步。这种结构可以把目前 PDH 的绝大多数标准速率信号装入 SDH 帧。图 4-33 示出 SDH 一般复用映射结构，图中，C_n 是标准容器，用来装载现有 PDH 的各支路信号，即 C-11、C-12、C-2、C-3、C-4 分别装载 1.5、2、6、34、45Mbit/s 和 140Mbit/s 的支路信号，并完成速率适配处理的功能。在标准容器的基础上，加入少量通道开销（POH）字节，即组成相应的虚容器 VC。VC 的包络与网络同步，但其内部则可装载各种不同容量和不同格式的支路信号。所以引入虚容器的概念，可不必了解支路信号的内容，便可以对装载不同支路信号的 VC 进行同步复用、交叉连接和交换处理，实现大容量传输。

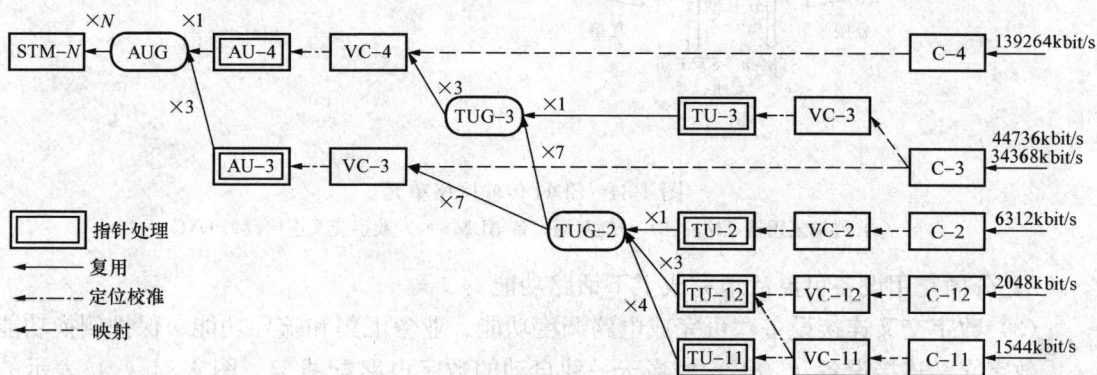

图 4-33　SDH 的一般复用映射结构

由于在传输过程中，不能绝对保证所有虚容器的起始相位始终都能同步，所以要在 VC 的前面加上管理单元指针（AU PTR），以进行定位校准。加入指针后组成的信息单元结构分为管理单元（AU）和支路单元（TU）。AU 由高阶 VC（如 VC-4）加 AU 指针组成，TU 由低阶 VC 加 TU 指针组成。TU 经均匀字节间插后，组成支路单元组（TUG），然后组成 AU-3 或 AU-4。3 个 AU-3 或 1 个 AU-4 组成管理单元组（AUG），加上段开销 SOH，便组成 STM-1 同步传输信号；N 个 STM-1 信号按字节同步复接，便组成 STM-N。

最简单的例子是，由 PDH 的 4 次群信号到 SDH 的 STM-1 的复接过程。把 139.264Mbit/s 的信号装入容器 C-4，经速率适配处理后，输出信号速率为 149.760Mbit/s；在虚容器 VC-4 内加上通道开销 POH（每帧 9B，相应于 0.576Mbit/s）后，输出信号速率为 150.336Mbit/s；在管理单元 AU-4 内，加上管理单元指针 AU PTR（每帧 9Byte，相应于 0.576Mbit/s），输出信号速率为 150.912Mbit/s；由 1 个 AUG 加上段开销 SOH（每帧 72B，相应于 4.608Mbit/s），输出信号速率为 155.520Mbit/s，即为 STM-1。

4. SDH 的基本设备

SDH 传输网的基本设备有三种：即交换设备、传输设备和接入设备。对于光纤通信系统而言，SDH 作为传输设备，它又包括再生器、复用器和交叉连接设备。终端复用器 TM、分插复用设备 ADM 和数字交叉连接设备 DXC 的功能框图分别如图 4-34（a）、（b）、（c）所示。

（1）再生器。由于光纤的长距离传输及本身的损耗影响，必须对传输中变弱的光波信号进行放大和整形，这个设备就是再生器。

（2）复用设备。在 SDH 传输网中有两种传输复用设备，即终端复用设备 TM 和分插复用设备 ADM。

1）终端复用设备能一次完成复用功能，并进行电/光转换后送入光纤。

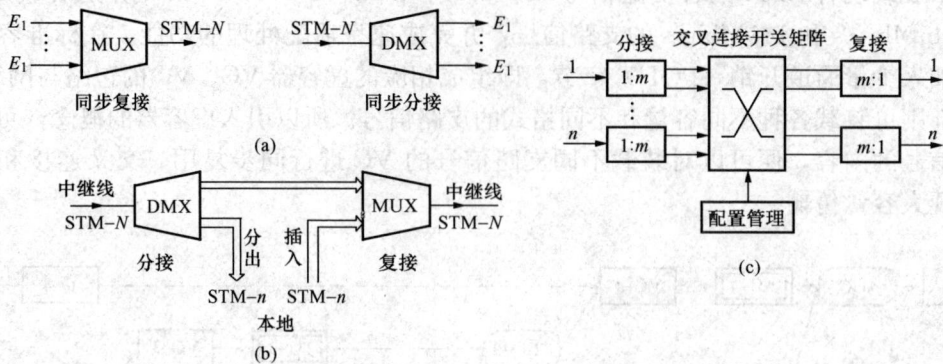

图 4-34　SDH 传输网络单元
(a) 终端复用器 TM；(b) 分插复用设备 ADM；(c) 数字交叉连接设备 DXC

2) 分插复用设备可灵活地完成上下话路功能。

（3）数字交叉连接设备，可完成电路调度功能、业务汇集和疏导功能、保护倒换功能。

数字交叉连接设备（DXC）相当于一种自动的数字电路配线架。图 4-34（c）表示的是 SDH 的 DXC（也适合于 PDH），其核心部分是可控的交叉连接开关（空分或时分）矩阵。参与交叉连接的基本电路速率可以等于或低于端口速率，它取决于信道容量分配的基本单位。一般每个输入信号被分接为 m 个并行支路信号，然后通过时分（或空分）交换网络，按照预先存放的交叉连接图或动态计算的交叉连接图对这些电路进行重新编排，最后将重新编排后的信号复接成高速信号输出。

通常用 DXC X/Y 来表示一个 DXC 的配置类型，其中第一个数字 X 表示输入端口速率的最高等级，第二个数字 Y 表示参与交叉连接的最低速率等级。数字 0 表示 64kbit/s 电路速率；数字 1、2、3、4 分别表示 PDH 的 1~4 次群的速率，其中 4 也代表 SDH 的 STM-1 等级；数字 5 和 6 分别代表 SDH 的 STM-4 和 STM-16 等级。例如，DXC 1/0 表示输入端口的最高速率为一次群信号的速率（E_1：2.048 Mbit/s），而交叉连接的基本速率为 64kbit/s；DXC4/1 表示输入端口的最高速率为 155.52Mbit/s（对于 SDH）或 140Mbit/s（对于 PDH），而交叉连接的基本速率为 2.048Mbit/s。目前应用最广泛的是 DXC1/0、DXC4/1 和 DXC4/4。

二、SDH 光纤通信系统的总体设计

设计建设一个光纤通信系统，是根据通信的实际需求而来的。作为一项投资，项目在立项前会考虑诸多因素，主要在经济效益、社会效益方面，而作为通信系统设计，则会主要侧重于技术方面，目标是保证设计出的通信系统的技术性能、安全可靠指标符合通信系统的要求，确保质量、满足业务要求。

一个 SDH 光纤通信系统设计中大致要考虑的问题有：系统容量的确定；光缆、光设备的选择；相关指标的核算和分配，如功率预算，色散预算，误码率和抖动等；路由、局站及机房的选择等。

（一）确定系统容量

光纤通信系统容量要根据系统通信的实际需求以及预测今后 3~5 年内的通信需求增长

来确定，根据可能开展的业务来设定光缆的容量（芯数），电力系统主干网络一般选用 32 芯、24 芯光缆，地方电网一般采用 16 芯、12 芯、8 芯等，接入网光纤一般采用 4 芯。光纤的参数选择可参考 ITU-T 的规范。

根据规范以及通信系统的实际情况可以选择合适的光缆类型。一般而言，G. 652 光纤设计简单、工艺成熟、成本较低，是目前应用最多的光纤，特别对于电力系统而言，通信容量要求不大，大量应用了此种光纤。它的零色散窗口位于 1300～1324nm，因此是最适合于传输 1.3μm 波段的单模光纤，但它工作在 1550nm 波长时，达到＋17ps/（nm·km）的色散，势必使高速率的传输系统的传输距离受限。目前密集波分复用 DWDM 研究及使用的光纤是 G. 655 光纤以及大有效面积光纤，其中以 G. 655 光纤应用较多。

关于光通信设备的制式，自 20 世纪 90 年代 SDH 技术非常成熟，国际标准化程度高，运行稳定可靠，在各种通信网中得到了大量的应用，新建通信系统基本上均采用了 SDH 制式。它在地方电网中应用较多的是 STM-1 及 STM-4 两种速率，也有可在线升级到 STM-16 速率。目前全国电力通信现有 SDH 通信线路中，传输容量最高为 2.5Gb/s 居多，许多省级干线已形成了 SDH 光环网。对于 PDH 制式，在部分农电光纤通信工程上有应用。

（二）光缆、光设备选择

光缆的选择与光缆的路由类型密切相关，在电力系统的架空输电线路上架设的电力特种光缆主要有地线复合（OPGW）光缆、地线缠绕式（GWWOP）光缆和全介质自承式（ADSS）光缆等三种，一般情况下新建 220kV 及以上电压等级输电线路会使用 OPGW 光缆；35kV 及 110kV 电压等级的输电线路会选用 ADSS 光缆，ADSS 光缆还特别适用于已建输电线路；10kV 电压等级的输电线路一般会选用普通架空光缆。从实际使用的情况看，以 OPGW 光缆和 ADSS 光缆为最多。现在光缆生产厂家新推出"8"字型普通架空光缆，将钢架线与光缆连为一体，特别便于架设；城市管道则使用地下光缆；在沿海地区及跨越大江大河、湖泊等应采用海底光缆。在光缆的选择上，建议同一条中继线路只能选择同一生产厂家同一型号的光缆。

对于光设备的选用，目前，PDH 系列设备应用较少，而 SDH 系列设备大量应用，STM-1、STM-4、STM-16、STM-64 型各种传输速率都有，还有 STM-1/STM-4/STM-16 可在线升级等。

目前地方电网电力通信系统常使用的有 STM-1、STM-1/STM-4、STM-1/STM-4/STM-16 等 SDH 系列设备。需要说明的是，SDH 系列设备在目前电力系统专网常用的是分插复用器 ADM（Add Drop Multiplexer），它能灵活的将 2M 在 STM-N 中进行分插复接，即通常所说的上下电路。对于数字交叉连接器 DXC，在 SDH 中称之为同步数字交叉连接器 SDXC，它的特点在于交叉连接，或者说实现电路的交换功能，能够对电路进行调配；也具有复用、保护倒换等功能。但它的价格较贵，往往仅用于主干网或复杂的组网时。

（三）功率预算

功率预算是设计一个系统所必需的，正确的预算，才能选择合适的功率匹配，使整个系统工作在良好状态。受损耗限制的中继距离由本章第五节式（4-12）确定，也可采用预算损耗的方法。

用 S 表示总损耗，计算式为

$$S = \alpha L + \alpha_j n + \alpha_c m + M_c + M_e \qquad (4-14)$$

式中：α 为每千米光纤损耗（dB/km）；L 为光缆长度（km）；α_j 为光缆接头损耗 dB/个；n 为接头数量；α_c 为光纤连接器损耗（dB/对）；m 为连接器数量；M_c 为光缆富余度（一般为 $0.05 \sim 0.1$dB/km）；M_e 为光设备富余度。

现举一例说明，某电业局 A 变电路—B 变电路，相距约 30km（电力线长度接近 29km），1310nm 波长光缆损耗 α 为 0.33dB/km，α_j 取 0.1dB/个，光缆盘长以标称 3km 计，接头 11 个，α_c 取 1dB/对，共 2 个，M_c 取 3dB，M_e 取 1dB。这样有

$$S = 0.33 \times 30 + 0.1 \times 11 + 1 \times 2 + 3 + 1$$
$$= 17(\text{dB})$$

计算出该结果后，就要看光设备发送功率与该结果的差值应在光设备接收功率动态范围之内，否则就要提高发光功率或者增加光衰减器，来达到功率平衡。

（四）色散预算

由于色散的存在，光脉冲在传输过程中将被展宽，限制了光纤的传输容量或者说传输带宽，因此在高速率传输系统中，色散是应该主要考虑的。受色散限制的中继距离由本章第五节式（4-13）确定。

（五）误码与抖动

误码和抖动是 SDH 光传输系统的两个重要性能指标。

1. 误码性能参数

由于在 SDH 光传输系统中数据传输是以块的形式进行的，其长度不等，可以是几十比特，也可能长达数千比特，然而无论其长短，只要出现误码，即使仅出现 1bit 的错误，该数据块也必须进行重发。因而高比特率通道的误码性能用误块来说明，在 ITU-T 制定的 G.826 规范中，以误块秒比（ESR）、严重误块比（SESR）及背景误块比（BBER）为参数来表示。

2. 抖动性能

与前面介绍的系统抖动性能分析一样，ITU-T 根据抖动累积规律，对两类设备（数字段内传输设备和数字复接设备），就其容许的抖动范围提出了建议，具体技术指标为输入抖动容限、无输入抖动时的输出抖动容限和抖动转移特性等。

（六）路由选择

对于电力系统而言，最丰富的就是路由资源，无处不在的不同电压等级的输电线路，杆塔管道都是用来敷设光缆的极好资源。电力系统通信站一般都设在变电所、供电局（电力局），且都建有通信机房。在两通信站间有多种电力线可以敷设光缆时，一般应选择电压等级高的电力线，因为电压等级越高安全性越好。

三、SDH 传送网

（一）SDH 传送网的功能结构

传送网是完成传送功能的手段，主要指逻辑功能意义上的网络。描述对象是信息传送的功能过程。而传输网的描述对象是信号在具体物理媒质传输的物理过程。并且传输网主要是指由具体设备所形成的实际网络。在不引起误解的前提下，它们也都可以认为是全部逻辑网或实体网。

由于传送网实际上是一个巨大的复杂网络，为了使分析简单，我们规定一种网络模型，它具有规定的功能实体并具有分层（Layering）和分割（Partitioning）概念，这样也便于

网络的建立、维护和管理。

传送网可从垂直方向分解为电路层、通道层和传输媒质层（又分为段层和物理层）。每一层网络为其相邻的高一层网络提供传送服务，同时又使用相邻的低一层网络所提供的传送服务。提供传送服务的层，称为服务者（Server），使用传送服务的层，称为客户（Client），因而相邻的层网络之间构成了客户/服务者关系。每一层网络在水平方向又可以按照该层内部结构分割为若干分离的部分，组成适于网络管理的基本骨架。因而分层和分割之间满足正交关系。

如图 4-35 所示，SDH 传送网的分层模型。自上而下依次为电路层网络、通道层网络和传输媒质层网络。

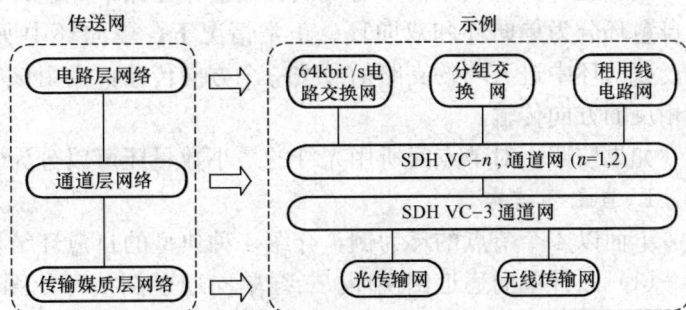

传送网分层后，每一层网络

图 4-35 SDH 传送网的分层模型

仍然很复杂，地理上覆盖的范围很大。为了便于管理，在分层的基础上，将每一层网络在水平方向上按照该层内部的结构分割为若干个子网和链路连接。分割往往是从地理上将层网络再细分为国际网、国内网和地区网等，并独立地对每一部分行使管理。

采用分割的概念可以方便地在同一网络层内对网络结构进行规定，允许层网络的一部分被层网络的其余部分看作一个单独实体；可以按所希望的程度将层网络递归分解表示，为层网络提供灵活的连接能力，从而方便网络管理，也便于改变网络的组成并使之最佳化。

链路是代表一对子网之间有固定拓扑关系的一种拓扑元件，用来描述不同的网络设备连接点间的联系，例如两个交叉连接设备之间的多个平行的光缆线路系统就构成了链路。

（二）自愈网

随着人类社会进入信息社会，人们对通信的依赖性越来越大，对通信网络生存性的要求也越来越高，自愈网（Selfhealing Network）应运而生。所谓自愈网就是无需人为干预，网络就能在极短的时间内从失效故障中自动恢复，使用户感觉不到网络已出了故障。其基本原理就是使网络具备发现替代传输路由并重新确立通信的能力。自愈网的概念只涉及重新确立通信，不管具体失效元部件的修复或更换，后者仍需人员干预才能完成。

PDH 系统采用的线路保护倒换方式是最简单的自愈网形式。但是当光缆被切断时，往往是同一光缆内的所有光纤（包括主用和备用）都被切断，在这种情况下上述保护方式就无能为力了。改善网络生存性的最好办法是将网络节点连成一个环形，形成所谓的自愈环（Selfhealing Ring）。环形网的节点可以是 ADM，也可以是 DXC，但通常由 ADM 构成。SDH 的特色之一便是能够利用 ADM 的分插复用能力构成自愈环。

自愈环结构可分为两大类：通道倒换环和复用段倒换环。通道倒换环属于子网连接保护，其业务量的保护是以通道为基础，是否倒换以离开环的每一个通道信号质量的优劣而定，通常利用通道 AIS 信号来决定是否应进行倒换。复用段倒换环属于路径保护，其业务量的保护以复用段为基础，以每对节点的复用段信号质量的优劣来决定是否倒换。通道倒换环与复用段倒换环的一个重要区别是前者往往使用专用保护，即正常情况下保护段也在传业务信号，保护时隙为整个环专用；而后者往往使用公用保护，即正常情况下保护段是空闲的，保护时隙由每对节点共享。

　　按照进入环的支路信号与由该支路信号分路节点返回的支路信号方向是否相同，又可以将自愈环分为单向环和双向环。正常情况下，单向环中所有业务信号按同一方向在环中传输；双向环中进入环的支路信号按一个方向传输，而由该支路信号分路节点返回的支路信号按相反的方向传输。

　　如果按照一对节点间所用光纤的最小数量还可以分为二纤环和四纤环。

1. 自愈环结构

　　下面以 4 个节点的环为例，介绍 4 种典型的自愈环结构。

　　（1）二纤单向通道倒换环。二纤单向通道倒换环如图 4-36 所示。通常单向环由两根光纤来实现，S1 光纤用来携带业务信号，P1 光纤用来携带保护信号。这种环采用"首端桥接，末端倒换"结构。例如，在节点 A 进入环传送给结点 C 的支路信号（AC）同时馈入 S1 和 P1 向两个不同方向传送到 C 节点，其中 S1 光纤按顺时针方向，P1 光纤按逆时针方向，C 节点的接收机同时收到两个方向传送来的支路信号，择优选择其中一路作为分路信号。正常情况下，S1 传送的信号为主信号。同理，在 C 节点进入环传送至节点 A 的支路信号（CA）按上述同样的方法传送到节点 A，S1 光纤所携带的 CA 信号为主信号。

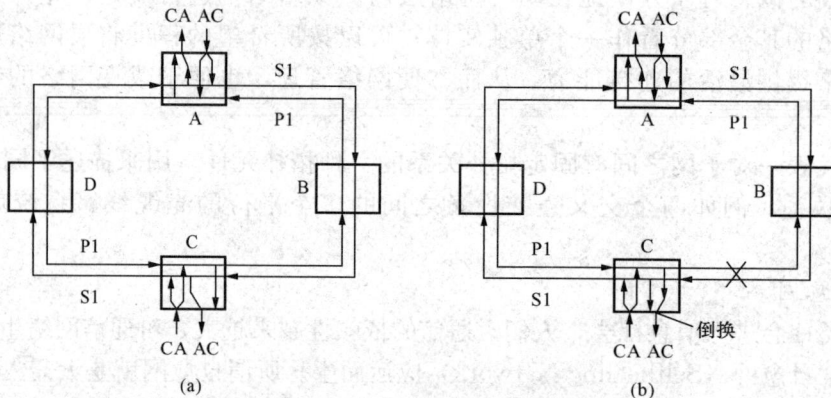

图 4-36　二纤单向通道倒换环
(a) 正常情况下；(b) 故障情况下

　　当 B、C 节点间的光缆被切断时，两根光纤同时被切断，从 A 经 S1 光纤到 C 的 AC 信号丢失，节点 C 的倒换开关由 S1 转向 P1，节点 C 接收经 P1 光纤传送的 AC 信号，从而使 AC 间业务信号不会丢失，实现了保护作用。故障排除后，倒换开关返回原来的位置。

　　（2）二纤单向复用段倒换环。二纤单向复用段倒换环的结构如图 4-37 所示。这是一种路径保护方式。在这种环形结构中每一节点都有一个保护倒换开关。正常情况下，S1 光纤传送业务信号，P1 光纤是空闲的。当 B、C 节点间光缆被切断，两根光纤同时被切断，与光缆切断点相邻的两个节点 B 和 C 的保护倒换开关将利用 APS（Automatic Protection Switching）协议执行环回功能。例如在 B 节点 S1 光纤上的信号（AC）经倒换开关从 P1 光纤返回，沿逆时针方向经 A 节点和 D 节点仍然可以到达 C 节点，并经 C 节点的倒换开关环回到 S1 光纤后落地分路。故障排除后，倒换开关返回原来的位置。

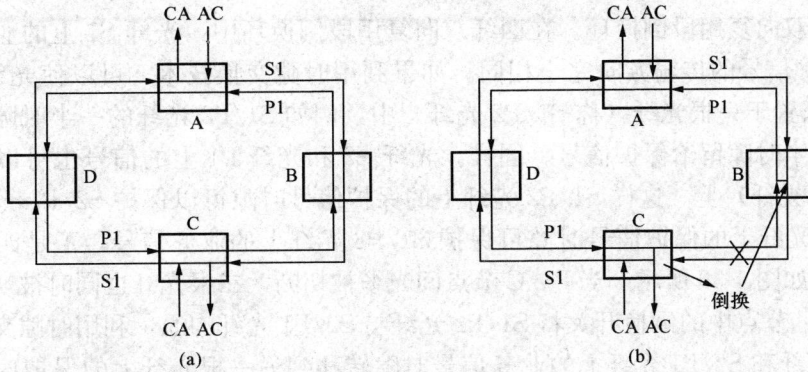

图 4-37　二纤单向复用段倒换环
(a) 正常情况下；(b) 故障情况下

　　当 B、C 节点间光缆被切断，两根光纤同时被切断，与光缆切断点相邻的两个节点 B 和 C 的保护倒换开关将利用 APS（Automatic Protection Switching）协议执行环回功能。例如在 B 节点 S1 光纤上的信号（AC）经倒换开关从 P1 光纤返回，沿逆时针方向经 A 节点和 D 节点仍然可以到达 C 节点，并经 C 节点的倒换开关环回到 S1 光纤后落地分路。故障排除后，倒换开关返回原来的位置。

　　(3) 四纤双向复用段倒换环。通常双向环工作在复用段倒换方式，既可以是四纤又可以是二纤。四纤双向复用段倒换环的结构如图 4-38 所示。它由两根业务光纤 S1 与 S2（一发一收）和两根保护光纤 P1 与 P2（一发一收）构成，其中 S1 光纤传送顺时针业务信号，S2 光纤传送逆时针业务信号，P1 与 P2 分别是和 S1 与 S2 反方向传输的两根保护光纤。每根光纤上都有一个保护倒换开关。正常情况下，从 A 节点进入环传送至 C 节点的支路信号顺时

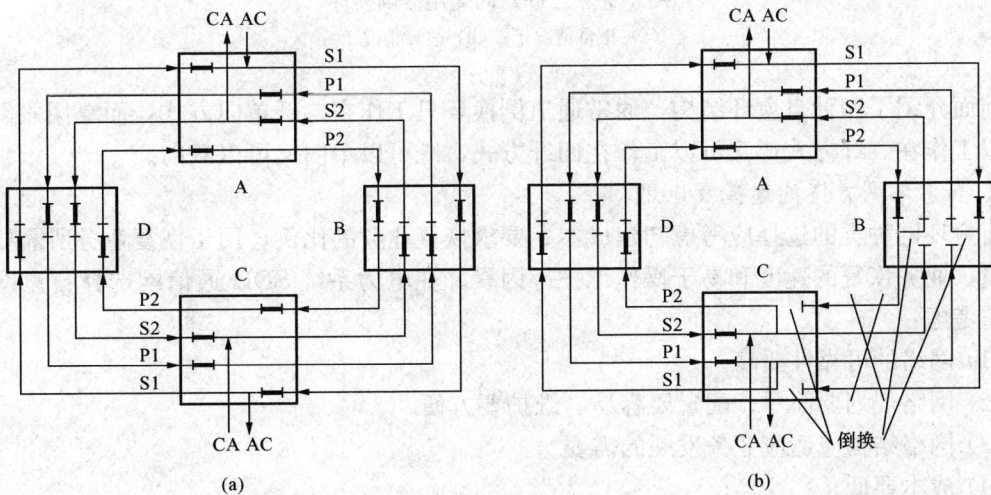

图 4-38　四纤双向复用段倒换环
(a) 正常情况下；(b) 故障情况下

针沿光纤 S1 传输，而由 C 节点进入环传送至 A 节点的支路信号则逆时针沿光纤 S2 传输，保护光纤 P1 和 P2 是空闲的。

（4）二纤双向复用段倒换环。在四纤双向复用段倒换环中，光纤 S1 上的业务信号与光纤 P2 上的保护信号的传输方向完全相同。如果利用时隙交换技术，可以使光纤 S1 和光纤 P2 上的信号都置于一根光纤（称 S1/P2 光纤）中，例如 S1/P2 光纤的一半时隙用于传送业务信号，另一半时隙留给保护信号。同样，光纤 S2 和光纤 P1 上的信号也可以置于一根光纤（称 S2/P1 光纤）上。这样 S1/P2 光纤上的保护信号时隙可以保护 S2/P1 光纤上的业务信号，S2/P1 光纤上的保护信号时隙可保护 S1/P2 光纤上的业务信号，于是四纤环可以简化为二纤环，如图 4-39 所示。当 B、C 节点间光缆被切断，二根光纤也同时被切断，与切断点相邻的 B、C 节点中的倒换开关将 S1/P2 光纤与 S2/P1 光纤沟通，利用时隙交换技术，可以将 S1/P2 光纤和 S2/P1 光纤上的业务信号时隙转移到另一根光纤上的保护信号时隙，于是就完成了保护倒换作用。

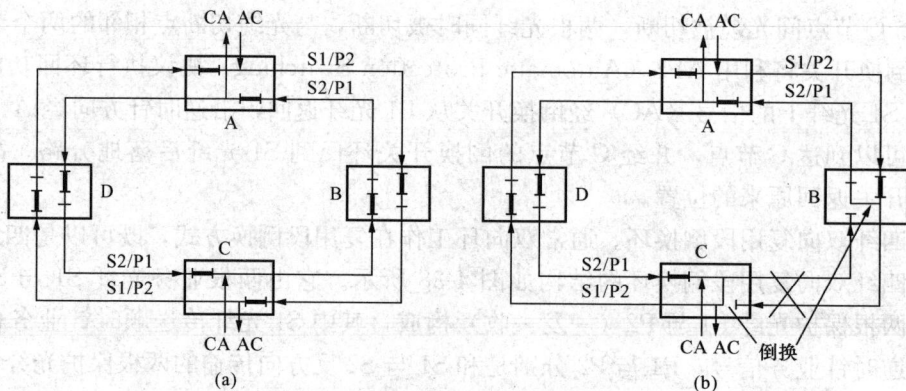

图 4-39　二纤双向复用段倒换环
(a) 正常情况下；(b) 故障情况下

　　前面介绍了四种自愈环结构，通常通道倒换环只工作在二纤单向方式，而复用段倒换环既可以工作在二纤方式，又可以工作在四纤方式，既可以单向又可以双向。

　　2. 自愈环网方案的选择及应用

　　自愈环网种类的选择应考虑初建成本、要求恢复业务的比例、用于恢复业务所需要的额外容量、业务恢复的速度和易于操作维护等因素。在电力系统 SDH 通信网选择自愈网的方案时需考虑：

　　（1）网络的可靠性要高。

　　（2）网络规划要简单、配置要容易、维护要方便。

　　（3）网络结构应适应业务发展的需要。

　　（4）成本要低。

　　对于地方电力通信系统，通道倒换环是最主要的应用。使用较多的是二纤单向通道保护环。

四、SDH 管理网络

SDH 设备无论在光纤接入网中，还是在本地传输网和骨干传输网中都起着非常重要的作用。如果 SDH 设备出现故障，特别是造成本地传输网和骨干传输网通信中断，其损失是无法估计的。因此，维护 SDH 的正常运行就显得非常重要，这就是 SDH 网络管理所要完成的主要任务。

SDH 管理网络（SMN）实际是 TMN 的一个部分，SDH 管理网络结构可分为三级：一级是 SDH 网络管理中心（SNMC）；二级是 SDH 的网元管理层（SMCC）；三级是 SDH 的网络监控处理器（NCP）。

由于 SDH 管理网络（SMN）是 TMN 的一个部分，完成对 SDH 设备的网络管理功能，根据 SDH 网管信息模型，SDH 网管应具有配置管理、故障（维护）管理、性能管理、系统管理和安全管理五大功能。

1. 配置管理

配置管理功能主要对网络资源的分配和报告，资源包括硬件和软件资源。配置管理的具体功能有：

（1）子网配置管理，包括网络单元的增加、删除、连接、类型设置和保护功能的设置。

（2）网元配置管理，包括网元属性、名称设置、地址设置和报告、状态报告、设备硬件版本报告。

（3）光板、E1 板、交叉板、电源时钟板、公务板等各单盘的拔、插（在位配置）、状态报告。

（4）端口配置，电路物理端口、通道以及它们对应关系的设置和报告，还包括在同一子网中建立电路和在不同子网之间建立电路。

（5）其他配置，包括时钟的配置和状态的报告，保护倒换的配置即倒换的启动、释放，勤务电话配置，F 通道、D 通道的配置等。

2. 故障（维护）管理

故障（维护）管理是对系统的异常、故障进行监视、记录和定位，通过异常数据判别网络和设备故障的位置、性质及确定其对网络的影响，并进一步采取相应的措施，能进行维护操作切换，维护管理除对 SDH 系统进行维护操作外，还对系统进行诊断测试。故障（维护）管理具体功能为：

（1）故障的分类将故障分为事件、一般故障和严重故障，按故障源可分为传输故障、设备故障、外部事件、性能及软件告警。严重故障包括收无光、时钟信号消失、支信号消失、误码告警、电源告警，一般故障包括 AIS 告警、对端告警、盘不在位、保护切换、环境外部事件告警等。

（2）故障的监视，包括故障的主动上报报告、请求所有故障报告、允许或禁止某些主动上报故障报告、所要求的故障报告的许可和禁止状态的报告。

（3）故障记录，包括故障记录数据的存储媒体、故障记录的数据格式、故障记录参数、故障类别、严重程度、故障时间等，故障记录的读取方式、故障记录的存储时长等。

（4）故障诊断对告警进行分析，对故障进行定位到硬件和软件，硬件定位到线路、单盘、芯片、环境、电源，并对故障进行诊断，以帮助维护人员迅速准确地排除故障，以及进行告警的过滤、查询等。

（5）维护操作包括复位、倒换、强制插入告警信号、强制插入误码、近端环回或远端环回测试、光信号传输衰弱的测试等，还包括插入告警、插入误码、S 口通信诊断、激光器关断等。维护操作用得最多的是环回和复位。

3. 性能管理

性能管理是对系统运行的性能好坏的评估，评估系统的性能好坏主要参数有平均无故障率、系统严重误码秒、系统平均不可用时间等。

（1）性能数据采集，包括严重误码秒数据采集、严重故障次数和时长、系统不可用时间、性能门限值的越限报告次数等；具体采集光电物理参数，再生段、复用段、低阶通道、高阶通道性能，不可用（故障）时抑制性能计数器计数。

（2）性能数据报告，包括请求时可以报告性能数据，可周期性执行数据采集（周期时间可以设置），指定端口的性能参数的收集，性能参数门限突破时，能自动上报数据。

（3）性能参数分析根据收集系统性能参数，能够对系统运行的状态进行评估，能够对系统运行的趋势进行分析以及预测未来失效或性能劣势的条件。

4. 系统管理

系统管理是对 SDH 系统的硬件和软件的管理，包括系统接口管理，硬件、软件版本的管理，系统时间管理等。

5. 安全管理

安全管理是为了保证 SDH 系统正常运行和方便维护而设定的一项安全管理措施，主要有系统登录管理，用户操作管理，口令管理和命令记录管理。

五、SDH 同步网

（一）SDH 同步网

SDH 同步网是 SDH 传输网的一个支撑网，其作用是实现传输网的网同步。SDH 系统同步网的主要任务如：

（1）使来自上游交换局的数字信号帧与本局帧建立并保持帧同步。

（2）同步各交换局的钟频，以减小各交换局之间因频差所引起的滑动。

（3）将相位漂移转化为滑动。

网同步方式大致有四种：主从同步方式、准同步方式、互同步方式、其他方式（混合方式或分布方式）。

我国采用的 SDH 系统组网同步方案是以主从同步方式建设的，如图 4-40 所示。它使用一系列分级时钟，每一级都与上一级时钟同步，最高一级称基准主时钟（PRG），通过同步分配网，分配给下面各级时钟（从时钟）。中国电信同步网设立了四个区域时钟基准源，分别在北京、武汉、上海和广州。每个区域的网同步方式均采用三个等级的主从同步法。

（二）中国电力通信同步网

在参照中国电力通信同步网的情况下，考虑中国电力系统电网的分层调度、控制的实际情况，在北京、武汉、上海三个地方设立了三个国调级的时钟基准源（PRC），其下层应为网调级的区域基准时钟源（LPR）。

每个区域的基准时钟（LPR），其主用基准时钟为来自全球定位系统（GPS）的时钟信号，而备用基准时钟则来自基准主时钟（PRC）的时钟信号。基准主时钟一般采用铯原子钟、石英晶振和铷原子钟作为时钟信号。正常情况下，同步网上各个同步节点均同步于全球定位系统的定时信号，而在全球定位系统信号异常的情况下，会自动切换到备用基准时钟信号上。

在国电骨干数字同步网的一期规划方案中，三个区域的北京、武汉和上海，在相应的大楼内均设置基准时钟 PRC 作为全网时钟

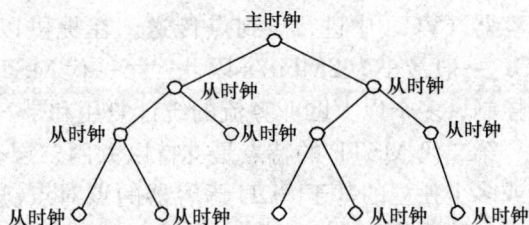

图 4-40 主从同步方式

的基准源。基准时钟源的配置为双铯原子钟加全球定位系统加综合定时供给设备（BITS）。PRC 的国调中心、东北网局等共 13 个节点，均设置区域基准时钟（LPR）。LPR 的配置为双铯原子钟加全球定位系统加 BITS。这些区域基准时钟 LPR 是作为各同步区内的同步基准时钟源。

六、STP 技术

IP 业务爆炸式增长，通信业务已经开始由话音服务向数据方向倾斜。为了满足 SDH 网同时支持分组数据传输的要求，POS、VCAT、GFP、LCAS 等一系列技术概念和解决方法脱颖而出，正推动 SDH 向新一代的数据化多业务传送平台（MSTP）方向发展。

（一）MSTP 概念

基于 SDH 的 MSTP（多业务传送平台）是指，基于 SDH 平台，同时实现 TDM、ATM、以太网等业务的接入、处理和传送，提供统一网管的多业务平台。可以说，MSTP将传统的 SDH 复用器、数字交叉链接器（DXC）、WDM 终端、网络二层交换机和 IP 边缘路由器等多个独立的设备集成在一起的传输设备。MSTP 的功能模型如图 4-41 所示。

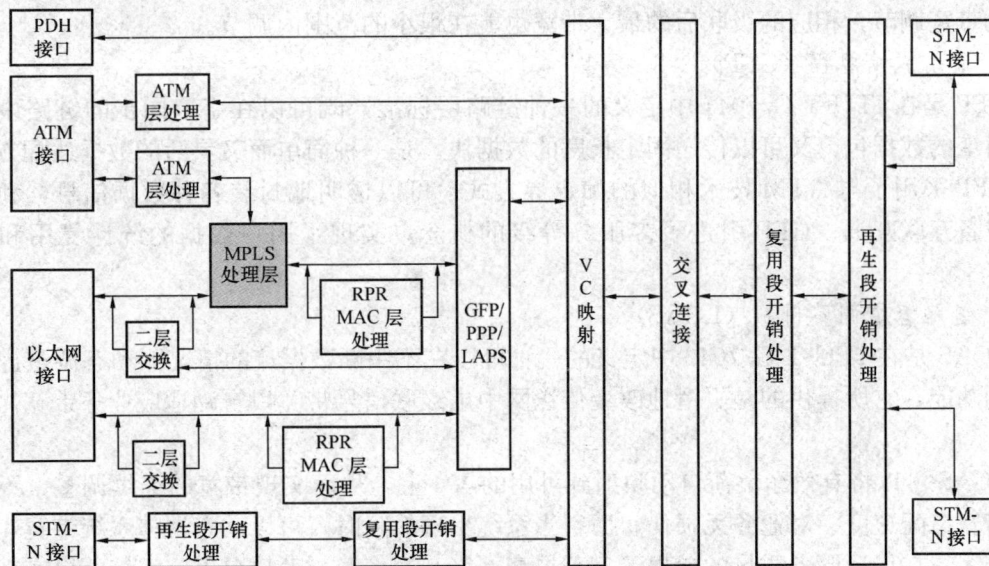

图 4-41 MSTP 的功能模型

MSTP 技术的发展至今经历了三个阶段：

第一代 MSTP 的特点是提供以太网点到点透传。它是将以太网信号直接映射到 SDH 的

虚容器（VC）中进行点到点传送。在提供以太网透传租线业务时，由于业务粒度受限于VC，一般最小为2Mbit/s因此，第一代MSTP还不能提供不同以太网业务的QoS区分、流量控制、多个以太网业务流的统计复用和带宽共享以及以太网业务层的保护等功能。

第二代MSTP的特点是支持以太网二层交换。它是在一个或多个用户以太网接口与一个或多个独立的基于SDH虚容器的点对点链路之间实现基于以太网链路层的数据帧交换。相对于第一代MSTP，第二代MSTP作了许多改进，它可提供基于802.3x的流量控制、多用户隔离和VLAN划分、基于STP的以太网业务层保护以及基于802.1p的优先级转发等多项以太网方面的支持。但是，与以太网业务需求相比，第二代MSTP仍然存在着许多的不足，比如不能提供良好的QoS支持，业务带宽粒度仍然受限于VC，基于STP的业务层保护时间太慢，VLAN功能也不适合大型城域公网应用，还不能实现环上不同位置节点的公平接入，基于802.3x的流量控制只是针对点到点链路，等等。

第三代MSTP的特点是支持以太网QoS。在第三代MSTP中，引入了中间的智能适配层、通用成帧规程（GFP）高速封装协议、虚级联和链路容量调整机制（LCAS）等多项全新技术。因此，第三代MSTP可支持QoS、多点到多点的连接、用户隔离和带宽共享等功能，能够实现业务等级协定（SLA）增强、阻塞控制以及公平接入等。此外，第三代MSTP还具有相当强的可扩展性。可以说，第三代MSTP为以太网业务发展提供了全面的支持。

（二）MSTP技术

1. 虚级联

通过级联和虚级联技术，可实现对以太网带宽和SDH虚通道之间的速率适配。尤其是虚级联技术，可以将从VC-4到VC-12等不同速率的小容器进行组合利用，能够做到非常小颗粒的带宽调节，相应的级联后的最大带宽也能在很小的范围内调节。

2. 通用成帧规程（GFP）

GFP是在ITU-T G.7041中定义的一种链路层标准，既可以在字节同步的链路中传送长度可变的数据包，又可以传送固定长度的数据块，是一种简单而又灵活的数据适配方法。

GFP采用了与ATM技术相似的帧定界方式，可以透明地封装各种数据信号，利于多厂商设备互联互通；GFP引进了多服务等级的概念，实现了用户数据的统计复用和QoS功能。

3. 链路容量调整机制（LCAS）

LCAS是在ITU-T G.7042中定义的一种可以在不中断数据流的情况下动态调整虚级联个数的功能，它所提供的是平滑地改变传送网中虚级联信号带宽以自动适应业务带宽需求的方法。

LCAS可以将有效净负荷自动映射到可用的VC上，从而实现带宽的连续调整，不仅提高了带宽指配速度、对业务无损伤，而且当系统出现故障时，可以动态调整系统带宽，无须人工介入，在保证服务质量的前提下显著提高网络利用率。一般情况下，系统可以实现在通过网管增加或者删除虚级联组中成员时，保证不丢包；即使是由于断纤或者告警等原因产生虚级联组成员删除时，也能够保证只有少量丢包。

4. 智能适配层

为了能够在以太网业务中引入QoS，第三代MSTP在以太网和SDH/SONET之间引入了一个智能适配层，并通过该智能适配层来处理以太网业务的 QoS 要求。智能适配层的实现技术主要有多协议标签交换（MPLS）和弹性分组环（RPR）两种。

其中，多协议标签交换技术得到了广泛应用。多协议标签交换技术支持多种三层协议，如 IP、IPv6、IPX 等，它通常处于二层和三层之间，俗称 2.5 层。它是一种短的、等长的、易于处理的、不包含拓扑信息、只具有局部意义的信息内容。MPLS 报文交换和转发是基于标签的。针对 IP 业务，IP 包在进入 MPLS 网络时，入口的路由器分析 IP 包的内容并且为这些 IP 包选择合适的标签，然后所有 MPLS 网络中节点都是依据这个简短标签来作为转发依据。当该 IP 包最终离开 MPLS 网络时，标签被出口的边缘路由器分离。实际应用中，它可以实现点到点的虚拟共享专线业务和虚拟共享局域网业务。

（三）MSTP 技术应用

MSTP 技术具有灵活可靠、容量大和易于扩展、支持多协议和多业务、有灵活的电路调度和业务管理能力等诸多优点，运用该技术能使运营商在保护既往投资的同时，又能灵活、快速地进行网络扩容和开展新业务，进而降低运营成本，增加业务收入。而电力系统的不断发展，对通信业务种类（如继电保护、安稳系统、远动信息、电力系统信息化）和带宽需求在进一步增加，电力通信业务正在由以话音通信为主逐步向以数据通信为主转变。数据通信的业务量已超过总带宽需求的 80%。对电力系统通信可靠性也提出了更高的要求。MSTP 技术兼容原有 SDH 自愈环保护功能，同时有多种形式的接口，因此 MSTP 技术在电力系统得到广泛应用。

MSTP 设备是对传统 SDH 设备的继承和发展，完全兼容目前大量应用的 TDM 设备。同时，MSTP 的优势在于将传统的传输设备和二层交换设备结合在一起，通过二层交换等数据控制、处理功能，实现数据业务在 SDH 通道中的优化传输，在单一传送平台上实现 TDM、以太网、ATM 的统一部署和管理。因此 MSTP 设备可以满足电力系统以太网、ATM 等多种业务的汇聚、传送和综合接入的需求。MSTP 设备可以根据不同的业务需求为电力生产系统提供不同的业务应用。

1. TDM 专线业务

为电力生产提供传统的 E1 接入业务，如 PCM 设备、遥视设备、变电站安全稳定装置等，MSTP 设备很容易将固定比特率的业务适配到固定容量的通道中，并且通信质量有非常可靠的保证。因此，这种业务用于传送电力系统生产经营中的一些要求实时性非常高的关键业务，如：PCM 设备、变电站安全稳定装置、继电保护信号等。

2. 点对点的以太网透传业务

这种业务可以提供高可靠性的以太网专线业务；通过 MSTP 设备的接口板实现以太网点对点透传功能（即不提供二/三层交换功能）。此时，各专线业务独占预先分配的带宽，相当于电路的专线互联系统，各以太网接口的传送通道物理隔离，带宽也可以得到保证，从物理上隔绝了外界侵袭的可能，能够提供绝对的安全性。这种方式较适合于安全性、实时性要求很高的场所，如传送基于 IP 的 SCADA 数据。

3. 点对多点的以太网汇聚业务

由于数据业务多呈星型分布，因此需要实现多个节点到中心节点的以太网业务的汇聚。这种业务通过 MSTP 设备接口板的交换功能，可以协助电力企业构建专网系统，如通信电源监控系统、电能计量遥测系统。

4. 多点到多点的以太网交换业务

在多个节点之间实现以太网业务的互联，该应用方式适用于构建集团用户内部的数据专用网、企业局域网等。该业务不仅要求 MSTP 设备的接口板支持交换功能，还要具有环路控制功能。此时，环路上各业务端口共享环路带宽，因此系统带宽利用率较高，比较适用于实时性要求较低的场所，如办公自动化、生产 MIS、供电营销、财务自动化等。

利用 MSTP 技术，可以根据业务的不同需求采用合适的接入方式，能够很好地解决当前电力系统多业务的传送需要，使传统的仅仅提供语音业务的电力通信网向为整个电力企业生产、经营的全过程提供 TDM、ATM、IP 多种业务的综合网络转变。

随着数据业务的迅速膨胀，在电力系统中城域传送网的数据处理能力成为大家关注的焦点。多协议标记交换（Multi-Protocol Label Switching，MPLS）技术是新一代的高速骨干网络交换标准。由于 MPLS 技术在 QoS 和 VPN（虚拟专用网）等方面具有优势，已经成为 MSTP 技术发展的趋势，目前内嵌 MPLS 的 MSTP 已经发展起来，解决了传统的扩展型问题，而且基于 MPLS 的 MSTP 具有很多优点，可以实现灵活的业务区分服务，灵活的带宽控制和优先级控制，有效的保障，可以实施流量工程和具有良好的网络拓扑性。

RPR（弹性分组环）技术是一种在环形结构上优化数据业务传送的新型 MAC 层协议，能够适应多种物理层（如 SDH、以太网、DWDM 等），可有效地传送数据、话音、图像等多种业务类型。它融合了以太网技术的经济性、灵活性、可扩展性等特点，同时吸收了 SDH 环网的 50ms 快速保护的优点，并具有网络拓扑自动发现、环路带宽共享、公平分配、严格的业务分类等技术优势，目标是在不降低网络性能和可靠性的前提下提供更加经济有效的城域网解决方案。所以内嵌 RPR 技术的 MSTP 解决方案以其完善的业务分类功能、强大的流量监管能力、超大 MAC 地址容量等技术特点，有一定的发展优势。

第七节　光放大器及光波分复用技术

20 世纪 80 年代末期，波长为 $1.55\mu m$ 的掺铒（Er）光纤放大器（Erbium Doped Fiber Amplifier，EDFA）研制成功并投入使用，把光纤通信技术水平推向一个新高度，成为光纤通信发展史上一个重要的里程碑。

20 世纪 90 年代密集波分复用（DWDM）技术兴起并迅速发展，广泛应用到通信网中，引发了光通信系统和网络的重大变革。WDM 技术以较低的成本、较简单的结构形式成数十倍、数百倍地扩大单根光纤的传输容量，使其成为光网络中的主导技术。WDM＋EDEA 也被称为 20 世纪 90 年代中新一代光纤通信系统。

光放大器有半导体光放大器和光纤放大器两种类型。半导体光放大器的优点是小型化，容易与其他半导体器件集成；缺点是性能与光偏振方向有关，器件与光纤的耦合损耗大。光纤放大器根据放大机制不同，分为 EDFA 和拉曼光纤放大器（Raman Fiber Amplifier，RFA），其性能与光偏振方向无关，器件与光纤的耦合损耗小等优点，因而得到广泛应用。本节主要介绍已经实用化的光放大器及光波分复用技术。

一、EDFA 掺铒光纤放大器

（一）掺铒光纤放大器工作原理

光信号为什么会放大？在掺铒光纤（EDF）中，铒离子（Er^{3+}）有三个能级：其中能级

1（$4I_{15/2}$）代表基态，能量最低；能级 2（$4I_{13/2}$）是亚稳态，处于中间能级；能级 3（$4I_{11/2}$）代表激发态，能量最高。当泵浦（Pump，抽运）光的光子能量等于能级 3 和能级 1 的能量差时，铒离子吸收泵浦光从基态跃迁到激发态（1→3）。但是激发态是不稳定的，Er^{3+} 很快返回到能级 2。如果输入的信号光的光子能量等于能级 2 和能级 1 的能量差，则处于能级 2 的 Er^{3+} 将跃迁到基态（2→1），产生受激辐射光，因而信号光得到放大。如图 4-42 所示，由此可见，这种放大是由于泵浦光的能量转换为信号光的结果。为提高放大器增益，应提高对泵浦光的吸收，使基态 Er3＋尽可能跃迁到激发态。

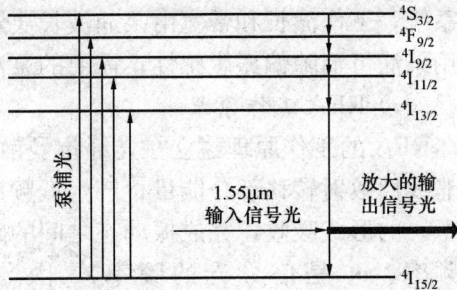

图 4-42　Er^{3+} 与泵浦光、信号光作用机理

（二）EDFA 的结构

EDFA 的结构由于采用的泵浦方式不同而分为三种，如图 4-43 所示。图中光隔离器的作用是提高 EDFA 的工作稳定性，如果没有它，后向反射光将进入信号源（激光器）中，引起信号源的剧烈波动。波分复用器件（WDM）把不同波长的泵浦光和信号光融入掺铒光纤 EDF 中。光滤波器的作用是从泵浦光和信号光的混合光中滤出信号光。在前向泵浦结构中，泵浦光和信号光同向注入 EDFA 的输入端。在反向泵浦结构中，泵浦光和信号光相向注入 EDFA 的两端。而在双向泵浦结构中，两束泵浦光同时从 EDF 的两端注入。

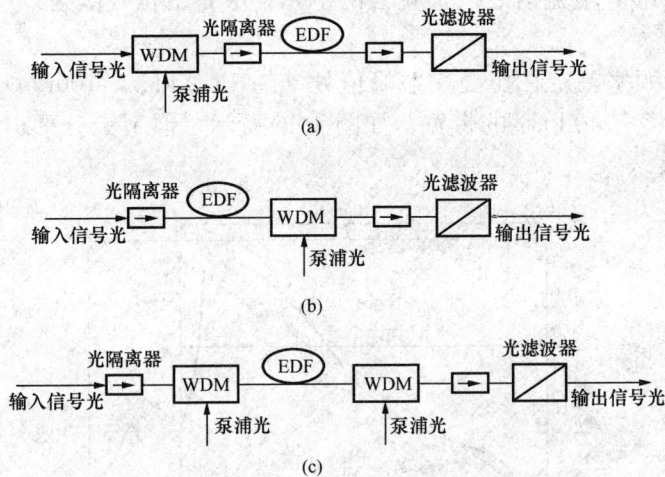

图 4-43　EDFA 的三种结构

（a）前向泵浦结构；（b）后向泵浦结构；（c）双向泵浦结构

（三）EDFA 的优点和应用

EDFA 有许多优点，并已得到广泛应用。EDFA 的主要优点有：

（1）工作波长正好落在光纤通信最佳波段（1500～1600nm）。其主体是一段光纤（EDF）与传输光纤的耦合损耗很小，可达 0.1dB。

（2）增益高，约为 30～40dB；饱和输出光功率大，约为 10～15dBm；增益特性与光偏振状态无关。

（3）噪声指数小，一般为 4～7dB；用于多信道传输时，隔离度大，无串扰，适用于波分复用。

（4）频带宽，在 1550nm 窗口，频带宽度为 20～40nm，可进行多信道传输，有利于增加传输容量。

1550nm EDFA 在各种光纤通信系统中得到了广泛应用，并取得了良好效果。

二、RFA 技术

拉曼光纤放大器是光纤通信发展里程碑 EDFA 之后又一重要的光纤放大器。这是因为

RFA 的放大范围更宽、噪声指数更低，是实现高速率、大容量、长距离光纤传输的关键器件之一。其工作原理是基于受激拉曼散射效应。特点是分布式光放大，噪声低，适合超长传输系统，工作波长和带宽由泵浦波长决定；采用多波长泵浦可实现宽带光放大器；采用偏振复用泵浦可消除偏振敏感性；需要的泵浦功率高。

（一）RFA 工作原理

RFA 的工作原理建立在光纤拉曼散射的基础上。拉曼散射是指入射泵浦光子通过光纤的非线性散射转移部分能量，产生低频斯托斯光子，而剩余的能量被介质以分子振动（光学声子）的形式吸收，完成振动态之间的跃迁。斯托克斯频移 $\upsilon_R = \upsilon_P - \upsilon_S$（这里 υ_P 是泵浦光的频率，υ_S 是信号光的频率），由分子振动能级决定，其值决定了受激拉曼散射（Stimulated Raman Scattering，SRS）的频率范围。对非晶态石英光纤，其分子振动能级集合在一起，形成了一条能带，因而可在较宽的频差 $\upsilon_P - \upsilon_S$ 范围（40THz）内通过 SRS 实现信号光的放大，这种基于光纤受激拉曼散射机制的光放大器称为拉曼光纤放大器。图 4-44 所示为 RFA 的放大原理示意图。

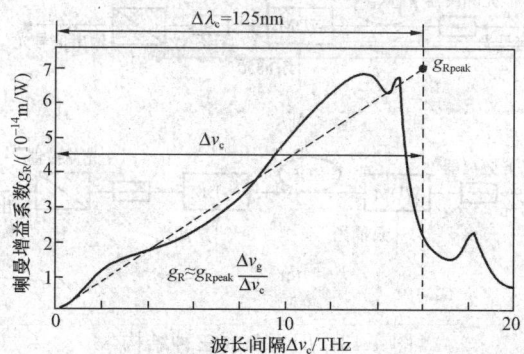

泵浦光子经过分子的散射作用成为另一个低频斯托克斯光子，同时其余能量转移给声子，分子完成了振动态之间的跃迁。当一束信号光和一个强泵浦光在光纤中同时传输时，如果信号光的波长位于泵浦光波长的 Raman 增益谱之内，就会由于光纤中受激拉曼散射效应而被放大。

一般应用中将信号光与泵浦光的频率差定在拉曼增益峰值处（约 13.2THz，100nm），以获得最大拉曼增益。虽然拉曼增益谱有 40THz 的带宽，如图 4-45 所示，但不十分平坦，一般需要加上增益均衡器来平坦增益。

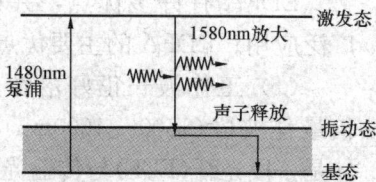

图 4-44　RFA 的放大原理示意图

图 4-45　拉曼频谱增益

（二）RFA 的应用

拉曼放大器有分布式和分立式两种类型。分立式放大器是将拉曼放大器与传输线路分开，做成独立元件。由于分立式拉曼放大器的增益和 EDFA 相比有一定的差距，并且需要较长的光纤（几公里左右），因此主要用于放大一些 EDFA 不能放大的特殊波长。分布式拉曼放大器是以传输光纤作为增益介质的放大器。从目前的发展趋势来看，由于分布式放大器的优良特性，其应用范围超过了分立式放大器。拉曼放大器应用于宽带放大主要有 3 种：一是拉曼放大器独立使用，采用多波长泵浦，形成宽带放大；二是拉曼放大器和 EDFA 构成混合放大器，再加上增益均衡器平坦增益以获得高增益的宽带放大；三是用拉曼放大器制成有源无损器件或动态均衡器件。下面通过实际举例对 EDFA＋RFA 混合放大器来进行介绍。

如图 4-46 所示混合式放大器是用一个 EDFA 和两个双向泵浦的分立式拉曼放大器构成的。拉曼放大器主要放大 L 波段，并且采用级联的形式以抑制瑞利散射，最后加均衡器以平坦增益。整个混合放大器的平坦增益谱宽为 80nm，增益达到 30dB，而噪声指数小于6dB，可见混合式放大器性能相当好。

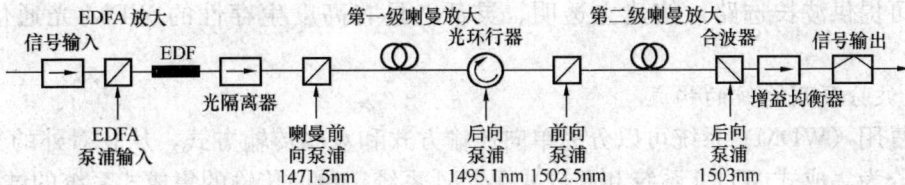

图 4-46　EDFA＋RFA 混合放大器结构

三、光波分复用技术

在光纤通信系统中，出现的复用技术有光波分复用（OWDM）、光时分复用（OTDM）、光频分复用（OFDM）、光码分复用（OCDM）以及副载波复用（SCM）技术。

（一）光波分复用、密集波分复用及光频分复用

光纤的带宽很宽。光波分复用（WDM：Wavelength Division Multiplexing）技术是指不同波长的多个独立光信号复用在一起，在同一光纤中同时传输。这些光信号可以独立地进行路由选择和检测，其波长还可以作为源、宿或者路由的标识地址来确定通信的路径。为了允许特定波长的传输、检测和路由，必须要由具有波长选择功能的光器件来实现，也就是说波分复用、解复用器件是实现波分复用技术的关键。

波分复用技术可以有波分复用（WDM）、密集波分复用（DWDM）、光频分复用（OFDM）等不同的提法，实际上，WDM、DWDM、OFDM 本质上都是光波长分割复用（或光频率分割复用），所不同的是复用信道波长间隔不同。人们把在同一窗口中信道间隔较小的波分复用称为密集波分复用（Dense Wavelength Division Multiplexing，DWDM），光信道十分密集的称为光频分复用（OFDM），习惯采用 WDM 和 DWDM 来区分是由 1310/1550nm 简单复用（双波长复用）还是在 1550nm 波长区段内的复用。由于目前一些光器件与技术还不十分成熟，因此要实现光频分复用还较为困难。1310/1550nm 的复用由于超出了掺铒光纤放大器（EDFA）的范围，只用在一些专门场合，在这种情况下，目前在电信网及电力通信网中应用时，都采用 DWDM 技术。

目前 DWDM 都是工作在 1550nm 波长区段内。其中 1525～1565nm 一般称为 C 波段，这是目前系统所用的波段，若能消除光纤损耗谱中的尖峰，则可在 1280～1620nm 波段内充分利用光纤的低损耗特性（称之为全波光纤），使波分复用系统的可用波长范围达到 340nm左右，从而大大提高传输容量。

DWDM 采用 C 波段的 8、16 或更多个波长，在一对光纤上（也可采用单光纤）构成光通信系统，其中每个波长之间的间隔为 1.6nm、0.8nm 或更低，分别对应约 200GHz，100GHz 或更窄的带宽。目前一般系统应用时所采用的信道波长是等间隔的，即 $k\times$0.8mm，k 取正整数。人们正在研究与开发的波段是 L 波段（1570nm～1620nm）和 S 波段（1400nm）的 DWDM 系统。DWDM 技术对网络的扩容升级、发展宽带业务、充分挖掘光

纤带宽潜力、实现超高速通信等具有十分重要的意义。DWDM 的主要优点为：

（1）充分利用光纤的低损耗波段，大大增加光纤的传输容量，降低成本；

（2）对各信道传输的信号的速率、格式具有透明性，有利于数字信号和模拟信号的兼容；

（3）节省光纤和光中继器，便于对已建成的系统进行扩容；

（4）可提供波长选路，使建立透明、灵活、具有高度生存性的 WDM 光通信网成为可能。

（二）波分复用系统的构成

波分复用（WDM）系统可以分为单向传输方式和双向传输方式，从它对外的光接口来看，又可分为集成式 WDM 系统和开放式 WDM 系统。单向传输的集成式系统的结构为：N 个光发射机分别发射 N 个不同波长，经过光波分复用器合到一起，耦合进单根光纤中传输。若传输距离很长，中间可以每经过 80（或 120）km 后加一个线路光放大器（OA）将多波长信号同时放大。到接收端，经过具有光波长选择功能的解复用器，将不同波长的光信号分开，送到 N 个光接收机接收。集成式系统是指：接入合波器的 SDH 终端具有满足 G.692 的光接口，即具有标准的光波长和满足长距离传输的光源。单向开放式系统的组成为：在波分复用器前加有波长转换器（OTU），将 SDH 非规范的波长转换为标准波长。开放是指具有开放的对外光接口，可以接入不同厂商的 SDH 系统，将非规范的输入波长转换为符合 G.692 的标准接口，即输出光具有标准的光波长和满足长距离传输的光谱，它对输入端的信号波长没有特殊要求，满足系统的波长兼容性的要求。

实际 WDM 系统主要由五部分组成：光发射机、光中继放大、光接收机、光监控信道和网络管理系统，如图 4-47 所示。

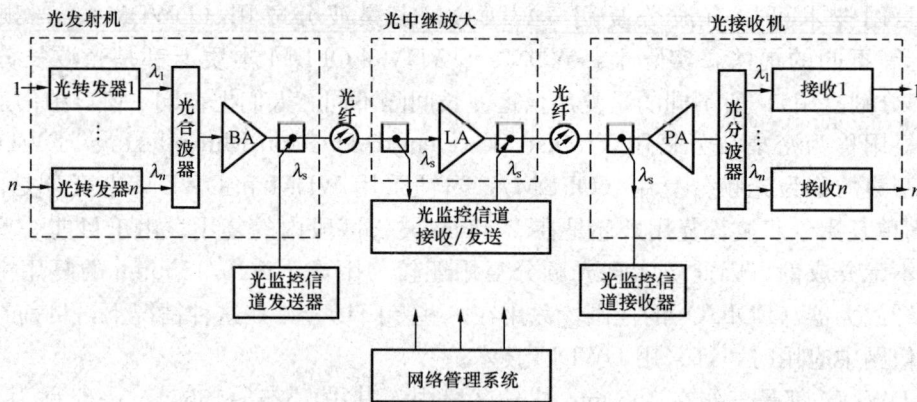

图 4-47　DWDM 系统结构图

（三）WDM 系统的标称波长

在 WDM 系统中，光波长的稳定性是一个重要的问题，ITU-T 已建议 193.1THz（即 1552.52nm）值作为 WDM 的参考频率，从而为 WDM 光信号提供较高的频率精度和频率稳定度。WDM 的通道间隔是指相邻通路间的标称频率差，可以是均匀间隔，也可以是非均匀间隔的，适当地设计非均匀间隔可以用来抑制 G653 光纤中的四波混频效应（FWM），减小非线性串扰。但目前的规范和大多数的应用多采用均匀通道间隔。对通道间隔均匀的系统，

ITU-T 规定标准的波长间隔为 0.8nm（在 $155\mu m$ 波段对应 100GHz 频率间隔）的整数倍，如 0.8nm、1.6mn，2.4nm、3.6nm 等。对于超密集的 WDM 系统，也采用 0.4nm 的波长间隔。

中心频率偏移定义为标称中心频率与实际中心频率之差。对于 DWDM，解复用器带宽有限，为避免由于环境温度、湿度的变化和器件的老化引起光波长偏离出解复用器的通带范围，光信道中心频率的偏移必须严格限制。我国国标规定，对于 32 通道和 16 通道 WDM 系统，在寿命终了时，最大中心频率偏移为 ±20GHz（约为 0.16nm）。

（四）波分复用系统的管理技术

有效的管理技术是 WDM 系统正常、经济、可靠和安全地运行的重要保证，在整个系统中发挥着举足轻重的作用。它的存在可以减少系统发生故障的几率，减少故障修复时间，增强网络的生存性和强壮性，降低运行、维护和管理成本。

由于 WDM 和 SDH 系统是处于不同"层"的信号，其网络管理也应分成不同的层面。对于实际运行的 WDM 系统，它既可以承载标准的 SDH 信号，也可以承载 PDH（准同步数字体系）信号或其他的数字信号，甚至模拟信号。因此，WDM 系统应有自己的独立的网管与 SDH 网管平行，分别通过 Q3 接口同时送给上层的网络管理层。这样可以增加 WDM 系统承载的多样性，真正发挥 WDM 技术"业务透明"的特点。

具有线路放大器的 WDM 系统需要附加光监控信道（OSC），对光层进行监控和管理。光监控信道的位置一般在 EDFA 的有用增益带宽外（称为带外 OSC），根据我国国标的规定，光监控信道应满足以下条件：

（1）监控通路不限制光放大器的泵浦波长；

（2）监控通路不应限制两线路放大器之间的距离；

（3）监控通路不能限制未来在 1310nm 波长的业务；

（4）线路放大器失效时监控通路仍然可用；

（5）OSC 传输应该是分段的且具有 3R 功能和双向传输功能，在每个光放大器中继站上，信息能被正确的接收下来，而且还可附加上新的监控信号；

（6）只考虑在两根光纤上传输的双向系统，允许 OSC 在双方向传输，一旦一根光纤被切断后，监控信息仍然能被线路终端接收到。

在目前的 WDM 系统中，监控信道使用的波长为（1510±10）nm，速率为 2Mbit/s，采用伪双极性 CMI 码型。目前，DWDM 系统的实验水平传输速率已为 100×10Gbit/s、30×40Gbit/s。

第八节 OTN、PTN 及 ASON 技术

一、OTN 技术

近年来，通信网络所承载的业务发生了巨大的变化，宽带数据业务正在蓬勃发展。随着业务需求的提高，大颗粒宽带业务传送需求已经呈现，它需要一种高效、可扩展、可靠的传送网解决方案。MSTP/SDH 技术偏重于业务的电层处理，具有良好的调度、管理和保护能力，OAM 功能完善。但是，它以 VC4 为主要交叉颗粒，采用单通道线路，其交叉颗粒和容量增长对于大颗粒、高速率、以分组业务为主的承载显得力不从心。WDM 技术以业务的

光层处理为主，多波长通道的传输特性决定了它具有提供大容量传输的天然优势。但是，目前的 WDM 网络主要采用点对点的应用方式，缺乏灵活的业务调度手段。作为下一代传送网发展方向之一的 OTN（optical transport network）技术，将 SDH 的可运营和可管理能力应用到 WDM 系统中。同时具备了 SDH 和 WDM 的优势，更大程度地满足多业务、大容量、高可靠、高质量的传送需求。

（一）OTN 概况

1. OTN 定义及体系结构

OTN 光传送网，其定义是由一系列光网元经光纤链路互连而成，能按照 G.872 要求提供有关客户层的传送、复用、选路、管理、监控和生存性功能的传送网络。

OTN 概念和整体技术架构是在 1998 年由 ITU.T 正式提出的，在 2000 年之前，OTN 的标准化基本采用了与 SDH 相同的思路。以 G.872 光网络分层结构为基础，分别从网络节点接口（G.709）、物理层接口（G.959.1）、网络抖动性能（G.8251）等方面定义了 OTN。此后，OTN 作为继 PDH、SDH 之后的新一代数字光传送技术体制。经过近 10 年的发展其标准体系日趋完善，目前已形成一系列框架性标准。

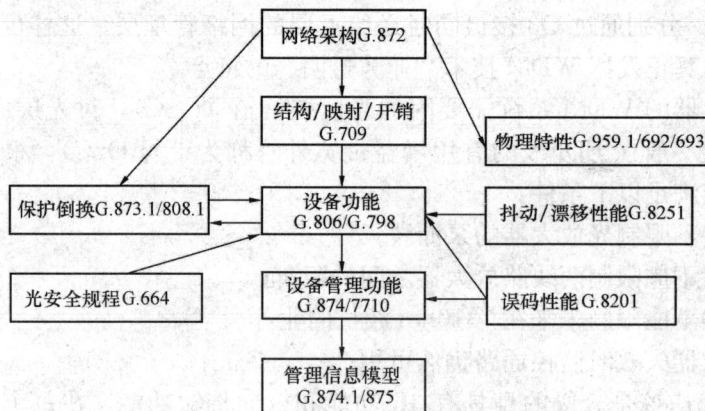

图 4-48 ITU-T 定义的 OTN 相关标准建议

2. OTN 的特点

OTN 的主要优点集中了 SDH 与 WDM 两者的技术优势，不仅具有 WDM 传输容量巨大的优点，而且还具有 SDH 可操作、可管理的能力，具体表现在以下六个方面。

（1）大容量调度能力：OTN 的基本处理对象是光波长，可进行大颗粒的调度处理（最小颗粒为 2.5Gbit/s），可提供 Tbit/s 级的带宽容量。

（2）强大的运行、维护、管理和指配能力：OTN 定义了一整套用于运行、维护、管理和指配的开销，利用这些开销可以对光网络进行全面精细的检测与管理，为用户提供一个可操作、可管理的光网络。

（3）完善的保护机制：OTN 具有与 SDH 类似的一整套保护倒换机制，可为业务提高可靠的保护，大大增强了网络的安全性与健壮性，使网络具有很强的生存能力。

（4）利用数字包封技术承载各种类型业务：OTN 利用数字包封 DW 技术承载各种类型的用户业务信号。实现在固定速率光通路中传送不同速率的用户信号。

（5）多级串联连接监控能力：相对于 SDH 提供一级监控，OTN 可提供多达 6 级的串联连接监控，并支持虚级联与嵌套的连接监测，可适应多运营商、多设备商、多子网的工作环境。

（6）FEC功能：利用FEC可获得5-6dB的增益，降低了光信噪比要求，增加了系统的传输距离。

然而，OTN也存在局限性。由于目前还不能做到对光信号进行读、写操作，所以一些重要的必需的处理（光脉冲放大、整形、波长变换等）不能在光域直接进行，仍需采用传统的O/E/O方式等。

（二）OTN的分层结构

ITU-T G.872定义的OTN分层结构，如图4-49所示。OTN可分为信道层和段层；OCh为光信道层；OMSn为光复用段层；OTSn为光传输段层。在OTN层结构中，OCh为整个OTN网络的核心，是OTN的主要功能载体。OCh由3个电域子层单元和1个模拟单元组成。模拟单元就是光信道物理信号，3个电域子层单元包括：OTUk光传输单元，ODUk光数据单元，OPUk光净荷单元。其中k用来表示支持的比特速率和OTUk、ODUk、OPUk的不同版本，例如k=1表示比特率约为2.5Gbit/s，k=2表示比特率约为10Gbit/s，k=3表示比特率约为40Gbit/s。

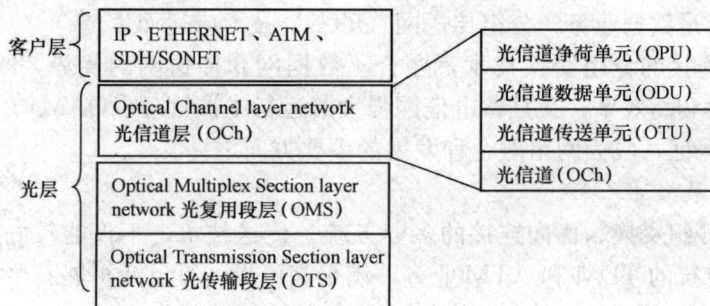

图4-49 OTN分层结构

完整的OTN技术体制包含电层和光层。在电层，OTN借鉴了SDH的映射、复用、交叉、嵌入式开销等概念；在光层，OTN借鉴了传统WDM的技术体系并有所发展。

电层主要完成客户信号从OPU到OTU的逐级适配、复用，最后转换成光信号调制到光信道载波（OCC）上。OPUk直接承载用户业务信号，实现客户信号映射进一个固定帧结构的功能，包括但不限于STM-N，IP分组，ATM信元，以太网帧。ODUk是以OPUk为净荷的信息结构，拥有一定开销，开销主要用于监测ODUk端到端通道的性能、ODUk串联连接性能。OTUk是以ODUk为净荷的信息结构，提供FEC，光段层保护和监控功能。电层开销为随路开销。电层复用方式为字节间插式时分复用，通过多次时分复用形成OCh。

光层主要完成OCh信号的逐级适配、复用。OCh提供两个光网络结点间端到端的光信道，支持不同格式的用户净负荷，提供连接、交叉调度、监测、配置、备份和光层保护与恢复等功能。OMS支持波长复用，提供波分复用、复用段保护和恢复等服务功能。OTS为光信号在不同类型的光媒质上提供传输功能。确保光传输段适配信息的完整性，同时实现放大器或中继器的检测和控制功能。对应着三个光平面，有相应的模块单元完成各层的功能。

（1）光信道OCh：OCh是以OTUk为将负荷的信息的结构，可以用WDM系统中的某个指定波长传送，也可以用非指定波长传送。

（2）光信道载波 OCC：OCC 是指承载 OCh 信号的某个具体光波长。

（3）光信道载波群 OCG：n 个光信道载波 OCC 构成 n 阶的光载波群 OCG-n。

（4）光复用单元 OMU：OMU 是支持 OMS 连接的信息结构。

（5）光传送模块 OTM。

OTN 技术目前主要承载 GE 颗粒以上电路，综合考虑现有传送网络的分层关系和传送业务颗粒分布特征，以及 OTN 设备存在的不同形态，OTN 设备应用在长途传送网或城域传送网的核心层具有更加明显的优势。

OTN 是一种新型光传送技术，其有它自己完整的一套体系。然而由于它取 SDH 和 WDM 之所长，因此其技术具有许多 SDH 和 WDM 的特点。同时，随着 ASON 技术的不断成熟，传统 OTN 网络中增加了控制平面后，给 OTN 网络赋予了路由、信令、保护和恢复等智能化功能。

二、分组传送网 PTN

近几年来，移动多媒体业务、IPTV、三重播放等新兴宽带数据业务迅速发展，使得数据流量迅猛增长，这种趋势推动着光传送网的转型和演变。为了能够灵活、高效和低成本地承载各种业务尤其是数据业务，分组传送网（PTN）技术应运而生。

PTN 是面向连接的分组交换技术，融合了数据网和传送网的优势，既具有分组交换、统计复用的灵活性和高效率，又具备电信网强大的运行维护管理（OAM）、快速保护倒换能力和良好的 QoS 保证，成为网络融合和发展的重要方向之一。

（一）PTN 发展概述

PTN 是基于分组交换、面向连接的多业务统一传送技术，不仅能较好地承载以太网业务，而且兼顾了传统的 TDM 和 ATM 业务，满足高可靠、可灵活扩展、严格 QoS 和完善的 OAM 等基本属性。目前，PTN 已形成 T-MPLS/MPLS-TP 和 PBB-TE 两大类主流实现技术，前者是传输技术与 MPLS 技术结合的产物，后者是基于以太网增强技术发展而来，即电信级以太网技术。

1. T-MPLS/MPLS-TP

传送—多协议标签交换（T-MPLS）是从 IP/MPLS 发展来的，一般将 T-MPLS/MPLS-TP 技术直接简称为 MPLS-TP。

MPLS 的数据转发面是 MPLS 的一个子集，它去掉了 MPLS 中基于 IP 的无连接转发特性，强化了 MPLS 中面向连接的内容，吸取了伪线仿真（PWE3）技术支持多业务承载，并且保存了 TDM/OTN 良好的操作维护管理功能和快速保护倒换技术的优点。T-MPLS 可以承载 IP、以太网、ATM、TDM 等业务，其物理层可以是 PDH/SDH/OTN，也可以是以太网。

2. PBB-TE

PBB-TE 是从以太网发展而来的面向连接的以太网传送技术，是在运营商骨干桥接（PBB）基础上发展而来，在 MACinMAC 基础上进行了改进，取消了 MAC 地址学习、生成树和泛洪等属于以太网无连接特性的功能，并增加了流量工程（TE）来增强 QoS。PBB-TE 技术可以兼容传统以太网的架构，转发效率较高。

MACinMAC 技术将用户的以太网数据帧再封装一个运营商的以太网帧头，即用户

MAC 被封装在运营商的 MAC 内，形成两个 MAC 地址，通过二次封装对用户流量进行隔离。这种方法具有清晰的运营商网络和用户间的界限，增强了以太网的可扩展性和业务的安全性。

3. MPLS-TP 与 PBB-TE 技术比较

PTN 两大主流实现技术均具有类似的功能，都能满足面向连接、可控可管理的因特网传送要求，但在具体细节上有一定差异，在标签转发和多业务承载方面的主要区别如下。

两者采用的标签和转发机制不同。MPLS-TP 采用 MPLS 的标签交换路径（Label Switch Path，LSP）标签（局部标签），在 PTN 网络的核心节点进行 LSP 标签交换；PBB-TE 采用运营商的 MAC 地址＋VLAN 标签（全局标签），在中间节点不进行标签交换，标签处理上相对简单一些。

多业务承载能力不同。MPLS-TP 采用伪线电路仿真（PWE3）技术来适配不同类型的客户业务，包括以太网、TDM 和 ATM 等；PBB-TE 目前主要支持以太网专线业务，采用 PBB 技术来支持以太网专线业务。

我国对 PTN 的两种技术都有研究与开发，并已经推出了一些 PTN 设备，这些设备在 3G 移动通信的建设中得到了应用，推动了 3G 回传网的 IP 化和宽带化。由于多数运营商已建有 MPLS 网络，所以对 MPLS-TP 比较青睐，下面的内容主要介绍基于 MPLS-TP 的 PTN 技术。

（二）MPLS-TP 的网络功能架构

1. 层网络模型

我国《PTN 总体技术要求》中规范了 PTN 应具有以下技术特征：

（1）采用面向连接的分组交换（CO-PS）技术，基于分组交换内核，支持多业务承载；

（2）严格面向连接，该连接应能长期存在，可由网管手工配置；

（3）提供可靠的网络保护机制，并可应用于 PTN 的各个网络分层和各种网络拓扑；

（4）为多种业务提供差异化的服务质量（QoS）保障；

（5）具有完善的 OAM 故障管理和性能管理功能；

（6）基于标签进行分组转发，OAM 报文的封装、传送和处理不依赖于 IP 封装和 IP 处理，保护机制也不依赖于 IP 分组；

（7）应支持双向点到点传送路径，并支持单向点到多点传送路径；支持点到点（P2P）和点到多点（P2MP）传送路径的流量工程控制能力。

基于 MPLS-TP 的 PTN 采用层网络模型，分为虚通道（VC）层、虚通路（VP）层和虚段（VS）层三层。层网络的底层是物理媒介层，可采用以太网技术（IEEE802.3）或 SDH、OTN 等面向连接的电路交换技术。层网络模型及其各层之间的复用关系如图 4-50 所示。

（1）虚通道（VC）层。该层网络提供点到点、点到多点、多点到多点的客户业务的传送，提供 OAM 功能来监测客户业务并触发 VC 子网路（SNC）保护。客户业务信号可以是以太网信号或非以太网信号（例如 TDM、ATM、帧中继）。MPLS-TP 的 VC 层即伪线层。

（2）虚通路（VP）层。该层网络通过配置点到点和点到多点的虚通路（VP）层链路来支持 VC 层网络，并提供 VP 层隧道的 OAM 功能，可触发 VP 层的保护倒换。

（3）虚段（VS）层。PTN 虚段层网络提供监测物理媒介层的点到点连接能力，并通过

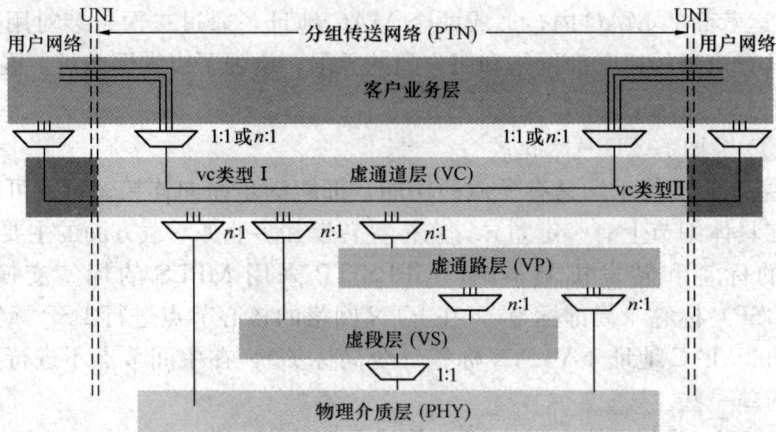

图 4-50　PTN 层网络模型

提供点到点 PTN VP 和 VC 层链路来支持 VP 和 VC 层网络。PTN VS 层为可选层，在物理媒介层不能充分支持所要求的 OAM 功能或者点到点 VS 连接跨越多个物理媒介层链路时选用。

层网络信号之间的复用关系可以是 1 : 1 或 $n : 1$ 关系，如图 4-50 所示。1 : 1 和 $n : 1$ 关系是通过层间适配功能提供的。

MPLS-TP 沿袭了传送网分层分域的做法，在垂直方向可分成不同的层网络，在水平方向可分为不同的管理域，不同域之间的物理连接接口称为域间接口（IrDI），域内的物理连接接口称为域内接口（IaDI）。

2. 网元的功能结构

分组传送网（PTN）网元由传送平面、管理平面和控制平面共同构成，三个平面内包括的功能模块如下。

（1）传送平面。传送平面实现对 UNI 接口的业务适配、业务报文的标签转发和交换、业务的服务质量（QoS）处理、操作管理维护（OAM）报文的转发和处理、网络保护、同步信息的处理和传送以及接口的线路适配等功能。

（2）管理平面。管理平面实现网元级和子网级的拓扑管理、配置管理、故障管理、性能管理和安全管理等功能，并提供必要的管理和辅助接口，支持北向接口。

（3）控制平面功能（可选）。目前 PTN 的控制平面的相关标准还没有完成，一般认为它可以是 ASON 向 PTN 领域的扩展，用 IETF 的 GMPLS 协议实现，支持信令、路由和资源管理等功能，并提供必要的控制接口。

PTN 支持基于线形、环形、树形、星形和格形等多种组网拓扑。在城域核心、汇聚和接入三层应用时，PTN 通常采用多环互联＋线型的组网结构。

PTN 的网元分为网络边缘（PE）节点和网络核心（P）节点两类，PE 节点与客户边缘（CE）节点直接相连，P 节点在 PTN 网络中实施标签交换与转发功能。

（三）MPLS-TP 的多业务承载和数据转发功能

MPLS-TP 网络采用面向连接的机制承载多种业务，包括基于伪线的仿真业务、MPLS 业务和 IP 业务。目前阶段的标准主要规范了基于伪线的仿真业务，如 TDM 业务、以太网二层业务和 ATM 业务，采用客户/服务层模型。

伪线仿真基于 IETF 的 IP/MPLS 标准进行规范，是一种在分组交换网络中仿真诸如 ATM、帧中继、以太网及 TDM 等业务的本质属性，对要传输的原始业务提供封装，在封装时尽可能忠实地模拟业务的行为和特征，管理时延和顺序，并在 MPLS 网络中构建起 LSP 隧道，实现透明传递客户边缘设备的各种二层业务。在接收端，再对接收到的业务进行解封装、帧校验、重新排序等处理后还原成原始业务。在 PTN 网络中，客户数据被分配两类标签：伪线标签和 T-LSP 标签。

MPLS-TP 的数据转发机制是 MPLS 数据转发的子集，并应满足 IETF 发布的 RFC5654 规范的传送需求。MPLS-TP 与 IP/MPLS 的主要差异是不采用基于 IP 的逐跳转发机制、不采用等价多路径（ECMP）、最后一跳弹出（PHP）和 LSP 合并等带有无连接特征的功能。

（四）MPLS-TP 的 OAM

MPLS-TP 网络具有丰富的 OAM 开销功能，可以对网络中的信号进行电信级的监控和管理，提高了整个 MPLS-TP 网络的可操作性和安全性。分组传送网的 OAM 功能涵盖故障管理、性能管理等方面的功能。

三、自动交换光网络（ASON）

自动交换光网络又称智能光网络。ASON 技术的引入可增强网络业务的快速配置能力，提高业务的生存性，有效抵抗网络多点故障，并能够灵活提供不同的业务等级，满足目前迅速发展的差异化服务的需要。

ASON 通过在传统的静态光网络中引入动态交换和智能控制能力，完成"光传送网＋智能化"，从而使光网络从传统的"承载网络"向"业务网络"演进，从被动的网络管理（监控）向主动的控制网络演进。这种演进以现有传送网的光层网络为基础，是一个无缝融合的革新过程。ASON 既保护了运营商的原有投资，又把富有潜力的光网络发展成能高度自主地应对业务需要，经济有效，可在光层上直接为全网提供端到端服务的智能化控制光网络。

（一）ASON 的体系结构

ASON 的体系结构主要表现在具有 ASON 特色的三个平面、三个接口以及所支持的三种连接类型上。

1. 三个平面

ITU-T 的 G.8080 和 G.807 定义了一个与具体实现技术无关的 ASON 的体系结构，它包括三个独立的平面，即控制平面（CP）、传送平面（TP）和管理平面（MP），三个平面之间运行着一个传输路由、信令、链路资源管理以及网络管理信息的数据通信网（DCN），如图 4-51 所示。

控制平面是 ASON 最具特色的核心部分，主要实现路由控制、连接及链路资源管理、协议处理以及其他的策略控制功能。控制平面的控制节点由多个功能模块组成，它们之间通过协议或原语相互协调，形成统一的整体，完成呼叫和连接的创建与释放，实现连接管理的自动化；另外，在连接出现故障的时候，能够进行快速而有效的恢复。可以说，ASON 的智能主要由控制平面来实现。

ASON 传送平面由一系列的传送实体组成，它是业务传送的通道，可提供信号端到端的单向或者双向传输。ASON 传送网络基于格网结构，也可构成环形网络，光节点使用 OXC、OADM、数字交叉连接设备（DXC）和分插复用器（ADM）等光交换设备。另外，

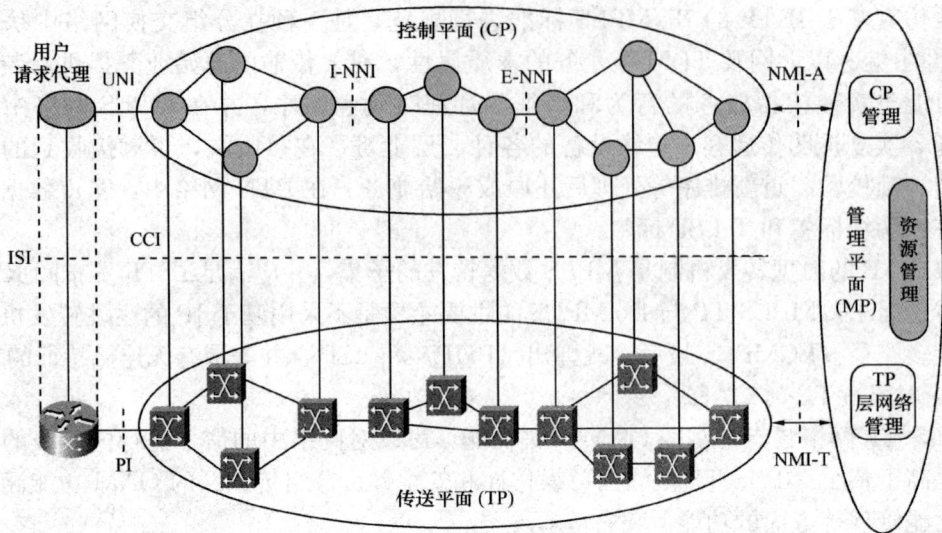

图 4-51　ASON 的体系结构

PI—物理接口；UNI—用户网络接口；I-NNI—内部网络网络接口；E-NNI—外部网络网络接口；

CCI—连接控制接口；NMI-A 网络管理接口 A；NMI-T—网络管理接口 T

传送平面结构具有分层的特点，并向支持多粒度交换的方向发展。

ASON 的管理平面负责对传送平面和控制平面进行管理。其主要功能是提供客户层和服务层的综合网络管理视图，能够实现多区域、多技术、多层次网络环境下的综合网络管理。网络管理系统需要能够接入到所有网元，实现对资源的监测和配置。相对于传统的光传送网管理系统，其部分的管理功能被基于传送平面、控制平面和信令网络的新型多层网络管理结构所替代，构成了一个集成化管理与分布式智能相结合的、面向运营者的维护管理需求与面向客户的动态服务需求相结合的综合化光网络管理方案。

2. 三个接口

三个平面通过三个接口实现信息的交互。如图 4-52 所示，控制平面和传送平面之间的接口是连接控制接口（CCI），通过 CCI 交换从控制平面到传送平面网元的交换控制指令，及从传送网元到控制平面的资源状态信息。网络管理 A 接口（NMI-A）是管理平面和控制平面的接口，用以实现对控制平面的管理，主要是对信令、路由和链路资源等功能模块进行配置、监视和管理。同时，控制平面发现的网络拓扑也通过 NMI-A 接口报告给网管。网络管理 T 接口（NMI-T）是实现管理平面对传送平面管理的接口，对传送平面的管理包括基本的传送平面网络资源的配置，日常维护过程中的性能检测和故障管理等等。

3. 三种连接方式

ASON 支持三种连接方式：交换连接（SC）、永久连接（PC）和软永久连接（SPC）。

（1）交换连接（SC）。

是由控制平面的引入而出现的一种全新的动态连接方式。源端用户发起呼叫请求，通过控制平面内信令实体间信令交互建立起来的连接类型，如图 4-52 所示。交换连接实现了连接的自动化，且满足快速、动态并符合流量工程的要求，这种类型的连接集中体现了自动交换光网络（ASON）的本质要求，是 ASON 连接实现的最终目标。

（2）永久连接（PC）。

一种由网管系统指配的连接类型。沿袭了传统光网络的连接建立形式，连接路径由管理平面根据连接要求以及网络资源利用情况预先计算，然后，沿着连接路径通过网络管理接口（NMI-T）向网元发送交叉连接命令进行统一指配，最终完成通路的建立过程。

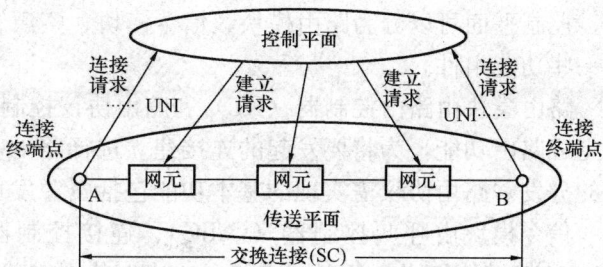

图 4-52 交换连接

（3）软永久连接（SPC）。

由管理平面和控制平面共同完成，是一种分段的混合连接方式。软永久连接中用户到网络的部分由管理平面直接配置，而网络部分的连接由控制平面完成。可以说软永久连接是从永久连接到交换连接的一种过渡类型的连接方式。

ASON 的特点是：控制为主的工作方式，实现了分布式智能，多层统一与协调，面向业务的应用。

（二）ASON 控制平面

控制平面是 ASON 最具特色的部分，赋予了 ASON 的智能。控制平面从功能上主要被分解为三大部分：发现机制、信令技术和路由技术。发现机制主要涉及到邻居之间节点和链路的相互检测，并且节点和链路的属性应该被共享和协商，从而要求对网络资源进行管理和配置（自动和手工）；信令技术用于 ASON 的信令网，用于呼叫的建立、拆除和维护，但是 ASON 的信令消息可以是带内传送，也可以是带外传送，并且在控制平面发生故障时能快速地保护和恢复；由于 ASON 将网络划分为多个控制域，出现了富有特色的 ASON 分级路由机制。ASON 控制平面节点结构如图 4-53 所示。

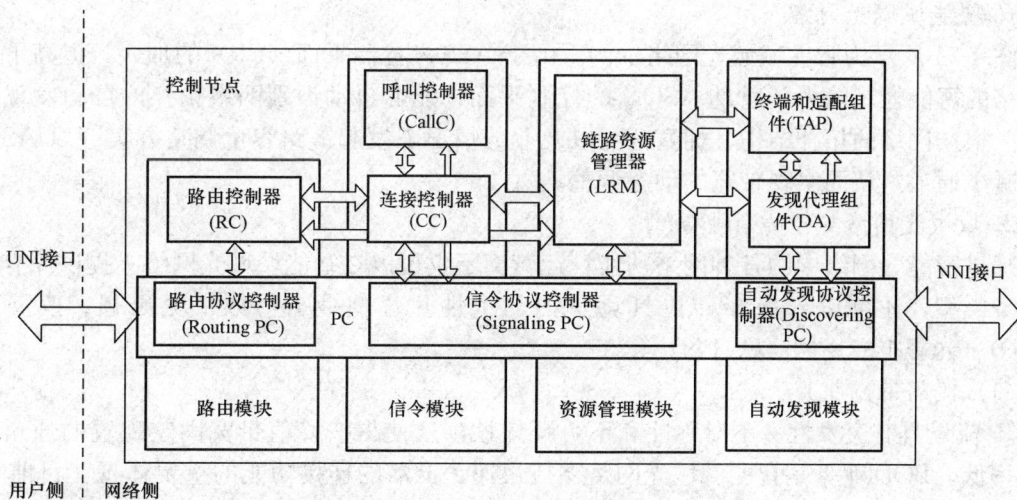

图 4-53 控制平面节点结构

控制平面由独立的或分布于网元设备中的多个控制节点组成，它们通过控制信道相互连接。控制平面可以分为路由模块、信令模块、资源管理模块和自动发现模块，每个模块又含有一些功能组件。

路由模块由路由控制器（RC）和路由协议控制器（Routing PC）功能组件构成，RC 负责完成路由功能，为将要发起的连接建立选择路由，同时它还负责网络拓扑和资源利用等信息的分发。路由协议需实现的基本功能包括资源发现、状态信息传播和信道选择。

信令模块由呼叫控制器（CallC）、连接控制器（CC）和信令协议控制器（Signaling PC）功能模块组成，负责完成信令功能，分别实现 ASON 中分离的呼叫和连接处理两个过程。信令模块用于创建、维护、恢复和删除光链路连接。

资源管理模块由链路资源管理器（LRM）和信令协议控制器组成，LRM 负责完成资源管理功能，检测网络资源状况，对链路的占用、状态、告警等特性进行管理。

自动发现模块包括终端和适配组件（TAP）、发现代理组件（DA）和自动发现协议控制器。DA 用于发现连接点到连接点（CP-CP）的关系，而 TAP 完成 CP 到子网点（SNP）的映射，负责完成邻居的自动发现和业务的自动发现。

除了上述的功能组件外，还有流量策略（TP）组件，负责检查用户连接是否满足以前协商好的参数配置。

（三）ASON 在城域网络的应用

近年来，城域网业务和接口的多样性需要网络的智能，城域网流量的不确定性需要网络能动态分配资源、自动建立、维护和删除连接，这使得智能城域光网络成为发展的方向。典型的智能城域光网络的应用是将 ASON 的控制平面与 MSTP 结合，赋予 MSTP 控制平面的智能。ASON 的控制平面可以使链路容量的调整通过控制平面的信令和接口自动完成，使带宽的按需分配更加快捷、智能，从而提升业务的控制管理能力，实现实时的带宽按需分配。满足网络发展中各种智能化需求，支持各种新业务的快速提供，成为城域网发展的方向。

1. 智能城域光网络

图 4-54 所示为智能城域光网络示例。由于 ASON 控制平面（CP）的加入，提高了城域光网络的智能控制能力，通过 ASON 的控制平面，能够自动识别网络拓扑，自动发现业务属性，根据网络的拓扑结构、拥塞情况以及业务情况来发起链路容量调整方案（LCAS）增加或减少通道，从而实现带宽的动态调整。

2. 城域光网络支持的新业务

通过智能光网络中的各种网络功能，运营商不仅可以在智能城域光网络上提供原有的各种业务类型，还可以开展多种更具竞争力的个性化增值业务，如带宽出租、按需带宽（BOD）、光虚拟专用网（OVPN）等。

（1）按需带宽业务。

IP 流量具有突发性、不对称性和不可预知性，这使得按峰值带宽固定配置的通道资源利用率低。BOD 业务是智能城域光网络支持快速、灵活的连接功能的重要体现。目前 BOD 业务有两种实现方案：一种是按照流量随时间的周期性规律分时段提供带宽，另一种是利用 ASON 分布式智能，动态按需分配带宽。

（2）光虚拟专用网（OVPN）。

OVPN 业务使得用户能在较少的通信费用的情况下，在公网内部灵活地组建自己的网

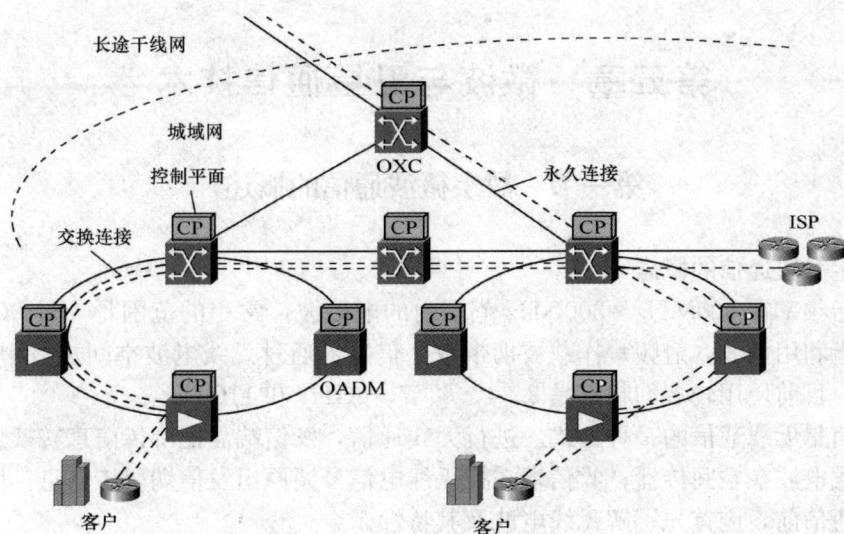

图 4-54　智能城域光网络

络拓扑，实现对端口和保护组的指配，设置连接的恢复协议和优先级，并监测业务的运行情况，拥有完全使用、管理所租用的 OVPN 的权力；OVPN 允许运营商在控制平面上对物理网络资源进行划分，并在不增加新的硬件设备的情况下为运营商打开新的市场。

第五章　微波与卫星通信技术

第一节　数字微波通信的概述

一、数字微波通信的概念

微波是指频率在 300MHz～300GHz 范围内的电磁波，常用的范围是 1～40GHz。数字微波通信是指利用微波（射频）作载波携带数字信息，通过无线电波空间进行中继（接力）的通信方式，目前使用较多的频率是 2、4、6、7、8GHz 和 11GHz。

微波通信是无线通信的一种方式。进行无线通信，发信端需把待传信息转换成无线电信号，依靠无线电波在空间传播；收信端需把无线电信号还原出发信端所传信息。因此，在介绍微波中继通信前，应首先了解无线电波及其特性。

（一）无线电波和频段划分

无线电频段的划分见表 5-1。

在无线电技术中，通常用频率（或波长）作为无线电波最有表征意义的参量。这是因为频率（或波长）相差很远的无线电波，往往具有的性质很不相同，例如传播方式，中长波沿地面传播，绕射能力较强，而微波却只能在大气对流层中直线传播，绕射能力很弱。

表 5-1　　无线电波频段划分

频段名称		频率范围	波长范围
长波		30～300kHz	10000～1000m
中波		300～3000kHz	1000～100m
短波		3～30MHz	100～10m
超短波（特高频）		30～300MHz	10～1m
微波	分米波	300MHz～3GHz	100～10cm
	厘米波	3～30GHz	10～1cm
	毫米波	30～300GHz	1cm～1mm

一般说来，各个频率的无线电波都可以用作无线通信。所谓微波，一般是指频率为 300MHz～300GHz（或波长为 1m～1mm）范围内的无线电波。"微"是用来形容该无线电波的波长相对于周围物体的几何尺寸很短的意思。

（二）微波通信的特点

微波通信具有下列特点：

（1）微波受工业、天电和宇宙等外部干扰的影响很小，因此微波通信的传输可靠性比较高。尤其是频率在 12GHz 以下的微波，受风雨冰雪等恶劣气象条件的影响较小，可使微波通信的稳定度大大提高。

（2）微波占有频带很宽，可以容纳更多的无线电设备工作。由表 5-1 可知，全部长、中、短波频率的总频带占有不到 30MHz，而微波仅厘米波的频带就占有 27×10^3 MHz，几乎是前者的 10^3 倍。占有频带越宽，可容纳同时工作的无线电设备越多，信息容量就越大。

（3）微波射束在视距范围内沿直线、定向传播，天线的两站间的通信，距离不会太远，一般为 50km。

二、微波传播特性

（一）自由空间的电波传播

1. 自由空间的概念

自由空间又称为理想介质空间，即相当于真空状态的理想空间。在此空间充满着均匀、理想的介质。

2. 自由空间传播损耗

在自由空间传播的电磁波不产生反射、折射、吸收和散射等现象，即总能量在传播过程中没有被损耗掉。

但是，电波在自由空间传播时，其能量会因向空间扩散而损耗。这是因为电波由天线辐射后，向周围空间传播，到达接收地点的能量仅是一小部分。距离越远，接收点的能量越小，如同一只灯泡所发出的光一样，均匀地向四面八方扩散出去。

这种电波扩散衰耗称为自由空间传播损耗。传播损耗为

$$L_s = 20\lg\left(\frac{4\pi df}{c}\right) \quad \text{(dB)} \tag{5-1}$$

式中　d——收发天线的直线距离，m；

　　　f——发信频率，Hz；

　　　c——光速度，取 3×10^8 m/s。

若距离 d 以 km 为单位，频率 f 以 GHz 为单位时，有

$$L_s = 92.4 + 20\lg d + 20\lg f \quad \text{(dB)} \tag{5-2}$$

若频率 f 的单位为 MHz，则有

$$L_s = 32.4 + 20\lg d + 20\lg f \quad \text{(dB)} \tag{5-3}$$

3. 自由空间传播条件下收信电平的计算

实际使用的天线均为有方向性天线。设收发天线增益分别为 G_r、G_t，收发两端馈线系统损耗分别为 L_{fr}、L_{ft}，收发两端分路系统损耗分别为 L_{br}、L_{bt}，则在自由空间传播条件下，接收机的输入电平为

$$P_r = P_t + (G_t + G_r) - (L_{ft} + L_{fr}) - (L_{bt} + L_{br}) - L_s \tag{5-4}$$

【例 5-1】 已知发信功率 $P_t = 5$W，工作频率 $f = 3800$MHz，两站间距离 $d = 45$km，$G_t = G_r = 39$dB，$L_{ft} = L_{ft} = 2$dB，$L_{bt} = L_{br} = 1$dB，试求在自由空间传播条件下，接收机的输入电平和输入功率。

解：由式（5-2）得

$$L_s = 92.4 + 20\lg45 + 20\lg3.8 = 137 \text{(dB)}$$

再由式（5-4）可得

$$P_t = 5\text{W} = 37 \text{(dBm)}$$

$$P_r = P_t + (G_t + G_r) - (L_{ft} + L_{fr}) - (L_{bt} + L_{br}) - L_s$$
$$= 37 + (39 + 39) - (2 + 2) - (1 + 1) - 137 = -28 \text{(dBm)}$$

即　　$P_r = 10^{-28/10} = 1.58 \times 10^{-3}$ （mW）

$$= 1.58 \text{ (}\mu\text{W)}$$

（二）地形地物对微波传播的影响

微波中继通信的电磁波主要在靠近地表的大气空间传播，因而地形地物会对微波电磁波产生反射、折射、绕射和吸收现象。

1. 平坦地表对微波的反射

水面或平坦地面等地表对微波的反射，造成接收点的场强是直射波和反射波的矢量和。当收发天线足够高时，可以认为直射波是自由空间波。

2. 地表障碍物对微波视距传播的影响

地表障碍物指诸如丘陵、山头、树林和高大建筑物等会阻挡电磁波视距传播的地物。与自由空间微波传播相比，地表障碍物对微波视距传播的影响表现为引入了阻挡损耗。

（三）大气对微波传播的影响

由于微波中继通信的大气空间电磁波传播主要在对流层中完成，因此讨论大气对微波传播的影响，实际就是讨论对流层对微波传播的影响。对流层对微波传播的影响主要表现在三个方面：①氧气分子和水蒸气分子对电磁波的吸收；②雨、雾、雪等气象微粒对电磁波的吸收和散射；③对流层结构的不均匀对电磁波的折射。当微波中继通信系统的工作频段在10GHz以下时，前两个方面的影响不显著，只需考虑对流层折射的影响；当工作频段在10GHz以上时，三个方面的影响都需考虑。

（四）微波信号传输线路中的余隙概念

收、发微波站间的电波传播，受到电离层、对流层及环境的大气压力、温度、湿度等参数变化的影响。

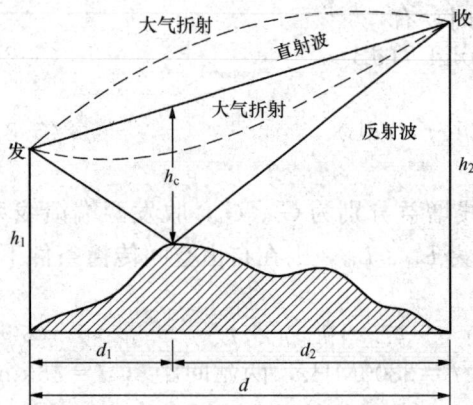

图 5-1 地面反射和大气折射示意图

在空间不同高度的波束，其传播速度会发生变化，当上层比下层快时，则电波射线往下弯曲，当下层比上层传播快时，则往上弯曲，如图5-1所示。从图中看出，在传输线路上，有一部分波会投射到地面上来，引起地面波的反射，这样在收端除收到直射波外，还会收到满足反射条件的反射波。此时接收信号的电波即为合成波。从图5-1中可看出微波线路的余隙概念，它是指从地面最高点（设为信号反射点）至收、发天线连线间的距离，用 h_c 来表示。在设计天线高度时一定要进行余隙的计算。

余隙的计算与等效地球半径系数 k 和第一菲涅尔区半径 F_1 有关。k 主要随气象变化而受影响。F_1 与电波反射波长、地面反射点距两微波天线距离等有关，计算式为

$$F_1 = 31.6\sqrt{\frac{\lambda d_1 d_2}{d}} \quad \text{(m)} \tag{5-5}$$

式中　λ——微波工作波长，m；

　　d_1——反射点离发射天线距离，km；

　　d_2——反射点离接收天线距离，km；

　　d——收、发天线间距离，$d = d_1 + d_2$，km。

余隙的计算方法如下：

当地面反射系数较小时，线路（山区、丘陵、城市、森林等地区）天线不能太低，否则会使大气折射电波向下弯曲，这时 $k = 2/3$，$h_c \geqslant 0.3 F_1$。

当地面反射系数较大时，线路（如水面、湖面、稻田等地区），余隙不能太小。这时，余隙标准为 $k = 4/3$（在标准大气压下），$h_c \geqslant 1.0 F_1$。

当 $k = \infty$（余隙较大）时，$h_c \leqslant 1.35 F_1$。

因此得到余隙为

$$h_c=\begin{cases}\geqslant 0.3F_1 & (k=2/3)\\ \geqslant 1.0F_1 & (k=4/3)\\ \leqslant 1.35F_1 & (k=\infty)\end{cases} \quad (5\text{-}6)$$

（五）地面远距离微波通信

微波是一种波长很短的无线电波，除了具有无线电波的一般特性外，还具有其本身的特性，其中最主要的是具有类似光波的传播特性。微波在自由空间只能像光波一样沿直线传播，绕射能力很弱；在传播过程中遇到不均匀介质时，将产生折射和反射现象。地面上进行远距离微波通信需要采用中继方式，这是因为：

（1）地球是个椭球体，地面是个球面。地面上某点发出的沿直线传播的微波射束，经过一定地段后，就会离开地平线而逐渐射向远方空间。因此，在地平线以远的地点自然就接收不到微波信号了。欲实现地面上 A、B 两地间的远距离微波通信，必须采用"中继"方式，又称"接力"方式，如图 5-2 所示。

（2）无线电波在空间传播过程中，能量要受到损耗。频率越高，衰减越大。微波射束的能量，经过一定地段损耗后，将大为减少。因此，欲实现地面上 A、B 两地间的远距离微波通信，也必须采用"中继"方式，逐段收发放大，最终到达远距离收信端。

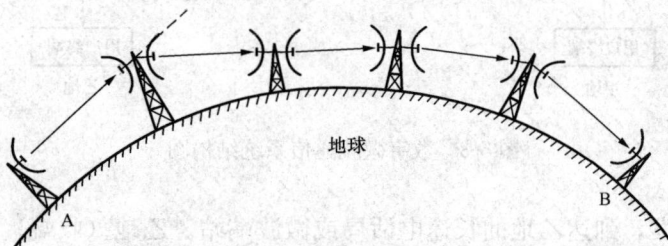

图 5-2　微波通信的中继方式

微波中继通信也叫微波接力通信。例如，为了实现北京至上海之间的微波通信，必须在北京和上海之间设置若干个中间接力站，每个中间接力站把上一站发来的微波信号接收下来，经放大等处理后，转发到下一站，如此一站接续一站，最终到达上海（或北京）收信端。

（六）数字微波信道的干扰和噪声

微波线路的干扰主要来自反馈系统和空间传播引入，一般有回波干扰、交叉极化干扰、收发干扰、邻近波道干扰、天线系统同频干扰等。

噪声主要来自设备，如收、发信机热噪声以及本振源的热噪声等。

三、数字微波的使用与发展简况

数字微波通信起步于 20 世纪 50 年代，经过了 20 多年的发展，直到 70 年代初，才形成小容量、低频段的数字微波通信系统。它在 70 年代末得到了迅速发展，并形成了一个完整的技术系统。从实用化的 70 年代算起至今的 30 几年中，其调制方式由 2PSK 的相移键控，发展到 1024QAM 的正交调幅方式，频谱利用率有了提高。目前由于新的调制方式及频带压缩技术的使用，已使数字微波的频谱利用率大大提高。传输一路码流为 64Kb/s 的数字电话，已能被压缩到与一路模拟电话（带宽 4kHz）所占用的信道频谱利用率相当。进入 90 年代后，出现了基于 SDH 的数字微波通信系统。数字微波具有建站快、成本低、不需铺设线路的特点，尤其适合于紧急通信、临时通信、无线接入等。

第二节　数字微波通信系统

一、数字微波通信系统的组成

一条数字微波通信系统由两端的终端站和若干个中间站构成，其结构如图 5-3 所示。

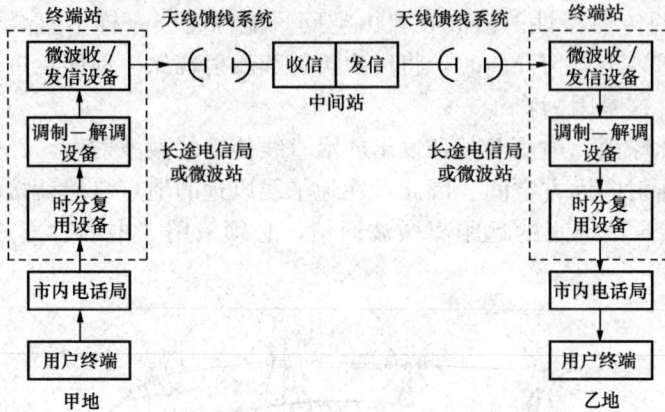

图 5-3　数字微波通信系统结构图

下面以用于长途电话传输的微波通信系统的简单工作原理为例加以说明。电话机相当于甲地的用户终端（即信源），人们讲话的声音通过电话机送话器的声/电转换作用，变成电信号，再经过市内电话局的交换机，将电信号送到甲地的长途电话局或微波站；经时分复用设备完成信源编码和信道编码，并在微波信道机（包括调制机和微波发信机）上完成调制、变频和放大作用；微波已调波信号经过中间站转发，到达乙地的长途电话局或微波端站。乙地（收端）方框图中与甲地对应的设备，其功能与作用正好相反，而用户终端（信宿）是电话机的受话器，并完成电/声转换。

二、数字微波通信系统的主要技术

为了提高数字微波信道的传输质量和进一步提高频谱利用率，研制和使用了很多新技术。

（一）多载频多电平调制技术

目前数字微波通信系统的 4PSK、8PSK、16QAM 及 64QAM 调制方式设备中，一个波道的发信机（或收信机）只使用一个载频（即射频）。为了减小数字微波通信的多径衰落，把传输频谱变窄是一种有效的方法。为此提出了在 256QAM 系统中采用多载频的传输方式。例如采用 4 个载频，使每个载频都用 256QAM 调制方式去传输 100Mbit/s 的信息，这样，一个波道的 4 个载频同时传送，就可传输 400Mbit/s 的信息了，而占用的频谱却与只用一个载频传输 100Mbit/s 占用的频谱相当。同样，对于 1024QAM 系统，一个波道可使用更多载频，使数字微波朝着既扩大容量，又不占用较大的信道带宽方向发展。

（二）干扰信号抵消技术

20 世纪 80 年代中期，国外在数字微波通信系统中使用了干扰信号抵消技术。因干扰噪声是数字微波通信系统中一种主要噪声，所以当信道中存在干扰信号时，可设法把干扰信号提取出来，或用另外的方法由其他地方获得干扰信号，然后，加入到原信道去抵消存在的干扰。只要使提取的干扰信号与存在的干扰电平相等、相位相反，就可使原信道中的干扰成分大大减小，提高了信道的传输质量。

（三）微波射频频率再用技术

长期以来，微波通信系统用于多波道工作时，在两个微波站之间，往同一方向的多个发信频率（对应多个波道）间要有一定的频率间隔。例如，我国 4GHz、960 路干线模拟微波，波道间隔为 29MHz。为了提高数字微波通信系统的频谱利用率，提出了射频频率再用方案，如图 5-4 所示。

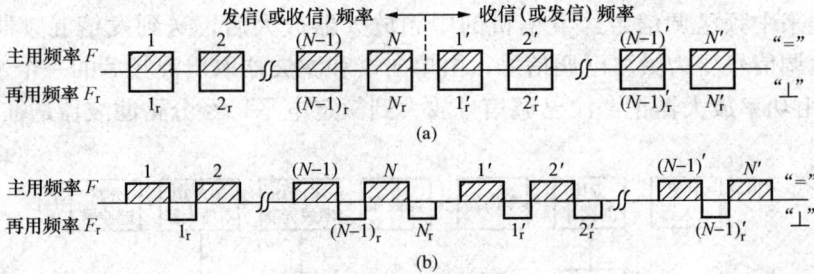

图 5-4 微波射频频率再用方案
(a) 同波道型频率再用；(b) 插入波道型频率再用

图 5-4（a）所示为同波道型频率再用。在这种方案中，同一个微波频率可水平极化（图中用"="表示）作为射频，同时又可以垂直极化（图中用"⊥"表示）来作为另一个射频，在图中分别用 F 和 F_r 表示。这样一来系统的频谱利用率就提高了一倍。这种使用之所以可行，是因为数字微波的抗干扰性强，更由于可以在收信端采用上面提到的干扰信号抵消技术，将有效地压低同一微波频率经不同极化造成的同频干扰。图 5-4（b）为插入波道型频率再用。在这种方案中，再用波道插在两个主用波道之间，与原来的频率配置方案相比，系统的频谱利用率也提高了一倍。这种方案两个不同极化波的干扰程度比图 5-4（a）方案低。

（四）收、发微波射频单频制技术

在收、发共用同一天线、馈线的系统中，收、发微波射频频率是不同的。在已建成的微波线路中，要求收、发之间的去耦度不小于 30dB。在我国，4GHz、960 路设备中，收、发频率相差 213MHz。若采用收、发频率分开的两个天线、馈线系统，上述收、发之间的去耦度可达到 70～80dB。这就使从两频制进展到单频制成为可能，当然要求收、发频率要采用不同的极化方式。采用单频制后，重点要解决的问题是站内本系统收、发之间的同频干扰和来自其他站的越站干扰问题。包括使用高性能的两个天线、馈线系统，对收、发信设备加强屏蔽和去耦，采用干扰信号抵消技术等措施。收、发微波射频单频制技术也使系统的频谱利用率提高一倍。

（五）多径分集技术

电波空间的多径传输现象，造成了微波通信中的频率选择性衰落。这是多径传输的反射波、折射波和直射波各以不同的方向和时延到达收信点而进行矢量相加的结果。而多径传输的电波却载有相同的有用信息，所以人们想用数字分析的方法和信号处理技术，把有用信号分离出来，并加以利用，这就是多径分集技术的设想。由于实现的难度较大，所以其进展程度并不快。

三、收信和发信设备

（一）发信设备的组成

从目前使用的数字微波通信设备来看，分为直接调制式发信机（使用微波调相器）和变频式发信机。中小容量的数字微波（480 路以下）设备可用前一种设备。而中大容量的数字微波设备大多采用变频式发信机。这是这种发信机的数字基带信号调制是在中频上实现的，可得到较好的调制特性和较好的设备兼容性。

下面以一种典型的变频式发信机为例加以说明。变频式发信机方框图见图 5-5。由调制机或收信机送来中频已调信号经发信机的中频放大器放大后，送到发信混频器，经发信混频，将中频已调信号变为微波已调信号；由单向器和滤波器取出混频后的一个边带（上边带或下边带）；由功率放大器把微波已调信号放大到额定电平，经分路滤波器送往天线。

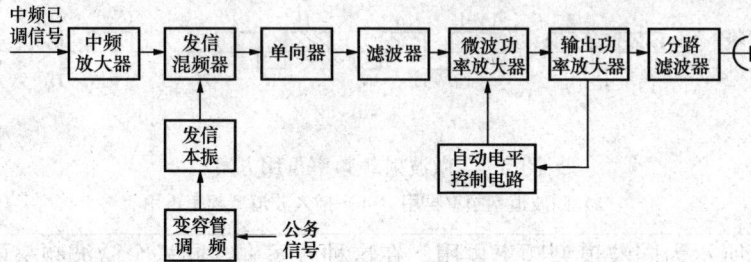

图 5-5　变频式发信机方框图

微波功率放大器及输出功率放大器多采用场效应晶体管功率放大器。为了保证末级功放的线性工作范围，避免过大的非线性失真，常用自动电平控制电路使输出维持一个合适的电平。

发信设备的主要性能指标如下：

（1）工作频段。目前使用较多的是 2、4、6、7、8、11GHz 频段。其中 2、4、6GHz 用于干线微波通信；2、7、8GHz 和 11GHz 用于支线或专用网通信。

（2）输出功率。输出功率是指发信机输出端口处功率的大小。功率一般为几十毫瓦到 1W 左右。

（3）频率稳定度。发信机的每个工作波道都有一个标称的射频中心工作频率，用 f_0 表示。工作频率稳定度取决于发信本振的频率稳定度。设实际工作频率与标称工作频率的最大偏差值为 Δf，则频率稳定度的定义为

$$k = \frac{\Delta f}{f_0} \tag{5-7}$$

式中　k——频率稳定度。对于 PSK 调制方式，要求频率稳定度为 $1 \times 10^{-5} \sim 5 \times 10^{-6}$。

（二）收信设备的组成

数字微波的收信设备和解调设备组成了收信系统，这里所讲的收信设备只包括射频和中频两个部分。目前收信设备都采用外差式收信方案，如图 5-6 所示。

一个有空间分集接收的收信设备。分别来自上天线和下天线的直射波和经各种途径（多径传播）到达接收点的电波，经过两个相同的信道：带通滤波器、低噪声放大器、抑镜滤波器、收信混频器、前置中频放大器，然后进行合成，再经主中频放大器后输出中频已调信号。

图 5-6 中画出的是最小振幅偏差合成分集接收方式。下天线的本机振荡源是由中频检出电路的控制电压对移相器进行相位控制的，以便抵消上、下天线收到多径传播的干涉波、反

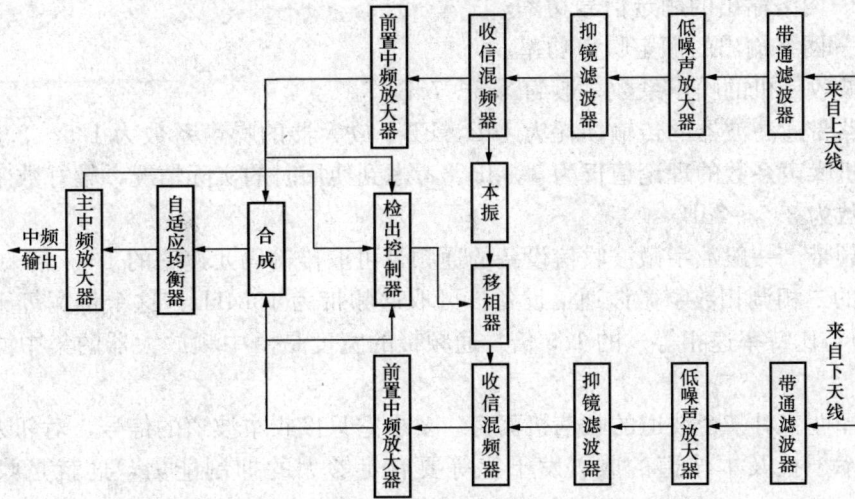

图 5-6　外差式收信设备方框图

射波和折射波，改善带内失真，获得最好的抗多径衰落效果。

为了更好地改善因多径衰落造成的带内失真，在性能较好的数字微波收信设备中还要加中频自适应均衡器，它与空间分集技术配合使用，可最大限度地减少通信中断的时间。

图中的低噪声放大器是砷化镓场效应晶体管（FET）放大器，这种放大器的低噪声性能很好，并能使整机的噪声系数降低。

由于 FET 放大器是宽频带工作的，所以其输出信号的频率范围很宽，因此在 FET 放大器的前面要加带通滤波器，其输出要加装抑制镜像干扰的抑镜滤波器，要求对镜像频率噪声的抑制度为 13～20dB 以上。

收信设备的主要性能指标如下：

（1）工作频段。收信设备是与发信机配合工作的，对于一个中继段而言，前一个微波站的发信频率就是本收信机同一波道的收信频率。

（2）收信本振的频率稳定度。收信设备输出的中频是收信本振与收信微波射频进行混频的结果，所以若收信本振偏离标称值较多，就会使混频输出的中频偏离标称值。这样，就使中频已调信号频谱的一部分不能通过中频放大器，造成频谱能量的损失，导致中频输出信噪比下降，引起信号失真，使误码率增加。

对收信本振频率稳定度的要求与发信设备基本一致，通常要求稳定度为（1～2）×10^{-5}，要求较高者为（1～5）×10^{-6}。收信本振和发信本振常采用同一方案。

（3）噪声系数。噪声系数是衡量收信机热噪声性能的一项指标，它的基本定义：在环境温度为标准室温（17℃）、一个网络（或收信机）输入与输出端在匹配的条件下，噪声系数 N_F 等于输入端的信噪比与输出端信噪比的比值，记作

$$N_F = \frac{P_{si}/P_{ni}}{P_{so}/P_{no}} \tag{5-8}$$

式中　P_{si}——网络输入的额定信号功率；

　　　P_{ni}——网络输入的额定噪声功率；

　　P_{so}——网络输出的额定信号功率；

　　P_{no}——网络输出的额定噪声功率。

　　数字微波收信机的噪声系数一般为 3.5～7dB。

　　假设分路带通滤波器的传输损耗为 1dB，FET 放大器的噪声系数为 1.5～2.5dB，则数字微波收信机噪声系数的理论值仅为 3.5dB，考虑到使用时的实际情况，较好数字微波收信机的噪声系数为 3.5～7dB。

　　(4) 通频带。一般数字微波收信设备的通频带可取传输码元速率的 1～2 倍。对于 f_b 为 8.448Mb/s 的二相调相数字微波通信设备，可取通频带为 13MHz，这个带宽等于码元速率（二相调相中与比特率速相等）的 1.5 倍。通频带的宽度是由中频放大器的集中滤波器予以保证的。

　　(5) 选择性。对某个波道的收信机而言，要求它只接收本波道的信号，对邻近波道的干扰、镜像频率干扰及本波道的收、发干扰等要有足够大的抑制能力，这就是收信机的选择性。

　　收信机的选择性是用增益—频率（G—f）特性表示的。要求在通频带内增益足够大，而且 G—f 特性平坦；通频带外的衰减越大越好；通带与阻带之间的过渡区越窄越好。

　　收信机的选择性是靠收信混频之前的微波滤波器和混频后中频放大器的集中滤波器来保证的。

　　(6) 收信机的最大增益。天线收到的微波信号经馈线和分路系统到达收信机。由于受衰落的影响，收信机的输入电平在随时变动。要维持解调器正常工作，收信机的主中放输出应达到所要求的电平，例如要求主中放在 75Ω 负载上输出 250mV（相当于 -0.8dBm）。但是收信机的输入端信号是很微弱的，假设其门限电平为 -80dBm，则此时收信机输出与输入的电平差就是收信机的最大增益。对于上面给出的数据，其最大增益为 79.2dB。

　　这个增益值要分配到 FET 低噪声放大器、前置中放和主中放各级放大器，是由这些放大器的增益之和达到的。

　　四、微波通信系统的监控系统

　　(一) 监控的意义

　　监控是指对一条微波通信传输信道及主备设备运行情况进行的自动监视与控制。

　　CCIR 在建议 557 中，对无线电接力通信系统规定了 2500km 的假想参考电路在测量时间至少为一年的周期内，有效利用率应不小于 99.7％，即不可用时间（即线路中断时间）不应超过一年的 0.3％。一般认为设备故障、电源故障、电波传播条件恶化所造成的中断时间各占 0.1％。

　　为满足上述指标，一条微波电路除主用波道外，还设有备用波道。当主用波道出现设备故障或电波衰落过大时，就立即切换到备用波道工作，达到不中断通信的目的。这种对信道的切换就由良好的监控系统完成。

　　微波中继通信系统是由许多微波站组成的，而不少微波站地处高山或偏远地区，这就提出了对这些站实行无人值守的问题。而且现代通信系统正在向集中管理方面发展，由设在网络中心的中心站对所管辖的中继通信站进行集中监视或控制，能大大提高管理水平和通信质量，维护人员和测试仪表也可相应集中，节省维护费用。可见，微波站的无人值守和集中监控势在必行。

常把具有集中监控功能的有人站称为主控站或中心站，无人值守站称为被控站或远方站。主控站可借助监控系统的遥测、遥信和遥控功能对无人值守的微波站进行集中监控。

遥测是指主控站向被控站发出询问指令的过程。遥控是指被控站执行主控站的控制指令而产生相应的开关（机械或电气）动作。遥信是各无人值守站向主控站发送表示站上设备工作状态"正常"或"不正常"的二元信息（1、0码）的过程。

（二）公务电话和监控信息的传输信道

在中小容量的数字微波通信系统中，常把监控信息和公务联络电话信号一起处理，称为公务信号，用专门的公务信道传输。公务信号的频带为 0.3～12kHz，其中 0.3～3.4kHz 被公务联络电话占用，4～12kHz 被监控信息占用，如图 5-7 所示。

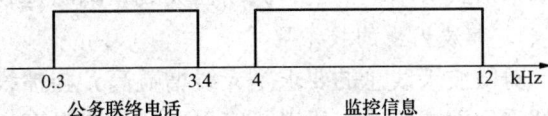

图 5-7　公务信号的频带分配

公务信息的传输常采用主信道传输和用复合调制法传输两种方式。

1. 用主信道传输公务信号

在大容量的数字微波通信系统中，常常在主信道的信息码流中插入一定的公务时分脉冲码流，用以传送公务信号。公务信号可按传送的信息不同进行分组，例如把信道监控、各无人值守站的监控、每路公务联络电话各编成一组。每一组都有一个编码器，对组内的各种被监控的状态或语音信号（联络电话）进行编码；然后组成公务信号的时分脉码信息，插入主信道传输。

由于公务的时分脉码信息可在主信道传输中得到再生，故能达到较好的公务信号传输质量。但是只有具有时分复用设备的基群转接再生中继站才能提供这种公务信道。而对那些微波转接或中频转接的微波站是无法上、下这种公务信号的，需要增加数字信号的复接和分接设备才行。

2. 用复合调制法传输公务信号

这种方式是通过对主信道的载波进行复合调制来传送公务信号的。例如，主信道采用相移键控方式传送基带信号，而公务信道采用对载波调频或调幅的方法去传送公务信号。如果采用调频方法，调频可以通过晶振在较低的频率上实现，然后倍频到射频频率，也可直接在微波振荡器上实现调频。由于这种复合调制方法的主信道与公务信道共用一个载波，不可避免地存在着相互之间的干扰，公务信道的传输容量也会受到一定的限制；主信道载波丧失时，公务通信也将中断。尽管如此，这种复合调制法比较简单，且不占用主信道的比特开销，仍是中、小容量数字微波通信系统中传送公务信号的一种主要方法。

五、天线、馈线系统

微波中继通信是利用微波频段的无线电波传递信息的。天馈线系统是必不可少的设备。在发信端，发信设备输出的微波信号，经馈线系统输至发射天线，成为无线电波，沿指定方向发射出去。在收信端，无线电波经接收天线输至馈线系统，成为微波信号，输至收信设备。天线、馈线系统包括天线和馈线、阻抗变换器、极化分离器、波道滤波器等。在微波通信系统中，对天线、馈线系统最基本的要求有足够的天线增益、良好的方向性、低损耗的馈线系统、极小的电压驻波比、较高的极化去耦度、足够的机械强度等。

数字微波或模拟微波的天馈线系统型式及对它们的技术要求基本相同。

(一)微波天线

天线的作用是有效地发射和接收指定方向的无线电波。按信号工作频段划分，天线可分为长、中波天线，短波天线和微波天线等。一般说来，短波频段以下的天线常用线式结构，短波频段以上的天线常用阵式或面式结构。某天线用作发射天线时所具有的特性和参量，与该天线被用作接收天线时所具有的特性和参量相同（也称为天线互易定理）。常用微波天线的基本形式有喇叭天线、抛物面天线、喇叭抛物面天线、潜望镜天线等。

1. 微波天线的技术要求

对微波天线总的要求是天线增益高，与馈线匹配良好，波道间寄生耦合小；由于微波天线都采用面式天线，所以还应采取使天线具有一定的抗风强度和防冰雪的措施。微波天线的主要电气指标有如下几个方面。

(1)天线增益。天线增益的物理意义是在传播方向的单位立体角上，有方向天线与无方向天线发射（或接收）的信号功率之比。微波通信中使用的面式天线，其增益可表示为

$$G = \frac{4\pi A}{\lambda^2} \eta_A \tag{5-9}$$

式中　A——天线的口面面积；

λ——波长；

η_A——天线口面的利用系数，一般在 $0.4\sim0.6$ 之间。

若天线增益用电平值表示，则

$$G_{dB} = 10 \lg G \tag{5-10}$$

对于工作频率为 4GHz，站距为 50km 的微波中继通信线路，常用直径为 3.2~4m 天线，其增益 $G_{dB} = 40dB$ 左右。天线口面越大，增益越大。

(2)主瓣宽度。在视距微波通信线路中，天线增益过高将使主瓣张角过小。当气象条件变化时，传播方向就要改变，大风又能引起天线摆动，这都会降低天线在通信方向的实际增益。因此，不能认为主瓣张角越小越好，一般应要求为 $1°\sim2°$。

(3)匹配性能。在整个工作频段内，要求天线与馈线应匹配（无反射波）连接，否则将造成反射，进而造成线路噪声。

(4)交叉极化去耦。在采用双极化的微波天线中，由于天线本身结构的不均匀及不对称性，不同极化波（含垂直极化波和水平极化波）可在天线中互相耦合，互为干扰，分别成为与之正交的主极化波的寄生波，则天线的交叉极化去耦度为

$$x = 10 \lg \frac{P_0}{P_x} \tag{5-11}$$

式中　P_0——主极化波功率；

P_x——寄生波功率。

通常要求微波天线在主瓣宽度内的 x 值不小于 30dB。

(5)天线防卫度。所谓天线防卫度是指天线在最大辐射方向上对从其他方向来的干扰电波的衰耗能力。天线防卫度主要包括下面几个指标：

1)反向防卫度。天线在最大辐射方向的增益系数 G_0 与反方向的增益系数 G_V 之比称为

反向防卫度或称为反向衰减。通常要求偏离主辐射方向 $180°\pm45°$ 之间，反向防卫度大于 65dB。

2）边对边去耦。天线发射的一部分能量泄漏到与它并排安装并且指向相同的接收天线，这种耦合叫作边对边耦合。通常要求天线的边对边去耦应在 80dB 以上。

3）背对背去耦。天线发射的一部分能量泄漏到与其背对背安装的接收天线，这种耦合叫作背对背耦合。天线对这种耦合也应具有足够的去耦度。

2. 卡塞格林天线

卡塞格林天线是一种具有双反射器的抛物面天线，其外形简图如图 5-8 所示，图 5-8 (a) 为一般式，较常见。近年来出现了不少加圆柱屏蔽罩式的抛物面天线，如图 5-8（b）所示，它可以降低向后方辐射的功率（降低后瓣），又因为它可以减小初级辐射器的（激励器的）直接辐射，所以对减弱旁瓣也有好处。

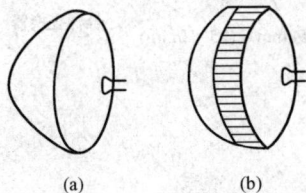

图 5-8　卡塞格林
天线外形简图
（a）一般式；（b）加圆柱屏蔽罩式

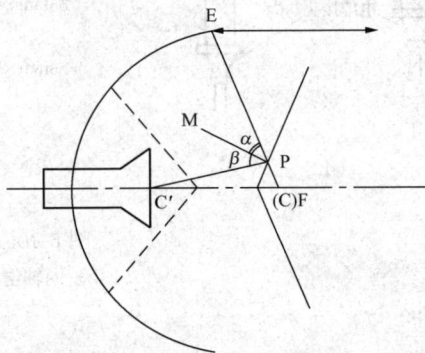

图 5-9　卡塞格林天线工作原理简图

卡塞格林天线工作原理如图 5-9 所示。图中的 C'、C 为双曲线的两个焦点。若从 C' 点向另一双曲线作射线 $C'P$，过双曲线上的一点 P 作双曲线的法线 MP。令 $C'P$ 与法线的夹角为 β，法线与 CP 延长线的夹角为 α。

根据双曲线的性质可以证明 $\alpha=\beta$，即切面上的入射角等于反射角。由图可见，由 C' 发出的射线 $C'P$ 经双曲面反射后，就相当于从 C 发出的射线一样。

卡塞格林天线由初级喇叭辐射器，双曲面副反射器和抛物面主反射面三部分组成。当把初级辐射器置于双曲面的实焦点 C' 处，并使主抛物面的焦点 F 与双曲面的另一个焦点（虚焦点）C 重合。这样，由 C' 发出的射线经双曲面（副反射器）反射，就相当于由抛物面的焦点 F 发出的电波射线 FE 一样，这些电波射线再经抛物面主反射面的聚焦作用，就成为平面波而发射出去。

（二）馈线系统

馈线系统的作用是有效地馈送微波信号能量；当多波道共用天线时，还具有发端汇合、收端分离各波道微波信号的功能。馈线系统由馈线、阻抗变换器、极化分离器和波道滤波器等组成，要求其传输衰减小、阻抗匹配好、收发信隔离度高，以及经济耐用、便于运输和安装调整。

微波通信系统中的馈线有同轴电缆型和波导型两种，如图 5-10 所示。一般在分米波波段（2GHz），采用同轴电缆馈线；在厘米波波段（4GHz 以上频段）因同轴电缆损耗较大，故采用波导馈线，波导馈线系统又分为圆波导馈线系统和矩形波导馈线系统。因为圆波导馈线系统可以传输互相正交的两种极化波，所以与双极化天线连接时，只要一根圆波导馈线即可。

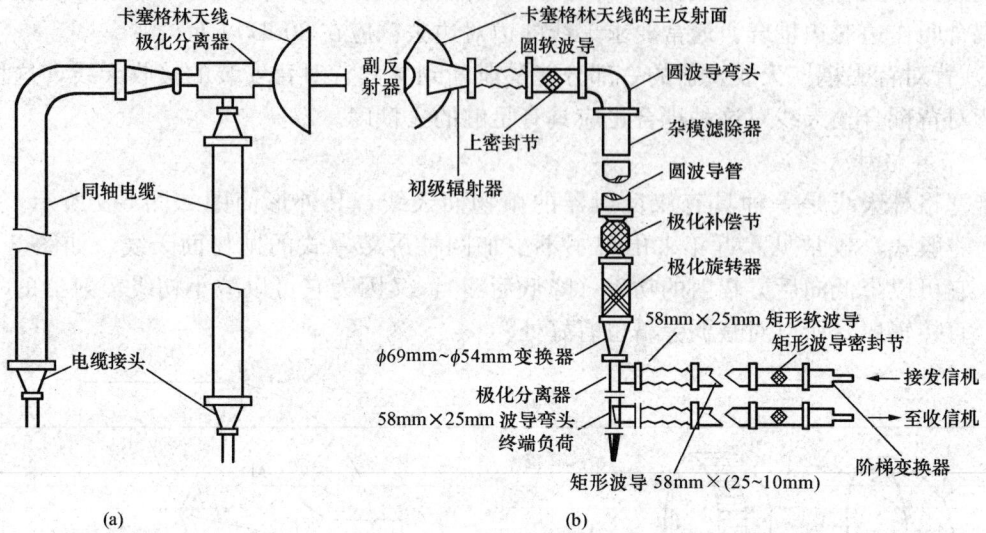

图 5-10　天线、馈线系统
（a）同轴电缆型；（b）圆波导型

第三节　SDH 微波通信系统

一、SDH 微波通信系统组成

SDH 是新一代的数字传输体制。它不仅可以用于光纤通信系统中，而且还可以运用于微波通信、卫星通信中，从而建立一个全新的 SDH 微波、卫星通信网络。现在电力系统新采用的微波通信系统都是 SDH 微波通信系统。SDH 微波通信系统兼有 SDH 体制与微波通信两者的优点。

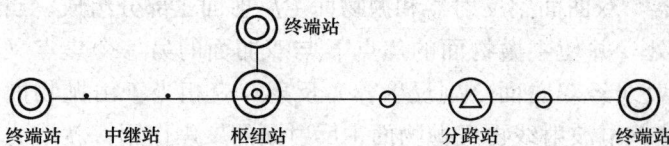

图 5-11　微波接力通信系统示意图

一个完整的长途传输的微波接力通信系统由终端站、枢纽站、分路站及若干中继站组成，如图 5-11 所示。一个微波通信系统，一般要开通多对收、发信波道。因此，系统的传输速率一般为基本传输速率。这里讲的基本传输速率指 SDH 设备的输出速率。

1. 终端站

处于线路两端或分支线路终点的站称为终端站。对向若干方向辐射的枢纽站，就其某个方向上的站来说也是终端站。在此站可上、下全部支路信号，可配备 SDH 数字微波的 ADM 或 TM 设备，可作为集中监控站或主站。

2. 枢纽站

枢纽站一般处在长途干线上（一、二级），需要完成数个方向的通信任务。在系统多波道工作时要完成 STM-N 信号的复接与分接，部分支路的转接和上、下话路，也有某些波道信号需再生后继续传输。因此，这一类站上的设备门类多，包括各种站型设备，一般作为监控系统主站。

3. 分路站

在长途线路中间，除了可以在本站上、下某收、发信波道的部分支路外，还可以沟通干线上两个方向之间通信的站称为分路站。在分路站，亦有部分波道的信号需再生后继续传输，因此这种站应配备 SDH 的传输设备及分插复用设备 ADM，或多套再生中继设备。它可作为监控系统主站或受控站。

4. 中继站

在线路中间，上、下话路的中间站称为中继站。它对已收到的已调信号进行解调、判决、再生，转发至下一方向的调制前，经过再生去掉干扰、噪声，以此体现数字通信优越性。

此种站不设置倒换设备，应有站间公务联络和无人值守功能。

二、SDH 微波通信系统的主要设备

SDH 微波通信系统的设备配置，根据系统组织在线路上的位置和作用来安排。这里以 STM-4 为例来进行分析。

1. 端站设备

端站是以 STM-4 信号速率为终结的站，此站一般都带有 STM-4 的光接口，如图 5-12 所示。

图中，SDH 微波终端设备主要包括 SDH（即数字微波基带信号）复用设备和 SDH 传输设备。SDH 复用设备要完成 4 个 STM-1 或 4×63 个 2Mbit/s 数字信号流的复用（接），然后通过 STM-4 速率的光接口送中频调制解调器（IF MODEM）。两个 STM-4 光接口分别安排在波道 A、B 的中频调制、解调器中，其中一个作为备份。从图 5-12 中可看出，STM-4 系统 622Mb/s 的传输容量，实际上是在两个微波波道中传送的。OAMP 单元通过控制网络（CNet）与中频调制解调器接口，完成系统的操作、管理、维护和参考配置功能。

端站可分为终端站、中间站和分路站三种类型。

（1）终端站设备。终端站设备为 TM，在 SDH 光传输通信系统中已讲述，一般用在线路两端点或分支线路终点，都配备 SDH 复用设备，可上、下全部低次群信号（支路信号）。向若干方向辐射的枢纽站就其一个方向来说也是一个终端站。此站的基本组成如图 5-12 所示，可配多套 SDH 复用设备和 SDH 传输设备。

（2）中间站设备。中间站设备

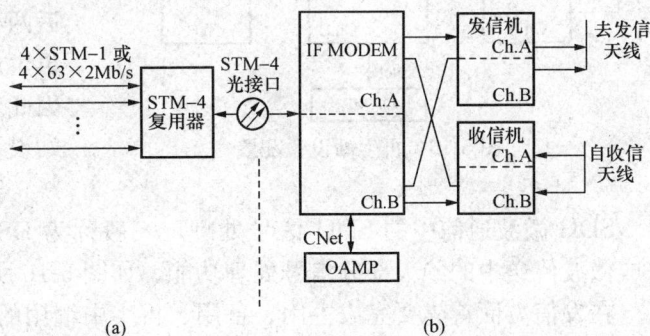

图 5-12　终端站设备配置

（a）SDH 复用设备；（b）SDH 传输设备

Ch—波道；CNet—控制网络；IF—中频；MODEM—调制解调器；

OAMP—运行、管理、维护和参数配置单元

应具备 STM-N 速率的接口，其配置如图 5-13 所示。这里的设备有 STM-4 光接口，无复用设备和 SDH 传输设备，中间站设备可放在枢纽站上，用作某方向的信号转接。

（3）分路站设备。分路站设备配置如图 5-14 所示。它配备有 SDH 分插复用设备（ADM）。这里的设备具有传输速率为 STM-4 的接口和有限个支路接口，图中为部分的 2Mb/s 接口或 STM-1 接口。

STM-4 接口主要用于沟通干线上两个方向的通信。2Mbit/s 接口用于本地上、下话路。分路站设备可以安放在枢纽站和分路站上，用于部分话路的转接和上、下。

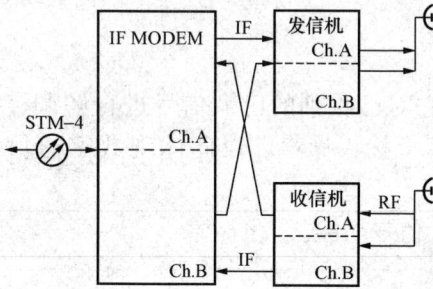

图 5-13　端站设备配置
Ch—波道；MODEM—调制解调器；IF—中频；RF—射频

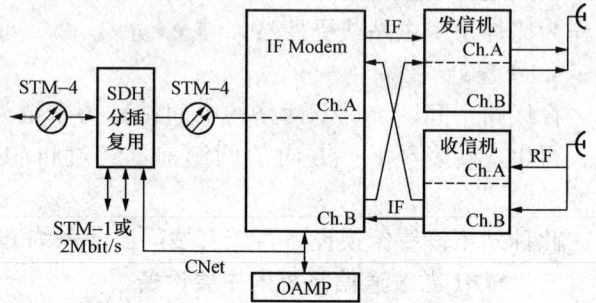

图 5-14　分路站设备配置

2. 再生站设备

再生站设备主要用于接收、再生和发送由微波通道所传输的 SDH 数字信号。一对收、发信波道信号的再生，一般由两套分别用于向上发送方向的再生站设备完成。例如，一套设备用于东西方向的接收和发送，另一套则用于相反方向。一个方向的再生站设备如图 5-15 所示。

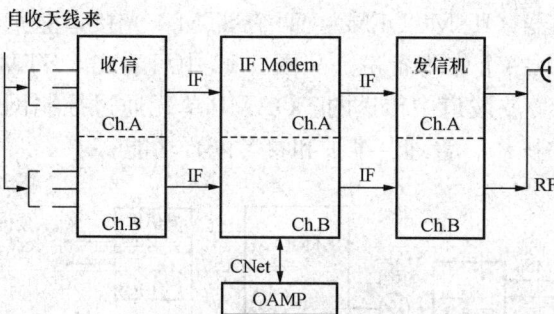

图 5-15　再生站设备配置

这里的设备模块配备与其他设备不一样，没有光传输接口电路和 1：N 保护电路，也没有分路部分，只有 SDH 信号的再生中继转接部分的设备模块。这些设备模块可装在中继站、分路站和枢纽站，在后两种站中，亦可能有部分波道的信号需再生后继续传输。这里是一一对应关系，因此对于多波道传输，则需配置多套再生站设备。

3. SDH 微波基带信号处理

SDH 微波通信中的 SDH 信号处理，一般称为 DSP 部分，分为发送和接收两个方面，完成微波传送中的绝大部分信号处理功能，如图 5-16 所示。

在发信方面首先要完成主用、备用、再生中继用的三种数据信号流选择，组成 SDH 数字微波帧的段开销（SOH）及 SDH 数字微波辅助开销（RFCOH）的插入，以及信号的扰码、码型变换等功能，并把信号送入调制器。

在收信方面完成与上述过程的反变换，从解调器来的数字信号，经码型反变换，去扰码以及取出 SDH 开销和 SDH 微波和辅助开销，恢复出 STM-N 信号。

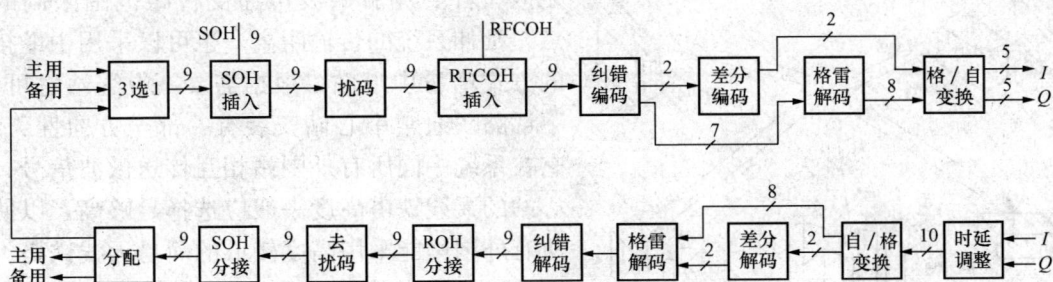

图 5-16　数字信号处理器

4. SDH 微波管理系统

SDH 微波管理系统，提供一个完备的 OAMP 管理平台，完成对近、远端设备的运行、维护的监控和管理。管理平台的基本功能是从人机接口接收管理人员的操作指令，从系统的单元设备中采集信息数据，并根据这些指令和数据，处理该系统（传输网）中发生的各种事件。这些事件分两类：一类是 SDH 系统的传输业务；另一类是设备的运行、管理与监视。OAMP 与外部的通信联络较多，既要与本站各设备间的数据联络，还要通过 SDH 的传输开销和微波帧附加开销进行站间的控制与联络等。

三、SDH 微波的综合应用

尽管光纤传输网在容量方面有微波无法比拟的优点，但不管是通信干线上还是支线上，SDH 微波网仍然是光纤网不可缺少的补充和保护手段。其主要应用有以下四种方式：

（1）用 SDH 微波通信系统使光纤通信网形成闭合环路。

（2）与 SDH 光纤通信系统串联使用。

（3）作为 SDH 光纤网的保护，解决整个通信网的安全保护问题。

（4）自成链路或环路。

这样，借助于数字微波通信手段，可在进行通信工程设计、建设过程中，充分考虑已有系统的再利用以及不同型号设备兼容问题，使设计系统不仅具有光纤级传输性能及全面的网络管理功能，还包括一个开放的系统结构，能方便地实现不同型号的 ADM 之间的切换和交叉互连。

第四节　一点多址微波通信系统

一、概述

一点多址微波通信是近年来发展起来的一种通信方式，主要用在一些幅员辽阔、用户分散、人口密度相对较低、话务量较小的地区，如在地形复杂、用有线方式难以到达的山区和海岛。一点多址微波通信属于一种分布式无线通信系统，由一个中心站（又称基地站，简称基站）和不同方向的多个外围站（或称用户站、远端站）所组成。中心站通常设在具有自动交换能力的机房或电话中心局的附近，通过音频电缆与交换机的配线架相连。外围站设在用户相对集中的地方。中心站与外围站之间通过一对微波收、发频率或多对微波收、发频率相连接。由于微波的视距传播特性（似光性），因此外围站只能设在中心站的方圆 50km 范围

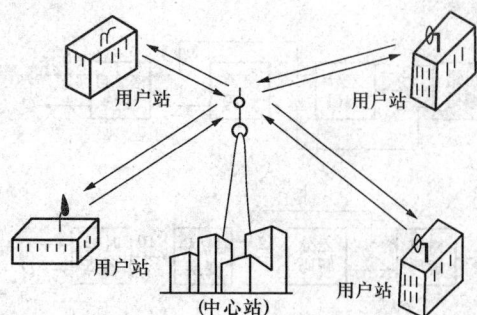

图 5-17 一点对多点微波通信系统组成图

之内。若要克服微波传播受视距范围限制的缺点，延伸系统的传输距离，也可以采用中继接力的方式增设中继站。根据需要，中继站也可上、下话路。通常中心站安装有一部全方向性天线，它在系统中同所有外围站相互传送微波信号；中心站的天线铁塔高度一般应选择足够高，以使得所有外围站能采用高度较低的简易天线铁塔。外围站通常安装有一部方向对准中心站的定向天线。这样，各外围站之间通信必须通过中心站来建立。图 5-17 所示典型的一点多址微波通信系统组成图，组网类型可以是辐射型、分支型和直线型，如图 5-18 所示。

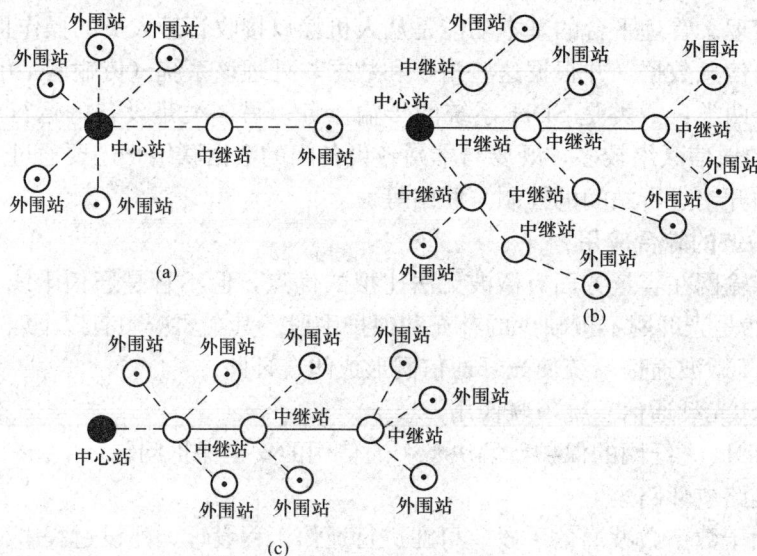

图 5-18 一点多址微波网络拓扑
(a) 辐射型；(b) 分支型；(c) 直线型

二、一点多址微波通信系统的特点

(1) 一点多址微波通信系统主要用于电话自动交换网的末端，作为电话网的用户环路，与交换机的用户接口相连。它可以作为农村电话网的组成部分和城市公用电话网的延伸，以及构成专业部门的专用通信网，并能和公用网相连。

(2) 由于一点多址微波通信系统为一个用户无线系统，因此不适合作为话务量大的中继线使用。对于外围站接入小交换机时，可以作为出、入中继线来使用。当某一外围站的用户数超过一套设备的最大容量时，可以利用增加设备的套数来解决。

(3) 一点多址微波通信除传送电话外，还可提供数据传输，如传真、电传、电报等。其中对于速率为 4.8Kb/s 以下的数据信号，可以不外接调制解调器而直接在系统中传送。可以提供专用的接口以适应专业用户的数据采集、监控、办公自动化等的要求。此外，为了适合综合业务数字网的需要，有的系统还配置了 2B+D 接口。

作为一个例子，这里简单介绍某一地区农村电网采用一点多址微波通信系统的情况。

随着农村电网的迅速发展，对电网的可靠性要求越来越高，而电网的先进通信设备和现代化的负荷调度设备，则是保证电网安全的重要手段。电网的特点是点多、面广、线长、负载的季节性较强、防汛排涝任务大、可靠性要求高。为改变农村电网调度、通信的落后局面，提高通信、调度自动化水平，开展遥测、遥信、遥控、电传、传真、数据传输、办公自动化等多种业务，确保电网的安全、经济运行，某一地区农网采用了 YD-100 型一点多址微波通信系统。该系统由中心站、中继站、外围站组成；一个中心站有 15 条中继线；中心站天线采用水平面内全向天线，也可采用定向天线；外围站一般采用喇叭天线，为了提高衰落储备也可采用抛物面天线。该系统的特点是按需分配、多址连接，时分多路复用，"点到点、多信道"，可为农村和边远用户提供市区质量的电话和数据服务。该系统自成体系，具有全部必要的特性和附件，能执行与交换总机的自动接口；在提供多路电话的同时，还可以拿出专用的传真、电传及监控的远动（如电力系统的"四遥"）信道。

第五节　卫星通信技术

卫星通信是在微波中继通信的基础上发展起来的。它是利用人造地球卫星作为中继站来转发无线电波，从而进行两个或多个地面站之间的通信。卫星通信具有传输距离远、覆盖面积大、通信容量大、用途广、通信质量好、抗破坏能力强等优点。一颗通信卫星总通信容量可实现上万路双向电话和十几路彩色电视的传输。卫星通信工作在微波波段，与地面的微波接力通信类似，卫星通信则利用高空卫星进行接力通信。

高轨道通信卫星是运行在赤道上空约 36 000km 的同步卫星。位于印度洋、大西洋、太平洋上空的三颗同步卫星，基本可覆盖全球。但因卫星的高度太高，故要求地面站发射机有强大的发射功率，接收灵敏度要高，天线增益要高。

低轨道通信卫星是运行在 500～1500km 上空的非同步卫星，一般采用多颗小型卫星组成一个星型网。若能做到在世界任何地方的上空都能看到其中一颗卫星，则通过星际通信可覆盖全球。低轨道通信卫星主要用于移动通信和全球定位系统（GPS）。

本章主要介绍卫星通信的基本概念和卫星通信的基本链路计算及卫星通信的多址方式，并以一些实际系统为例，讲述同步卫星系统的工作原理，第六章第五节中有移动卫星系统的工作原理的讲解。

一、卫星通信概述

卫星通信是现代通信技术、航空航天技术、计算机技术结合的重要成果。近 30 年来，卫星通信在国际通信、国内通信、国防、移动通信以及广播电视等领域，得到了广泛应用。卫星通信之所以成为强有力的现代通信手段之一，是因为它具有频带宽、容量大、适于多种业务、覆盖能力强、性能稳定、不受地理条件限制、成本与通信距离无关等特点。

1963 年 7 月到 1964 年 8 月，美国宇航局（NASA）先后发射 3 颗"SYNCOM"卫星。第 1 颗未能进入预定轨道；第 2 颗进入周期为 24h 的倾斜轨道；第 3 颗进入静止同步轨道，成为世界上第 1 颗实验性静止卫星，并利用它在 1964 年向美国成功转播了在日本举行的奥林匹克运动会实况。

1965 年 4 月，"国际卫星通信组织"把第一代"国际通信卫星"（INTERLSAT-I，简记为 IS-I,原名"晨鸟")射入地球同步轨道开始,卫星通信正式进入商用阶段,提供国际通信业务。到目前为止,国际通信卫星已经发展到第三代卫星,卫星通信的容量越来越大。

卫星通信用于移动通信始于 1976 年,国际海事卫星组织利用"国际海事卫星"为海上船只提供话音业务,到目前为止,已经有多个全球性的移动卫星通信系统提供商业应用,人类已经能实现全球个人移动通信的目标。

二、卫星通信的特点

(一)卫星通信的特点

(1)通信距离远,通信成本与距离无关。由于卫星在离地面几百、几千、几万千米的高度,因此在卫星能覆盖到的范围内,通信成本与距离无关。以地球静止卫星来看,卫星离地约 36 000km,一颗卫星几乎覆盖地球的 1/3,利用它可以实现最大通信距离约为 18 000km,地球站的建设成本与距离无关。如果采用地球静止卫星,只要 3 颗就可以基本实现全球的覆盖。

(2)以广播方式工作,便于实现多址连接。卫星通信系统类似于一个多发射台的广播系统,每个有发射机的地球站都可以发射信号,在卫星覆盖区内可以收到所有广播信号。因此只要同时具有收发信机,就可以在几个地球站之间建立通信连接,提供了灵活的组网方式。

(3)通信容量大,传送的业务种类多。由于卫星采用的射频频率在微波波段,可供使用的频带宽,加上太阳能技术和卫星转发器功率越来越大,随着新体制、新技术的不断发展,卫星通信容量越来越大,传输的业务类型越来越多。

(二)卫星通信技术上的特殊性

由于卫星通信的特殊性,因此也带来了技术上的特殊性。

1. 需要采用先进的空间电子技术

由于卫星与地面站的距离远,电磁波在空间中的损耗很大,因此需要采用高增益的天线、大功率发射机、低噪声接收设备和高灵敏度调制解调器等,并且空间的电子环境复杂多变,系统必须要承受高低温差大、宇宙辐射强等不利条件,因此卫星设备必须采用特制的、能适应空间环境的材料。由于卫星造价高,必须采用高可靠性设计。

2. 需要解决信号传播时延带来的影响

由于卫星与地面站距离远,信号传输的时延很明显。对一些业务(如话音)来说,必须采取措施解决时延带来的影响。

3. 需要解决卫星的姿态控制问题

由于空间的环境复杂多变,卫星轨道可能有漂移,姿态可能有偏转;又由于卫星离地远,因此轻微漂移和姿态偏转可能造成地面接收的信号变化很大。因此,卫星的精确姿态控制也是必须解决的问题。

此外,还必须解决星蚀、地面微波系统与卫星系统的干扰等问题,这些都是保证卫星通信系统正常运转的必要条件。

三、卫星通信使用的频率

卫星通信频率一般工作在微波频段,其主要原因是卫星通信的电磁波穿越大气层,大气中的水分子、氧分子、离子对电磁波的衰减随频率而变化,如图 5-19 所示。

由图可以看到,在微波频段 0.3～10GHz 范围内大气损耗最小,比较适合于电波穿出大气层的传播,并且大体上可以把电波看作是自由空间传播,因此称此频率段为"无线电窗口",在卫星通信中应用最多。在 30GHz 附近有一个损耗谷,损耗相对较小,常称此频段为

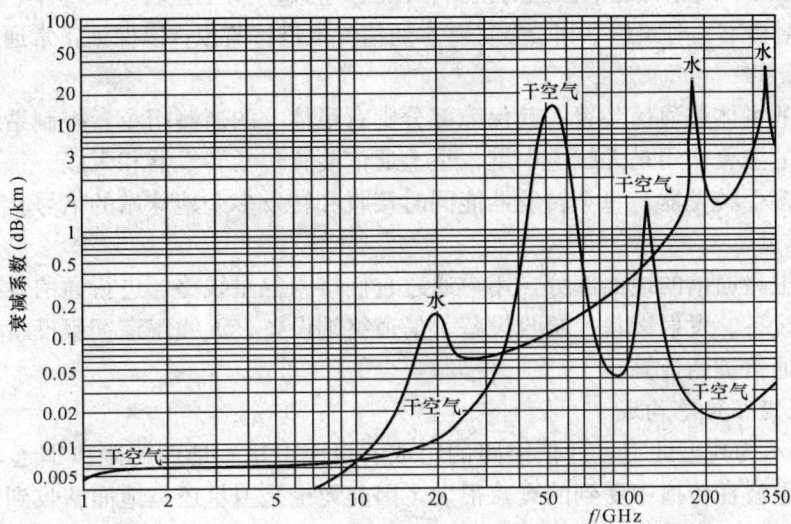

图 5-19　大气损耗

"半透明无线电窗口"。

目前大部分国际通信卫星尤其是商业卫星使用 4/6GHz 频段，上行为 5.925～6.425GHz，下行为 3.7～4.2GHz，转发器带宽为 500MHz，国内区域性通信卫星多数也应用该频段。

许多国家的政府和军事卫星使用 7/8GHz，上行为 7.9～8.4GHz，下行为 7.25～7.75GHz，这样与民用卫星通信系统在频率上分开，避免相互干扰。

由于 4/6GHz 频段的拥挤，以及与地面微波网的干扰问题，目前已开发使用 11/14GHz 频段，其中上行采用 14～14.5GHz，下行采用 11.7～12.2GHz、10.95～11.20GHz 或 11.45～11.7GHz，并用于民用卫星和广播卫星业务。

20/30GHz 频段也已经开始使用，上行为 27.5～31GHz，下行为 17.7～21.2GHz。

第六节　卫星通信系统的构成

一、卫星通信系统的基本组成

这里主要以地球同步卫星通信系统为例，说明卫星通信系统的基本构成。图 5-20 所示为通过卫星进行电话通信的系统简图。

卫星通信系统包括控制与管理系统、呈上系统、地球站三个部分。

（一）控制与管理系统

控制与管理系统是保证卫星通信系统正常运行的重要组成部分。它的任务是对卫星进行跟踪测量，控制其准确进入轨道上的指定位置；卫星正常运行后，需定期对卫星进行轨道修正和位置保持；

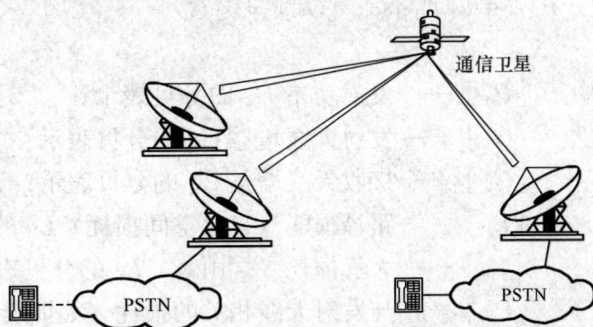

图 5-20　卫星电话通信系统的系统简图

在卫星业务开通前、后进行通信性能的监测和控制，例如，对卫星转发器功率、卫星天线增益以及地球站发射功率、射频频率和带宽等基本通信参数进行监控，以保证正常通信。

（二）星上系统

星上系统的主体是通信装置，其保障部分则有星体上的遥测指令、控制系统和能源装置等。通信卫星的主要作用是无线电中继，星上通信装置包括转发器和天线。一个通信卫星可以包括一个或多个转发器，每个转发器能同时接收和转发多个地球站的信号。

（三）地球站

地球站是卫星通信的地面部分，用户通过它们接入卫星线路，进行通信。地球站一般包括天线、馈线设备、发射设备、接收设备、信道终端设备、天线跟踪伺服设备、电源设备。

二、卫星通信链路计算

（一）卫星通信链路构成

图 5-21 所示为典型的卫星通信链路的组成。由于卫星到地面的距离很远，电磁波传播的路径很长，电波在传播中受到的衰减很大，因此无论是卫星还是地面站收到的信号都十分微弱，所以卫星通信中噪声的影响是一个很突出的问题。卫星线路计算主要是计算在接收的输入端载波与噪声的功率比（载噪比），其他部分链路的计算与一般的通信系统没有区别。对于模拟制卫星通信系统，载噪比决定了系统输出端的信噪比；对于数字卫星通信系统，载噪比决定了系统输出端的误码率。

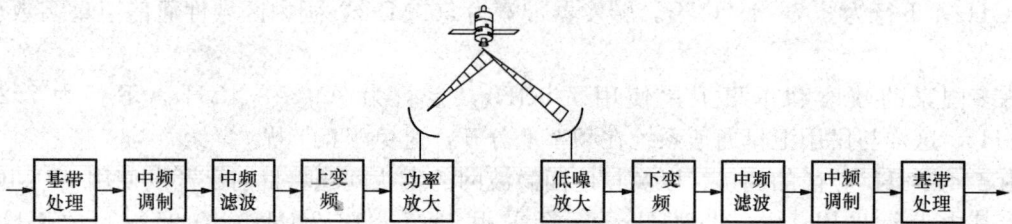

图 5-21 卫星通信链路构成

（二）卫星通信链路计算基本公式

卫星通信链路中的载噪比是指接收端收到的载波功率与噪声功率的比值，传输过程中发生的各种损耗和受到的各种噪声干扰都反映在卫星或地面站接收机输入端的载噪比中。

1. 链路功率

（1）链路功率计算方程为

$$[P_R] = [P_T] + [G_T] + [G_R] - [L_P] - [L_a] - [L_{ta}] - [L_{ra}] \quad \text{(dBW)}$$

$$(5-12)$$

式中　　$[P_T]$——发射功率 P_T 的分贝表示；

　　　　$[G_T]$——发射天线增益 G_T 的分贝表示；

　　　　$[G_R]$——接收天线增益 G_R 的分贝表示；

　　　　$[L_P]$——路径损能（自由空间损耗）L_P 的分贝表示；

　　　　$[L_a]$——大气损耗（含雨衰）L_a 的分贝表示；

　　　　$[L_{ta}]$——与发射天线相关的损耗（如馈线损耗、指向误差等）L_a 的分贝表示；

　　　　$[L_{ra}]$——与接收天线相关的损耗 L_{ra} 的分贝表示。

（2）有效全向辐射功率 $EIRP$。卫星通信中常用 $EIRP$ 来代表地球站或通信卫星发射系统的发射能力。它指的是发射天线所发射的功率与发射天线增益的乘积，即

$$EIRP = P_T G_T \tag{5-13}$$

（3）自由空间损耗 L_P。设一个无方向性天线发射功率为 P_T，若在距离 d 为足够远的地方接收，又设接收天线的有效接收面积为 $A\eta$，则接收到的功率 P_R 为

$$P_R = \frac{P_T A\eta}{4\pi d^2} \tag{5-14}$$

若发射天线的增益为 G_T，将 $G_R = \frac{4\pi A}{\lambda^2}\eta$ 代入，则

$$P_R = P_T G_T G_R \left(\frac{\lambda}{4\pi d}\right)^2 = \frac{P_T G_T G_R}{L_P} \tag{5-15}$$

式中　L_P——自由空间损耗，$L_P = \left(\frac{4\pi d}{\lambda}\right)^2$。

（4）大气损耗 L_a。电波在大气中传输时，要受到电离层中的自由电子和离子的吸收，受到对流层中氧分子、水蒸气分子和云、雨、雪、雾等的吸收和散射，从而形成损耗。这种损耗与电波频率、波束的仰角以及气候的好坏都有关系。图 5-20 是根据实测结果绘制的电波通过大气层所产生的吸收损耗情况。

（5）其他损耗：

1）与发射天线有关的损耗 L_{ta}，主要包括馈线损耗、天线指向损耗。

2）馈线损耗，指从功率放大器的输出端到发射天线之间的馈线连接损耗。

3）天线指向损耗，指由于星体的漂移、大气折射、接收天线跟踪精度等原因，天线指向偏离理想方向，造成在卫星方向上的天线增益不是最大的天线增益，相当于信号受了损耗。

2. 接收端噪声功率

接收端噪声功率计算。卫星接收系统的噪声功率可以用噪声温度来表示。系统的噪声温度为

$$T_S = T_a + T_f \tag{5-16}$$

式中　T_S——接收机输入端系统噪声温度，包括天线、馈线、天空（雨、雪、太阳、宇宙等）等产生的噪声温度；

　　　　T_f——接收机噪声温度。

接收机输入端的噪声功率为

$$N = 10\lg kBT_S = -228.6 + 10\lg T_S + 10\lg B \quad \text{(dBW)} \tag{5-17}$$

式中　k——玻耳兹曼常数，$k = 1.380\,54 \times 10^{-23}\,\text{J/K}$；

　　　　B——系统带宽。

3. 接收端载噪比 C/N

接收端载噪比为

$$\left[\frac{C}{N}\right] = [EIRP] + [G_R] - [L_P] - [L_{ta}] - [L_{ra}] - [T_S] - [B] + 228.6 \quad \text{(dB)} \tag{5-18}$$

式中　$\left[\dfrac{C}{N}\right]$——载噪比的分贝表示；

　　　　$[EIRP]$——有效全向辐射功率的分贝表示；

$[G_R]$——接收天线增益的分贝表示;

$[L_P]$——自由空间路径损耗的分贝表示;

$[L_{ta}]$——与发射天线相关的损耗（如馈线、指向误差等）的分贝表示;

$[L_{ra}]$——与接收天线相关的损耗的分贝表示;

$[T_S]$——接收机输入端系统噪声温度的分贝表示;

$[B]$——系统带宽的分贝表示。

定义接收系统的性能因数为 $\dfrac{G}{T} = \dfrac{G_R}{T_S}$，该参数反映了接收系统的性能。因此式（5-18）变为

$$\left[\frac{C}{N}\right] = [EIRP] + \left[\frac{G}{T}\right] - [L_P] - [L_{ta}] - [L_{ra}] - [B] + 228.6 \ (\text{dB}) \quad (5\text{-}19)$$

三、卫星通信多址技术

多个地球站，无论距离多远，只要位于同一颗卫星的覆盖范围内，就可以通过卫星进行双边或多边通信。多址技术是指系统内多个地球站以某种方式各自占有信道接入卫星和从卫星接收信号的技术。目前使用的多址技术主要有频分复用（FDMA）、时分复用（TDMA）、码分复用（CDMA）、空分复用（SDMA）。

（一）FDMA 多址技术

当多个地球站共用卫星转发器时，根据配置的载波频率的不同来区分地球站的地址的就叫 FDMA 多址技术。

卫星通信中采用 FDMA 多址技术的主要形式。

（1）单址载波，每个地球站在规定的频带内可发多个载波，每个载频代表一个通信方向。

（2）多址载波，每个地球站只发一个载波，利用基带的多路复用进行信道定向。

（3）单路单载波，每个载波只传一路话音或数据。这种方式比较灵活，适用于站址多、各站业务量小的情况。由于每个载波只有一个信号，可以根据需要给每个通信方向分配若干载波。

（二）TDMA 多址技术

TDMA 多址技术是用不同的时隙来区分地球站的地址，只允许各地球站在规定时隙内发射信号，这些射频信号通过卫星转发器时，在时间上严格依次排序、互不重叠。采用 TDMA 多址技术，一般需要一个时间基准站提供共同的标准时间，保证各地球站发射的信号进入转发器时在规定的时隙而不互相干扰。

（三）CDMA 多址技术

CDMA 多址技术是采用一组正交（或准正交）的伪随机序列通过相关处理实现多用户共享频率资源和时间资源。每个通信方向采用不同的伪随机序列作为识别。

（四）SDMA 多址技术

SDMA 多址技术是利用地球站的地理位置不同，采用天线的波束成形技术，达到多用户共享频率资源、时间资源和码资源，如图 5-22 所示。

四、同步卫星通信系统

同步卫星通信系统是利用定位在地球同步轨道上的卫星进行通信的卫星通信系统，原则上只要 3 颗同步卫星就可以基本覆盖地球。图

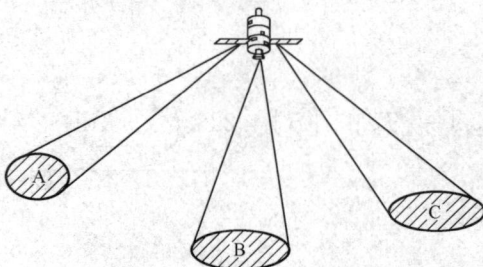

图 5-22　SDMA 多址

5-23 中，地球站 1 要与地球站 3 通信，由于地球站 1、3 不在同一颗星覆盖区内，因此必须通过卫星 A、B 的交叠覆盖区的地球站 2 进行中转。

同步卫星通信系统的组成包括同步卫星、地球站和控制中心。其中同步卫星的组成包括卫星天线分系统、通信分系统、控制分系统、电源分系统、跟踪遥测指令分系统，如图 5-24 所示。

（一）卫星天线分系统

卫星天线有遥测指令天线和通信天线两类。遥测指令天线通常采用全向天线，通信天线按其波束覆盖区大小可分为全球波束天线、点波束天线、区域（赋形）波束天线。

（二）卫星通信分系统

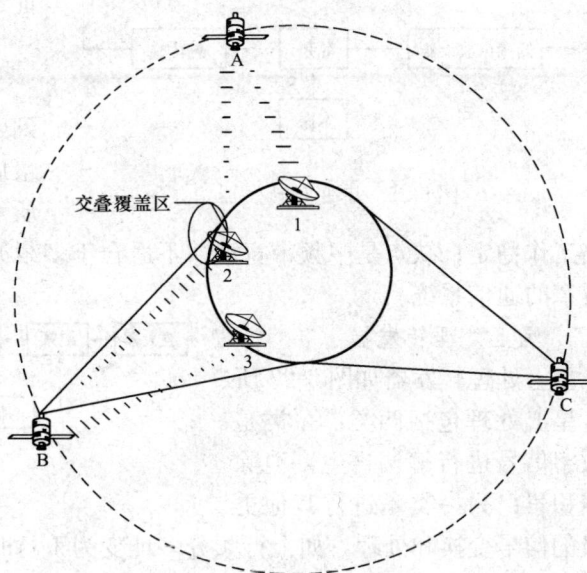

图 5-23　同步卫星覆盖区

卫星通信分系统是通信卫星的核心部分，它包括各种转发器。转发器的功能是将接收到的地球站的信号放大，然后通过下变频发射出去。转发器按照变频的方式和传输信号形式的不同可分为单变频转发器、双变频转发器和星上处理转发器三种。

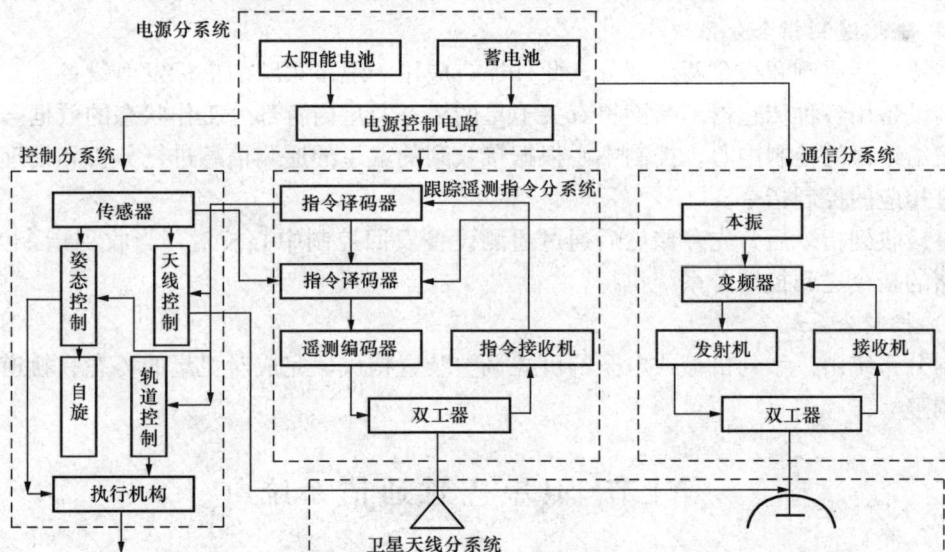

图 5-24　同步卫星通信系统

1. 单变频转发器

单变频转发器如图 5-25 所示。这种转发器将接收到的信号直接放大，然后变频为下行频率，最后经功放输出到天线发射给地球站。这种转发器适用于载波数多、通信容量大的多

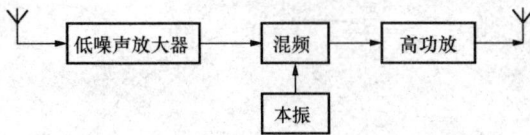

图 5-25　单变频转发器

电路工作稳定；缺点是中频带宽窄，不适合于多载波工作。它适用于通信容量不大、所需带宽较窄的通信系统。

3. 星上处理转发器

星上处理转发器如图 5-27 所示。星上处理包括两类：一类是对数字信号进行解调再生，消除噪声积累；另一类是进行其他更高级的信号变换和处理，如上行频分多址变为下行时分多址等。

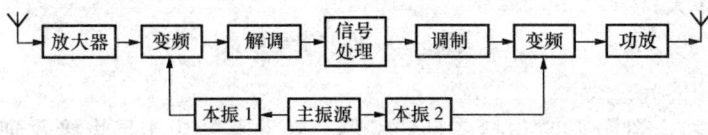

图 5-27　星上处理转发器框图

址连接系统。

2. 双变频转发器

双变频转发器先将接收到的信号变换到中频，经限幅后，再变换为下行频率，最后经功放由天线发给地球站，如图 5-26 所示。双变频方式的优点是转发增益高，电路工作稳定；缺点是中频带宽窄，不适合于多载波工作。它适用于通信容量不大、所需带宽较窄的通信系统。

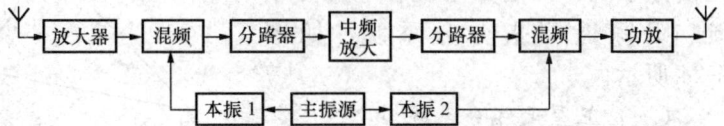

图 5-26　双变频转发器

（三）卫星电源分系统

为了保证卫星的工作必须有充足的能源。卫星上的能源主要来源有太阳能和蓄电池两部分。当有光照时使用太阳能，并对蓄电池进行充电；当光照不到时采用蓄电池。卫星电源分系统必须提供给其他分系统稳定可靠的电源，并且保持不间断供电。

（四）跟踪遥测指令分系统

该系统包括遥测和指令两大部分，此外还有应用于卫星跟踪的信标发射设备。

遥测设备用各种传感器不断测得有关卫星的姿态及星内各部分工作状态的数据，并将这些信息发给地面的控制中心。控制中心根据接收到的卫星的遥测信息进行分析和处理，然后发给卫星相应的控制指令。

卫星接收到指令后，先存储然后通过遥测设备发回控制中心校对，当收到指令无误后，才将存储的指令送到控制分系统执行。

（五）控制分系统

控制分系统由一系列机械或电子的可控调整装置构成，完成对卫星的姿态、轨道、工作状态的调整。

第七节　卫星应急通信系统

由于卫星通信具有不受时间、地点、环境等多种因素的限制，开通时间短，传输距离远，通信容量较大，网络部署快，组网方式灵活，便于实现多址连接，通信成本与通信距离无关等诸多优点，且可以实现图像话音和数据的实时双向传输，因此卫星通信已成为应急通信的重要通信手段，在应急通信中具有至关重要的作用。当灾害发生，地面常规通信遭到严重破坏，受灾地区急需上报灾情、外部急需了解灾区情况时，卫星应急通信系统将能够确保关键信息的传输，使上级能够根据灾情进行有效地指挥，减少损失。

一、卫星应急通信系统

常用的卫星应急通信系统有卫星地面站、应急通信车、机动便携站和卫星电话四种。

（1）卫星地面站：除卫星通信系统外，在地面站部署短波超短波电台、无线集群系统和数字图像传输系统，均可实现在交通中断的地区其通信覆盖范围内的指挥调度和部分公众通信，具有覆盖范围广，容量大的特点，但投资及系统调试难度较大，且系统固定不能移动，仅适合作为临时指挥部，用于应急指挥调度、抢险部队通信部分公众通信。

（2）应急通信车：包括动中通及静中通，主要由现场图像采集处理分系统、计算机控制分系统、通信调度分系统、卫星通信分系统等部分组成。图像采集主要由车顶摄像机（带云台）、会议摄像机（可云镜控制）以及与之相配合的云台解码器、云台控制器等，实现现场视频内容的采集。通过配置车载图传系统，把信号传送到应急指挥中心。应急通信车设备齐全、使用方便、覆盖范围小、容量小、机动能力较强，可以作为车载指挥站，主要用于应急指挥调度。但当道路损毁时，其优势难以发挥。

（3）机动便携站：它具有自动对星、操作简便的特点。内嵌跟踪接收机、天线控制器、GPS 模块和各种传感器，通过控制软件，可实现全自动模式工作，即自动展开、对星、收藏等。使用方便，机动能力强，通过卫星链路，将便携站覆盖范围内的信息如语音图像和数据上传。但受体积和重量的限制，其功能有限，主要用于当道路损毁、车载站不能到达的地方时，将灾害现场的信息传递出来。

（4）卫星电话：受终端及卫星资源限制，可使用用户少，但实现应急通信最快速便捷，适合信息报送、指令下达。为了满足应急通信的需要，卫星应急通信系统应建设成以地面固定站为中心、以车载站及便携站为主，短波超短波、无线集群数字图传及卫星电话等多种通信方式互相融合的独立的通信系统。

二、卫星应急通信系统拓扑结构

根据应急通信的特点，一个完备的卫星应急通信系统应具有话音通信数据通信、图像通信图像采编及显示、电视会议、网络监控和管理、GPS 和地理信息显示等功能，配置多种通信手段，可满足多种场合、不同状态的应用需求。对卫星应急通信系统的要求可以归纳为以下几点：机动灵活、快速反应、稳定可靠、通信手段多样、独立成网。根据这些要求，卫星通信系统应向体制多样化、传输宽带化、管理简易化，卫星端站向体积小型化、质量轻型化、业务综合化、接入手段多元化、操作使用智能化的方向发展。

卫星应急通信系统多采用 TDMA、TDM/SCPC/DAMA 或 DVB/SCPC/TDMA 等通信体制。其中，SCPC 为单路单载波方式；DAMA（Demand-Assigned Multiple Access）是按需求分配的多址连接。按需分配多址通信系统是一个根据话务量变化而自动调节的多址通信系统，技术先进、组网灵活，具有极好的经济效益。在专用卫星通信网中应用，可将原通信网的预配方式改为按需分配方式，从而使网内用户之间的通信极为灵活方便。同时，在相同话务量的前提下，又能节省大量的卫星信道地球站的信道设备。DVB（Digital Video Broadcasting）为数字影音广播。卫星应急通信系统可灵活地组成星状网、网状网或树状网，实现点对点或点对多点的卫星通信。

图 5-28 所示为某部局卫星应急通信系统拓扑结构，该系统采用 DVB/SCPC/TDMA 通信体制，既可由部局网管中心授权各总队分中心站自行管理监控所辖区域内的车载站和便携

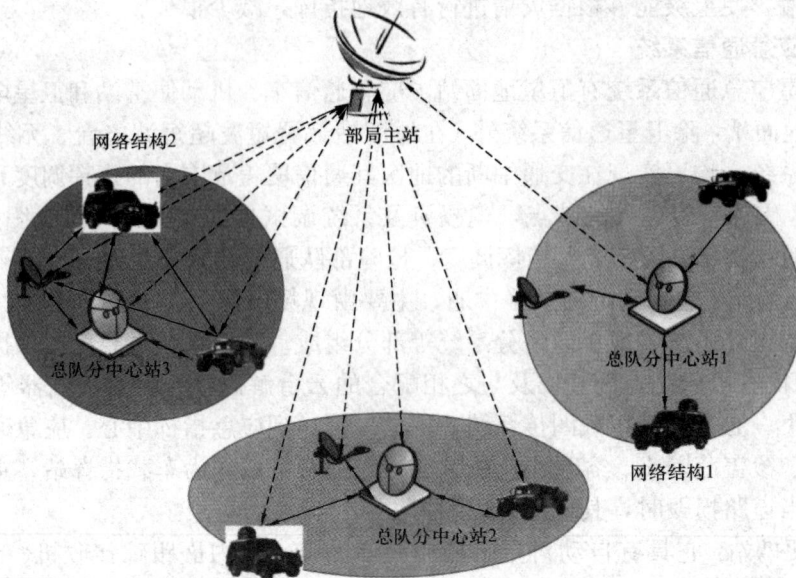

图 5-28　卫星应急通信系统拓扑结构

站，也可由部局网管中心直接管理控制指挥灾害救援现场所有的固定站和移动卫星站，单跳直连，动态组网。

卫星应急通信指挥系统一般主要由以下几部分组成：卫星通信分系统、图像采集传输及显示分系统、安全加密分系统、网络及计算机分系统、音视频分系统、无线通信分系统、设备监控管理分系统、辅助设备分系统、供电分系统等。

三、电力系统卫星应急通信系统

1. 电网业务接入方式

电网业务接入主要有两种，即 220kV 以上变电站调度电话和调度自动化，各业务接入方式如下。

（1）220kV 以上变电站调度电话接入方式。

由于目前卫星通信网提供的是全数字通道的 IP 交换平台，因此在传输链路上需采用 VOIP 技术，在局端及远端需配置相应的语音网关设备。

（2）调度自动化业务接入方式。

正常情况下，调度数据传输业务应保障从变电站到局调度中心的双向自动化数据传输，在局端的前置机及远端的 RTU 均按异步数据接口方式接入，采用是 RS232 接口接入。即在卫星设备和 RTU 设备间配置一个远动网关设备，该设备直接提供一个或多个 RS232 接口，与 RTU 相连接，当某个变电站地面线路出现故障时，便携站放置在该变电站，直接将 RTU 的 RS232 接口与远动网关设备连接，该设备可以将 RS232 数据转换以 IP 线路在卫星链路上传输，此外该远动网关设备还可提供另一个 IP 接口，连接调度数据网路由器，并在此远动网关设备上设置 NAT 内外网 IP 地址转换，实现内外网路由传输功能。此设备还可提供安全隔离和 VPN 功能，因此也可完全将卫星网络与地面网络分离开。

2. 电力应急系统组网方式

根据电网业务接入现状，某供电局的电力应急系统组网方式如图 5-29 所示，正常时自

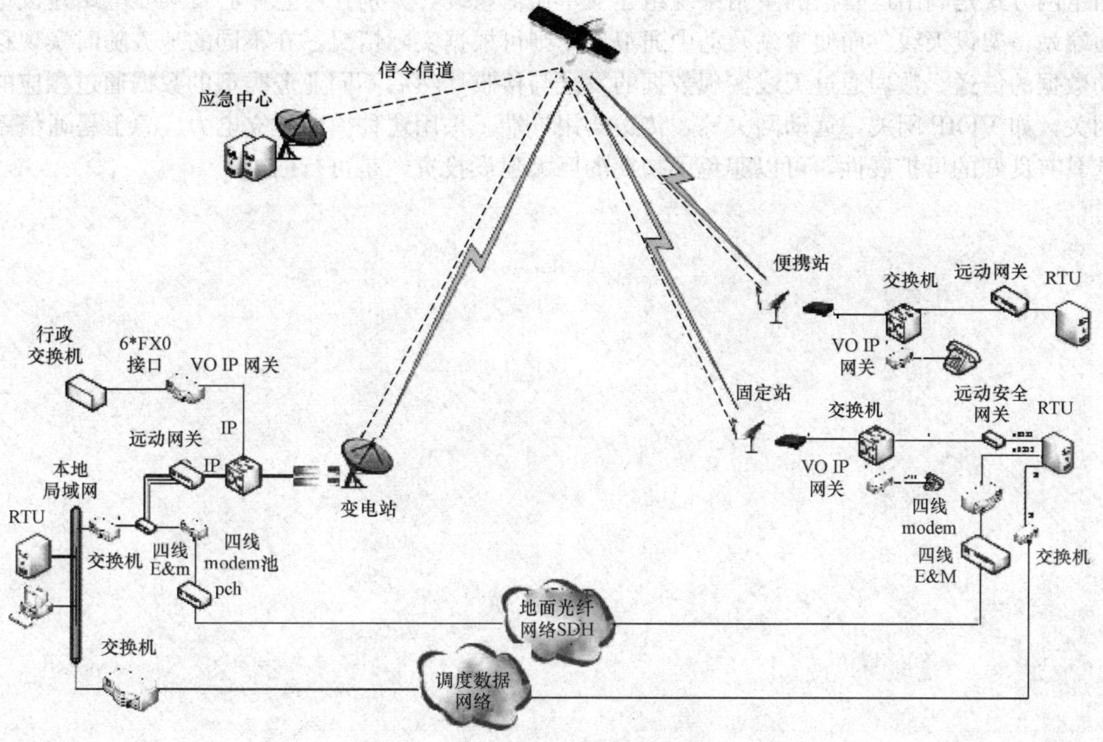

图 5-29　某供电局的电力应急系统组网方式

动化业务接入采用 2M 专线（PCM 通道）和 IP 网络（调度数据网）通道，当发生灾变时，通道切换为业务系统直接接入远动安全网关设备，远动安全网关设备直接连入卫星通信系统，整个业务通道切换只需在远动安全网关设备做配置更改即可。

　　图 5-30 所示为某电站应急系统的业务接入方式，由图可知，该供电局应急系统所采用

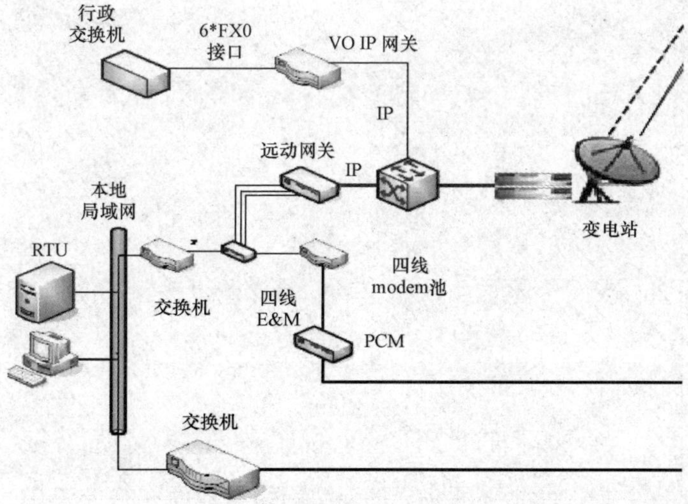

图 5-30　某变电站应急系统业务接入方式

的组网方式是利用运营商的主站系统组建卫星通信系统，分别在应急中心及某变电站建设地面端站，架设天线。而便携站及动中通卫星车则可根据实际情况，在不同的地方随时实现移动数据的传送。数据通过天线实现数据的发送与接收，然后不同业务类型的数据通过相应的网关，如 VOIP 网关，远动网关等，传送给用户端。采用这种模式建立电力应急卫星通信系统具有良好的可扩展性，可以避免了初期的巨大建设投资，是可行的。

第六章 移动通信技术

第一节 移动通信概述

一、移动通信概念

所谓移动通信是指通信的双方中至少有一方是在移动中进行信息交换的通信。例如,固定点与移动体(汽车、轮船、飞机)之间、移动体之间、活动的人与人和人与移动体之间的通信都属于移动通信的范畴。此处的信息交换,不仅指双方的通话,随着移动通信的不断发展,不久还将包括数据、传真、图像等通信业务,如图 6-1 所示。

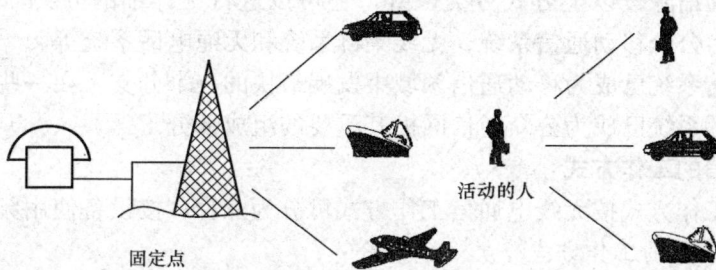

图 6-1 移动通信

二、移动通信特点

(1) 在移动通信(特别是陆上移动通信)中,由于移动台的不断运动导致接收信号强度和相位随时间、地点而不断变化,电波传播条件十分恶劣。只有充分研究电波传播的规律,才能进行合理的系统设计。

(2) 移动形成的多普勒频移将产生附加调制噪声。移动使电波传播产生多普勒效应,如图 6-2 所示。移动产生的多普勒频率为

$$f_d = \frac{v}{\lambda}\cos\theta \qquad (6-1)$$

式中 v——移动速度;

λ——工作波长;

θ——电波入射角。

(3) 在移动通信中,由于移动通信网是多电台、多波道通信系统,因而,通信设备除受城市噪声(主要是车辆噪声)干扰外,电台干扰(同频干扰、互调干扰)较为突出。因此,抗干扰措施在移动通信系统设计中显得尤为重要。

(4) 移动通信,特别是陆地上移动通信的用户数量较大。为缓和用户数量大与可利用的频道数有限的矛盾,除开发新频段之外,还应采取各种有效利用频率的措施,如压缩频带、缩小波道间隔、多波道共用等,即采用频谱和无线频道有效利用技术。

(5) 由于在广大区域内的移动台是不规则运动的,而

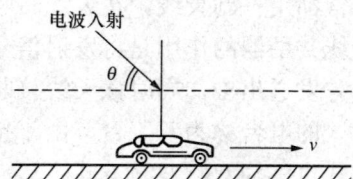

图 6-2 多普勒效应

且某些系统中不通话的移动台发射机是关闭的,它与交换中心没有固定的联系,因此,要实现通信并保证质量,移动通信必须发展自己的交换技术,例如位置登记技术、波道切换技术及漫游技术等。

(6) 移动台应具有小型、轻量、低功耗和操作方便等优点。同时,在有振动和高、低温等恶劣的环境条件下,要求移动台能够稳定、可靠地工作。

三、移动通信分类

移动通信按用途、频段、制式及入网方式等不同,可以有不同的分类方法。按使用对象可分为军用、民用;按用途和区域可分为陆地、海上、空间;按经营方式可分为公众网、专用网;按网络形式可分为单区制、多区制、蜂窝制;按无线电频道工作方式可分为同频单工、异频单工、异频双工;按信号性质可分为模拟、数字;按调制方式可分为调频、调相及调幅等;按多址复接方式可分为频分多址(FDMA)、时分多址(TDMA)及码分多址(CDMA)。移动通信除按以上方式分类以外,还可以进行更详细的分类。例如,陆地移动通信系统又可分为公众移动通信系统、无线集群系统和无绳电话系统等。

陆上移动通信系统已成为移动通信领域中发展最快的一个分支。在一些发达国家中,蜂窝制公众移动电话系统已成为公众通信网极其重要的组成部分。

四、移动通信的工作方式

移动通信的工作方式按无线电通信工作方式可分为三种;按设备使用频率分四类。

1. 按无线电通信的工作方式分类

按无线电通信工作方式分类,可分为单向、双向及中继三种。

(1) 单向通信方式:这是一种最简单、最原始的通信方式。它可以用两个移动无线电台为通话对象,一个发射,另一个接收。这种方式通常用于传达指令,指挥调度,也可以将基台(固定台)作为一方,移动台为另一方。

(2) 双向通信方式:这种方式双方都可以对话,基台或移动台都能发送和接收,如常见的对讲机。

(3) 中继通信方式:当两个用户距离较远,或者受到地形的影响,如被建筑物及高山阻挡时,可以通过中继转发台转发,以扩大移动通信的服务范围。

2. 按设备使用频率分类

按设备使用频率的方式分类,可分为单频单工、异频单工、双频双工及中继转发四类。

(1) 单频单工方式:一部收发信机使用一个频率,在发射时不能接收,接收时不能发射,也就是不能同时发射、接收。所以,这种方式称为单频单工方式。

(2) 异频单工方式:电台接收和发送的工作频率具有一定的间隔。如果基台一方采用具有双工器的全双工电台,移动台一方采用异频单工方式工作的系统,则称为半双工方式。

(3) 双频双工方式:双频双工电台可以同时发话和收话,就像市内电话一样。这种电台通常都用一副天线,在天线与收发信机之间接入天线共用器,以满足共用一副天线的要求。天线共用器的作用是将发射信号与接收信号隔离,发射机的输出功率通过天线共用器送到天线并发送出去,同时该天线接收到对方发射的信号并经过天线共用器送到接收机,这种工作方式的电台称为双工台。由于接收和发送工作在两个有一定间隔的频率上,所以,这种工作方式也称为双频双工方式。

(4) 中继转发方式:中继转发电台的工作方式是将接收到的信号,通过检波成为低频话音信号后，再加到发射机上去调制发射机，并按发射频率输出，以扩大通信距离。有的中继转发电台可以直接用中频信号转发，这种设备的话音质量要比低频转发的好。中继转发方式如图 6-3 所示。

五、移动通信发展史

移动通信从诞生到现在已经有 100 多年的历史了。

以 AMPS 和 TACS 为代表的第一代蜂窝移动通信网是模拟系统。模拟蜂窝网虽然取得了很大成功，但也暴露了一些问题，如频谱利用率低、移动设备复杂、费用较贵、业务种类受限以

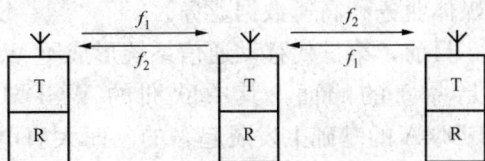

图 6-3 中继转发方式

及通话易被窃听等，而其中最主要的问题是其容量已不能满足日益增长的移动用户的需求。

20 世纪 80 年代几乎同时出现了两种重要的移动通信体制：一种是 TDMA 体制；另一种是 CDMA 体制，为第二代移动通信系统（数字蜂窝系统）。TDMA 体制的典型代表是欧洲的 GSM 系统，CDMA 体制的典型代表是美国的 IS-95 系统。

GSM 数字移动通信系统源于欧洲。1982 年，北欧国家向 CEPT（欧洲邮电管理会议）提交了一份建议书，要求制定 900MHz 频段的欧洲公共电信业务规范。在这次会议上成立了一个移动特别小组（Group Special Mobile），简称"GSM"，它隶属于欧洲电信标准学会（ETSI），主要负责制定有关的标准和建议。

1991 年，欧洲第一个 GSM 系统开通，并将 GSM 正式更名为"全球移动通信系统"（Global system for Mobile communications）。同年，移动特别小组还完成了 1800MHz 频段欧洲公共电信业务规范的制定工作，定名为 DCS1800 系统。GSM900 与 DCS1800 统称 GSM 系统。

1992 年，欧洲大部分 GSM 运营商开始提供商用业务。1993 年，欧洲第一个 DCS1800 系统投入运营。

1993 年，我国第一个 GSM 系统建成开通。

美国高通（Qualcomm）公司则一直坚定地研究 CDMA 技术，并于 1989 年进行了首次 CDMA 现场试验，证明 CDMA 用于蜂窝移动通信的大容量特性，经理论推导为 AMPS 容量的 20 倍。这一振奋人心的结果很快使 CDMA 成为全球的热门课题。1995 年，美国的 CDMA 公用网开始投入商用。到 1999 年底，全球 CDMA 用户已达 5000 多万户，CDMA 的研究和商用进入高潮。

中国联通在 2000 年底建成容量为 1000 万户左右的 CDMA 网络，覆盖全国 250 余个城市，到 2003 年底，累计建设容量达 4000 万户，基本覆盖全国大部分县级以上的城市。

移动通信经历了第二代的蓬勃发展，用户数量急剧增加，在某些地区出现了频率资源紧张、系统容量饱和的局面。而与此同时，信息技术飞速发展对移动通信提出了更多新的业务需求，如图像、话音与数据相结合的多媒体业务和高速数据业务，而第二代移动通信系统因只能提供话音业务和低速数据业务，已不能适应新业务发展的要求。所以新一代移动通信系统的研究和发展就成为移动通信领域的一个新热点。

第三代移动通信系统最初的研究工作始于 1985 年，当时 ITU-R 成立临时工作组，提出

了未来公共陆地移动通信系统（FPLMTS），其目的是形成全球统一的频率和统一的标准，实现全球无缝漫游，并提供多种业务。1996 年，FPLMTS 正式更名为 IMT-2000。IMT-2000 支持的网络称为第三代移动通信系统，可以支持高达 2Mbit/s 的传输速率，并可提供多媒体业务和高速数据业务。

目前，第三代移动通信系统形成了 WCDMA、CDMA2000、TD-SCDMA 三大主流标准三足鼎立的局面，其中欧洲的 WCDMA 和美国的 CDMA2000 分别是在 GSM 和 IS-95CDMA 的基础上发展起来的。而大唐电信代表我国提出的 TD-SCDMA 标准由于采用了 TDD 模式，支持不对称业务，又有我国政府和产业界的支持，再加上国内巨大的市场潜力，因此格外引人注目，必将成为未来移动通信市场上的一个新的亮点。

第二节　移动通信技术

一、移动通信系统的组成

移动通信系统一般由移动台（MS）、基站（BS）及移动业务控制交换中心（MSC）组成，与市话网（PSTN）通过中继线相连接，如图 6-4 所示。

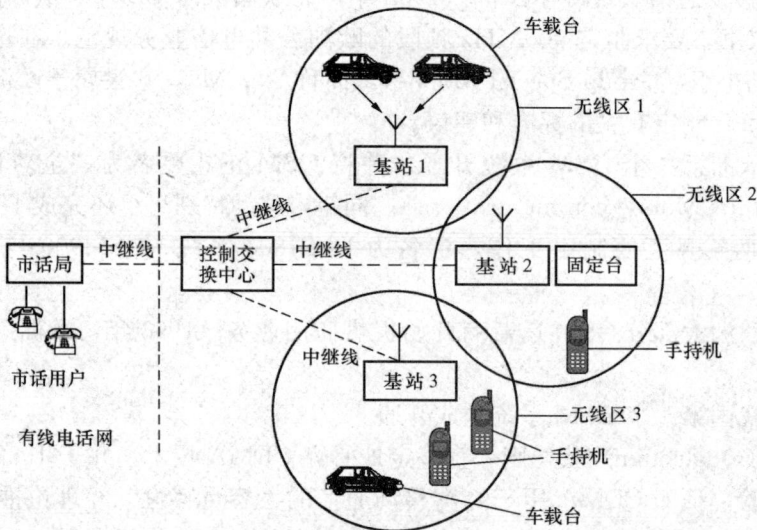

图 6-4　移动通信系统的组成

基站和移动台设有收、发信机和天馈线等设备。每个基站都有一个可靠通信的服务范围，称为无线小区。无线小区的大小主要由发射功率和基站天线的高度决定。服务范围面积可分为大区制和小区制两种。大区制是指一个城市由一个无线区覆盖。大区制的基站发射功率很大，无线区覆盖半径可达 25km 以上。小区制一般是指覆盖半径为 2～10km，且由多个无线区链合而成整个服务区的制式。小区制的基站发射功率很小。目前发展方向是将小区进一步划小，成为微区、宏区和毫区，其覆盖半径降至 100m 左右。

移动业务控制交换中心主要是提供路由器进行信息处理和对整个系统进行集中控制管理。移动业务控制交换中心还因系统不同而有几种名称，如在 AMPS 系统中被称为移动交换局 MTSO 而在 NMT-450 及 900 系统中又称为移动交换机 MTX。

移动通信是通信条件比较差的一种通信方式，在陆地上受地形、地物和环境干扰等因素的影响较严重。

二、移动通信无线覆盖区结构

（一）大区制

采用大区制时，一个基站天线覆盖区内的移动用户，只能在此区域完成联络与控制。它的特点是基站只有一个天线，架设高、功率大，覆盖半径也大，一般用于集群通信中。此种方式的设备较简单，投资少，见效快，所以在用户较少的地区，大区制得到广泛的应用；但频率利用率低，扩容困难，不能漫游。

（二）小区制

采用小区制时，整个业务区（服务区）划分为若干小区，在小区中分别设置基站，负责本小区移动通信的联络控制，同时又可在移动控制中心（移动业务交换中心 MSC）的统一控制下，实现小区间移动用户通信的转接，以及移动用户与市话用户的联系。例如，把一个大区制覆盖的服务区域一分为五，如图 6-5 所示，每一个小区各设一个小功率基站（BS1～BS5），发射功率一般为 5～10W，以满足各小区移动通信的需要。若是这样安排，那么移动台 MS1 在 1 区使用频率 f_1 和 f_2 时，而在 3 区的另一个移动台 MS3 也可使用这对频率进行通信。这是由于 1 区和 3 区相距较远，且隔着 2、4、5

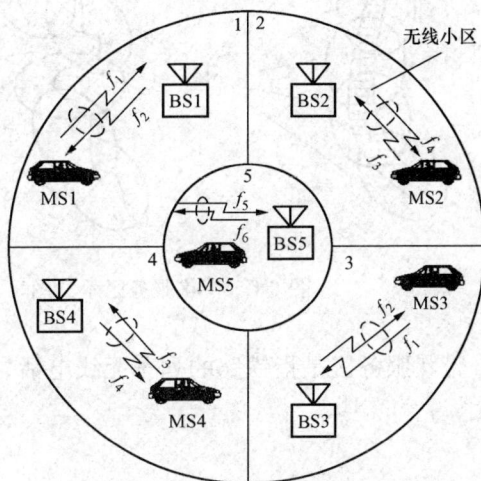

图 6-5 小区制示意图

区，功率又小，所以即使采用相同频率也不会相互干扰。在这种情况下，只需 3 对频率（即 3 个频道），就可与 5 个移动台通话。而大区制下要与 5 个移动台通话，必须使用 5 对频率。显然小区制提高了频率的利用率。这是公用陆地移动通信采用的天线覆盖方式。

无线小区的范围还可根据实际用户数的多少灵活确定。采用小区制，用户四处移动时，系统可以自动地将用户从一个小区切换（转接）到另一个小区。这是使蜂窝用户具有移动性的最重要的特点。当用户到达小区的边界处，计算机通信系统就会自动地进行呼叫切换。与此同时，另一个小区就会给这个呼叫分配一条新的信道。当小区中话务量太高时，也会进行呼叫切换。遇到这种情况，基站将对无线电频道进行扫描，从邻近小区中寻找一条可利用的信道。如果这个小区内没有空闲的信道，那么用户在拨打电话时就会听到忙音信号。

采用小区制时，在移动通话过程中，从一个小区转入另一个小区的概率增加了，移动台需要经常地更换工作频道。无线小区的范围越小，通话过程中越过的小区越多，通话中转换频道的次数就越多。这样对控制交换功能的要求就提高了，再加上基站数量的增加，建网的成本就提高了，同时也会影响通信质量。因此，无线小区的范围也不宜过小。那么实际工作中，无线小区的半径取多大合适呢？这要综合考虑（如日本 800MHz 汽车电话系统，无线小区确定为 5～10km）。小区的大小取决于一个地区的用户密度。在人口密集的地区，可以通过缩小一个蜂窝小区的实际面积或者增加更多的部分重叠的小区来提高蜂窝网的容量。这样既可以增加可用的信道数，又无需增加实际使用的频率数量。

（三）服务区域的划分

无线频率是一种有限的资源，在无线通信中，一个重要的问题就是如何利用有限的资源为尽可能多的用户提供服务。在没出现蜂窝技术时，提高无线通信容量的习惯做法是通过分割频率获得更多的可用信道。然而这种做法缩小了指配给每个用户的带宽，造成服务质量下降。

蜂窝技术不是分割频率而是分割地理区域。这种将服务区分割成多个蜂窝小区的办法是一个关键的变革，它能更加有效地使用无线频率。

考虑服务对象及频率组不相互干扰等因素，小区制一般分为带状服务区和面状服务区。图 6-6 所示为带状服务区示意图。

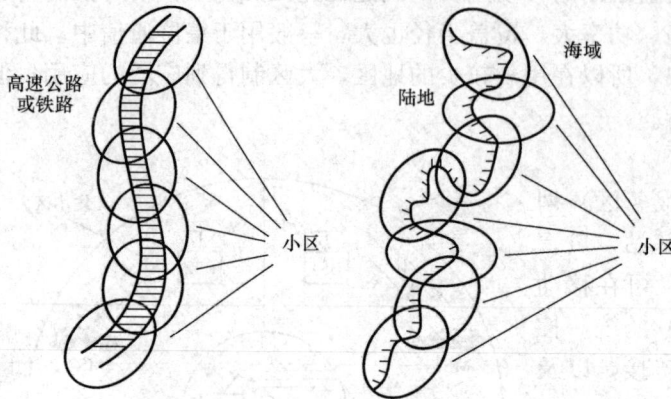

图 6-6　带状服务区示意图

1. 带状服务区

带状服务区是指铁路的列车无线电话、船舶无线电话等，基站可以使用定向天线（方向

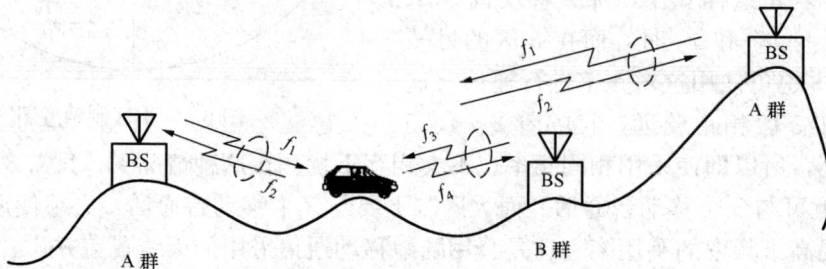

图 6-7　同频干扰示意图

性强的天线），小区按纵向排列覆盖整个服务区。为避免邻接小区使用相同频率，造成干扰（同频干扰），因而采用不同频率组。在带状情况下可配备双组（群）频率，但是也可能发生干扰，如图 6-7 所示，因此也可配备三组或四组等。

2. 面状服务区

面状服务区是指服务小区的形状采用正三角形、正方形、正六边形，邻接构成整个服务区，如图 6-8 所示。

根据从邻接小区的中心间距、单位小区的有效面积、交叠区域面积、交叠距离和所需最少无线频率的个数

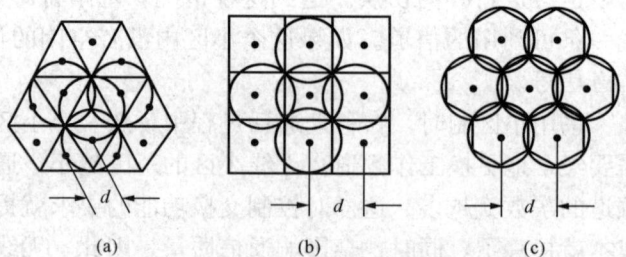

图 6-8　组成面状服务区各种小区的形状
(a) 正三角形；(b) 正方形；(c) 正六边形

等几个方面加以比较，用正六边形无线小区邻接构成整个面状服务区是最好的。因此，它在现代移动通信网中得到了广泛的应用。由于这种面状服务区的形状很像蜂窝，所以又称蜂窝网。

（四）蜂窝无线区移动通信网

通常在陆地公用移动通信网，都是由若干正六边邻接小区组成一个无线覆盖区群，再由若干无线区群构成整个服务区。单位无线区群构成有两个基本条件：

（1）若干个单位无线区群正六边形彼此邻接组成蜂窝式服务区。

（2）邻接单位无线区群中的同频无线小区的中心间距相等。

在满足上述条件情况下，构成单位无线区群的小区个数 N 为

$$N = a^2 + ab + b^2 \tag{6-2}$$

式中：a、b 均为正整数，其中一个可以为零，根据关系式可求出 N 为 3，4，7，9，… 。

根据以上构成条件可知，N 个单位无线区群构成的服务区域如图 6-9 所示。

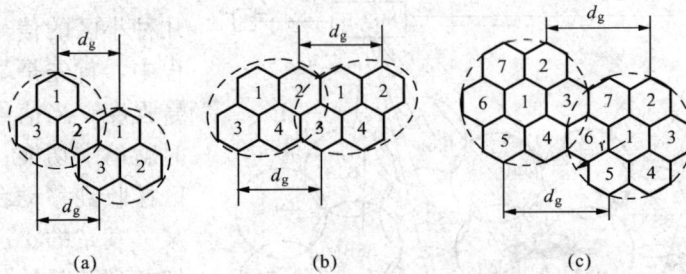

图 6-9　各种单位无线区群的结构图形
(a) $N=3$；(b) $N=4$；(c) $N=7$

从图 6-9 中可看出，单位邻接无线区群中，同频无线小区的中心间距 d_g 与小区个数 N、小区半径 r 之间的关系为

$$\frac{d_g}{r} = \sqrt{3N} \tag{6-3}$$

有 3 个、4 个、7 个无线小区构成的单位无线区群，其基站可设置在各自无线小区顶点，也可设置在小区中心；然后可配置 7 个或多个无线覆盖区，如通常使用的 7×3（＝21）个信道组。

三、移动通信中的切换、交接与漫游

图 6-10 所示为三叶草形无线区群，基站在三个小区顶点，向三个方向以不同频率组覆盖，有时又称之为顶点激励方式，采用 120°的定向天线辐射电波进行无线信号覆盖。从图 6-10 中看出，如果配置三组频率，由于天线的方向性提供了一定的隔离度，因而在小区中信号不会产生干扰。

当移动体在运动中，从一个小区向另一个小区运动时，信道要发生转换，这就是移动通信中的切换，又称交接。如图 6-11 所示，当移动体从基区 1（BS1）向基区 2（BS2）过渡时，这时信道要进行转换，这种转换叫作切换。切换可发生在同一基区的不同小区，也可发

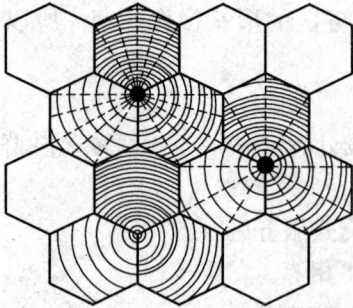

图 6-10　三叶草形无线区群
（每个基站三个无线小区）

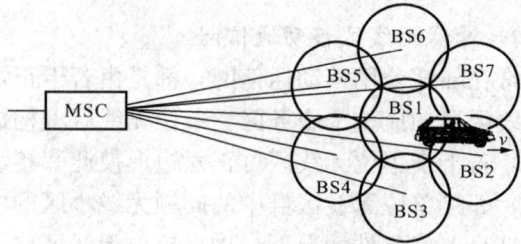

图 6-11　同一交换区的
切换示意图

生在不同基区的不同频率组，也可发生在不同的移动交换区，如图 6-12 所示。只要是陆地公用蜂窝移动通信网，都存在这几种小区的信号切换。其交接过程中，首先是基站监测移动台信号强度，当信号降低到某一限值时就请求切换；比较周围邻接小区接收到移动台的信号强弱，当某一基站的小区信号较强时，就切换到此基站的小区，通过信道转换继续进行通话。

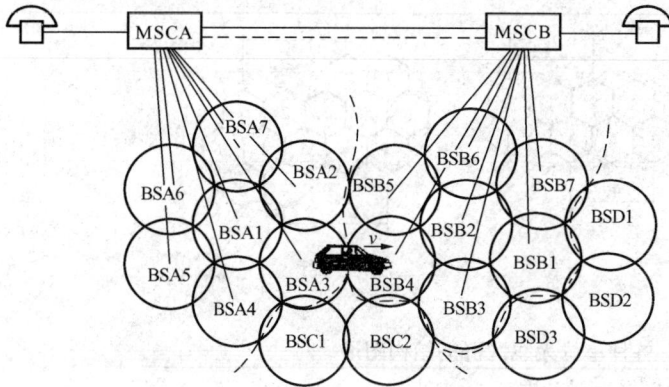

图 6-12　不同交换区的切换示意图

漫游是指移动台在某地登记进网后，可在异地同样进行呼叫处理通信。这里的异地，是指不同地区、不同省，甚至不同国家都同样能通过漫游进行通信联系。

全球通的蜂窝移动通信网有一个制式的问题，如果是同一制式，很容易实现（切换）交接和漫游。世界上有多种制式的蜂窝移动通信系统，就数字移动通信而言，就有 GSM、D-AMPS、D-NTT 等系统。我国数字移动通信系统采用 GSM 系统。

第三节　GSM 系统及 GPRS 技术

一、GSM 系统的特点

GSM 系统是泛欧数字蜂窝移动通信网的简称，是当前发展最成熟的一种数字移动通信系统，即为"全球数字移动通信系统"。GSM 具有下述五大特点。

1. GSM 系统有的移动台具有漫游功能，可以实现国际漫游

（1）移动台识别码：GSM 系统有为用户定义了三个识别码，即 DN 码、MSRN 码和 IMSI 码。DN 码是公用电话号码簿上可以查到的统一电话号码；移动台漫游号码 MSRN 是在呼叫漫游用户时使用的号码，由 VLR 临时指定，并根据此号码将呼叫接至漫游移动台；国际移动台识别码 IMSI 在无线信道上使用，用来寻呼和识别移动台。上述三个识别码存在

着对应关系，利用它们可以准确无误地识别某个移动台。

（2）位置登记：某区的移动台若进入另一个区，只有经过位置登记后才能使用。如 A 区移动台进入 B 区后，会自动搜索该区基站的广播公共信道，获得位置信息。当发现接收到的区域识别码与自己的不同时，漫游移动台会向当地基站发出位置更新请求；B 区的被访局收到此信号后，通知本局的 VLR，VLR 即为漫游用户指定一个临时号码 MSRN，并将此号码通过 CCITT No.7 信令，通知移动台所在业务区备案。这样，一个漫游用户位置登记就完成了。

（3）将呼叫接续至漫游移动台：当公用有线电话用户要呼叫某漫游移动台时，用有线电话机拨移动台 DN 码，DN 码首先经由公用交换网接至最靠近的本地 GSM 系统移动业务交换中心（GSMC）；GSMC 利用 DN 码访问母局位置登记器，从中取得漫游台的 MSRN 码，并根据此码将呼叫接至被访问的移动业务交换中心（VMSC）；VMSC 接到 MSRN 码后，进一步访问来访者登记器，证实漫游台是否仍在本区工作，经确认后，VMSC 把 MSRN 码转换成国际移动台识别码（IMSI 码），通过当地基站，在无线信道上向漫游移动台发出寻呼，从而建立通话。

2. GSM 系统提供多种业务

GSM 可提供许多新业务，包括传输速率为 300～9600bit/s 的双工异步数据，1200～9600bit/s 的双工同步数据；异步 300～9600bit/s 的 PAD 接入电路、分组数据和话音数字信号、可视图文以及对 ISDN 终端的支持等。

3. GSM 系统具有较好的保密功能

GSM 系统可以向用户提供以下三种保密功能：

（1）对移动台识别码加密，使窃听者无法确定用户的移动台电话号码，起到对用户位置保密的作用。

（2）将用户的话音、信令数据和识别码加密，使非法窃听者无法收到通信的具体内容。

（3）保密措施通过"用户鉴别"来实现。其鉴别方式是一个"询问—响应"过程。为了鉴别用户，在通信过程开始时，首先由网络向移动台发出一个信号；移动台收到这个号码后，连同内部的"电子密锁"，共同启动"用户鉴别"单元，随之输出鉴别结果，返回网络的固定方。网络固定方在发出号码的同时，也启动自己的"用户鉴别"单元，产生相应的结果，与移动台返回的结果进行比较，若结果相同则确认为合法用户，否则确认为非法用户，从而确保了用户的使用权。

4. 越区切换功能

在微蜂窝区移动通信网中，高频度的越区切换已不可避免。GSM 系统采取主动参与越区切换的策略。移动台在通话期间，不断向所在工作区基站报告本区和相邻区无线环境的详细数据。当需要越区切换时，移动台主动向本区基站发出越区切换请求，固定方（MSC 和 BS）根据来自移动台的数据，查找是否存在替补信道，以接收越区切换。如果不存在，则选择第二替补信道，直至选中一个空闲信道，使移动台切换到该信道上继续通信。

5. 其他特点

GSM 系统主要采用了时分多址（TDMA）传输技术，系统容量大，通话音质好，便于数字传输，可与今后的综合业务数字网（ISDN）兼容，还具有电子信箱、短消息业务等功能。

二、GSM 系统构成

GSM 系统的主要组成部分可分为移动台（MS）、基站子系统（BSS）和网络子系统（NSS），如图 6-13 所示。

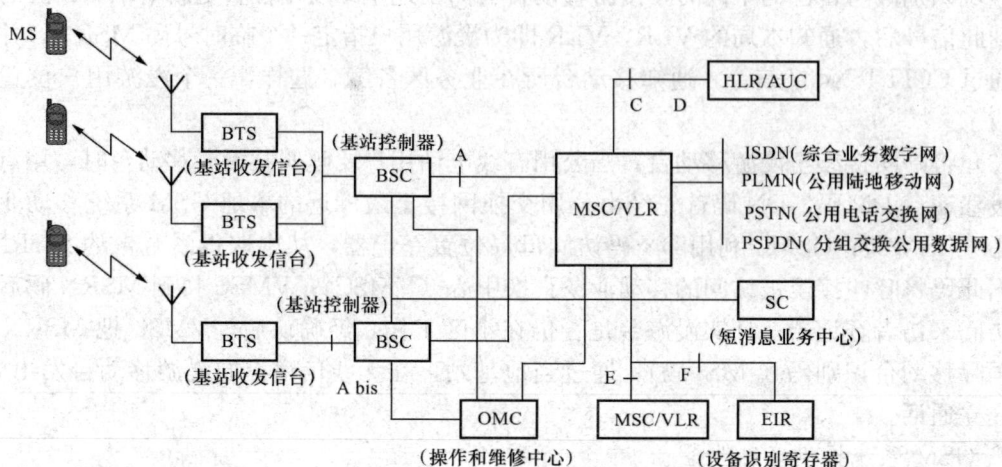

图 6-13　GSM 系统构成

（一）移动台（MS）

移动台是用户使用的终端设备，包括移动电话以及用于提供数据、传真等附加业务的终端适配器和终端设备。

移动台有便携式（手持）和车载式两种。未来移动台的主要形式是手持式，因为它的功能全、体积小、使用十分方便。

移动台的主要功能包括：能通过无线接入进入通信网络，完成各种控制和处理以提供主叫或被叫通信业务；具备与使用者之间的人机接口，例如，要实现话音通信，必须要有送、受话器，键盘以及显示屏幕等，或者与其他终端设备相连接的适配器，或两者兼有。从功能上看移动台可分为三种：

（1）只具备某种业务功能，如只能通话的普通手持机；

（2）带有适配器可连接特定的终端设备；

（3）可提供 ISDN 接口，再通过 ISDN 终端提供各类业务。

移动台还涉及用户注册与管理。移动台依靠无线接入，不存在固定的线路，本身必须具备用户的识别号码。这些用于识别用户的数据资料可以由电话局一次性注入移动台。另外，移动台可采用用户识别模块，即一种信用卡形式，称为 SIM（Subscriber Identify Module）卡，使用移动台的人必须将 SIM 卡插入移动台才能使用。这是两种非常灵活的使用方式。

（二）基站子系统（BSS）

BSS 可分为基站收发信台（BTS）和基站控制器（BSC）两部分。

BTS 包括无线传输所需要的各种硬件和软件，如发射机、接收机、支持各种小区结构（如全向、扇形、星状或链状）所需要的天线、连接基站控制器的接口电路以及收发台本身所需要的检测和控制装置等。

BSC 是基站收发台和移动交换中心之间的连接点，也为基站收发台和操作维护中心之间交换信息提供接口。一个基站控制器通常控制几个基站收发台，其主要功能是进行无线信道管理，实行呼叫和通信链路的建立和拆除，并为本控制区内的移动台的越区切换进行控制等。

（三）网络子系统（NSS）

NSS由移动业务交换中心（MSC）、归属位置寄存器（HLR）、拜访位置寄存器（VLR）、鉴权中心（AUC）、设备识别寄存器（EIR）、操作维护中心（OMC）和短消息业务中心（SC）构成。

MSC是蜂窝通信网络的核心，其主要功能是对于本MSC控制区域内的移动用户进行通信控制与管理：信道的管理与分配；呼叫的处理与控制；越区切换和漫游的控制；用户位置登记与管理；用户号码和移动设备号码的登记与管理；服务类型的控制；对用户实施鉴权；为系统与其他网络连接提供接口，如系统与其他MSC、公用通信网络〔如公用交换电信网（PSTN）、综合业务数字网（ISDN）和公用数据网（PDN）〕等连接提供接口，以保证用户在转移或漫游过程中实现无间隙的服务。

HLR是一种用来存储本地用户位置信息的数据库。在蜂窝通信网中，通常设置若干个HLR，每个用户都必须在某个HLR中登记。登记的内容分为两类：一类是永久性的参数，如用户号码、移动设备号码、接入的优先等级、预定的业务类型以及保密参数等；另一类是暂时性的、需要随时更新的参数，即用户当前所处位置的有关参数。当用户漫游到HLR服务区域之外时，HLR也要登记由该区传送来的位置信息。这样做的目的是保证当呼叫任一个不知处于哪一个地区的移动用户时，均可由该移动用户的归属位置寄存器获知它当时处于哪一个地区，进而建立起通信链路。

VLR是一种用于存储来访用户位置信息的数据库。一个VLR通常为一个MSC控制服务区，也可分为几个相邻MSC控制服务区。当移动用户漫游到新的MSC控制区时，必须向该区的VLR登记，VLR要从该用户的HLR查询其有关参数，并通知HLR修改用户的位置信息，准备为其他用户呼叫此移动用户时提供路由信息。如果移动用户由一个VLR服务区移动到另一个VLR服务区时，那么HLR在修改该用户的位置信息后，还要通知原来的VLR，删除此移动用户的位置信息。

AUC的作用是可靠地识别用户的身份，只允许有权用户接入网络并获得服务。

EIR是存储移动台设备参数的数据库，用于对移动设备进行鉴别和监视，并拒绝非法移动台入网。

OMC的任务是对全网进行监控和操作，例如，系统的自检、报警和备用设备的激活，系统的故障诊断与处理；话务量的统计和计费数据的记录与传递；各种资料的收集、分析与显示等。

SC是向用户提供短消息业务的实体。HLR、AUC和EIR通常合设于同一物理实体中。

三、GSM系统的主要参数

GSM系统主要参数为频段、频段宽度、通信方式、信道分配等。具体参数如下：

（1）频段：935～960MHz为基站发、移动台收的频段；

890～915MHz为移动台发、基站收的频段；

1805～1880MHz为基站发、移动台收的频段；

1710～1785MHz为移动台发、基站收的频段。

其中，中国移动使用 890～909MHz、935～954MHz，带宽 19MHz；中国联通使用 909～915MHz、954～960MHz，带宽 6MHz；此外中国移动通信还使用了 1800MHz 频段、1710～1720MHz、1805～1815MHz，每向 10MHz 的带宽。

(2) 频段宽度：25MHz。

(3) 通信方式：全双工。

(4) 载波间隔：200kHz。

(5) 信道分配：每个频道采用 TDMA 方式，每载波 8 时隙，即 8 个全速信道，16 个半速信道。

(6) 频道配置：采用等间隔频道配置方法。

1) 在 900MHz 频段，频道序号为 1～124，共 124 个频道，序号和频道标称中心频率的关系为：

移动台发、基站收　$f_L(n) = 890.200 + (n-1) \times 0.200$　(MHz)

基站发、移动台收　$F_H(n) = f_L(n) + 45$　(MHz)

上两式中，$n = 1～124$。

2) 在 1800MHz 频段，频道序号为 512～885，共 374 个频道，序号和频道标称中心频率的关系为：

移动台发、基站收　$f_L(n) = 1710.200 + (n-512) \times 0.200$　(MHz)

基站发、移动台收　$F_H(n) = f_L(n) + 95$　(MHz)

上两式中，$n = 512～885$。

蜂窝系统可在不同的地理位置，即无线区群间重复使用各频道组的频道，即频率复用，这是蜂窝移动通信最基本原理。

(7) 信道总速率：270.83kbit/s。

(8) 调制方式：GMSK，调制指数为 0.3。

(9) 语音编码：RPE-LP 13bit/s 规则脉冲激励线性预测编码。

(10) 数据速率：9.6kbit/s。

(11) 分集接收：跳频 217 跳/s，交错信道编码，自适应均衡——判决反馈自适应均衡器（16μs 以上）。

(12) 每个时隙传输速率：22.8kbit/s。

四、GSM 系统的网络结构

一个国家（或地区）的网络结构与其地域面积、人口分布及发展等因素有密切关系，各国的网络结构需根据其国情确定。目前世界各国 GSM 系统的网络均采用独立建设专用网方式。该方式不依附于 PSTN 而独立地在 MSC 间建立话务和信令链路，呼叫直接在 GSM 系统的网络中进行接续。根据话务密度在需要的地方建立 MSC/VLR，设置若干汇接 MSC（TMSC），在 TMSC 间建立网状网互联。每个 MSC/VLR 至少与两个 TMSC 相连，这样做的目的是确保网络的可靠性。GSM 网使用专用的接入号（一般占用一个单独的长途区号）与 PSTN 互通。每个 MSC/VLR 与当地长途或市话汇接局相连起到入口 MSC（GMSC）的功能。用户的拨号方式为：移动电话拨叫固定电话为长途冠字＋长途区号＋用户号码，固定电话拨叫移动电话为长途冠字＋GSM 接入区号＋用户号码。

我国的国土面积辽阔，人口众多，因此，我国数字移动电话网网络结构由业务网（话路网）和信令网组成。其中的业务网又由移动业务本地网、省内网（省内数字移动通信网）和全国网（全国数字移动通信网）组成。

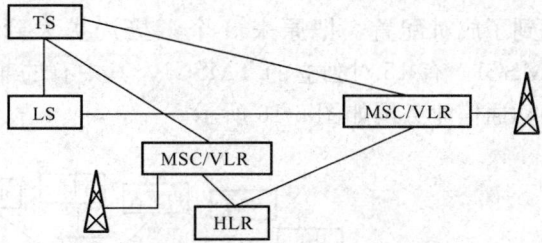

图 6-14　移动业务本地网的网络结构
TS—长途局；LS—市话局；VLR—访问位置寄存器；
HLR—归属位置寄存器；MSC—移动业务交换中心

（一）业务网

1. 移动业务本地网

移动业务本地网的网络结构如图 6-14 所示。

（1）全国划分为若干个移动业务本地网，原则上长途编号区为 2 位、3 位的地区建立移动业务本地网，每个移动业务本地网中应相应设立一个 HLR（必要时可增设 HLR），用于存储归属该移动业务本地网的所有用户的有关数据。每个移动业务本地网中可设一个或若干个移动业务交换中心 MSC（移动业务交换中心）。长途编号区为 2 位、3 位的地区均可设立 MSC，每个 MSC 区可划分成若干个蜂窝式小区。

（2）在移动业务本地网中，每个 MSC 与局所在地的长途局相连，并与局所在地的汇接局相连，在长途多局制地区，MSC 应与该地区的高级长途局相连。在没有汇接局或话务量足够大的情况下，MSC 亦可与本地端局相连。

（3）每个 MSC 均为数字蜂窝移动网的入口 MSC。

2. 省网内网

移动业务省内网如图 6-15 所示。

（1）省内的移动通信网由省内的各移动业务本地网构成，省内设若干个移动业务汇接中心（也称二级汇接中心）。根据业务

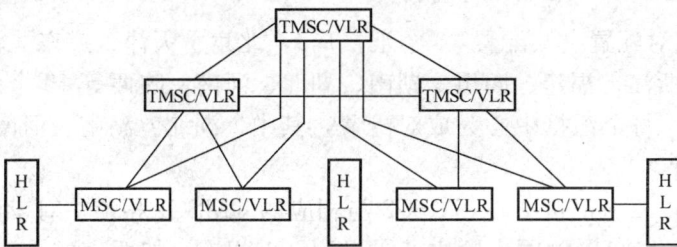

图 6-15　移动业务省内网

量的大小，二级汇接中心可以是单独设置的汇接中心（即不带用户，没有 VLR，没有至基站接口，只作汇接），也可以是既作移动端局（与基站相连，可带用户），又作汇接中心和移动交换中心。

（2）省内移动通信网中的每一个移动端局，至少应与省内两个二级汇接中心相连。

（3）省内的二级汇接中心之间为网状网。

（4）任意两个 MSC 之间若有较大业务时，可建立话音专线。

（5）在建网初期，为节约投资，可先设一个二级汇接中心，每个 MSC 以单星形结构与汇接中心相连，以后逐步过渡。

3. 全国网

（1）在大区设立一级移动业务汇接中心，通常为单独设置的移动业务汇接中心。

（2）各省的二级汇接中心应与其相应的一级汇接中心相连。

（3）一级汇接中心之间为网状网。

我国的移动话路网（业务网）在 20 世纪末仍维持三级结构，其网络除在原八大汇接局

设立 TMSC1 外，在全国又增加 7 个省会城市设置 TMSC1；把原来一个局配置 1 个汇接局，做到了成对配置，把原来 8 个汇接局扩大到 30 个汇接局，即每个独立局都配置了两对 TMSC1，有 15 对独立的 TMSC1，其中有的兼二级汇接中心 TMSC2。我国 GSM 公用陆地移动通信业务网如图 6-16 所示。

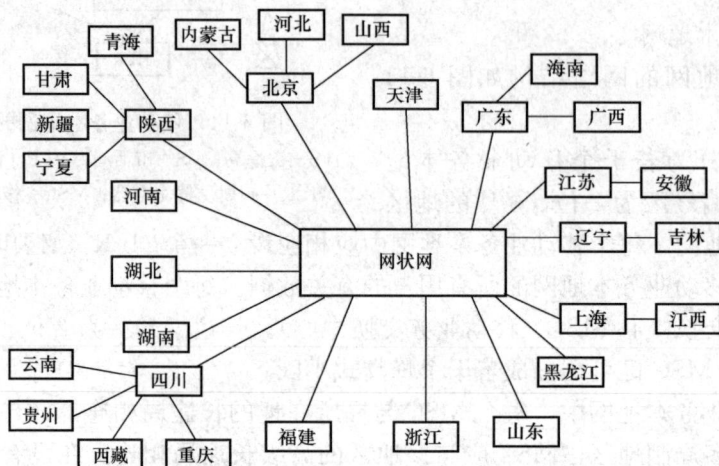

图 6-16　我国 GSM 业务网

图 6-16 中，TMSC1 为 15 个成对配置（共配置 30 个汇接局），北京、天津、广东、江苏、辽宁、上海、黑龙江、山东、浙江、福建、四川、湖南、湖北、河南、陕西等 15 个省的省会城市为独立的一级汇接中心，每个汇接中心为成对配置，其中，湖北、湖南、河南、陕西四省兼有二级汇接中心 TMSC2。

15 对 TMSC1 之间组成网状网，二级汇接中心 TMSC2 与相应的 TMSC1 相连。对未建设独立 TMSC1 的省区，其 TMSC2 与归属的原大区中心的 TMSC1 相连。如西南的重庆、贵州、云南、西藏分别与四川成都的 TMSC1 相连；青海、甘肃、新疆、宁夏分别与陕西西安相连；海南、广西与广东相连；内蒙古、河北、山西与北京相连；安徽与江苏相连；吉林与辽宁相连；江西与上海相连等。

各个 TMSC2 与所属区的 TMSC1 之间设置基干路由。为提高网络的安全性和可靠性，解决 TMSC2 与 TMSC1 单属型连接带来的安全隐患问题，网路又设置了每个 TMSC2 至无汇接关系的另一个 TMSC1 之间的直达路由。该路由平时用于输送本省与此大区内的话务，当二级中心所属大区一级汇接中心 TMSC1 发生故障或其路由全阻塞时，则该路由作为安全备用路由，负责疏通至其他的所有大区的业务，如重庆设置到湖北武汉的直达路由等。

4. 移动网与固定网的连接

移动网（PLMN）与固定网（PSTN）的连接，如图 6-17 所示。移动网中的一级汇接中心、二级汇接中心和移动端局都分别与局所在地的固定网的长途局相连，并与局所在地的汇接局相连，亦可与本地端局相连。

（二）信令网

目前是独立的 No.7 信令网，采用三级结构，即 HSTP、LSTP 和 SP。

在大区一般设置一级信号转接点，称高级信令点 HSTP；在各省内设二级信号转接点，称低级信令点 LSTP；最后在各移动交换中心即移动端局，设信令点 SP。

五、GSM 系统通信网的编号

移动通信系统的编号一般分专用局号和专用网号两种。我国 GSM 使用的是专用网号（130～139）。

我国公用陆地数字蜂窝移动通信主要有三大公司，分别是中国移动、中国电信和中国联通。其编号号码包括以下一些内容。

（一）移动用户的 ISDN 号码（MSISDN）

图 6-17 移动网（PLMN）与固定网（PSTN）的连接

此号码指主叫用户为呼叫数字移动通信网中用户所拨的号码（相当于电话号码）。

1. 号码组成

例如，采用网号 139，号码结构为

CC＋NDC（N1N2N3，0，H1H2H3）＋SN（X1X2X3X4）

其中，CC 为国家号，我国国家码为 86；NDC 为包括 GSM 接入网号码 N1、N2、N3 以及 HLR 识别号码 H1，H2，H3；SN 为移动用户号。

PLMN 公用陆地数字移动（GSM）接入网号中，N1 为 1，N2 为 3，N3 为 0～9。中国移动 N3 为 4～9，中国联通 N3 为 0～3。在 1999 年 7 月 22 日后，在 N3 后增加一个"0"，变为 11 位。

H1、H2、H3 为 HLR 识别码，H1、H2 用来区别移动业务本地网（如表 6-1 所示），H3 由各省自行分配。

表 6-1 **H1、H2 的分配**

H2＼H1	0	1	2	3	4	5	6	7	8	9
0										
1	北京	北京	北京					上海	上海	上海
2	天津	天津	广东	广东	广东	广东	广东	广东	广东	广东
3		河北	河北		山西			河南	河南	
4	辽宁	辽宁	辽宁	吉林		黑龙江	内蒙古			
5	福建	江苏	江苏	山东	山东	安徽	安徽	浙江	浙江	福建
6	福建	江苏	江苏	山东	山东			浙江	浙江	福建
7	江西	湖北	湖北	湖南	湖南	海南	海南	广西	广西	广西
8	四川	四川	四川	重庆		贵州		云南		西藏
9		陕西	陕西	甘肃		宁夏		青海		新疆

注 表中空格处的 H1、H2 为备用。

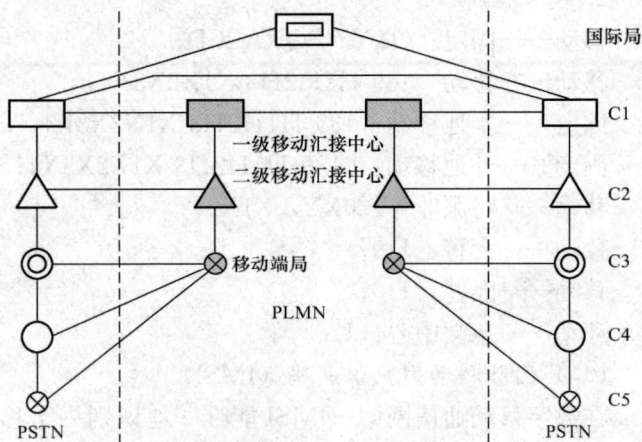

2. 拨号程序

移动——固定：OXYZ PQRABCD；

移动——移动：139 H1H2H3 X1X2X3X4；

固定——本地移动：139 H1H2H3 X1X2X3X4；

固定——外地移动：0139 H1H2H3 X1X2X3X4；

移动——特服业务：OXYZ X1X2；

移动——火警：119；

移动——匪警：110；

移动——急救中心：120。

（二）国际移动用户识别码（IMSI）

在数字移动通信网中，IMSI 能唯一地识别一个移动用户的号码，它由 15 位数字组成。可分为三部分：

（1）移动国家号码（MCC）：由 3 个数字组成，唯一地识别移动用户所属的国家。中国为 460。

（2）移动网号（MNC）：识别移动用户所归属的移动网。我国 GSM 移动通信网为 00。

（3）移动用户识别码（MSIN）：唯一地识别国内的 GSM 移动通信网中的移动用户，为 H1H2H39X1X2X3X4X5X6，其中 H1H2H3 与移动用户 MSISDN 号码中的 H1H2H3 相同，9 代表 900MHz 系统。

每个移动台可以是多种移动业务的终端（如话音、数据等），相应地可以有多个号码簿号码 MSISDN，但是其 IMSI 号只有一个，移动网据此受理用户的通信或漫游请求，并对用户计费。IMSI 由电信经营部门在用户登记时写入移动台的 EPROM。当任一主叫按 MSISDN 拨叫某移动用户时，终端 MSC 将请求 HLR 或 VLR 翻译为 IMSI，然后用 IMSI 在无线信道上寻呼该移动台。

（三）移动用户漫游号码（MSRN）

MSRN 是当呼叫一个移动用户时，为使网络进行路由选择，VLR 临时分配给移动用户的一个号码，其作用是供移动交换机路由选择用。它表示该用户目前路由或呼叫位置信息，即网号后第一位为零的 MSISDN 号码，如 13900M1M2M3ABC。其中，M1、M2、M3 为 MSC 号码，M1M2 的分配与 H1、H2 相同。

在公用电话网中，交换机是根据被叫号码中的长途区号和交换局号（PQR）判知被叫所在地点，从而选择中继路由的。固定用户的位置和其号码簿号码有固定的对应关系，但是移动台的位置是不确定的，它的 MSISDN 中的 H1H2H3 只反映它的原籍地。

当它漫游进入其他地区时，该地区的移动系统根据当地编号计划赋予它一个 MSRN，并通知其 HLR。以后 MSC 建立至该用户的来话呼叫时，就根据 MSRN 选择路由。

MSRN 由被访地区的 VLR 分配，它反映了移动台当前的实际位置。当移动台离开该访问区域后，VLR 就释放该 MSRN，可用于以后分配给其他漫游用户。MSRN 则是系统预留的号码，一般不向用户公开，用户拨打 MSRN 号码将被拒绝。

（四）国际移动台设备号（IMEI）

这是唯一标识移动台设备的号码，又称为移动台串号。该号码由制造厂家永久性地置入移动台，用户和电信部门均无法改变。其作用是防止有人使用不合法的移动台进行呼叫。

　　根据需要，MSC 可以发指令要求所有的移动台在发送 IMSI 的同时发送其 IMEI，如果发现两者不匹配，则确定该移动台不合法，应禁止使用。在 EIR（设备身份登记器）中建有一张"非法 IMEI 号码表"，俗称"黑表"，用以禁止被盗移动台的使用。

六、GSM 系统通向 3G 的一个重要里程碑——GPRS

（一）GPRS 的现状及特点

1. GPRS 的现状

　　GPRS（General Packet Radio Service）是通用分组无线业务的简称。GPRS 是 GSM Phase2.1 规范实现的内容之一，能提供比现有 GSM 网络 9.6kbit/s 更高的数据率。GPRS 采用与 GSM 相同的频段、频带宽度、突发结构、无线调制标准、跳频规则以及相同的 TDMA 帧结构。GPRS 使用的是现有 GSM 的无线网络，GSM 网络作为 GPRS 的承载网，GPRS 和 GSM 共用相同基站、同一的频谱资源，这就决定了 GPRS 网络与 GSM 网优化既相互关联，又相互制约。

　　欧洲最早是在 1993 年就提出了在 GSM 网上开通 GPRS，当时 GSM 网在欧洲也不过刚刚开通一年，用户对移动网上的数据业务也没有很多需求，随着用户的迅速增加，GSM 网取得了世人瞩目的发展。随着 Phase1、Phase2、Phase2＋的不断引入，GSM 向用户不断推出各种新业务，以满足市场的需求。运营商在选择移动数据技术时应该考虑以下几点：保护现网投资、提供无线接入的速率、可有效地降低提供业务的成本、易于向 3G 平滑过渡。

　　目前全世界已有近百个运营商开通了 GPRS 商用系统、试商用系统或实验系统。诺基亚、西门子、摩托罗拉、爱立信等国际手机巨头都研制出 GPRS 手机，预示着 GPRS 的快速到来。

2. GPRS 的主要特点

　　通用分组无线业务（GPRS）使得用户能够在端到端分组传送模式下发送和接收数据。由于无线资源采用动态分配方式，一个用户可分配多个时隙，一个时隙也可由多个 MS 共享，用户虽然与网络一直连接，但仅当有数据传送时才占用无线信道资源。与原有的电路型业务相比较，用户使用 GPRS 业务将具有建链时间短、数据传输速率高、费用低等特点，而对于运营商来说，提供一定规模的数据业务服务，将会在无线资源利用率上有一定的提高，但同时在网络设施建设上需做大量的调整。GPRS 具有以下特点：

　　（1）在核心网络中引入 GPRS 支持节点（GSN），SGSN（Serving GPRS Support Node）和 GGSN（Gateway GPRS Support Node）采用分组交换平台方式，定义了基于 TCP/IP 的 GTP 方式来承载高层数据。SGSN 与 MSC 在同一等级水平，并跟踪单个 MS 的存储单元，实现安全功能和接入控制，节点 SGSN 通过帧中继连接到基站系统。GGSN 支持与外部分组交换网的互通，并经由基于 IP 的 GPRS 骨干网和 SGSN 连通。

　　（2）通过 GGSN 实现了与标准 Internet 的无缝连接，在 GGSN 可实现与外部 IP 网络的透明与非透明的连接，支持特定的点对点和点对多点服务，以实现一些特殊应用如远程信息处理。GPRS 也允许短消息业务（SMS）经 GPRS 无线信道传输。

　　（3）以灵活的方式与 GSM 语音业务共享无线与网络资源（如 Gs 接口），采用了灵活的策略，实现数据与话音业务共存。

　　（4）GPRS 非常适合突发数据应用业务，能高效利用信道资源在无线接口 MAC /RLC 层无线资源的有效管理，以及核心网部分适于数据传送的分组交换方式，GPRS 网络适于突发性数据的有效传送，它支持四种不同的服务质量（QoS）等级。一般来说 GPRS 能在 0.5～1s 之内恢复数据的重新传输。

（5）定义了新的 GPRS 无线信道，且分配方式十分灵活：每个 TDMA 帧可分配 1～8 个无线接口时隙。时隙能为用户所共享，且上行链路和下行链路的分配是独立的。

（6）GPRS 支持中、高速率数据传输，可提供 9.05～1712bit/s 的数据传输速率（每用户）。GPRS 采用了与 GSM 不同的信道编码方案，定义了 CS1、CS2、CS3 和 CS4 四种编码方案。

（7）GPRS 的安全功能同现有的 GSM 安全功能一样，身份认证和加密功能由 SGSN 来执行。其中的密码设置程序的算法、密钥和标准与目前 GSM 中的一样，不过 GPRS 使用的密码算法是专为分组数据传输所优化过的。GPRS 移动设备（ME）可通过 SIM 访问 GPRS 业务，不管这个 SIM 是否具备 GPRS 功能。

（8）用户数据在 MS 和外部数据网络之间透明地传输，使用的方法是封装和隧道技术：数据包用特定的 GPRS 协议信息打包并在 MS 和 GGSN 之间传输。这种透明的传输方法缩减了 GPRS PLMN 对外部数据协议解释的需求，而且易于将来引入新的互通协议。用户数据能够压缩，并有重传协议保护，因此数据传输高效且可靠。

（9）GPRS 的资源利用率高。它引入了分组交换的传输模式，使得原来采用电路交换模式的 GSM 传输数据方式发生了根本性的变化，这在无线资源稀缺的情况下显得尤为重要。GPRS 可以实现基于数据流量、业务类型及服务质量（QoS）等级的计费功能，计费方式更加合理，用户使用更加方便。

（二）GPRS 的逻辑体系结构

GPRS 为 GSM 用户提供了数据通信应用的接口，如 E-mail、Internet 等。GPRS 是利用现有的 GSM 网络并通过增加新的分组交换网络设备实现的。

现有的 GSM 网络利用分组交换技术在用户之间传递信息（话音或数据），然而 GPRS 使用分组交换功能就意味着不需要为 GPRS 手机建立起一条专用的电路。也就是说在需要传送数据时，才动态地建立起一条物理链路，当数据传送完后，这些资源（如无线接口的时隙）又将分配给新的用户，即对于具有 GPRS 功能的 MS 来说没有分配给专用的电路，也就是说仅在数据传送时，才动态地建立起一条物理链路。

GPRS 网络的组成如图 6-18 所示，从网络侧看，GPRS 是在 GSM 网络的基础上增加 SGSN 和 GGSN 这两种网络实体以及 Gb、Gn/Gp、Gi、Gr、Gf、Gd、Gs、Gc 等接口而实现的。SGSN（服务 GPRS 支持节点）和 GGSN（网关 GPRS 支持节点）是实现 GPRS 的核心实体，它们也可通称为 GSN。SGSN 是为 MS 提供移动性管理、路由选择等服务的节点，GGSN 是用于接

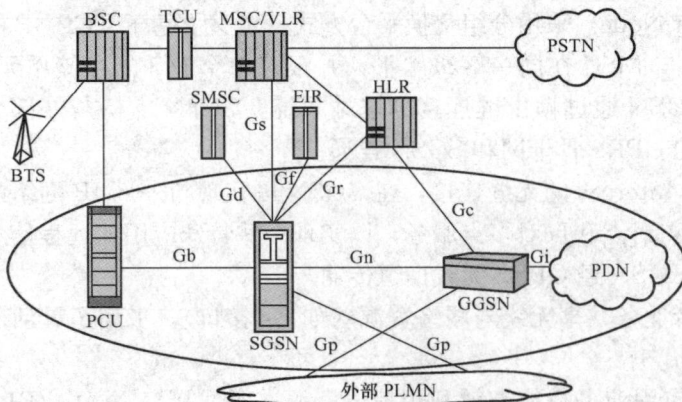

图 6-18 GPRS 网络组成

入外部数据网络和业务的节点。在上述接口中，Gs 和 Gc 接口是可选接口。需要 SGSN 与 MSC/VLR 配合实现诸如联合位置更新、经由 GPRS 进行 CS 寻呼等功能时，就应选用 Gs 接口。如果选用 Gc 接口，则 GGSN 可直接从 HLR 获取位置信息，如果未选用 Gc 接口，则 GGSN 需通过其他 SGSN 或 GGSN 从 HLR 获取位置信息。

来自 MS 的用户信令与数据在 BSS 之后分流，电路业务经 A 接口去往 MSC/VLR 进入 GSM 核心网；分组业务则经 Gb 接口去往 SGSN 进入 GPRS 骨干网。BSC 与 SGSN 之间可以利用帧中继方式相连，信令和数据都在这一传输平台中传送，帧中继支持请求带宽，线路利用率较高，费用较低，适用于分组数据的传输。此外，在业务量不太大的情况下，Gb 接口也可以暂时共享原 GSM 网 A 接口的传输资源，在 MSC 侧通过 MUX 分复用之后，再将 GPRS 数据流送往 SGSN。

在 GPRS 骨干网内部，各 GSN 实体之间通过 Gn 接口相连，它们之间的信令和数据传输都是在同一传输平台中进行的，所利用的传输平台可以在 ATM、以太网、DDN、ISDN、帧中继等现有传输网络中选择。

GPRS 骨干网中的 SGSN 和 GGSN 还通过 Gr/Gc、Gs、Gf、Gd 等接口分别与 HLR、MSC/VLR、EIR、SMS-GMSC 等原 GSM 网络实体相连，这些实体之间的通信只涉及信令，利用 SS7 网络进行通信。

GPRS 骨干网通过 GGSN 经 Gi 接口与公用数据网（PDN）互连，PDN 可以是 Internet、X.25/X.75 等网络，Gi 接口应是与 PDN 相应的接口，即在与不同的 PDN 互连时，Gi 接口也不同。

提供 GPRS 业务涉及 MS、BSS、SGSN、GGSN、HLR 以及外部 PDN 等实体，还可能涉及 MSC/VLR、SMS-GMSC 等实体。GRPS 的主要功能是由 SGSN、GGSN 与 MS、HLR、PDN 等相关实体配合实现的。

MM 上下文、PDP 上下文、GPRS 签约数据等都是 GPRS 提供移动分组数据业务所必需的信息，这些信息分别由一系列相关的标识和相应的状态信息组成，存储在上述各相关实体中，供执行登记、鉴权、移动性管理、路由选择等功能时调用。

（三）GPRS 的业务功能

GPRS 网络作为一个分组承载平台，可以提供点对点以及点对多点的承载业务，并在此基础上可以支持或提供给用户各种电信业务。

GPRS 非常适合突发数据应用业务，能高效利用信道资源，但对大数据量应用业务，GPRS 网络要加以限制，主要原因是：①数据业务量较小。GPRS 网络依附于原有的 GSM 网络之上。但在目前，GSM 网络主要还是提供电话业务，电话用户密度高业务量大，而 GPRS 数据用户密度低。在一个小区内不可能有更多的信道用于 GPRS。②无线信道的数据速率较低。

承载业务：

GPRS 提供的承载数据业务又叫 GPRS 网络业务，包括点对点（PTP）数据业务和点对多点（PTM）数据业务。GPRS 是一组新的 GSM 承载业务，是以分组模式在 PLMN 和与外部网络互通的内部网上传输。在有 GPRS 承载业务支持的标准化网络协议的基础上，GPRS 网络管理可以提供（或支持）一系列的交互式电信业务。

1. 点对点数据业务

GPRS 提供的点对点（PTP）数据业务又可细分为两类：

（1）点对点无连接网络业务（PTP-CLNS）。这类业务属于数据报类型业务。点对点无连接网络业务是将一个单独数据分组从用户 A 传送到目的地用户 B 的业务，是由提供两个用户之间网络层通信的无连接网络协议（CLNP）和 IP 协议支持的业务。

（2）点对点面向连接网络业务（PTP-CONS）。这类业务是由面向连接网络协议（CONP），即 X.25 协议（数据终端设备分组协议）支持的业务。在两个用户或多个用户之间数据分组传送要求建立虚电路连接（PVC，SVC）。

2. 点对多点数据业务

GPRS 提供的点对多点（PTM）数据业务可根据某个业务请求者请求，把信息送给多个用户，由 PTM 业务请求者定义用户组成员。PTM 数据业务又可细分为三类：

（1）点对多点组播（PTM-M）业务。这类业务是分布在一个或多个地理区域内的一组用户的多信道广播业务，是单向的，没有确认，不能保证用户正确接收。

（2）点对多点群呼（PTM-G）业务。这类业务为分布在一个或多个地理区域内的一组用户提供比较安全可靠的服务。服务的地理区域和用户组由业务请求者自己定义。用户组可以是经过授权的闭合用户群，或是开放用户群（用户可以自由加入或脱离用户群）。在一个用户组内，又可以包含几个子用户群。每个子用户群内用户可以发起建立呼叫，但只能在子用户群内部传送信息，其他子用户群内用户不能接收。点对多点服务中心与一组用户之间建立逻辑连接。网络对组内用户的漫游位置进行跟踪，提供双向通信服务，也可以提供单向或多向通信服务，实时交付数据。PTM-G 业务特别适合移动数据通信中的纵向应用，即面向集团的数据用户提供双向（或多向）通信服务。网络应用业务主要包括集团用户调度管理、出租车调度、集团（公司）保密信息、特殊的新闻业务等。

（3）IP 组播（IP-M）业务。这是 IP 协议定义业务的一部分。在 IP-M 中，信息是在 IP-M 的参与者之间进行传送的，IP-M 组内用户可以是固定的和移动的 IP 用户。服务的地理区域没有定义，IP-M 组用户可以是 PLMN 内部用户或是穿过因特网的一组用户（因特网内用户），比 PTM-M 服务的地理区域更广泛。IP-M 业务的数据传送和参与者符合 Internet 协议 IP 定义。

七、GPRS 技术在电力系统中的应用

GPRS 作为将移动通信与数据通信合二为一的技术，使移动通信网络具有提供更多增值业务的能力。而电力系统对通信的要求是多样的，在有些场合，电力通信还无法满足电力生产的需要，引入电力通信专网之外通信技术是合适的。应用 GPRS 技术满足电力系统对通信的某些特殊需求。GPRS 网络完全支持对行业集团的特定应用。在 GPRS 网络之上可以建立电力企业虚拟网络 VPN。一个基于 GPRS 网络的企业 VPN 的逻辑图如图 6-19 所示。

图 6-19　基于 GPRS 网络的企业 VPN 的逻辑图

图中，可移动的企业子网与企业的内部网络通过 GPRS 网络建立了一个 VPN。这样，企业网络可以通过 GPRS 网络延伸到任何 GPRS 覆盖区。由于电力通信基本没有自己的无线移动网络，因此 GPRS 技术使电力系统 VPN 网络得以延伸。需要注意的是，基于 GPRS 的 VPN 在安全性能上能基本满足电力系统的相关应用要求，但对重要的应用，不能只依靠

GPRS 本身的安全机制，要在应用层上加强安全保护。基于 GPRS 的 VPN 在电力系统有如下的应用。

1. 在电力抢修监控调度中的应用

电力抢修监控调度系统将抢修现场情况与电网运行情况、设备运行系统资料、客服中心的报修系统、事故抢修决策预案等系统互联，以保证各部分信息迅速流通、互动，协助抢修调度人员科学快速地指挥事故抢修。

通过基于 GPRS 的 VPN 通信系统，检修车的终端设备成为电力内部 Intranet 网络的移动终端，可与控制中心交互 GPS 位置信息、抢修信息、地理信息、图像信息等，在检修现场就可以了解电网的运行情况、运行资料、检修预案，大大提高电力抢修的自动化水平。

2. 在配电系统数据采集与配网自动化中的应用

在配电系统中有大量的柱上检测终端、变压器检测设备等，需要将采集的数据传送到配网中心，配网自动化需要将实时监测的数据传送到控制中心，而配网设备数量巨大、布局分散，而传送的数据量却不大，采用传统的电力载波、光纤、微波、扩频等通信手段，在经济性和可扩充性上均不能完全适应配网自动化的特点。

基于 GPRS 的 VPN，在传输速率、时延和 QoS 保障等均能满足配网自动化和配电系统数据采集的需要，完全可以作为配电网通信的一种选择方案。

3. 在通信监控中的应用

通信监控是保障通信电路正常运行和故障检修的必要手段。通信监控一般由站内的采集单元和监控中心的计算机网络组成，采集单元需要通过通信链路将采集的信息实时传送到监控中心。而在某些通信站是很难组织通信电路的，比如微波中继站，本身并无下话路，即使采用公务通道，在设备出故障，需要通信监控起作用时，往往监控通道也随设备故障同时中断。又如在星形或链形的 SDH 光纤电路中，只要一个网元中断，网管就丢失了对后面所有网元的管理监视能力，而无法及时判断和处理故障。因此需要一种独立于被监控的电路之外的通信电路来传输监控信息，而为通信监控另建通信电路在经济上是不可能的。因此，采用基于 GPRS 的 VPN 是一个很好的选择。

4. 电力 Intranet 无线延伸

电力的办公自动化、调度自动化等基于电力内部 Intranet 的应用目前已成为电力系统开展各项工作必不可少的工具。虽然在电力系统内部都可以使用这些系统，但在基建工地、检修现场、各种协调会的会场等场地就无法使用电力 Intranet 的服务了，而采用 GPRS 的 VPN 就可以在任何地点连接到电力的 Intranet 上，并且这样的连接是有安全保障的。

5. 在图像监控中的应用

对于变电站的图像监控，由于电力通信光通信网一般都已覆盖 110kV 以上的变电站，因此对于电压等级较高的变电站都可用电力通信电路作为图像监控的通道。但是，对于数量较多的低电压等级，又在偏远地区的变电站，电力通信还是薄弱的，大部分还在使用电力载波通信，对这些变电站的图像监控，采用基于 GPRS 的 VPN 是较合适的。另外，可移动的图像监控系统在电力抢修、基建工程、线路验收等方面都获得了广泛应用。

移动公司的 GPRS 系统本身对公众提供了多种多样的 GPRS 应用，许多 GPRS 公众业务在电力系统中都是可以应用的，如短信业务。对于用户电表的自动抄表系统和水库水文监测等系统来说，由于其信息点多，分散，信息量小，对实时性又没有严格要求，因此最经济的通信手段是采用短信，而基于 GPRS 的短信，不像 GSM 的短信需要在信令通道传输，它有更大的吞吐量和可靠性，因此更适合用于抄表系统和水库水文监测等系统的信息传输。

第四节　CDMA 移动通信系统

一、CDMA 移动通信系统概念

CDMA 移动通信系统（简称 CDMA 系统）采用码分多址技术及扩频通信的原理，可在系统中使用多种先进的信号处理技术，为系统带来许多优点：

（1）大容量。CDMA 系统的信道容量是模拟系统的 10～20 倍，是 TDMA 系统的 4 倍。

（2）软容量。在 FDMA、TDMA 系统中，当小区服务的用户数达到最大信道数时，满载的系统绝对无法再增添一个信号；此时若有新的呼叫，该用户只能听到忙音。而在 CDMA 系统中，用户数目和服务质量之间可以相互折中，灵活确定。

（3）软切换。所谓软切换是指当移动台需要切换时，先与新的基站连通，再与原基站切断联系，而不是先切断与原基站的联系再与新的基站连通。

（4）高话音质量和低发射功率。

（5）话音激活。典型的全双工双向通话中，每次通话的占空比小于 35％。在 FDMA、TDMA 系统里，由于通话停顿等使重新分配信道存在一定时延，因此难以利用话音激活技术。CDMA 系统因为使用了可变速率声码器，在不讲话时传输速率降低，减轻了对其他用户的干扰，这即是 CDMA 系统的话音激活技术。

（6）保密。CDMA 系统的信号扰码方式提供了高度的保密性，使这种数字蜂窝系统在防止串话、盗用等方面具有其他系统不可比拟的优点。

正是由于 CDMA 系统具有以上一系列优点，许多专业公司认为它是移动通信方面最有应用前途的一种多址方式，世界各国都在着手这种新系统的研究。在美国研制比较成功的 CDMA 蜂窝通信系统有两种：一种是 Qualcomm 公司开发的带宽为 1.25MHz 的 CDMA 系统，称为窄带码分多址 N-CDMA；另一种是 SCS Mobilecomm 公司开发的带宽为 40MHz 的 CDMA 系统，称为 B-CDMA。

二、CDMA 系统工作原理及技术

（一）CDMA 系统工作原理

CDMA 是一种以扩频通信为基础的调制和多址连接技术。扩频通信技术在信号发端用一高速伪随机码与数字信号相乘，由于伪随机码的速率比数字信号的速率大得多，因而扩展了信息传输带宽；在收信端，用相同的伪随机序列与接收信号相乘，进行相关运算，将扩频信号解扩。扩频通信具有隐蔽性、保密性、抗干扰等优点。CDMA 扩频通信系统的原理如图 6-20 所示。扩频通信中用的伪随机码常常采用 m 序列，这是因为它具有容易产生和自相关特性优良的优点。其归一化自相关函数只有 1 和 $-1/K$ 两个值，K 是 m 序列长度。所以，只有在收发端伪随机序列相位相同时才能恢复发送信号。码分多址技术就是利用了这一特点，采用不同相位的相同 m 序列作为多址通信的地址码。由于 m 序列的自相关特性与长度有关，作为地址码，其长度应尽可能长，以供更多用户使用；同时，可以获得更高的处理增益和保密性，但是又不能太长，否则不仅使电路变得复杂，也不利于快速捕获与跟踪。

（1）地址码的选择。在 CDMA 蜂窝系统中，综合采用了三种码。一种是长度为 $2^{15}-1$

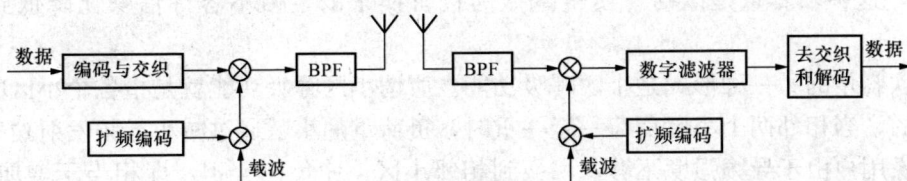

图 6-20　CDMA 扩频通信系统原理

的 PN 码。它用于区分不同的基站信号，不与基站保持同步，但使用的 PN 码序列相位偏移不同。使用相同序列、不同相位作为地址码，便于搜索与同步。另一种是长度为 $2^{42}-1$ 的 PN 码。它在前向信道用于信号的保密，在反向信道用于区分不同的移动台。这样长的码有利于信号的保密，同时基站知道特定移动台的长码及其相位，因而不需要对它进行搜索与捕获。第三种是 Walsh 码。由于 Walsh 码的正交性，不同信道的信号是正交的，同时区分不同移动台用户。相邻基站可以使用相同的 Walsh 码，虽然可能不满足正交性，但可以由 PN 短码提供区分。在反向链路，Walsh 码用于对信号进行正交码多进制调制，以提高通信链路的质量。

（2）扩频码速率的选择。CDMA 蜂窝系统扩频码（在前向链路是 Walsh 码，在反向链路是 PN 长码）的速率规定为 1.2288MHz。这个规定考虑了频谱资源的限制、系统容量、多径分离的需要和基带数据速率等多个因素。决定 CDMA 数字蜂窝系统容量的主要因素包括：系统的处理增益、信号比特能量与噪声功率谱密度比、话音占空比、频率重用效率、每小区的扇区数目。为了取得高的系统处理增益，获得高的系统容量，扩频码速率应当尽可能高。通常，陆地移动通信环境的多径延迟为 $1\sim100\mu s$。为了充分发挥扩频码分多址技术，实现多径分离的作用，要求扩频码序列的持续时间小于 $1\mu s$，也就是扩频码速率应大于 1MC/S。选择 1.228 8MC/S 的另一个原因是，这个速率可以被基带数据速率 9.6kbit/s 整除，且除数为 2 的幂指数（$128=2^7$）。

（二）CDMA 系统的主要技术

CDMA 系统采用码分多址技术及扩频通信的原理，可在系统中使用多种先进的信号处理技术。

1. 软容量

在 CDMA 系统中，用户数目和服务质量之间可以相互折中，灵活确定。例如系统经营者可在话务量高峰期将误码率稍微提高，从而增加可用信道数。同时，当相邻小区的负荷较轻时，本小区受到的干扰减少，容量就可适当增加。例如，对一个标准信道数为 40 的扇区，当有第 41 个用户呼叫时，这时对此区接收机输入信噪比下降为

$$10\lg\frac{41}{40}\approx0.1\ (\text{dB})\tag{6-4}$$

当有 43 个用户时，接收机输入信噪比下降为

$$10\lg\frac{43}{40}\approx0.3\ (\text{dB})\tag{6-5}$$

只使该扇区内的用户误码率有所上升，信噪比降低，通话质量稍有下降，但不至于发生出现忙音无信道的情况。人们把这种在一个扇区，小区信道数可扩容的现象称软容

量。当然，这种软容量是以话音质量降低为代价换来的，但不容许信噪比降低到极限值以下。

体现软容量的另一种形式是小区呼吸功能。所谓小区呼吸功能就是指各个小区的覆盖大小是动态的，当相邻两个小区负荷一轻一重时，负荷重的小区通过减小导频发射功率，使本小区的边缘用户由于导频强度不够，切换到相邻小区，使负荷分担，即相当于增加了容量。这项功能对切换也特别有用，避免信道紧缺而导致呼叫中断。在模拟系统和数字 TDMA 系统中，如果一条信道不可用，呼叫必须重新分配到另一条信道，或者在切换时中断。但是在CDMA 系统中，在一个呼叫结束前，可以接纳另一个呼叫。CDMA 系统还可提供多级服务。如果用户支付较高费用，CDMA 系统则可获得更高档次的服务，让高档次的用户得到更多可用功率（容量）。高档次用户的切换可排在其他用户前面。

2. 软切换

在各种移动通信中都有切换（交接）的技术。移动通话时，移动用户从一个小区到另一个小区，从一个基区到另一个基区都要进行切换。在 CDMA 系统中，由于在小区或扇区内可以使用相同的频率，因而小区（或扇区）之间以码型来区别。软切换只能在同一频率的信道间进行，因此，模拟系统、TDMA 系统不具有这种功能。当移动用户要切换时，不需要首先进行收、发频率切换，只需在码序列上作相应调整，然后再与原来的通话链路断开。软切换可以有效地提高切换的可靠性，大大减少切换造成的掉话（通话中的非正常中断），也不会出现硬切换时的"乒乓噪声"。同时，软切换可以提供分集，从而保证通信的质量。软切换也相应带来导致硬件设备的增加，降低了前向容量等一些缺点。

3. 扇区划分技术

扇区划分技术也是为减小各小区内各用户多址干扰而采用的天线技术。它是利用各小区内天线的定向特性，把蜂窝小区再分成不同的扇面，所以称为扇区划分技术。常用的扇区划分技术有利用 120°全向覆盖组成的三叶草天线区；利用 60°扇形的定向天线组成的三角形无线蜂窝区等。采用扇区划分技术，可使系统容量增加，容量计算公式为

$$N = \left(1 + \frac{W/R_b}{E_0/N_0}\right)\frac{G}{d} \tag{6-6}$$

式中：G 为扇形分区系数，一般为 2.55。

4. 话音激活技术

我们已经知道，在小区内所有用户使用同一载波，占用相同带宽，共同享用一个无线频道，这就会出现任意一个用户对其他用户的干扰，称为多址干扰。用户越多，干扰越严重，严重地限制了用户的发展。如果减小多址干扰，就可以提高 CDMA 系统的容量。因此降低多址干扰技术是 CDMA 系统中的首选技术，语音激活技术就是其中之一。典型的全双工双向通话中，每次通话的占空比小于 35%，即话音停顿以及听对方讲话等待时间占了讲话时间的 65%以上。如果采用相应的编码和功率调整技术，使用户发射机发射功率随用户语音大小、强弱、有无来调整发射机输出功率，可使其多址干扰减少 65%，这就是所谓的语音激活技术。也就是说当原系统容量一定时，采用语音激活技术，可以使系统容量增加约 3倍。在 FDMA、TDMA 系统里，由于通话停等使重新分配信道存在一定时延，因此难以利用话音激活技术。CDMA 系统因为使用了可变速率声码器，不讲话时传输速率降低，减轻

了对其他用户的干扰。

系统的容量计算公式为

$$N = 1 + \frac{W/R_\mathrm{b}}{E_0/N_0} \tag{6-7}$$

式中：W 为系统带宽；R_b 为信息速率；E_0/N_0 为系统信噪比，由通话质量决定。

若采用语音激活技术，则有

$$N = \left(1 + \frac{W/R_\mathrm{b}}{E_0/N_0}\right)\frac{1}{d} \tag{6-8}$$

式中：d 为语音占重比，一般为 35%。

5. 功率控制技术

在 CDMA 系统中，功率控制技术被认为是所有关键技术的核心。前面我们讲到的话音激活技术，就是属于功率控制技术。这里主要讲述无线信道中，因存在"远近效益"问题而采用的功率控制技术。

所谓远近效应，是指如果小区中各用户均以同等功率发送信号，靠近基站的移动台信号强，而远离基站的移动台信号到达基站时很弱，会导致强信号掩盖弱信号的现象发生。这种现象就称为"远近效应"。远近效应会发生自干扰。

功率控制分为正向信道功率控制和反向信道功率控制。

（1）正向功率控制：基站根据移动台提供的信号功率测量结果，调整基站对每个移动台发射的功率。

（2）反向功率控制：移动台根据在小区中所接收功率的变化，迅速调节移动台发射功率。

6. 分集技术

由于移动通信电波传播条件恶劣，在强干扰条件下工作，给通信带来了极其不利的影响。因此人们采用多种技术来克服和尽量消除这些不利的影响，其中采用分集技术尤为重要。

分集技术大体分为显分集和隐分集两大类。

显分集主要是指在频域、时域或空间，采用的分集方式是显而易见的，称显分集，如空间分集、频率分集、时间分集、极化分集、路径分集等。

（1）空间分集是利用空间的多副天线来实现的。在发端采用一副天线，在接收端采用多副天线接收。

（2）极化分集主要指在移动通信中，在同一点极化方向相互正交的两个天线，发出的信号呈现互不相关的衰落特性，可使干扰减小。

（3）角度分集主要指在移动通信中，移动台接收端信号来自不同方向，接收端利用天线方向性，接收不同方向信号，使其收到的信号互不相关。

（4）路径分集。由于移动通信中到达接收端都会产生多径衰落现象，对窄带 CDMA 系统 N-CDMA 系统，可以把各路信号分离出来，通过相关接收，分别进行处理，然后进行合并，从而克服多径效应的影响，等效于增加了接收功率，变不利因素为有利因素。这就是 CDMA 系统特有的路径分集技术。

隐分集主要是指把分集作用隐蔽在传输信号之中，如交织编码、纠错编码、自适应均衡等技术。

7. 同步及跟踪技术

同步技术也是码分多址扩频通信系统的关键技术之一。在扩频通信系统的发端，利用伪随机码（PN 码）对信号数据进行频谱扩展；在收端，首先要用与本地码一致的伪随机码对其解扩，这就必须使收端地址码与发端地址码频率、相位完全一致，即要实现同步才能使系统正常工作。

N-CDMA 系统的同步技术主要包括捕获和跟踪两个过程。其一为捕获，或称搜捕过程，在此阶段完成后进入另一过程——跟踪过程。如因某种原因引起失步，系统又将进入新一轮捕获和跟踪过程。

三、CDMA 系统的网络结构

码分多址蜂窝移动通信系统也属于数字移动通信的范畴，其网路结构与 GSM 系统大体一致，如图 6-21 所示。它由移动交换中心（MSC）、基站系统（BS）、移动台（MS）、操作和维护中心（OMC）以及与市话网（PSTN）、综合业务数字网（ISDN）等组成。其中，它也有 HLR、VLR、EIR 等寄存器、AC 鉴权中心等，这些部分的功能和用途与 GSM 系统中的一样，寄存器和移动交换中心 MSC 设在同一物理体内。它组成的业务网和信令网也与前面所述的 GSM 类似；业务网与信令网是分开的，信令网同样是 No. 7 号公共无线信令网。

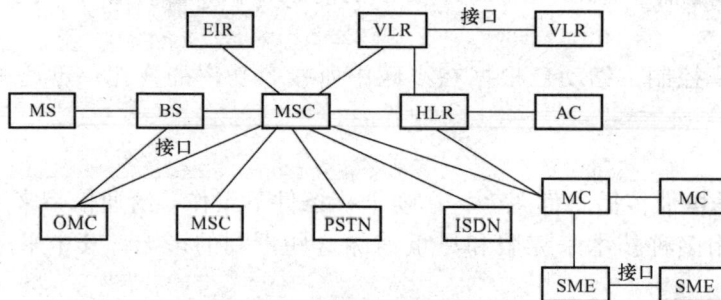

图 6-21　CDMA 数字蜂窝网络结构

MSC—移动交换中心；HLR—归属位置寄存器；PSTN—公共交换电话网；VLR—拜访位置寄存器；ISDN—综合业务数字网；EIR—设备识别寄存器；OMC—操作和维护中心；AC—鉴权中心；MS—移动台；MC—消息中心；BS—基站系统；SME—短消息中心

第五节　卫星移动通信系统

一、卫星移动通信概述

移动卫星通信是为舰船、车辆、飞机、边远地点用户或运动部队提供通信手段的一种卫星通信。它包括移动台之间、移动台与固定台之间、移动台或固定台与公共通信网用户之间的通信。近年来，虽然陆地移动通信的发展很快，但是陆地移动通信的覆盖范围有限，并没有覆盖全球的所有陆地部分。随着全球化经济的发展，个人移动的范围扩大，个人通信的需求也逐步增加。为了实现全球个人通信的目标，必须借助卫星通信系统的全球覆盖特点。因此，未来的全球个人通信系统将是地面陆地移动通信系统、卫星移动通信系统与地面公共通信网的结合。

利用卫星提供商业移动通信业务始于 1976 年美国的 Marisat 系统，1979 年世界第一个卫星移动通信服务提供者——国际海事卫星组织（INMARSAT）诞生，并于 1982 年 1 月正式运营。截至 1999 年 1 月，INMARSAT 系统已经发展到第三代，其用户的分布领域从海用逐步向陆地和航空扩展。到目前为止，世界上其他大公司和国家也提出了许多卫星移动通信系统，以提供个人全球通信，比较典型的有 Motorola 公司提出的"铱"系统、Qualcomm 和 Loral 公司提出的 GlobalStar 系统和 TRW 等公司提出的 Odyssey 系统。

利用卫星提供移动通信业务，按照卫星的轨道分布可以分成高轨移动卫星通信系统、中轨移动卫星通信系统、低轨移动卫星通信系统三种。由于用户在移动或卫星在移动，移动卫星通信系统技术与固定业务的卫星通信系统有较大的不同。

（1）由于围绕地球存在范·艾伦辐射带，该辐射带是带电粒子组成的高能粒子带，表现为强电磁辐射，其中 α 粒子、质子和高能粒子穿透力强，对电子电路破坏性大。范·艾伦辐射带由高度不同的内外两层圆环带组成，高度分别从 1500～5000km，13 000～20 000km 组成。卫星移动通信系统的卫星轨道应尽量避免在此两个圆环内。

（2）由于卫星功率有限，移动台的天线尺寸不能太大，因此在移动台 G/T 值不能太大的情况下，为保证通信质量，要求卫星具有较高的 $EIRP$ 值，但一个移动台占用卫星功率过多又限制了系统的容量，采用多波束卫星天线是解决此矛盾的有效途径。这意味着对卫星技术提出了更高的要求。

（3）由于移动台在移动和卫星在移动，因此系统在非高斯信道工作，且移动带来多径衰落，因此在系统设计时应考虑多径衰落余量，降低了系统的容量。

（4）众多的移动台共享有限的卫星资源，为充分利用卫星资源，需要合理的多址连接方式和信道分配方式、调制解调和编码技术。

（5）移动台要求高度的机动性，因此小型化也是十分重要的考虑因素。

二、典型低轨道卫星移动通信系统

要使用体积小、功率低的手持终端直接通过卫星进行通信，就必须使用低轨道卫星。因为若使用静止轨道卫星，则由于轨道高，传输路径长，信号的传输衰减和延时都非常大，因此要求移动终端设备的天线直径大，发射功率大，难以做到手持化。只有使用低轨道卫星，才能使卫星的路径衰减和信号延时减少，同时获得最有效的频率复用。尽管各低轨道卫星系统细节上各不相同，但目标则是一致的，即为用户提供类似蜂窝型的电话业务，实现城市或乡村的移动电话服务。本小节中介绍最典型的几种低轨道卫星移动通信系统。

（一）铱星系统

铱星系统是最早投入商用的低轨道系统，其采用 66 颗低轨道卫星以近极地轨道运行，轨道高度为 780km。铱星系统从 1987 年到 1998 年 5 月共发射了 72 颗卫星（其中 6 颗备用星），并于 1998 年 11 月正式商业运营。铱星系统实现了移动手机直接上星的通信，为用户提供了话音、数据、寻呼以及传真等业务。铱星系统具有星际电路，并具有星上处理和星上交换功能。这些特点使铱星系统的性能极为先进，但同时也增加了系统的复杂性，提高了系统的成本。铱星系统虽然在技术上具有先进性，但由于市场运营策略失误，资费策略失误（每部手机大约 3000 美元，国内通话约 1.27～2 美元/min）等原因，导致铱星系统在正式运营 16 个月之后即 2002 年 5 月,停止向用户提供服务,铱星公司宣布破产。

（二）全球星系统

全球星系统（简称 GS 系统）也是低轨道系统,但与铱星系统不同,全球星系统的设计者采用了简单低风险的卫星,因而更便宜。星上既没有星际电路,也没有星上处理和星上交换,所有这些功能,包括处理和交换均在地面上完成。全球星系统设计简单,仅仅作为地面蜂窝系统的延伸,从而扩大了移动通信系统的覆盖,因此降低了系统投资,而且也减少了技术风险。全球星系统由 48 颗卫星组成,均匀分布在 8 个轨道面上,轨道高度为 1414km。

全球星系统的主要特点有:由于轨道高度仅为 1414km,因此,用户几乎感受不到话音时延;通信信道编码为 CDMA 方式,抗干扰能力强,通话效果好。全球星系统可提供的业务种类包括话音、数据（传输速率可达 9.6bit/s）、短信息、传真、定位等。

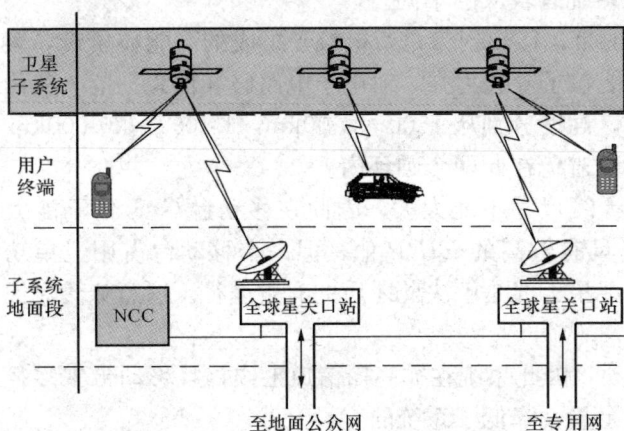

图 6-22 全球星系统的网络结构

2000 年 5 月全球星系统在中国正式运营。用户使用全球星双模式手机,可实现在全球范围内任何地点、任何个人在任何时间与任何人以任何方式的通信,即所谓的全球个人通信。

1. 系统构成

全球星系统的网络结构如图 6-22 所示,它包括卫星子系统、地面子系统、用户终端三部分,并与地面公众网和专用网连网。

（1）卫星子系统。卫星子系统由 48 颗卫星加 8 颗备用星组成。这些卫星分布在 8 个倾角为 52°的圆形轨道平面上,每个轨道平面 6 颗卫星,另还有 1 颗备用星;轨道高度约为 1414km,传输时延和处理时延小于 300ms,因此,用户几乎感觉不到时延;每颗卫星输出功率约为 1000W,有 16 个点波束,2800 个双工话音信道或数据信道,总共有 268 800 个信道;话音传输速率有 2.4、4.8、9.6kbit/s 三种,数据传输速率为 7.2kbit/s（持续流量）;每个业务区总有 2～4 颗卫星加以覆盖,每颗卫星能与其用户保持 17min 的连接,然后软切换转移到另一卫星上;卫星采用 CDMA 制式,带宽为 1.23MHz,基本采用 IS-95 标准,其优点是可以与地面系统 CDMA One 兼容,带来技术上的方便。

（2）地面子系统。地面子系统由控制中心（NCC）和关口（GW）组成。NCC 配有备用设备,由地面操作控制中心（GOCC）、卫星操作控制中心（SOCC）和发射控制操作设施（TCF）组成,负责管理 GS 系统的地面接续,如 GW 和数据网的操作,同时监视 8 颗卫星的运行。GOCC 管理 GS 的地面设施,执行网络计划,分配信道,计费管理等。SOCC 管理和控制卫星发射工作,并经常检测卫星在轨道上的运行,予以监控。GW 是地面站,每一个站可同时与 3 颗卫星通信。GW 承担转接全球星系统和地面公众网（PSTN/PLMN）的任务。它把来自不同卫星或同一卫星的不同数据流信号组合在一起,以提供无缝隙的覆盖。它把卫星网和地面公众网连接起来,每一个用户终端可通过一颗或几颗卫星（利用 CDMA 的分集接收技术）和一个关口站（又称网关）实现与全球任何地区的通信。关口站包括射频分系统、CDMA 分系统、管理分系统、交换分系统和遥测控制单元等。

全球星关口站的最大覆盖半径为 2000km，在中国建三个关口站即可覆盖全国。三个关口站的最佳建站地址为北京、广州、兰州。关口站的空中信道最少为 80 条，最大为 1000 条；用户容量最小为 1 万个，最大为 10 万个，三个关口站最终可容纳 30 万个用户。

（3）用户终端。使用全球星系统业务的用户终端设备，包括手持式、车载式和固定式。手持式终端有全球星单模、全球星/GSM 双模、全球星/CDMA/AMPS 三种模式。手持机包括两个主要部件：SIM 卡、SM 卡及无线电话机。车载终端包括一个手持机和一个卡式适配器。固定终端包括射频单元（RFU）、连接设备和电话机，它有住宅电话、付费电话和模拟中继三种。

2. 频率计划及多址方式

全球星系统关口站和卫星之间的馈线链路使用 C 频段，关口站到卫星的上行链路使用 5091～5250MHz，卫星到关口站的下行链路使用 6875～7055MHz。

全球星系统用户终端和卫星之间的用户链路使用 L、S 频段，用户终端到卫星上行链路使用 1610～1626.5MHz，卫星到用户终端下行链路使用 2483.5～2500MHz。

全球星系统的多址方式采用 FDMA＋CDMA 方式。首先将 16.5MHz 的上行带宽和下行带宽分成 13 个 1.25MHz 的无线信道；再在每个无线信道上进行码分多址，用以区分各个用户。

3. 呼叫建立过程

卫星移动通信中，也需要对用户的位置进行登记。在全球星系统中是由归属关口站和本地服务关口站来完成的，类似于地面蜂窝网 ETR、VLR 的作用，这里我们仍将归属关口站称为 HLR。全球星系统的号码结构为：网号 1349，号码共 11 位，为 1349H1H2H3ABCD，其中 H1H2H3 为归属关口站识别号。

下面给出接续的例子：

（1）当固定用户或地面公用移动网的用户呼叫全球星用户时，通过关口局接续到就近的全球星关口站 GW1 查询路由进行接续，关口站分析 H1H2H3 号码，到相应的 HLR 查询移动用户的路由信息，根据用户的不同位置进行接续。下面给出固定用户呼叫全球星用户时的例子：

1）被叫用户当前位置在 GW1，则直接寻呼该用户完成相应的接续，如图 6-23 所示。

2）若被叫用户当前位置在另一关口站 GW2，则通过专用直达线路将呼叫接续到 GW2，如图 6-24 所示。

图 6-23　被叫用户在 GW1 的接续　　　　图 6-24　被叫用户在另一关口站 GW2 的接续

3）如果被叫用户漫游到 PLMN 网中，则将呼叫接续到 PLMN 关口局，在 PLMN 网中接续，如图 6-25 所示。

（2）全球星用户呼叫固定用户或地面公用移动网的用户时，就近进入固定网或地面公用移动网的关口局，由固定网或地面公用移动网进行接续，后续接续过程同固定网或公用移动网内的接续。

```
┌─────┐    ┌──────────┐    ┌─────┐    ┌────────────┐
│ LS  │───▶│ PSTN 关口局 │───▶│ GW1 │───▶│ PLMN 关口局 │
└─────┘    └──────────┘    └─────┘    └────────────┘
```

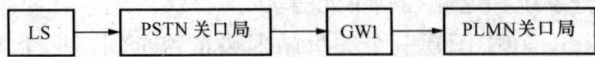

图 6-25　被叫用户漫游到 PLMN 网时的接续

（3）全球星用户呼叫全球星用户，始发关口站 GW1 在全球星网中查询用户的路由信息，根据用户的不同位置进行接续，具体接续过程同（1）。

第六节　第三代移动通信系统

一、概述

第一代移动通信系统（如 AMPS 和 TACS 等）是采用 FDMA 制式的模拟蜂窝系统，其主要缺点是频谱利用率低、系统容量小、业务种类有限，不能满足移动通信飞速发展的需求。第二代移动通信系统虽然其容量和功能与第一代相比有了很大的提高，但其业务主要限于话音和低速率数据（9.6bit/s），远不能满足新业务种类和高传输速率的需要。第三代移动通信系统简称 3G 系统，它最早是国际电联于 1985 年提出的，当时的命名为未来公众陆地移动通信系统（FPLMTS）。由于该系统预期在 2000 年使用，并工作在 2000MHz 频段，故于 1996 年正式改名为 IMT-2000。

目前世界各国都在加紧对第三代移动通信系统的研究。欧洲成立了 UMTS/IMT-2000 标准化组织，日本的 TTC 和 ARIB 两个标准化组织负责 IMT-2000 的研究，美国 TIA 对 IMT-2000 的 CDMA 和 TDMA 进行研究，韩国着眼于对 W-CDMA 技术方案的研究（异步 W-CDMA 和同步 W-CDMA）。

我国于 1997 年成立了 IMT-2000 无线传输技术（RTT）评估协调组（CHEG），并于 1997 年 12 月正式成立并在国际电联注册。该评估协调组提出的 TD-SCDMA（时分—同步码分多址）作为 IMT-2000 无线传输候选技术之一，在 1999 年 3 月 ITU-TG8/1 第 16 次巴西会议通过 Rec-IMT. RKEY 的建议中，这种 TD-SCDMA 技术方案被选为标准之一。

现在世界上，运营的第三代移动通信系统主要有 3 个系统：W-CDMA 系统、CDMA2000 系统、TD-CDMA 系统。W-CDMA 系统主要在欧洲、日本，CDMA2000 系统主要在北美，我国主要是中国移动的 TD-CDMA 系统。中国电信的 CDMA2000 系统、中国联通的 W-CDMA 系统。

2009 年 1 月，我国工业和信息化部对我国三大通信运营商发放了三张 3G 运营牌照，分别是中国移动的 TD-CDMA、中国电信的 CDMA2000、中国联通的 W-CDMA。表明我国正式进入大规模 3G 建设阶段。2009 年 4 月起，中国移动、中国电信、中国联通陆续在全国开始放号，开始商用阶段。

第三代移动通信系统的大致目标是全球化、综合化和个人化。全球化就是提供全球海陆空三维的无缝隙覆盖，支持全球漫游业务；综合化就是提供多种话音和非话音业务，特别是多媒体业务；个人化就是有足够的系统容量、强大的多种用户管理能力、高保密性能和服务质量。

二、TD-SCDMA 系统

TD-SCDMA 系统的方案是在无线本地环路基础上提出，基于 TDD 模式，以智能天线技术为核心的系统。系统中包含的关键技术有同步 CDMA、智能天线和无线电技术。

（一）TD-SCDMA 系统简介

TD-SCDMA 系统采用时分双工方式（TDD）和时分同步码分多址接入（TD-

SCDMA）。该系统工作频段为 2.10～2.025GHz，每个载波占 1.2MHz 带宽，其中保护带宽约占 100kHz；每个射频信道帧由 8 个可动态分配的 TDMA 时隙组成，每个 TDMA 时隙又分为 16 个 CDMA 码道；每个码道经过一个特定的 Walsh 码与一个公共的伪随机码（PN）相乘后彼此分隔开来。在 TD-SCDMA 系统中，每帧的长度是 5ms，至少有一个上行时隙和一个下行时隙，其他 6 个时隙可以根据业务需要，动态设置为上行或下行。通过下行广播信号，把帧结构的变化周期性地发送至整个小区。时隙之间的保护时间为 1/2 个符号周期，即 8 个码片周期；从上行到下行转换期间的保护时间是 4 个符号周期；为了使用户终端（UT）建立同步，从下行到上行转换期间的保护时间是 16 个符号周期。系统的符号速率为 69.6kc/s，扩频速率 1113.6kc/s；接入信道的扩频因子为 16，业务信道的扩频因子为 16 或 32；一般采用 DQPSK 调制方式，可选 8PSK 或 16QAM 方式；语音业务采用卷积编码，数据业务采用级联编码，并进行相应的交织处理。

（二）TD-SCDMA 系统的特征

（1）频谱利用率。频谱利用率是 ITU 对第三代移动通信系统提出的一个主要要求。在常见的第二代移动通信中，IS-95 的 CDMA 技术提供了很高的频谱利用率。对于 CDMA 系统这种具有干扰的系统来说，若能解决伪随机码之间的码间干扰和远近问题，那么系统将具有巨大的容量。TD-SCDMA 技术通过扩频码之间的正交性并结合智能天线技术，提供的容量将是 IS-95 CDMA 系统的 4～5 倍，是 GSM 系统的 20 倍。

一方面，由于采用了码分多址技术，系统的部署不需要频率规划；另一方面，TD-SCDMA 系统工作于 TDD 方式，不需要像其他基于 FDD 的第三代移动通信系统那样需要成对的频率源，因而在频率利用方面更具有灵活性。

（2）多媒体业务的提供。TD-SCDMA 的第三代移动通信系统，将提供从基本的语音通信业务到数字业务和分组视频业务，虽然所有的用户共享同一频率资源，但是由于结合了智能天线，可以根据业务的质量级别和要求动态地分配功率给用户，并且能保证干扰不超出上限，因而在提供业务的种类和质量方面具有无可比拟的优越性。在 TD-SCDMA 系统中，可以是每个用户一个资源单元，也可以是一个用户占用多个资源单元；对同一用户不同业务信道的组合，就形成了多媒体业务；一个用户在获得语音通信业务的同时，也可以进行数据方面的通信，如 WWW 和 E-mail；对于传输速率为 2Mb/s 的业务，超过 90% 的信道将分配给一个用户，同时也可保证部分语音通信业务的同时开展。TD-SCDMA 系统中的同一连接可同时传送语音、数据、视频等多种业务。

（3）互操作性。作为第三代移动通信系统必须考虑到 GSM 的用户，特别是在 GSM 堪称是世界第一大网的中国，兼容性更是一个突出的问题。第三代移动通信系统必须兼容第二代移动通信系统，在兼容的基础上逐步实现由第二代到第三代的转变。考虑到这一点，TD-SCDMA 系统通过多时隙组合，以 GSM 超长帧的方式实现对 GSM 基站信号的同步搜寻。另外，在手机的辅助下，第三代移动通信系统的基站通过精确的接力切换技术，实现由第三代系统到第二代移动通信系统的切换。由于采用了同步码分多址技术，所有的 TD-SCDMA 的基站都应该保持同步，以利于切换的实现。同步信号可以来自上一层的控制单元，或者由 GPS 提供。TD-SCDMA 技术支持多种蜂窝分布技术，从宏蜂窝到微蜂窝，更适合于多种地理环境。

三、W-CDMA 系统简介

W-CDMA 技术的关键技术是建立在窄带 CDMA 的基础上的，基于 FDD、TDD 模式，但从避开 IPR 和技术改进的角度在原有的基础上又前进了一步。

WCDMA 的技术特点如下：

（1）可适应多种速率的传输，灵活地提供多种业务。

（2）是一个异步系统，BTS 之间无需同步。

（3）优化的分组数据传输方式。

（4）支持不同载频之间的切换。

（5）上、下行快速功率控制。

（6）反向采用导频辅助的相干检测（提高反向解调增益，提高功率控制准确性）。

（7）充分考虑了信号设计对 EMC 的影响。

四、CDMA2000 系统简介

CDMA2000 技术是北美的 Lucent、Motorola、Nortel、Qualcomm 公司以及韩国 Samsung 等公司联合提出来的基于 IS-95 的系统。因为在北美和韩国，IS-95CDMA 系统正走向大规模商用，考虑其大量的用户和系统设备，为能与其充分地后向兼容，故提出了 cdma2000 的概念。它沿用了 IS-95 的主要技术和基本技术思路，如帧长为 20ms，采用 IS-95 的软切换和功率控制技术，需要 GPS 同步等。但也做了一些实质性的改进，改进如下：

（1）反向信道相干接收。

（2）前向发送分集。

（3）全部速率采用 CRC 方式。

（4）充分考虑了信号设计对 EMC 的影响。

五、第三代移动通信系统的关键技术

（一）多址技术

随机分组多址是 TDMA 和 ALOHA 的结合方式，是分组接入协议的极端特例。TDMA 的时隙分配建立在预先确定的基础上，用户只有在传输信号期间占用时隙，接入开销少，无接入碰撞；但由于未用时隙不可再分配，故对突发业务效率低。时隙 ALOHA 是纯粹的随机接入，用户可在任意时间内进行接入竞争，因此，必然产生碰撞，导致满负荷时流量差。为了充分利用 TDMA 和 ALOHA 接入的优点，通过一定的技术折中，得到下述方法：基本原理为按需分配时隙，用完立即释放，通过标记时隙占用与空闲，达到信道随机分配，实现可变速率的接入，流量可高达 90％以上。经研究结果表明，随机分组多址技术基本适合于可变速率第三代移动通信系统的要求。

CDMA 用一组正交码区分不同用户，实现多用户共享资源。CDMA 具有频率规划简单、频谱效率高、软切换和宏分集、软容量等多种优势。第三代移动通信系统要求提供 n kbit/s～2Mbit /s 的可变速率业务。无线资源运行于多种环境，采用多射频信道带宽，开发灵活的无线接口 CDMA 方式，则可满足第三代移动通信系统的设计要求。对不同的信号速率，采用不同射频信号的码片速率，才能达到信号传输速率的匹配。这种多速率空中接口必须采用宽带 CDMA 才容易达到。由此可见，随机分组多址和宽带 CDMA 是第三代移动通信系统可选的多址方式，但宽带 CDMA 则更有竞争力。

（二）智能天线

智能天线由多天线阵、相干收发信机和现代数字信号处理（DSP）算法组成。智能天线可有效地产生多射束图。这些射束的每一个都指向特定的 UT，而这些射束图也能适应跟随

任何移动的 UT。在接收方，这种特性即空间选择接收，能大大地增加接收灵敏度，减少来自不同位置同信道的 UT 的同信道干扰，增加容量。它也能有效地合并多径成分，来抵制多径衰落。在发射方对空间智能选择形成射束的发射，能降低对其他同信道 UT 的干扰，增加容量，并极大地降低输出功率。

（三）软件无线电技术

软件无线电技术是通过 DSP 软件实现无线电功能的技术。它作为一种新的通信体制，为通信多种标准的统一建立了桥梁。它充分利用现代先进的通信与信号处理、微电子和软件等技术实现多媒体、多模式的通信系统无缝连接。它的最大特点是基于同样的硬件环境，由软件来完成不同的功能；对于系统升级和多种模式运行，则可以自适应地完成。

第三代移动通信系统具有多模式、多频率和多用户的特点，面对多种移动通信标准，要在未来移动通信网络上实现多模式、多频率、不间断业务能力，软件无线电技术将发挥重大作用。例如，基站可以承载不同的软件来适应不同的标准，而不用改动硬件平台；基站间可以由软件算法协调，动态地分配信道和容量，网络负荷可自适应；移动台可以自动检测接入的信号，以接入不同的网络，且能适应不同的接续时间要求。

（四）功率控制技术

功率控制技术已经在 CDMA 中详细介绍了，这里不再赘述。

（五）高效信道编译码技术

采用高效信道编译码技术是为了进一步改进质量。在第三代移动通信系统主要提案中（包括 W-CDMA 和 CDMA2000 等），除采用与 IS-95CDMA 系统相似的卷积编码技术和交织技术之外，还建议采用 TURBO 编码技术及 RS—卷积级联编码技术。

（六）多用户检测技术

多用户检测技术把所有用户的信号都当成有用信号而不是干扰信号来处理，消除多用户之间的相互干扰。使用多用户检测技术能够在极大程度上改善系统容量。

第七节 LTE 及 4G 技术

尽管 3G 技术普及的时间不长，但世界移动通信界已经把目光投向了包括 3G 长期演进（LTE）技术在内的 4G 技术，正让移动宽带拥有固定互联网的速度正从梦想走向现实。第四代移动通信可以在不同的固定、无线平台和跨越不同的频带网络中提供无线服务，可以在任何地方宽带接入互联网，能够提供定位定时、数据采集、远程控制等综合功能。它主要以宽带高速数据传输为主要特征，目前在 IMT-Advanced 框架下进行标准化。

在 IMT-Advanced 标准化过程中，我国积极参与，成为主导 IMT-Advanced 标准的国家之一。2004 年，中国在标准化组织 3GPP 提出了第三代移动通信 TD-SCDMA 的后续演进技术 TD-LTE，主导完成了相关技术标准。2007 年，在 TD-LTE 基础上形成了 TD-LTE-Advanced 技术方案。它吸纳了 TD-SCDMA 的主要技术元素，体现了我国通信产业界在宽带无线移动通信领域的最新自主创新成果。2013 年 2 月 1 日，中国移动在浙江杭州和温州进行 4G 商用试运行，采用 TD-LTE 新一代移动通信技术。

一、LTE 技术

（一）LTE 概述

　　目前，基于宽带码分多址（Wideband CDMA，WCDMA）无线接入技术的 3G 移动通信技术已逐渐成熟，正在世界范围内被广泛推广应用。为了进一步对 3G 技术进行发展，3GPP 标准组织引入了高速下行链路分组接入（High Speed Down-link Package Access，HSDPA）和增强型上行链路这两种具有很强竞争力的 3G 增强技术。由于用户和运营商的需求不断增加，为了保持 3G 在 10 年内的竞争力，3GPP 开始考虑长期演进计划。LTE（Long Term Evolution）的概念在 2004 年 11 月被首次提出，LTE 即"3G 长期演进"计划，其基本思想是采用过去为 B3G 或 4G 发展的技术来发展 LTE，使用 3G 频段占有宽带无线接入市场。

　　LTE 的目标是提供高数据速率、低延迟和支持灵活的带宽部署的分组优化无线接入技术。与此同时，新的网络架构的设计目标是支持移动通信的无缝分组业务交换，保证服务质量和最小延迟。移动运营商对 LTE 提出的要求是，LTE 必须成为一个有竞争力的 B3G 宽带无线业务技术手段，因此 LTE 系统的需求指标有新的要求，如峰值数据率为：20MHz 系统带宽下，下行瞬时峰值速率达到 100MHz/s（频谱效率 5bit/Hz），上行瞬时峰值速率达到 50MHz/s（频谱效率 2.5bit/Hz）；控制面延迟：从驻留状态到激活状态的时延小于 100ms；控制面容量：每个小区在 5MHz 带宽下最少支持 200 个用户等。

　　（二）LTE 规范及关键技术简介

　　1. LTE 规范简介

　　（1）LTE 物理层规范。

　　LTE 接入网协议分为三个层次的结构，如图 6-26 所示。物理层处于其中的最下层，以传输信道为接口为上层提供数据传输服务。LTE E-UTRAN 系列规范主要集中在 36 系列，其中 E-UTRAN 表示演进的通用地面无线接入网。

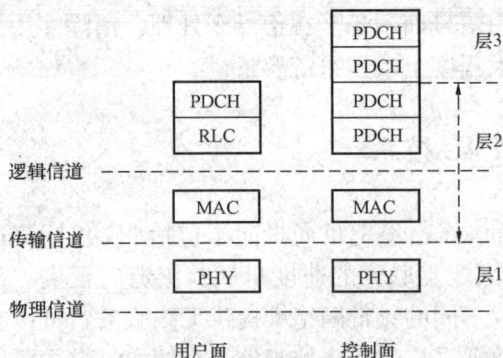

图 6-26　LTE 接入网协议结构

　　（2）LTE MAC 层规范简介。

　　媒体接入控制（MAC）层介于物理层与无线链路层（RLC）之间。MAC 层实现了数据处理相关的诸多功能。3GPP LTE 系列规范中 TS36.321 协议规范主要是对 MAC 层的描述，其中包括 MAC 层框架、MAC 层实体功能、MAC 过程等。

　　2. LTE 网络架构

　　参考图 6-27 所示的 3GPP LTE 网络架构，其中 EPC 为演进的分组交换核心网。eNB 为演进的 B 节点，负责与用户进行通信以及完成资源分配与管理功能，MME 为移动性管理实体，完成控制部分的功能。UPE 为用户平面实体完成数据部分的功能。

　　核心网与接入网之间的接口为 S1 接口，接入网中的节点 eNB 之间通过 X2 接口连接。

　　3GPP LTE 网络架构相比现有网络架构，其节点数量、网络分层结构等方面都有了进一步的简化，适合分组数据传输、控制平面与用户平面完全分离等特点，代表了广义分布式网络架构在网络架构简化、扁平化方向的发展。

　　3. LTE 关键技术

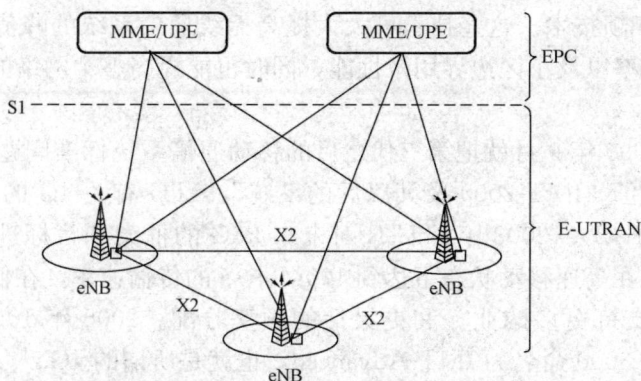

图 6-27 3GPP LTE 网络架构

LTE 系统支持以 OFDM 与 MIMO 技术为核心的无线网络技术。其中，OFDM 技术可以抵抗由无线信道多径时延扩展产生的符号间干扰，同时可以使信道均衡从复杂的时间域处理转换到简单的频域处理。而 MIMO 技术成为未来移动通信系统实现高数据速率、高系统容量，提高传输质量的重要途径。

（1）MIMO 技术。

MIMO 技术的应用使得 LTE 中可以向用户提供高速移动数据通信业务，极大地提高了频谱效率，在同样的天线数目下，使用 MIMO 技术可以使信道容量得到成倍的提升。合理的利用 MIMO 技术不但可以提高信道的容量，同时也能够提高信道的可靠性，降低一定的误码率。前者利用的是 MIMO 信道提供的空间复用增益，而后者则利用了 MIMO 的空间分集增益。

（2）OFDM 技术。

随着移动通信技术的发展，在新一代的移动宽带通信系统中，OFDM 技术已经逐步取代了落后的单载波扩频技术而成为新的发送技术。3GPP 在考虑几种其他传输技术的优点和缺点的基础上，最后决定也采用 OFDM 技术作为基本的传输方式。

当 OFDM 与频分复用（FDMA）技术结合后，就形成了正交频分多址（OFDMA）接入系统。OFDMA 类似于常规的 FDMA，但它不需要 FDMA 中必不可少的保护频带，从而避免了频带的浪费。因此，LTE 选择 OFDMA 技术作为下行多址技术。

4. LTE 到 LTE-A 的演进

LTE-A 是 LTE 的演进版本，其目的是为满足未来几年内无线通信市场的更高需求和更多应用，满足和超过 IMT-Advanced 的需求，同时还保持对 LTE 较好的后向兼容性。2008年 6 月，3GPP 完成了 LTBA 的技术需求报告，提出了 LTE-A 的最小需求：在 100MHz 系统带宽下，上行峰值速率 500Mbit/s，下行峰值速率 1Gbit/s，上、下行峰值频谱利用率分别达到 15Mbit/（s·Hz）和 30 Mbit/（s·Hz）；具有灵活的频谱配置；其频谱可扩展到 100MHz，并可将多个频段进行整合；可同时支持连续和不连续的频谱；能够与 LTE 系统共享相同的频段；支持多种环境下的系统正常工作；可以为宏蜂窝到市内环境等多种场景提供无缝覆盖。

与 LTE 系统相比，LTE-A 中主要增加了载波聚合（CA）、上/下行多天线增强（Enhanced UL/DL MIMO）、协同多点传输（Coordinated Multi-Point Tx&RX，CoMP）、

无线中继（Relay）四项技术。这些技术可大大提高无线通信系统的峰值数据速率、峰值谱效率、小区平均谱效率以及小区边界用户性能，同时也能提高整个网络的组网效率。

二、4G 技术

国际电联早在 1999 年 9 月就把第三代之后的移动通信系统标准问题提上了日程，ITU-R 的工作计划中列入了"IMT-2000 及其以后的系统"，ITU 有关 4G 的最初提法是 System Beyond IMT-2000（B3G）。2003 年 ITU-R 对未来 B3G 的框架和目标进行了初步定义，未来移动通信系统应能在高速移动状态下达到 100Mbit/s 的传输速率，在低速移动时能够实现 1Gbit/s 的速率，并支持更多的业务和更灵活的频率分配。2005 年 10 月，ITU-R 正式将 System Beyond IMT-3000 命名为 IMT-Advanced，也就是所谓的 4G。

（一）4G 系统的定义和特性

IMT-Advanced（4G）系统的定义为具有超过 IMT-2000 能力的新移动系统。该系统能够提供广泛的业务：由移动和固定网络支持的日益增加的基于分组传输的先进移动业务。

IMT-Advanced 系统支持从低到高的移动性应用和很宽范围的数据速率，达到多种用户环境下用户和业务的要求。（IMT-Advanced 系统还具有在广泛服务和平台下提供显著提升 QoS 的高质量多媒体应用的能力。）

IMT-Advanced 的特性如下：

（1）在保持成本效率条件下和支持灵活广泛的服务和应用基础上，达到世界范围内的高度通用性；

（2）支持 IMT 业务和固定网络业务的能力；

（3）高质量的移动服务；

（4）用户终端适合全球使用；

（5）友好的应用、服务和设备；

（6）世界范围内的漫游能力；

（7）增强的峰值速率以支持新的业务和应用，如多媒体（需要在高速移动状态下支持 100Mbit/s 的传输速率，在低速移动时支持 1Gbit/s 的速率）。

（二）4G 组网技术

与现有的第三代蜂窝移动通信系统相比，下一代蜂窝移动通信系统在提供高带宽接入、高数据速率支持、低网络时延等方面有更高的要求。目前，关于下一代移动通信系统的研发与标准化目标方面，公认的需求包括支持全 IP 架构、可以在 20～100MHz 带宽基础上提供 100Mbit/s～1Gbit/s 的传输速率、全面支持分组交换域、与现有系统相比更短的网络时延、考虑网络融合、为用户提供更丰富的用户体验等。要实现这些关键指标，除了在空中接口的物理层使用能进一步提高频谱效率的多天线技术、正交频分多址技术等关键技术之外，现有的蜂窝网络架构也面临着发展与演进的巨大挑战。近几年来，国内外研究者针对未来移动通信系统的特点和需求提出了更加完善的基于多天线技术的蜂窝网络系统架构，如虚拟小区概念、分布式无线通信系统的概念以及广义分布式小区架构—群小区等。

1. 群小区网络架构

群小区概念由两大部分组成：一是网络架构部分，定义为广义分布式无线接入网架构；二是小区拓扑结构部分，定义为群小区结构。在多天线发送技术的基础上，群小区结构的定义是：在地理位置相邻的多个小区中，针对一个移动终端采用同一套通信资源（如频率、时隙或码字等）进行通信，而针对其他移动终端分别采用不同套的通信资源进行通信，采取这种通信方式的多个小区就构成了一个群小区。该群小区构造方法可以基于无线通信系统物理层的 MIMO、联合发送技术、单频 OFDMA 或者分布式天线技术等多天线技术来实现。

群小区概念是能够应用在多发送天线系统中的一种全新组网结构，与传统独立蜂窝小区的结构不同，实现了小区域覆盖向大区域覆盖的飞跃。在基于群小区结构提出的群切换策略下，移动终端在一个群小区内部的各个小区之间是不用切换的，从而避免了频繁切换，提高了切换性能和系统的稳定性，并且在整体上降低了接入点设计费用，具有较好的经济性。

2. 基于群小架构的滑动切换

根据群小区结构的定义，服务群小区的构成方式包括固定群小区结构与滑动群小区结构。其中，滑动群小区结构可以看作是一个窗口滑动的过程。构成一个服务群小区的天线单元可以看作是一个动态变化的窗口，这个窗口的大小、形状以及滑动的速度可以根据其服务的用户移动方向及移动速度进行动态改变。当用户移动速度较快时，该滑动窗口可以适当扩大些以跟随用户的移动，减少切换发生次数。而当用户的移动方向产生变化时，该滑动窗口的滑动方向也可以跟随用户移动方向发生变化，不同的用户对应不同的滑动服务群小区。

基于滑动群小区结构，系统可以根据用户当前所处状态及无线环境灵活地构造服务群小区。同时，基于滑动群小区结构的群切换方式也可以有新的突破—滑动切换策略。

滑动切换策略是一种基于多天线结构的切换方法，该切换策略根据多天线结构的特点，将多个天线单元构成的组合根据用户当前所处状态、无线环境以及系统负载情况等进行动态的改变，以用户为中心，通过对当前服务天线单元组合的更新来完成切换过程。

滑动切换策略解决了多天线结构中涉及多天线单元对用户进行服务时的切换问题，适应广义分布式网络架构中小区拓扑结构的特点并充分利用了其优势。滑动切换策略通过动态更新服务天线单元组合的方法保证了用户始终处于服务小区的中心，小区边缘效应得到消除。

基于广义分布式网络架构，滑动切换策略的另外一个优点是服务天线单元组合的更新可以在物理层自适应地完成，减少了上层信令等控制部分的开销，在提高切换速度的同时也提高了资源利用率。

3. 基于群小区架构的快速小区组选择

快速小区组选择方案的定义是：当用户处于小区边缘时，每个更新周期选择链路质量最好的一个或几个小区作为发送下行数据的小区组，被选中的小区组结合多天线技术向移动台发送数据。

快速小区组选择方案每次选择多个小区与用户建立通信连接，可以进一步结合多天线技术，能够更有效地提高小区边缘用户的下行数据速率。

此外，快速小区组选择方案通过物理层信令指示小区选择，其更新速度可以达到每 TTI 一次，因而能更有效地抵抗大尺度衰落以及小尺度衰落的影响。

快速小区组选择方案选中服务小区组中每个小区发送的数据信号形式可以相同也可以不相同，例如可以采用空时码等多天线发送分集方法。

快速小区组选择方案根据所选择组成的服务小区组的类型，可以分为快速小区组选择方案与快速扇区组选择方案两种情况。

图 6-28 所示为快速小区组选择方案示意图，当用户处于小区边缘时，应用快速小区组选择方案，可以选择小区 1、小区 2、小区 3 中的一个或几个小区组合发送下行数据。

另外，当小区扇区化时，可以进行快速扇区组选择方案，所选的扇区可以属于同一小区或不同小区，如图 6-29 所示。用户 1 处于小区 1 内部扇区交界处，进行小区内部的快速扇区组选择，每个更新周期从小区内部选择导频信号强度最大的一个或几个扇区向移动台发送下行数据，所选扇区与同一个小区相连。用户 2 处于小区 1、小区 2、小区 3 之间扇区交界处，进行小区之间的快速扇区组选择，每个更新周期从扇区 1B、扇区 2A、扇区 3A 中选出导频信号强度最大的一个或几个扇区向移动台发送下行数据，这时所选扇区可以属于不同的小区。

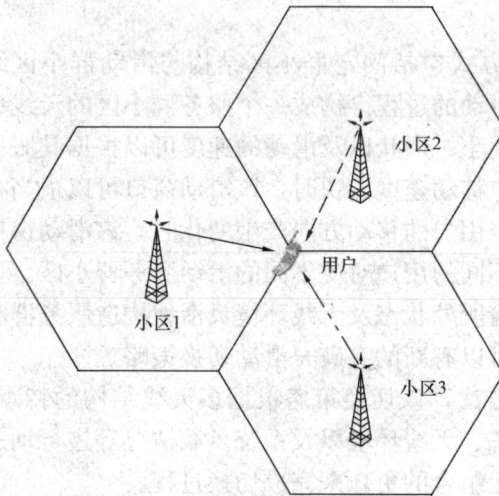

图 6-28　快速小区组选择方案示意图　　　图 6-29　快速扇区组选择方案示意图

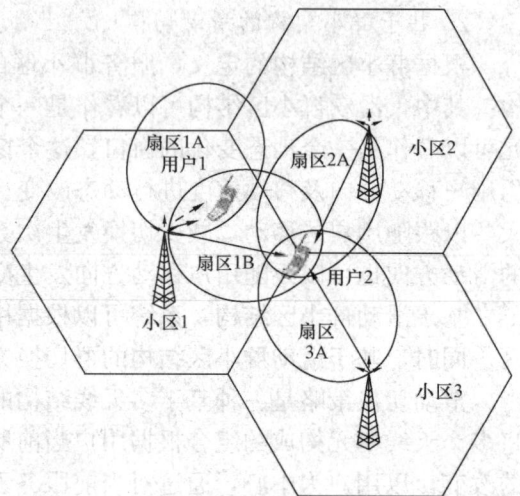

快速小区组选择方案与现有软切换、硬切换以及快速小区选择等方案相比，其优势在于以下几个方面：

（1）充分利用宏分集增益，快速小区组选择方案选择当前对用户最有益的小区组成服务小区组，用户在接收端可以获得宏分集增益；

（2）结合多天线技术，可以进一步在发射端应用发送分集策略，例如，在发射端通过引入空时分组码等技术使用户进一步获得发送分集增益；

（3）所选小区组的快速更新。快速小区组选择方案采用物理信令指示小区选择，其更新速度可以达到每 TTI 一次，可以在一定程度上抵抗大尺度衰落以及快衰落的影响，进一步保证边缘用户的通信质量。

4. 基于群小区架构的协作多点传输技术

协作多点传输（CoMP）技术的基本特征是采用协作技术在单小区或多小区场景中进行单用户或多用户的多点协作传输，通过协同多个小区共享用户信道信息或数据信息，采用多小区协作调度或联合处理来抑制小区间干扰，提高小区边缘用户性能。CoMP 技术在上行信道支持在不同物理位置的接收信号的联合处理；在下行信道支持调度与传输的动态协作，包括不同物理位置联合传输的动态协作。CoMP 技术引入了广泛协作的理念，在基站间、天线间甚至用户间考虑采用协作传输的方式来提升系统容量及覆盖性能，以满足 LTE-Advanced 的性能指标，尤其是达到 LTE-Advanced 对小区边缘用户的性能要求。

第七章 现代交换技术

第一节 概　　述

交换技术是通信网的重要组成部分，如果没有交换技术，组成的通信网络将非常复杂、成本高，而且网络效率低下，可见交换技术在通信网中起着非常重要的作用。

交换技术起源于电话接续过程。在很长的时间内，支持传统电路交换功能的设备都是纵横制交换机，其交换技术也是基于电路交换，交换动作的结果是建立（连接）一条物理的实电路，完成对话路的接续任务，当通信结束时，交换设备再拆除接续电路，准备下一次新的接续。随着数据业务的出现，数据业务成为通信网络必须面对的新问题，而且，数据业务与电话业务有明显不同的属性，因此，出现了分组交换技术。计算机网络技术的飞速发展，给分组交换技术带来了革命性的变化，使确定复用发展成为统计复用，面向连接发展成为无连接，产生了 X.25 交换机、路由器和 ATM 交换设备。这些设备采用统计复用，提高了设备的利用率，同时，也产生了拥塞、延时抖动和数据丢失等一系列新问题。为解决这些新问题，又不断创造出了新的技术。现代通信网络，既支持电话业务，也支持数据业务，传统的交换技术已不能适应现代通信网的要求。因此，要了解现代通信网络，也必须了解现代交换技术及其应用。

图 7-1 所示为交换技术发展的过程，从早期的电路交换到现在的分组交换，经历了相当长的一段时间，而推动交换技术发展的动力正是数据业务的产生。为了更好地了解不同交换技术及其应用，现介绍一些基本概念。

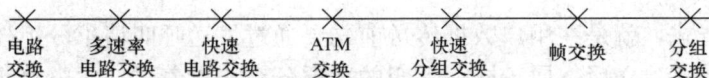

图 7-1　交换技术的发展

一、电路交换

电路交换（CS-Circuit Switching）是最早出现的一种交换方式，包括最早的人工电话在内的电话交换普遍采用电路交换方式。电路交换的基本过程包括呼叫建立阶段、信息传送（通话）阶段和连接释放阶段。

电路交换是一种实时交换，当某一用户呼叫另一用户时，应立即在两个用户间建立电路连接，如果没有空闲的电路，呼叫就不能建立而遭受损失。因此，应配备足够的连接电路，使呼叫损失率不超过规定值。

电路交换要在通信的用户间建立专用的物理连接通路，应具备以下特点：

（1）在通信之前先要有连接建立过程。

（2）只要用户不发出释放信号，即使通信暂时停顿，物理连接仍然保持。

（3）物理连接的任何部分发生故障都会引起通信的中断。

（4）仅当呼叫建立与释放时间相对于通信的持续时间很小时才呈现高效率。

（5）对通信信息不作处理（信令除外），而是原封不动地传送，用作低速数据传送时不进行速率、码型的变换。

(6) 对传送的信息无差错控制措施。

(7) 用基于呼叫损失的方法来处理业务流量,过负荷时呼损率增加,但不影响已建立的呼叫。

综上所述,电路交换是固定分配带宽,连接建立后,即使无信息传送也要虚占电路,电路利用率低;要预先建立连接,有一定的连接建立时延,通路建立后可实时传送信息,传输时延一般可以不计;无差错控制措施,对于数据交换的可靠性没有分组交换高。因此,电路交换适合于电话交换、文件传送、高速传真,不适合突发(burst)业务和对差错敏感的数据业务。

二、分组交换

分组交换是一种存储转发的交换方式。它是将需要传送的信息划分为一定长度的包,也称为分组,以分组为单位进行存储转发的。而每个分组信息都包含源地址和目的地址的标识,在传送数据分组之前,必须首先建立虚电路,然后依序传送。

在分组交换网中可以在一条实际的电路上,能够传输许多对用户终端间的数据。其基本原理是把一条电路分成若干条逻辑信道,对每一条逻辑信道有一个编号,称为逻辑信道号,将两个用户终端之间的若干段逻辑信道经交换机链接起来构成虚电路。

分组交换在线路上采用动态复用的技术来传送各个分组,带宽可以动态复用。用户在接入分组交换网时,可以通过分组装拆设备(PAD)把各终端的字符数据流组成分组,在集合信道上以分组交织复用,使多个用户可以共享一个分组连接。分组交换提供虚电路和数据报两种方式。

虚电路(VC-Virtual Circuit)方式与数据报(DG-Data Gram)方式,各有其特点,可适应不同业务的要求。

1. 虚电路方式

所谓虚电路方式,就是在用户数据传送前先要通过发送呼叫请求分组建立端到端之间的虚电路,一旦虚电路建立后,属于同一呼叫的数据分组均沿着这一虚电路传送,最后通过呼叫清除分组来拆除虚电路。

虚电路不同于电路交换中的物理连接,而是逻辑连接。虚电路并不独占线路,在一条物理线路上可以同时建立多个虚电路,也就是建立多个逻辑连接,以达到资源共享。但是从另一方面看,虽然只是逻辑连接,毕竟也需要建立连接,因此不论是物理连接还是逻辑连接,都是面向连接(CO-Connection Oriented)的方式。

虚电路有两种:交换虚电路(Switched Virtual Circuit,SVC)和永久虚电路(Permanent Virtual Circuit,PVC)。通过用户发送呼叫请求分组来建立虚电路的方式称为SVC。如果应用户预约,由网络运营者为之建立固定的虚电路,就不需要在呼叫时临时建立虚电路,而可直接进入数据传送阶段,称之为PVC。

2. 数据报方式

数据报方式不需要预先建立逻辑连接,而是按照每个分组头中的目的地址对各个分组独立进行选路。由于不需要建立连接,又称为无连接(CL-Connection Less)方式。

3. 虚电路方式与数据报方式的比较

(1) 分组头。数据报方式的每个分组头要包含详细的目的地址,而虚电路方式由于预先已建立逻辑连接，分组头中只要含有对应于所建立的 VC 的逻辑信道标识即可。

（2）选路。虚电路方式预先有个建立过程，并且有一定的处理开销，但一旦虚电路建立，在端到端之间所选定的路由上，各个交换节点都要具有映像表，以存放出入逻辑信道的对应关系，每个分组到来时只要查找映像表，而不需要进行复杂的选路，就能完成数据分组的交换任务。当然，建立映像表也要有一定的存储器开销。而数据报方式则不需要有建立过程，但对每个分组都要独立地进行选路。

（3）分组顺序。虚电路方式中，属于同一呼叫的各个分组在同一条虚电路上传送，分组会按原有顺序到达终点，不会产生失序现象。数据报方式中，各个分组由于是独立选路，可以从不同的路由转送，因此，会引起失序。

（4）故障敏感性。虚电路方式对故障较为敏感，当传输链路或交换节点发生故障时可能引起虚电路的中断，需要重新建立。有些分组网具有再连接功能，出现故障时可自动建立新的虚电路，并做到不丢失用户数据，数据报方式中各个分组可选择不同路由，对故障的防卫能力较强，从而可靠性较高。

（5）应用。虚电路方式适用于较连续的数据流传送，其持续时间应显著地大于呼叫建立时间，如文件传送、传真业务等。数据报方式则适用于面向事务的询问/响应型数据业务。

三、帧交换

通常的分组交换是基于 X.25 协议。X.25 协议包含了 3 层，第 1 层是物理层，第 2 层是数据链路层，第 3 层是分组层，对应于开放系统互连 OSI 模型的下 3 层，每一层都包含了一组功能。帧交换（FS-Frame Switching）则只有下面两层，没有第 3 层，简化了协议，加快了处理速度。

帧交换是一种帧方式的承载业务，在数据链路层上以简化的方式来传送和交换数据单元。通常，在第 3 层传送的数据单元称为分组，在第 2 层传送的数据单元称为帧（Frame）。所以，帧方式是将用户信息流以帧为单位在网络内传送。

帧方式与传统的分组交换比较有两个主要特点：一个是帧方式是在第 2 层（链路层）进行复用和传送，而不是在分组层；另一个是帧方式将用户面与控制面分离，而通常的分组交换则未分离。用户面提供用户信息的传送，控制面则提供呼叫和连接的控制，主要是信令功能。

四、面向连接方式

面向连接方式就是在用户信息传送前，先要有连接建立过程，在信息传送结束后，要拆除连接。

五、无连接方式

对应于面向连接的概念，还有无连接通信方式。其主要特点是通信开始之前，不需要通过呼叫过程，以建立一条实的或虚的链路，当然，也没有拆除链路的过程。而是将数据分组直接发送到网络中，在 IP 网络中，路由器根据数据分组的目的地址查找路由表，并根据路由表转发数据分组，直到到达目的地。这个过程很像邮寄一封平信的过程，在收信者地址不详或通信路由不通的情况下，一般到不了目的地。

第二节　电 话 交 换 技 术

电话交换技术已经走过了上百年的历程。电话交换技术经历了早期步进制、纵横制交换技术，发展到了现在的程控交换技术和软交换技术。目前，程控交换技术是支持电话交换的最主要技术。下面简要介绍一下数字程控交换技术。

一、数字程控交换技术

数字程控交换普遍采用 7 号共路信令方式。这就是说，一方面从随路信令走向共路信令，另一方面又从适用于模拟网的 6 号共路信令走向适合于数字网的 7 号共路信令。

随着微处理机技术的迅速发展，数字程控交换普遍采用多机分散控制方式，灵活性高，处理能力增强，系统扩充方便而经济。在软件方面，尤其在用户界面的软件设计，普遍采用高级语言，包括 C 语言、CHILL 语言和其他电信交换的专用语言。对软件的主要要求不再是节省空间开销，而是可靠性、可维护性、可移植性和可再用性，使用了结构化分析与设计、模块化设计等软件设计技术，并建立和不断完善了用于程控交换软件开发、测试、生产、维护的支撑系统。

公用电话交换网（PSTN-Public Switched Telephone Network）的电话交换系统提供的是普通电话业务，数字程控交换适应了电信网数字化的发展。

二、程控交换技术的基本组成

1. 时间交换单元

时间交换单元也叫时间接线器，简称为 T 单元或 T 接线器，用来实现时隙交换功能。所谓时隙交换，是指入线上各个时隙的内容要按照交换连接的需要，分别在出线上的不同时隙位置输出（关于时隙的概念，详见第二章第六节的介绍）。

T 单元主要由话音存储器和控制存储器构成。话音存储器用来暂存话音的数字编码信息，每个话路时隙有 8 位二进制编码，因此话音存储器的每个单元至少具有 8bit。话音存储器的容量，也就是所含的存储单元数应等于输入复用线上每帧的时隙数，如 128，256，512 等。

控制存储器的容量通常等于话音存储器的容量，每个单元所存储的内容是由处理机控制写入的，以实现所需的时隙交换。控制存储器每个单元的比特数决定于话音存储器的单元数，也就是决定于复用线上的时隙数。

以 PCM30/32 体制为例的时间交换

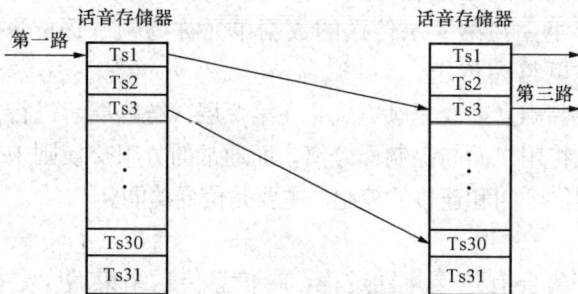

图 7-2　时间交换原理

原理如图 7-2 所示。

2. 空间交换单元

空间交换单元也叫空间接线器，简称为 S 单元或 S 接线器，用来实现多个输入复用线与多个输出复用线之间的空间交换，而不改变其时隙位置。空间交换单元即 S 单元是由交叉矩阵组成的。如图 7-3 所示，接续的过程是在矩阵交叉节点实现连接，从而完成空间交换。

3. 时/空结合的交换单元

时/空结合的交换单元简称 T/S 单元，常做成超大规模集成电路（VLSI）的专用芯片，来完成大容量系统的交换任务。

完成多路交换就是靠 T-S"-T 电路的组合来实现。下面图 7-4 所示为 T-S-S-T 网络实现

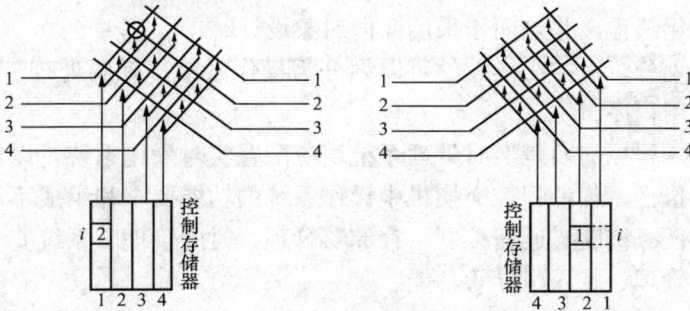

图 7-3 空间交换原理

512 个时隙交换的原理。其中的 S1 和 S2 单元分别为 6×24 和 24×6 的基本模块，T1 和 T2 是时间交换单元。

4. S-T-S 网络

数字交换网络的另一种基本结构是 S-T-S 型，但其应用不如 T-S-T 型广泛。关于这方面的问题，请见相关参考书。

三、程控交换机

数字程控电话交换系统的硬件功能结构可划分为话路子系统和控制子系统两部分，如图 7-5 所示。功能结构仅表示硬件的基本组成，各种数字交换系统可以有不同的具体实现方式。

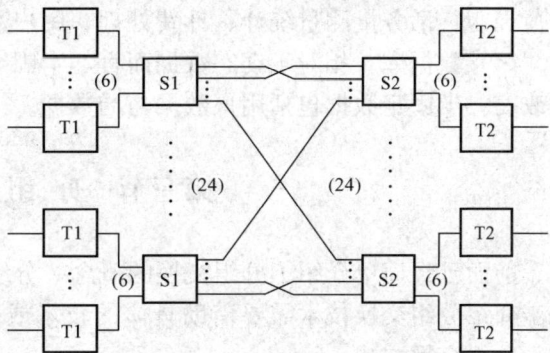

图 7-4 T-S-T 交换网络

1. 话路子系统

话路子系统包括用户电路、用户集中级、数字终端、模拟终端、信令设备、数字交换网络等部件。

2. 控制子系统

控制子系统包括处理机和存储器、外部设备和远端接口等部件。其中，处理机和存储器可分为程序存储器、数据存储器等区域；外部设备可有磁盘、磁带机、维护终端等部件。远端接口包括至集中维护操作中心、网管中心、计费中心等的数据传送接口。

3. 软件功能

程控交换系统在线软件十分庞大复杂，软件的设计目标主要是可靠性、可维护性、可再用性和可移植性。

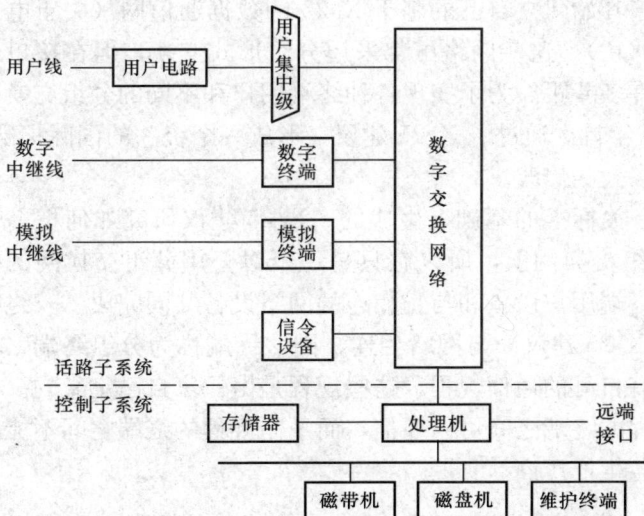

图 7-5 程控交换机的硬件组成

　　程控交换软件通常采用分层的模块化结构，常用的软件设计技术有结构化分析与设计、模块化设计、结构化编程，并趋向于采用面向对象设计。

　　从功能结构来划分，程控交换软件可以划分为操作系统、呼叫处理、维护管理三部分，后两部分合称为应用程序。

　　(1) 操作系统。程控交换是实时处理系统，应配置实时操作系统，以便有效地管理资源和支持应用软件的执行。各种程控交换机中操作系统的功能要求和组成不尽相同，概括起来说，主要的功能是任务调度、通信控制、存储器管理、时间管理、系统安全和恢复，此外还有外设处理、文件管理、装入引导等功能。

　　(2) 呼叫处理。呼叫处理程序用于控制呼叫的建立和释放，基本上对应于呼叫建立过程。呼叫处理程序可包含用户扫描、信令扫描、数字分析、路由选择、通路选择、输出驱动等功能块。

　　(3) 维护管理。维护管理程序的功能有用户和中继测试、交换网络测试、业务观察、过负荷控制、话务量测量统计、计费处理、用户数据和局数据管理等。

　　(4) 数据库。相对于动态数据而言，半固定数据是基本上固定的数据，但在需要时也可以改变。半固定数据包括用户数据与局数据。

第三节　分组交换技术

　　前面已经简单介绍了分组交换的概念，分组交换技术是实现存储转发的过程。因此，进一步介绍分组交换技术需要借助具体的技术或协议，如帧中继、ATM 和 X.25 协议等都工作于分组交换方式。

　　用分组格式传输和交换数据，采用数据传送的规程是分组交换规程，一般采用 ITU-T 的 X.25 建议。以分组格式传输和交换数据的协议是分组交换协议，可分为接口协议和网内协议两种。

　　接口协议是指终端用户和网络之间的通信规程，而网内协议是指通信网络内部（即包交换节点机）之间的通信规程。在 20 世纪 60～70 年代，各国有许多公用分组交换网纷纷投入运行，电力系统也于 20 世纪 80 年代末开始建立自己的基于 X.25 的数据通信网（关于电力系统数据通信网的详细介绍请参考第八章）。这些网络虽都采用分组形式交换，但在接口通信规程、信息格式定义和内容上尚有许多差距。为了实现各种终端用户和不同的分组交换网之间的自由连接，ITU-T 组织于 1976 年首次通过了 X.25 建议，形成一个统一的国际标准，并根据技术发展不断完善，又作了许多大的修改。

　　X.25 建议是在 DATAPAC 网络有关标准的基础上生成的。X.25 建议研究如何把一个数据终端设备（DTE）连接到公用分组交换网上，所以它只是一个对公用分组交换网的接口规范。要实现这个接口规程，需要终端用户设备和与它相连的网络设备共同完成。若终端设备使用标准的分组交换网规程（即 X.25 建议）与网络相连，则该终端称为分组终端，否则为非分组终端。非分组终端一般都有自己的通信规程，这些规程是由厂家自己定义的。当它们不与分组网连接时，具有同种规程的终端之间可以通信，而不同规程的终端之间不能通信。网络内部采用何种规程，取决于各生产厂商。

一、X.25 分组的类型和格式

1. 分组的类型

X.25 的分组级规定了分组的类型，见表 7-1。

表 7-1   **X. 25 的分组类型**

类 型	分 组 类 型		适 用 服 务	
	从 DTE 到 DCE	从 DCE 到 DTE	VC（可切换虚电路）	PVC（永久虚电路）
呼叫建立与清除	呼叫请求	入呼叫	✓	
	呼叫接收	呼叫接通	✓	
	释放呼叫	释放指示	✓	
	DTE 释放确认	DCE 释放确认	✓	
数据和中断	DTE 数据	DCE 数据	✓	✓
	DTE 中断请求	DCE 中断请求	✓	✓
	DTE 中断确认	DCE 中断确认	✓	✓
信息流控制和重置	DTE 接收准备就绪	DCE 接收准备就绪	✓	✓
	DTE 接收未准备就绪	DCE 接收未准备就绪	✓	✓
	DTE 拒绝接收		✓	
	DTE 重置请求	DCE 重置指示	✓	✓
	DTE 重置确认	DCE 重置确认	✓	✓
重新启动	DTE 重新启动请求	DCE 重新启动指示	✓	✓
	DTE 重新启动确认	DCE 重新启动确认	✓	✓
诊断*		诊断	✓	✓

* 表示可选项。

2. 呼叫请求分组

图 7-6 所示呼叫请求分组的格式。在此分组中，第 1 字节中的第 1～4bit 和第 2 字节 8bit，共 12bit 用于识别逻辑信道，一条逻辑信道对应于一条虚电路。第 1 字节中的第 1～4bit 用以识别逻辑信道组，第 2 字节用以识别某组内的某一信道，12bit 可以识别 4096 条逻辑信道。第 3 字节为分组类型识别符，呼叫请求分组的识别编码

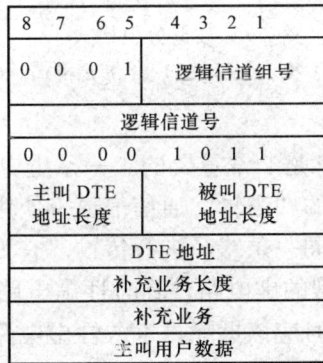
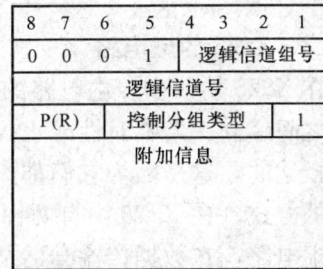

图 7-6 X.25 数据分组格式
(a) 呼叫请求分组格式；(b) 控制分组格式

为 00001011。第 4 字节的两个 4bit 分别表示被叫 DTE 和主叫 DTE 地址的长度，接在后面的就是被叫 DTE 和主叫 DTE 的地址。再后面的字段是补充业务（Facility）的长度和补充业务。当用户数据较少时可以采用快速选择，这时，可以在分组末尾附上最多为 16 字节的主叫用户数据。

3. 控制分组

图 7-6（b）所示为控制分组格式。第三字节的第 1bit 为 C/D bit，用以识别是控制分组还是数据分组。当识别比特为 1 时是控制分组。第 3 字节的第 6、7、8 bit 为分组接收序号 P（R），其余四个比特识别控制分组的类型是 RR、RNR 还是 REJ。

4. 数据分组

数据分组的格式有两种，如图 7-7 所示。图 7-7（a）所示为一般形式，图 7-7 所示（b）为它的扩展形式。第 1 字节的第 8bit，是 Q bit（Qualifies），此比特用来区分传输的分组，当 Q=0 时，净荷部分是数据，当 Q=1 时，净荷部分是控制信息，第 1 个字节中的第 7bit 是 D bit，D=0 表示数据分组由本地 DCE 确认，D=1 表示由远端 DTE 确认。第 6、5bit SS=01 表示分组的顺序编号按模 8 方式工作，SS=10 表示按模 128 方式工作。第 3 字节包含分组发送序号 P（S）和接收序号 P（R）。M bit 称为 "More data" bit。M bit 为 1 表示还有数据分组到来。

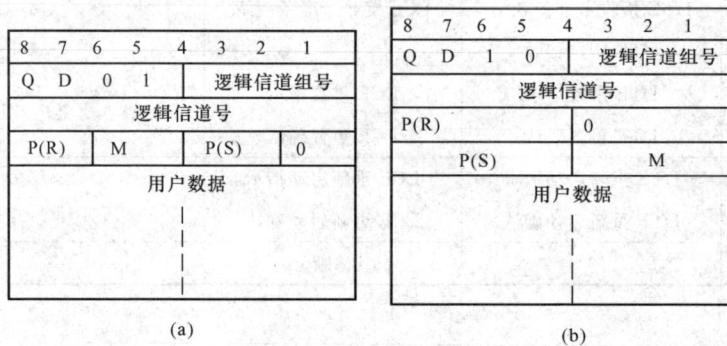

图 7-7 数据分组格式
（a）模 8；（b）模 128，扩展模式

二、X. 25 的虚电路

在 X. 25 协议中，虚电路的概念是非常重要的。一条虚电路在穿越分组交换网络的两个地点之间建立一条临时性或永久性的"逻辑"通信信道。使用一条电路可以保证分组是按照顺序抵达的，这是因为它们都按照同一条路径进行传输。它为数据在网络上进行传输提供了可靠的方式。在 X. 25 中有两种类型的虚电路，临时性虚电路和永久性虚电路两种，基于呼叫的虚电路，在数据传输会话结束时应该拆除；永久性虚电路，在两个端点节点之间保持一种固定连接。X. 25 使用呼叫建立分组，在两个端点节点之间建立一条通信信道。当呼叫建立了后，在这两个站点之间数据分组就可以传输信息了。

注意：由于 X. 25 是一种面向连接的服务，因而分组不需要源地址和目的地址。虚电路为传输分组通过网络到达目的地提供了一条通信路径。然而，对分组分配了一个号码，这个号码可以被作为连接源地和目的地的信道鉴别标识。

X. 25 网络易于安装和维护。它是根据发送的分组数据来收费的，在一些情况下，还会考虑连通的时间。其他一些服务更适合于高速局域网传输（如帧中继）或专用连接。

三、虚电路的建立与拆除

建立过程：建立连接首先需要借助呼叫建立规程来完成。过程如下：当主叫 DTE 发送一个呼叫请求分组时，该分组携带主、被叫 DTE 地址以及自选业务，进入通信子网，在通信子网节点机上查找路由表并转发至下一个节点，直到传入被叫端 DCE。被叫端 DCE 向被叫 DTE 发送入呼叫分组，若被叫 DTE 同意建立虚电路，则回送呼叫接收分组，该分组沿呼叫请求分组所建的路由反向转发直到主叫端 DCE，该 DCE 再向主叫 DTE 发送呼叫建立分组，至此，呼叫建立规程执行完毕。

呼叫建立过程是一个"握手"规程，在这一过程中，要使逻辑信道号与主被叫地址建立对应关系，同时要预约业务参数。X.25 的 DTE 地址字段由 X.121 规定，它包括网络标识号及用户 DTE 标识号，以便寻址及网间互连。我国网络标识为 460~479。可选业务字段是双方要预约的参数，包括分组最大长度，流控窗口大小，缓冲区大小。闭合用户组选定及反向计费等。用户业务数据字段用于传送简短的用户管理数据（最多为 16 字节）。

拆除过程：当数据传输结束后，虚电路任何一端均可发送清除请求分组至本端 DTE，DCE 接收该分组后，一方面回送清除确认，通知本端 DTE 该条虚电路已清除，释放已占用的逻辑信道，另一方面转发清除请求至下一节点，逐点清除虚电路，直到转发到另一端 DCE，向 DTE 发清除指示分组，远端 DTE 回送清除确认分组并释放逻辑信道为止，至此整个一条电路就被全部释放了。虚电路清除分组中的清除原因指的是网络内部故障或用户请求清除。诊断码用于提供网络故障统计数据，以便于故障检测和排除。

四、数据传输及流控

数据传输规程用来管理数据在虚电路上的传输次序、传输确认和流量控制等。虚电路的组网方式采用顺序传输。数据分组中的数据字段长度是受限的，X.25 推荐的最大数据分组长度为 128b，也允许选择 16、32、64、256、512 和 1024b。在虚电路建立时，可协商分组的最大长度，一般选用大于 128 字节是出于传输效率的考虑；当考虑照顾终端缓存区空间较小时，可以选择小于 128b。另外，若用户报文太长，只能采用将报文分成若干分组的办法，此时应用 M 位即可标识出是否对报文进行了分组。

为了防止接收缓存区拥塞或溢出，X.25 采用滑动窗口法进行流量控制。用于流量控制的控制分组有三种：RR（接收准备好）表示可以接收，RNR（接收未准备好）表示缓存将满要求暂停发送，REJ（拒绝分组）表示数据分组有丢失，要求重发。这些流量控制类的分组格式见图 7-8 所示。

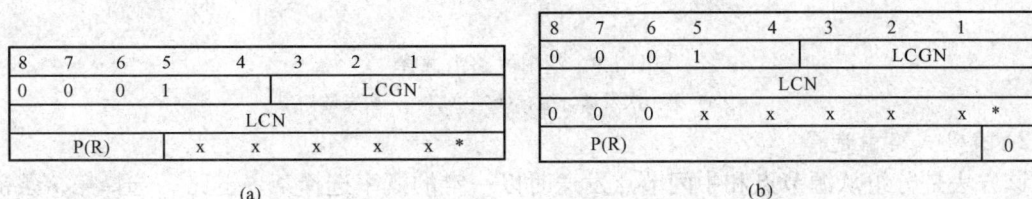

8	7	6	5	4	3	2	1
0	0	0	1		LCGN		
			LCN				
	P(R)		x	x	x	x	x *

(a)

8	7	6	5	4	3	2	1
0	0	0	1		LCGN		
			LCN				
0	0	0	x	x	x	x	x *
		P(R)					0

(b)

图 7-8　流量控制分组格式

(a) 模 8 流量控制分组格式（RR、RNR、REJ）；(b) 模 128 流量控制分组格式（RR、RNR、REJ）

五、路由选择

分组交换过程就是通过在节点处的路由选择来完成的，与电话网相比，分组数据网的路由选择较为复杂。分组网中的路由选择是网络层协议的主要功能之一，它是由网络层的软件来完成的。分组网可以采用数据报和虚电路两种方法实现路由选择。当使用数据报方法时，对每一个到达的数据分组都要作一次路由选择；当使用虚电路方法时，只有当虚电路建立时才进行一次路由选择，属于该虚电路的分组将沿着已确定的路由传送，直至该虚电路被拆除。下面介绍路由选择方法，来进一步了解分组交换技术。

路由选择是分组交换的核心，路由选择的依据经常是根据所选路由是否具有最小权值来进行判断的。最小权值包括最短的长度、最小的时延、最少的段数、路由所连接的缓冲器具有最短的队列等。路由选择又可以分为静态和动态两种。静态选择采用固定策略。动态选择采用自适应策略，即节点的路由表根据网络的负载和链路的状态而不断地变化。动态策略比静态策略有更好的性能，但这是以增加网络软件的复杂性为代价的。

路由选择方法种类可归纳如下：

无路由表：泛射式和随机式。

有路由表：固定路由法和自适应路由法。其中，自适应路由法又可分为孤立式、集中式和分布式三种。

1. 泛射式路由选择

泛射式路由是一种比较简单的路由选择技术。当采用这种技术时，分组从源节点沿着每一条输出的链路发送出去，到达中间节点时，再沿着每一条输出的链路发送出去（到达的链路除外）。每一个分组的头部都具有源和目的地的地址、虚电路号和序号。在到达目的地节点之后，所有重复的分组副本将被丢弃。为了防止在网内的分组越来越多，可以采用在每一个分组的头部增加一个标识字段——中继段的数值，一开始把此字段置为一个固定位。当分组经过一个中继段时，该数值减去 1，直至为 0 时该分组将不再重新发送。图 7-9 是数据分组逐级向下发送的过程说明，从源节点 1 开始，直到目的节点 6。

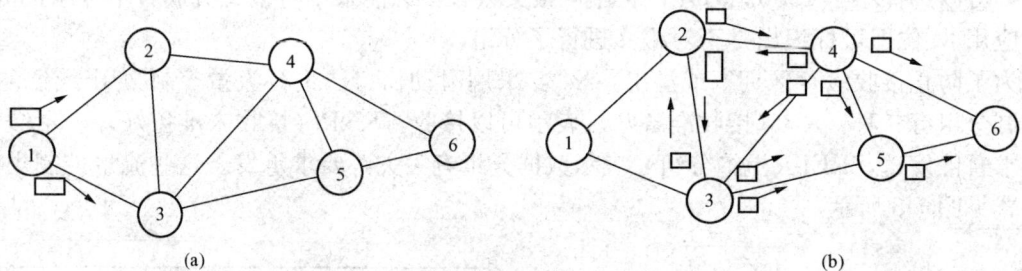

图 7-9　泛射式路由选择

（a）第一次发送分组；（b）第二、三次发送

2. 随机式路由选择

该方法是分组从源节点和中间节点发送时以一定的概率选择某一链路。选择第 i 条链路的概率 P，则

$$P_i = \frac{C_i}{\sum_j C_j} \tag{7-1}$$

式中　C_i——第 i 条链路的容量；

$\sum_j C_j$——所有候选链路容量的总和。

随机式路由选择是根据链路的容量进行的,这有利于通信量的平衡,但所选的路由一般不具有最小权值。

3. 固定路由选择

固定路由选择在每个节点设有一固定的路由表,分组由哪条链路送出,可以通过查阅路由表来决定。路由表的确定根据所选的路由具有最小权值,如根据源节点到目的地节点具有最短距离来选择路由。路由表上标明了到某一目的地节点应当去的下一节点。

4. 自适应路由选择

(1) 独立式。独立式是指根据本节点的信息来控制路由选择,即根据本节点中的队列长度来选择路由。在一个节点中,每条输出链路均有相应的队列长度,各条链路的队列长度是不断变化的。当一个分组进入该节点以后,该分组将被送至有最短队列长度的输出链路。但是队列长度最短的路由在其他方面不一定是最佳的。

(2) 分布式。在这种方法中,节点的路由表根据相邻节点的信息每隔一定的时间更新一次。每一节点都有一路由表,每隔一定的时间相邻节点送来该节点到所有其他节点的时间延迟值,时间延迟是通过测量得到的。在采用分布式自适应路由选择的数据网中,每隔一定的时间(如 10s)交换延迟信息并更新路由表,从而改善了网络的性能。

六、分组交换网

分组交换网的硬件一般由包交换设备、分组装/拆包设备(PAD)、复用器(MUX)、集中器、主机(Host)、终端(T)、调制解调器(Modem)、X. 25 通信控制卡(LCU)和通信线路组成。另外,还用网络控制中心(NMC)来负责全网的运行管理、维护和监测工作。

1. 分组交换机

分组交换机又称包交换设备,其主要功能是完成分组交换网中的信息交换和通信处理的任务,它是分组交换网的枢纽。其主要功能如下:

(1) 建立、维持和拆除通信信道,完成通信处理任务。

(2) 将所有信息组成一定的格式,即组成数据单元(DU)。

(3) 完成内部交换及存储转发的功能。

(4) 进行路由选择和流量控制。

(5) 完成局部的维护、运行管理、故障报告与诊断、计费和一些网路的统计等功能。

2. 分组装/拆包设备(PAD)

PAD 是分组装/拆包设备,也是分组网上常用的设备,具有集中器的一般功能。PAD 可以使非分组终端(NPT)方便地入网,因而扩大了分组数据网的应用范围。它的主要功能为:

(1) 提供 X. 25 规程支持,用于与分组交换网的连接与通信。

(2) 提供非 X. 25 规程支持,用于与非 X. 25 终端的连接。

(3) 向非 X. 25 终端提供通过分组交换网建立呼叫、数传和清除呼叫的能力。

(4) 为适应不同终端的要求,向非 X. 25 终端提供观察和修改接口参数的能力。

3. 复用器(MUX)

复用器是利用频分或时分复用的技术和原理制成的一种设备,主要起到将若干远程终端的低速数据流复用到与主机相连的一条高速线路的作用,提高线路利用率,降低成本。多路复用器通常有频分复用器和时分复用器两种类型。前者多用于连续信号传输,后者多用于时间离散的数字信号传输。下面介绍时分复用器的主要功能如下:

（1）采用时分复用原理，将若干低速信道复用到一条高速信道上。

（2）对于某些高档时分复用器，具有内部交换的功能。

（3）可实现数据的透明传输。

4．集中器

集中器是位于终端和计算机之间的设备。在若干终端密集区内，通常为减少通信线路，先把终端接到集中器，然后再经过高速线路将集中器连接到计算机的通信控制器。因此，集中器也是共享线路和提高线路利用率的一种有效设备。集中器的主要功能如下：

（1）具有统计时分复用器的功能，能够平滑各路终端输入的数据流。

（2）具有缓冲存储和智能能力，当集中器发生超负荷运转情况时，可以对输入信息进行缓存和排队。

（3）具有通信控制软件，可以执行数据流的复接和分接以及执行传输控制规程。

5．主机（Host）

主机是用户一端所要入网的计算机，其主要作用是既要为本地用户入网提供软件和分布式处理功能，又要为网上其他主机和用户共享本机资源提供开放式的网络资源环境。各种小型机、服务器、工作站和微机等均可在网中担当主机工作。

6．调制解调器（MODEM）

调制解调器是一种信号变换设备，完成信号的调制和解调功能。在计算机网络中，调制解调器是不可缺少的通信设备，因为作为信源的计算机发出的是数字信号，作为信宿的计算机接收的也必须是数字信号，而在进行信号传输，特别是远程传输时，为了利用廉价的公用电话网的音频模拟信道，就必须在发端把数字信号变成模拟信号，在收端再把模拟信号变回数字信号。调制解调器就是完成这两种转换功能的通信设备。调制解调器的主要功能如下：

（1）信号变换功能，把数字脉冲信号变换成模拟信号和把模拟信号变换成数字信号。

（2）传送同步信息，即在同步传输中，收端调制解调器根据数据流中发来的同步信息来保证收发端同步。

（3）提高数据传输的可靠性，补偿信号损伤。

（4）通过调制来完成信道的多路复用。

7．通信控制卡（LCU）

通信控制卡又称线路通信单元（LCU），其主要作用是完成并/串转换，控制串行通信和完成机内与线路上的电平匹配。通信控制卡有用于典型非分组终端上的异步卡，插上这类卡的终端只能接 PAD 上通过 X.28 建议入网；有同步卡和 X.25 卡，它们之间的主要区别在于通信协议和差错控制上。

8．终端

终端是网中的信息源点，是用户访问网络的直接界面设备，其种类繁多，功能也各异。尽管终端有不同的种类，但它们基本上均包括输入/输出设备、通信控制部分和通信线路连接等三部分，主要完成信息采集、处理和运算功能。

第四节 帧中继技术

一、概述

帧中继（FR-Frame Relay）技术是在 OSI 第二层上用简化的方法传送和交换数据单元的一种技术。

帧中继技术是在分组技术充分发展，数字与光纤传输线路逐渐替代已有的模拟线路，用户终端日益智能化的条件下诞生并发展起来的。帧中继仅完成 OSI 物理层和链路层核心层的功能，将流量控制、纠错等留给智能终端去完成，大大简化节点机之间协议；同时，帧中继采用虚电路技术，能充分利用网络资源，因而帧中继具有吞吐量高、时延低、适合突发性业务等特点。帧中继对于基于信元的异步转移模式（ATM）网络，是一个重要的接入可选项。帧中继作为一种附加于分组方式的承载业务引入 ISDN，其帧结构与 ISDN 的 LAPD 结构一致，可以进行逻辑复用，作为一种新的承载业务，帧中继具有很大的潜力，主要应用在广域网（WAN）中，支持多种数据型业务，如局域网（LAN）互连、计算机辅助设计（CAD）和计算机辅助制造（CAM）、文件传送、图像查询业务、图像监视等。

帧中继技术归纳为以下几点：

（1）帧中继技术主要用于传递数据业务，它使用一组规程将数据信息以帧的形式简称帧中继协议有效地进行传送。

（2）帧中继传送数据信息所使用的传输链路是逻辑连接，而不是物理连接，在一个物理连接上可以复用多个逻辑连接，使用这种机理，可以实现带宽的复用和动态分配。

（3）帧中继协议简化了 X.25 的第 3 层功能，使网络节点的处理大大简化，提高了网络对信息处理的效率。采用物理层和链路层的两级结构，在链路层也仅保留了核心子集部分。

（4）在链路层完成统计复用、帧透明传输和错误检测，但不提供发现错误后的重传操作。省去了帧编号、流量控制、应答和监视等机制，大大节省了交换机的开销，提高了网络吞吐量、降低了通信时延。一般 FR 用户的接入速率在 64kbit/s～2Mbit/s 之间，高速 FR 的速率已提高到 8～10Mbit/s，今后将达到 45Mbit/s。

（5）交换单元—帧的信息长度远比分组长度要长，预约的最大帧长度至少要达到 1600 字节/帧，适合于封装局域网的数据单元。

（6）提供一套合理的带宽管理和防止阻塞的机制，用户有效地利用预先约定的带宽，即承诺的信息速率（CIR），并且还允许用户的突发数据占用未预定的带宽，以提高整个网络资源的利用率。

（7）与分组交换一样，帧中继采用面向连接的交换技术，可以提供 SVC（交换虚电路）业务和 PVC（永久虚电路）业务，但目前已应用的 FR 网络中，只采用 PVC 业务。

根据上述帧中继技术的特点，帧中继技术适用于以下 3 种情况：

（1）当用户需要数据通信时，其带宽要求为 64kbit/s～2Mbit/s，而参与通信的各方多于两个的时候使用帧中继是一种较好的解决方案。

（2）通信距离较长时，应优选帧中继。因为帧中继是一种网络，帧中继的高效性使用户可以享有较好的经济性。

（3）当数据业务量为突发性时，由于帧中继具有动态分配带宽的功能，选用帧中继可以有效地处理突发性数据。

二、帧中继业务

帧中继业务是在用户—网络接口（UNI）之间提供用户信息流的双向传送，并保持原顺序不变的一种承载业务。用户信息流以帧为单位在网络内传送，用户—网络接口之间以虚电路进行连接，对用户信息流进行统计复用。帧中继业务应用如图 7-10 所示为帧中继支持的三种典型的业务。

帧中继网络提供的业务有永久虚电路和交换虚电路两种。永久虚电路即 PVC，是指在帧中继终端用户之间建立固定的虚电路连接，并在其上提供数据传送业务。永久虚电路是端点和业务类别由网络管理定义的帧中继逻辑链路。与 X.25 永久虚电路相类似，PVC 由始发帧中继网络地址、始发数据链路控制标识、终接帧中继网络地址和终接数据链路控制标识组成。始发是指启动 PVC 的接入接口，终接是指 PVC 终止的接入接口。许多数据网络客户需要两个端点之间的 PVC。有连续通信需求的数据终端设备使用 PVC。

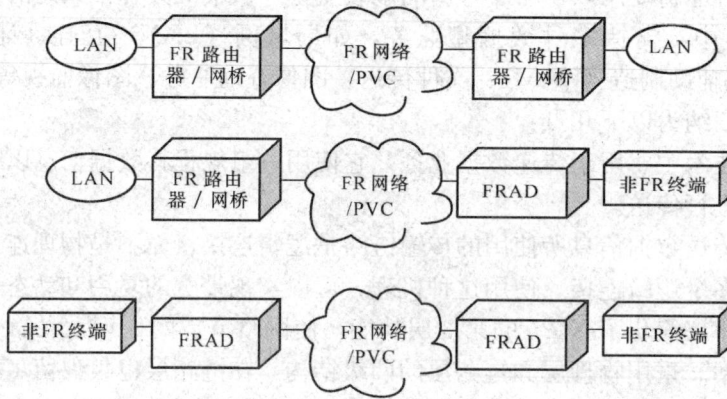

图 7-10　帧中继业务应用

交换虚电路是指在两个帧中继终端用户之间通过虚呼叫建立虚电路连接，网络在建好的虚电路上提供数据信息的传送服务；终端用户通过呼叫清除操作终止虚电路。目前世界上已建成的帧中继网络大多只提供永久虚电路业务，对交换虚电路及有关用户可选业务也可以提供。

支持帧中继业务网络主要考虑几个方面：

（1）信息传递速率，指端到端的通信速率，目前用户终端可能使用的速率有标准化的 64kbit/s、多个 64kbit/s 速率或低于 64kbit/s 的速率。

（2）信息传递能力，表示端到端间被传送信息的类型。例如，"不受限的数字信息"是指将发信者送出的比特流不作任何改变传送给受信者，也称作比特透明。

（3）通信的建立，表示从受理用户请求到建立通信为止的时间关系。有用户根据需要而进行通信的即时连接，预定连接和专线连接。

（4）对称性，指发信者与收信者间建立呼出、呼入通路有关的属性。在呼出和呼入方向上属性完全相同的业务称作"双向对称"。即便有一个属性不同的业务也被称作"双向非对称"。只能建立单向通信的业务称作"单向业务"。

（5）通信配置，表示进行通信的地点是点到点、点到多点还是多点到点或多点到多点。

（6）接入通路及其速率，表示用户—网络接口上通路类型的属性。

（7）接入协议，表示为了实现业务在用户—网络接口上所用的协议类型的属性。例如，ISDN 接入协议中的 I.441 和 I.451，分别规定了 ISDN 用户—网络接口第 2、3 层的规范。X.25 则规定了在分组方式下传送数据所采用的协议。

三、帧交换业务

帧交换业务的基本特征与帧中继业务相同，其全部控制平面的程序在逻辑上是与用户面相分离的，而且物理层用户面程序使用 I.430/I.431 建议，链路层用户平面程序使用 I.441 建议的核心功能，能够对用户信息流量进行统计复用。

帧中继网由用户终端、接入设备、交换机和数据链路组成，如图 7-11 所示。帧中继是一种面向连接的通信方式，经过呼叫建立虚连接，虚连接由 DLCI 来进行识别，多条虚连接复用在同一物理电路上。两个终端之间的虚连接分成为若干段，每个段有相应的 DLCI，图 7-11 中有两条虚连接。

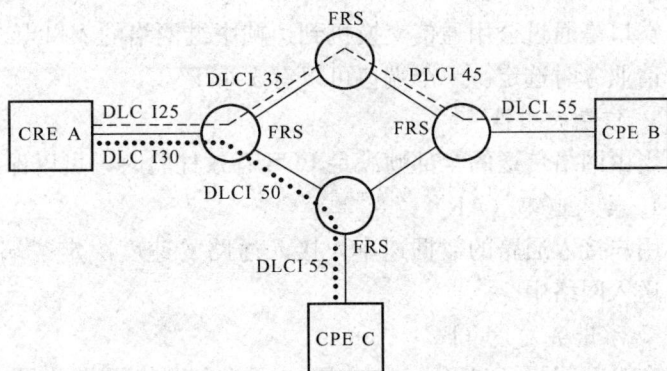

图 7-11 帧中继网络组成
FRS—帧中继交换机；CPE—中央处理设备；DLCI—数据链路连接识别符；从 A 到 B 的帧中继逻辑链路—DLCI 25，35，45，55；从 A 到 C 的帧中继逻辑链路—DLCI 30，50，55

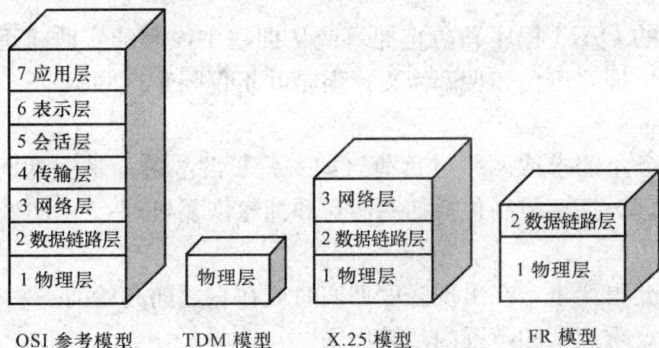

图 7-12 帧中继与其他参考模型对比

四、帧中继协议参考模型

图 7-12 所示为开放式系统互连（OSI）、电路方式（TDM）、X.25 和 FR 协议参考模型对比的示意图。

五、帧中继的带宽管理

帧中继网络适合为具有大量突发数据（如 LAN）的用户提供服务，因为帧中继实现了带宽资源的动态分配，在某些用户不传送数据时，允许其他用户占用其数据带宽。这样，对于用户来说，要得到高速低时延的数据传送服务需交纳的通信费用大大低于专线。网络通过为用户分配带宽控制参数，对每条虚电路上传送的用户信息进行监视和控制，实施带宽管理，以合理地利用带宽资源。

六、常用的帧中继技术术语

1. 吞吐量（Throughput）

吞吐量是在一个方向上单位时间传送的连续数据比特的数量。显然吞吐量与数据速率有关。假设三个信息帧用了 2s 时间传送，第一个帧长为 68 个 8bit 组，第二个帧长为 171 个 8bit 组，第三个帧长为 97 个 8bit 组，其吞吐量则为 1344b/s。

2. 端口（Port）

端口是通过公用通信交换机到达帧中继网络的入口点。端口速率必须由用户在向通信公司申请业务时选定。一个端口可以有多个 PVC。

3. 信息完整性

当由网络传送的全部帧满足 FCS 有效检验时，可以保持信息的完整性。

4. 接入速率（AR）

用户接入通路的数据速率，接入通路的速度决定了端点用户把多大的数据量（最大速率）送入网络中。

5. 承诺突发量（BC）

在时间间隔 T_c 期间，一个用户可能向网络提供的最大承诺数据总量。BC 是在呼叫建立时商定的。

6. 超过的突发量（BE）

在时间间隔 T_c 期间，用户能超出 BC 的最大允许的数据总量。通常以比 BC 低的概率传送该数据（BE）。BE 是在呼叫建立时商定的。

7. 承诺速率测量间隔（T_c）

允许用户只送出承诺的数据总量（BC）和超过的数据总量（BE）的时间间隔。

8. 承诺信息速率（CIR）

在正常情况下提交网络传递的信息传递速率。该速率是在时间 T_c 的最小增量上求得的平均值。CIR 值是在呼叫建立时商定的。

9. 拥塞管理

它包括网络工程、检测拥塞开始的 OAM 程序和防止拥塞或从拥塞中恢复的实时机理。拥塞管理包括在下面规定的拥塞控制、拥塞避免和拥塞恢复，但是并不仅限于这些。

10. 拥塞控制

拥塞控制是指在同时发生峰值业务量需求或网络过负荷（如一些资源故障）情况期间，为防止拥塞或从拥塞中恢复的实时机理。拥塞控制包括拥塞避免和拥塞恢复机理。

11. 拥塞避免

拥塞避免程序是指为了防止拥塞变得严重，在出现轻度拥塞时或在它之前起始的一些程序。拥塞避免程序运用在轻度拥塞和严重拥塞的范围内及其周围。

12. 拥塞恢复

拥塞恢复是指为避免拥塞而起始的一些程序，以防止端点用户所感受到的由网络提供的服务质量的严重恶化。当网络由于拥塞已经开始舍弃一些帧时，通常就要发动这些程序。拥塞恢复程序运用在严重拥塞区域内及其周围。

13. 残余差错率

对各种帧方式承载业务和相应的层服务应规定残余差错率。相应于帧方式承载业务的层服务是由业务数据单元（SDU）的交换来表征的。对于帧中继而言，是在建议 Q.922 核心功能和在它们之上执行的端到端协议之间的功能性界面上交换 SDU。借助于帧协议数据单元（FRDU）网络参与这种交换。在帧中继中，FPDU 是在建议 Q.922 核心功能中规定的那些帧。

14. 传送的有误帧

在一个被传送的帧中，有一个或多个比特值处于差错情况时，或者在帧中的一些比特、但不是全部比特被丢失或额外增加时（即在原始信号中没有出现过的比特，见建议 X. 140），就把这个被传送的帧定义为有错误的帧。

15. 重复传送的帧

如果下面两种情况存在的话，则把一个特定目的地用户接收的帧 D 定义为重复传递的帧：

(1) D 不是源点用户产生的。

(2) D 与先前传送到那个目的地用户的帧完全相同。

16. 传送失序的帧

考虑一个帧序列 F1，F2，F3，…，Fn，最后传送 Fn。如果被传送的帧 F_i 在 F_{i+1}，…，Fn 任何帧之后到达目的地，则把 F_i 下定义为失序。

17. 失帧

当在一个待定的越限时间内，一个被传送的帧没有传到指定的目的地用户，并且网络对未送达负责（见建议 X. 140）时，则称该帧为失帧。

18. 误传帧

一个误传帧是从一个源点传送到目的地用户以外的其他某个目的地用户的帧。至于信息的内容是否正确是无关紧要的（见建议 X. 140）。

其中吞吐量和时延是两个重要的参数。现有 X. 25 分组网络由于协议处理和数据传输的选路方式比较复杂，网络进行数据处理的时延较大，约为 50ms，信息在网络层即第 3 层进行复用。而帧方式承载业务在用户平面上简化了协议的操作，使网络对每个协议数据单元的处理效率有所提高，从而提高了吞吐量，降低了时延，时延约为 3ms，信息在链路层即第 2 层进行统计复用，使更多的呼叫可以共享网络资源。但是在业务流量超过了网络处理能力的情况下，在 U 平面应该进行拥塞控制，否则将会影响网络性能。

第五节　ATM　技　术

ATM（Asynchronous Transfer Mode）为异步转移模式的缩写，是电信网络发展的一个重要技术，是为解决远程通信时兼容电路交换和分组交换而设计的技术体系。传统的 N-ISDN 的业务能力已经不能适应市场的需要，因此，提出宽带综合业务网 B-ISDN 的概念，ATM 技术应运而生。

一、ATM 的基本概念

为了能够支持任何类型的用户业务（如语音、图像和数据应用等），ATM 网络的目标是提供一个高速率、低延时的复用和交换网络。因此，ATM 将用户的业务流拆分或组装成固定大小的信元，并以此为基础进行复用和交换等处理。

ATM 信元长度为 53bit，信元长度的确定是兼顾 PCM30/32 和 PCM24 体系的结果。其中 5 个为信元头，48 个为用户净荷。ATM 网络通过信元头内的虚电路标识符来识别一个信元的相关属性，并以该标识符经高速交换机，将源自用户端的信元中继送达目标端的用户。

ATM 网络不对信元内的用户净荷做出错误检查，也不提供重传服务，对信元头的处理也尽可能地简化。

ATM 信元在分组交换方式中，分组长度可变时的传输效率高于分组长度固定的情况。但对于带网来说，这种效率的提高是有限的，却要求处理速率高，缓冲器管理和容量设计也较复杂；此外，使用固定长度的分组、可以预测排队时延和网络的总时延；固定长度的分组，使交换机的结构较简单，性能更可靠，故 ATM 采用固定长度的分组。

在使用 ATM 技术的通信网（简称 ATM 网）上，用户线路接口称作用户—网络接口，简称 UNI，中继线路接口称作网络—节点接口，简称 NNI。在 UNI 和 NNI 上，信头的定义有所不同，如图 7-13 所示。ATM 信元在线路上的发送顺序是从左到右，从上到下。图中各符号的意义如下：

GFC（Generic Flow Control）：一般流量控制字段。

VPI（Virtual Path Identifier）：虚路径标识符。

VCI（Virtual Channel Identifier）：虚通道标识符。

CLP（Cell Loss Priority）：信元丢弃优先级。

HEC（Header Error Control）：信头校验码。校验多项式为 $x^8 + x^2 + x + 1$。

两种接口上 ATM 信头的不同之处，仅在于 NNI 接口上没有定义 GFC 域，VPI 占用了 12 个比特。对上述的信头中的各个域的用途进一步说明如下：

1. GFC 的编码

0000 终端是非受控的。分配的信元或在非受控的 ATM 连接上。

0001 终端是受控的。未分配的信元或在非受控的 ATM 连接上。

0101 终端是受控的。信元在受控的 ATM 连接组 A。

0011 终端是受控的。信元在受控的 ATM 连接组 B。

有关 GFC 的功能如图 7-13 所示。

2. GFC 的功能

GFC 用于控制用户向网上发送信息的流量。

Bit7	Bit6	Bit5	Bit4	Bit3	Bit2	Bit1	Bit0
VPI							
VPI				VCI			
VCI							
VCI				PT			CLP
HEC							

(a)

Bit7	Bit6	Bit5	Bit4	Bit3	Bit2	Bit1	Bit0
GFC				VPI			
VPI				VCI			
VCI							
VCI				PT			CLP
HEC							

(b)

图 7-13　NNI 和 UNI 信头格式

(a) NNI 信头格式；(b) UNI 信头格式

信头中的 GFC 提供对于 ATM 连接的流量控制，以便减轻瞬间的业务量过载。GFC 仅用于用户—网络接口上，用来控制终端流入网络的业务量。GFC 的协议使用分配的和未分配的信元来传送 GFC 编码。目前在 ITU-TI.150 和 I.361 建议中规定了两种操作方式：

（1）非受控方式：不使用 GFC 程序，GFC 字段置为 0000。

（2）受控方式：使用 GFC 程序。

GFC 程序完成以下三项主要功能：

（1）在 UNI 接口的全部 ATM 连接上实施业务量的循环停止（Cyclic Halt）控制，以减少业务量。

（2）在受控 ATM 连接上实施业务量的接入控制。

（3）向控制设备指示受控 ATM 连控上的业务量。

目前 GFC 程序支持两组受控 ATM 连接（A 组和 B 组）。

3. VPI 和 VCI

ATM 的连接分为虚信道（VC-Virtual Channel）和虚通路（VP-Virtual Path）两个等级。VC 是具有相同虚信道标志的一组 ATM 信元的逻辑组合，VP 是传大量同时存在的 VC 的高速通路。

ATM 物理链路可以同时支持多个 VP 的连接，每个 VP 都有其自己的标志 VPI；而一个 VP 中又同时有多个 VC。对每个 VC 而言，它有其自己的标志 VCI 和它所在 VP 的标志 VPI。VC、VP 与物理链路的关系如图 7-14 所示。在信头中有 16bit 来表示 VCI。对于 VPI，在用户网络接口（UNI）的信头中有 8bit，在

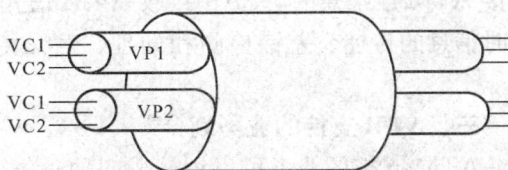

图 7-14　VPI 与 VCI 的关系

网络节点接口（NNI）处有 12bit，以便更多的标识 VP 连接。图 7-14 给出了 VPI 与 VCI 之间的关系。

从图 7-14 中可以看出，相同 VPI 中包含了不同的 VCI（VC121、VC122），在一个虚通路 VP 内，包含多个虚信道 VC，具有"捆绑在一起"的意思。

二、ATM 协议参考模型

在 ITU-T 的 I.321 建议中定义了 B-ISDN 协议参考模型，如图 7-15 所示。它包括用户面、控制面和管理面三个面，而在每个面中又是分层的，分为物理层、ATM 层、AAL 层（ATM 适配层）和高层协议。

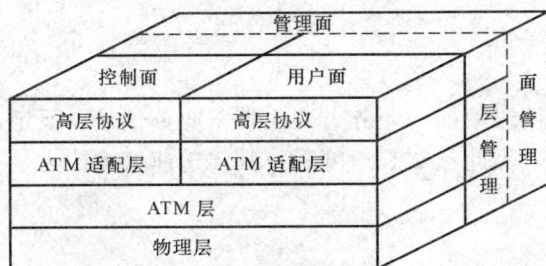

图 7-15　ATM 协议参考模型

协议参考模型中的三个面分别完成不同的功能：

（1）用户面。采用分层结构，提供用户信息流的传送，同时也具有一定的控制功能，如流量控制、差错控制等。

（2）控制面。采用分层结构，完成呼叫控制和连接控制功能，利用信令进行呼叫和连接的建立、监视和释放。

（3）管理面。包括层管理和面管理。

其中层管理采用分层结构，完成与各协议层实体的资源和参数相关的管理功能；同时还处理与各层相关的 OAM 信息流；面管理不分层，它完成与整个系统相关的管理功能，并对所有平面起协调作用。

各层的功能如下：

(1) 物理层，它又划分为两个子层：PM（物理媒体子层）和 TC（传输会聚子层）。PM 负责线路编码光电转换、比特定时，以确保数据比特流的正确传输；传输会聚子层功能为信元速率解耦；HEC 的产生/校验；信元定界；传输帧适配；传输帧产生/恢复。

(2) ATM 层，它主要完成四项功能：一般流量控制；信头的产生和提取；信元 VPI/VCI 的翻译；信元复用和分路。

(3) AAL 层，其功能是将高层功能适配成 ATM 信元。AAL 层的目的是使不同类型的业务，包括管理平面和控制平面的信息，经过适配之后都可用统一的 ATM 信元形式来传送。AAL 层与业务有直接关系。AAL 层对不同类型的业务进行不同的适配。对于 ATM 用户，AAL 在用户终端设备中实现；对于非 ATM 用户，AAL 在 UNI 的网络侧设备中实现。AAL 层又分为拆装子层 SAR 和汇聚子层 CS 两个子层。在发送端，需要将业务流适配到 ATM 层，SAR 将高层信息分段为固定长度和标准格式的 ATM 信元；在接收端，在向高层转接 ATM 层信息时，SAR 接收 ATM 信元，将其重新组装成高层协议信息格式。CS 执行定时信息的传递、差错检测和处理、信元传输延迟的处理、用户数据单元的识别和处理等功能。

三、ATM 支持的业务划分

ATM 支持的业务可以划分成四种业务类型，见表 7-2。

表 7-2　　　　　　　　　　　　　　　　　ATM 支持的四种业务类型

业务类型	A 类	B 类	C 类	D 类
源点和终点之间是否有定时关系	要　　求		不　要　求	
比 特 率	固　　定		可　　变	
业务举例	电路仿真，恒定比特率业务：语音，视频，专线	可变比特率业务：语音、视频	X. 25/FR	SMDS/IP
AAL 类型	AAL1，AAL2	AAL2，AAL1/5	AAL2，AAL3/4，AAL5	AAL3/4

四种业务的划分依据如下。

1. 恒定比特率或变比特率

恒定比特率业务即以恒定速率持续不断地传送数据的业务；变比特率业务也是以恒定速率传送数据的业务，但传送过程是断断续续的，因此从宏观角度看，其传送速率被认为是变化的。

2. 联结型或非联结型

面向连接的业务是联结型业务，否则是非联结型业务。例如，电话是联结型业务，而电报是非联结型业务。

3. 通信双方时钟同步或不同步

有些业务需要通信双方的时钟保持同步，有些则不需要。例如，数字话音业务和数字电视业务显然需要双方时钟同步，而计算机数据通信则不需要。语音通信和普通图像通信（电视）属于业务类型 A，经压缩的分组化图像通信属于业务类型 B，分组交换网中的虚电路和数据报业务可以分别看作是业务类型 C 和 D 的例子。

根据上面的认识，人们试图在同样的 ATM 层通信能力基础上，通过不同的 AAL 层规程来提供不同的通信能力，满足不同的业务需要。目前已经定义了四种不同的 AAL 层规程，分别提供不同的通信能力。

四种不同的 AAL 层规程分别记作 AAL1、AAL2、AAL3/4 和 AAL 5。

AAL1 提供业务类型 A 使用的通信能力，可以选择具备或不具备前向数据纠错的能力，可以在数据丢失或出现不能纠正的错误时给予指示，不使用反馈重发方法纠错。

AAL2 与 AAL1 的区别仅在于它是供传送变速率数据使用，因此是提供业务类型 B 使用的通信能力。

最初定义的两种不同的 AAL 规程-AAL 3 和 AAL4，目前已经成为完全相同的规程，并统称为 AAL3/4。它提供业务类型 C 使用的通信能力。

AAL 5 是另一种提供业务类型 C 使用的通信能力的 AAL 规程。它的出现比 AAL3/4 晚，但因为它比 AAL3/4 更简单并更适合用于传送大的数据分组，所以目前使用更为广泛。除了用于计算机数据通信外，也用于压缩电视信号的传送。

对于恒定比特率（CBR）业务，通常是指电路仿真、话音或连续比特率的视频。

对于可变比特率（VBR）业务，一般分为两类，一类是实时性的，另一类是非实时性的。实时性业务通常是指压缩的，分组视频图像业务。而非实时性业务一般是指数据传送，例如 LAN 互联。

可用比特率业务（ABR）通常是指计算机通信的应用，例如 TCP/IP 等协议的应用。而未规定的比特率业务（UBR）一般是由用户自己定义的，而不保证服务质量。

四、AAL 层协议

为了使 ATM 层能与业务类型无关，设置 AAL 层来适应各种业务，将高层的 PDU 作为 AAL-SDU，并将其适配到固定长度（48 个字节）作为 ATM-SDU 装入信元的信息字段，并完成其逆过程。从功能上可将 AAL 分为两个子层，即会聚子层（CS）与拆装子层（SAR）。CS 子层又可分为公共部分 CPCS 和业务特定的部分 SSCS。有关 AAL 的协议结构如图 7-16 所示。

前者的功能是检出信元的丢失与错插、对误码的保护，后者提供业务特定的功能（对不同的业务有不同的功能），例如时延处理、源时频率恢复和流控等。

SAR 子层的主要功能是将来自 CS 的 CS-PDU 分割为 ATM 信元信息字段的大小，其逆过程是将 ATM 信元信息字段重组为 CS-PDU。在实施拆装时维持 SAR-

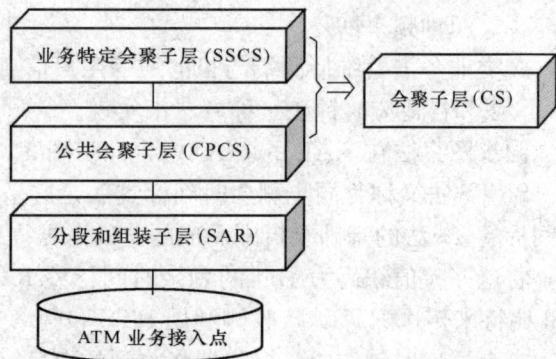

图 7-16 AAL 协议结构

PDU 的传送顺序，提供误码检出与保持功能。

由于 B-ISDN 业务的多样性，不可能用单一的 CS 和 SAR 规程来支持，在 1990 年的 B-ISDN 建议中设计了四类 AAL 规程（命名为 AAL1、AAL2、AAL3 和 AAL4）来分别支持表 7-2 中标明的 A、B、C、D 四类业务。进一步的研究表明，适当扩展 AAL3 使可将 AAL4 看成是 AAL3 的一个子集（其 SSCP 可以是空的），从而决定合并为 AAL3/4。此外考虑到某些应用的需要，在 1992 年 B-ISDN 建议中又开发了新的 AAL 规程（AAL5）。1996 年 ITU-T 又在着手开发支持低速数据和话音的复合 AAL。

五、AAL 协议说明

1. AAL1

AAL 规程用于支持 A 类业务，图 7-17 所示为 AAL1 的 PDU 编码主要功能，其中后两项功能是为某些 A 类业务而特定设计的。

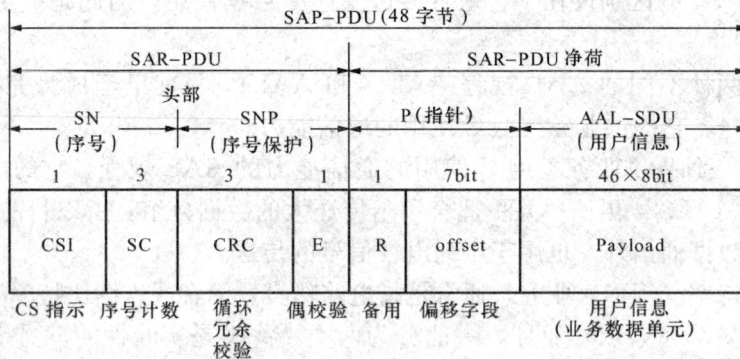

图 7-17　AAL1 的 PDU 编码主要功能

（1）维持 AAL-SDU 信息序列的完整性。

来自高层的 CBR 信息流作为 AAL-SDU 以 46（当下述 P 字段不用时为 47）个字节为单位装入 SAR-PDU 的净荷中。为了在目的地能按顺序重组为连续的用户信息数字流，在 SAR-PDU 结构下设置序号（SN）字段，用 3bit 序号计数（SC）进行模 8 计数，为了抗误码影响，设置了 3bit CRC 对（CSI+SC）进行校验，还同时使用 E bit 对（CSI+SC+CRC）进行偶校验。用此方法接收器能校正 SAR-PDU 头部的单比特误码或检出多比特误码，达到序号保护的目的，并据此可发现丢失错插的信元。

（2）源钟频率恢复。

A 类业务需要维持源端与目的地的用户信息数字流的定时关系，这可通过同步图案法、SRTS 法和自适应时钟法三种方法来实现。

同步图案法在 AAL 的 SDU 内含同步图案，因而此法无需 AAL1 规程支持。

SRTS 法又称为同步剩余时间标签法，这是在法国提出的自动频率同步法和美国提出的时间标签 T_S 法的基础上折中而成的。发送器提供对本地业务钟与网络参考钟的频率差的度量，将这一差值编码为 4bit 的剩余时间标签 RTS，利用具有奇数序号的 SAR-PDU 头部的 CSI 比特来传送 RTS，接收侧利用 RTS 和网络参考钟来重建本地业务时钟。

在自适应时钟法中，接收器将收到的信息字段写进缓冲器并用本地时钟读出，利用缓冲器的填充水平控制锁相环以产生本地时钟。

（3）结构数据转送（SDT）。

基于 ISDN 的 64Kbit/s 电路模式运载业务（CMBS）需要维持 8KHz 结构数据的完整性，为实现这一点可采用 SDT 法。在 SAR-PDU 净荷中设置一个字节作为指针（P）字段，用其中 7bit 表示结构块起始位置与 P 字段之间以字节数计算的偏移值，从而保证在接收侧恢复结构数据。对于不要求 SDT 的业务，P 字段也可用于传送 AAL 用户信息。

（4）对 AAL-SDU 的误码保护。

为防止误码和信元丢失对高质量视频业务传送的影响，可采用前向纠错（FEC）方法。使用 Reed-Solomon（128，124）码，即每 124 个字节的 AAL-SDU 之后加入 4 个字节的校正码作为一行，以 47 行组成一矩阵，然后将矩阵倒置（即原来逐行写入，现在逐列读出）作为一个 CS-PDU，重新以 47 个字节为一组分装到 128 个 SAR-PDU 净荷中，以 CSI 比特指示字节间插矩阵的第一个字节。

2. AAL2

AAL2 规程设计用于支持时延敏感性的业务（例如短分组和低速数据），需实现微信元的机理，即将 53 个字节的 ATM 信元切割成若干个小信元。详细规范见 ITU-T 建议 I. 363. 2。

3. AAL3/4

AAL3/4 规程用于支持 C 与 D 类业务，即 VBR 且不要求维持源与目的地间定时关系的业务。

（1）会聚子层的业务特定部分（SSCS）。

D 类的 CL 业务无需 SSCS 支持（这时单个 AAL-SDU 直接映射为 CPCS-SDU）。

C 类（例如帧中继）业务需要 SSCS 支持。根据一个 AAL-SDU 是以一个或多个 AAL-IDU（接口数据单元）的型式跨过 AAL 接口而分为消息（message）模式和脉串（streaming）模式。

对消息模式，SSCS 内部可提供组块/解决功能（在一个 SSCS-PDU 中传送一个或多个固定长度的 AAL-SDU）和分段/重组功能（单个可变长度的 AAL-SDU 可在一个或多个 SSCS-PDU 中传送）。

对脉串模式，SSCS 内部可提供分段/重组功能，此外还可提供管道（pipeline）功能，即不必等收完一个 AAL-SDU 就可以传送。

除上述功能以外，SSCS 还可提供流控和重传丢失或错误的 SSCS-PDU 的功能。

（2）会聚子层的公共部分（CPCS）。

CPCS 的编码如图 7-18 所示。来自高层（例如 CLNAP-PDU）或 SSCS-PDU 的消息作为 CPCS-SDU 写入 CPCS-PDU 的净荷中，其长度可变，当其实际长度不是 4 字节的倍数时采用 PAD 字段（0～3 字节）补足，然后在其前与后备加入 4 个字节分别作为 CPCS-PDU 的头部与尾部。

（3）分段拆装（SAR）子层。

SAR 子层的主要功能是将可变长度的 CPCS-PDU（作为 SAR-SDU）分段装到具体规定长度（44 个字节）的多个 SAR-PDU 净荷中（其逆过程为重组）。此外 SAR 子层应允许装有不同的 SAR-SDU 的 SAR-PDU 间插，即在同一 ATM 连接上支持多个 CPCS 连接。这些功能是由 SAR-PDU 的头部与尾部实现的。

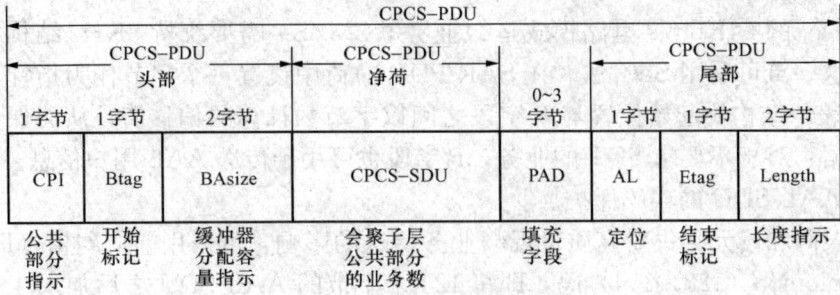

图 7-18　CPCS 的编码说明

4. AAL5

AAL5 提供和 AAL3/4 基本相同的功能。同时，与 AAL3/4 一样，AAL 5 也分为 SAR 子层和 CS 子层。并且，CS 子层进一步划分为 CPCS 和 SSCS。其中，在 CPCS 子层上面可以有不同的 SSCS 子层，用于满足不同的业务需要。

但是，AAL5 在功能的实现和各个子层的功能划分等方面又与 AAL 3/4 有很大不同。总体上说，AAL5 比 AAL3/4 要简单并且效率较高。特别是在传送大的数据分组时，其信道利用率显著高于 AAL3/4。但是，它不如 AAL 3/4 的功能完备。

六、ATM 交换

从交换技术出发，ATM 信元的交换与数据分组交换具有相似性，但前者是为了满足实时性业务的要求。ATM 交换是电路交换和分组交换的一种结合。

在 ATM 交换机上连接到用户线和中继线，所传送的数据单元都是 ATM 信元。因此对 ATM 交换机而言，在很多情况下不必区分用户线和中继线，而称向交换机送入 ATM 信元的线路为入线，接受交换机送出 ATM 信元的线路为出线。

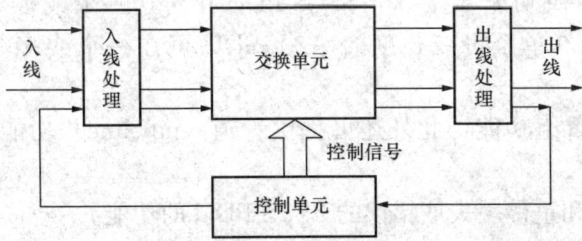

图 7-19　ATM 交换机的基本构成

1. 交换机

ATM 交换机的任务就是根据输入的 ATM 信元（其 VPI 和 VCI），把该信元送到相应的出线。ATM 交换机一般由三个部分构成，如图 7-19 所示。

（1）入线处理和出线处理。入线处理部件对各入线上的 ATM 信元进行处理，使它们成为适合交换机内交换单元的形式，并作同步和对齐等工作。出线处理部件对 ATM 交换单元送出的 ATM 信元进行处理，以适合在线路上传输的形式。

（2）交换单元。交换单元的任务就是把入线上的 ATM 信元依照其信头内标明的 VPI/VCI，转送到相应的出线上去。此外，ATM 交换单元还应具备 ATM 信元的复制功能，以支持多播业务。

在 ATM 交换单元中，要考虑的一个问题是出线冲突。所谓出线冲突，就是若有两条（或两条以上）入线的信元，同时要向某一条出线传送所导致的出线争用。解决出线冲突的方法有缓冲和丢弃两种。缓冲的方法是把因发生出线冲突而不能立即送到出线上去的信元，放在交换机内暂存，待出线空闲时再发送；丢弃的方法，是把不能按时送至出线的信元予以丢弃。

交换单元的结构可分为两大类，即空分结构和时分结构。

（3）控制单元。ATM 控制单元的任务，是对交换单元的动作进行控制。由于控制交换机动作的信号和运行维护信息也都是以 ATM 信元的形式传送的，因此，ATM 控制单元应有接收和发送 ATM 信元的能力。

2. ATM 交换过程

ATM 交换机除了具有上述协议功能外，另外需要增加的功能就是 VP/VC 交换，或者 VPI/VCI 翻译变换（Translation）。

根据分层方法，将 VCI 值保持不变的一段（可以由沿物理路径的两个或多个 ATM 网络节点串接而成）称为一条 VC 链路，相应地将 VPI 值保持不变的一段称为 VP 链路。在一条 VCC/VPC 中可能经过若干次 VCI 翻译变换，典型的 VC 链路可以由多条 VP 链路组成，如图 7-20 所示。

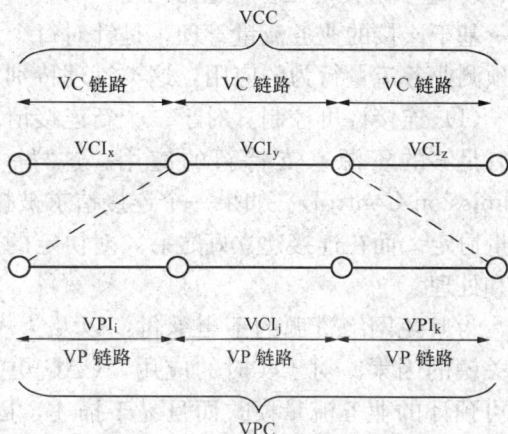

图 7-20 VCC 和 VPC 的关系

VPI/VCI 值发生变化的 ATM 网络节点，一般为 ATM 交换机或交叉连接器。交叉连接器支持经控制而建立的永久或半永久虚连接（通称为 PVC-Permanent Virtual Connection），ATM 交换机则支持交换式虚连接（SVC-Switched Virtual Connection）。两种交换/交叉方式均可以是 VP 交换（VPI 值发生改变，而 VCI 值不变）或 VC 交换（VPI 和 VCI 值均发生改变）。图 7-21 所示为 VC 交换和 VP 交换的示意图。

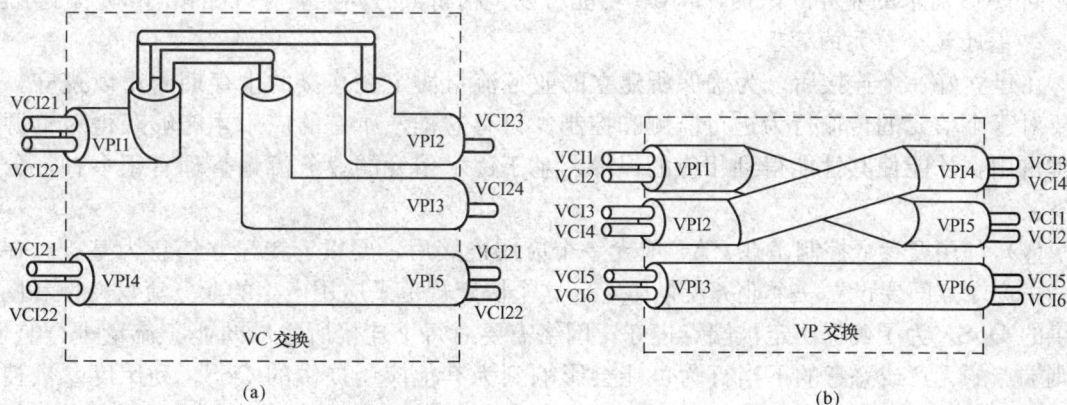

图 7-21 VC 交换和 VP 交换的示意图

七、ATM 业务流量管理

ATM 业务流量管理是 ATM 支持具有不同业务流量和不同 QoS 需求应用的基础。它的目标不仅是为实时性的应用分配充足的资源，以满足不同的业务流量和 QoS 方面的需求，还要避免其他应用超出协定的业务量负荷。过重的负荷，可能会使那些实时性的应用所需的带宽和 QoS 发生劣化。

为达到上述目标而设计的控制，称为业务流量管理。管理分为基于连接的管理和基于逐个信元的管理。它们分别在宏观上和微观上管理业务流量的动作和行为。基于连接的业务流量管理又包括连接许可控制和网络资源管理。为支持宽带应用，ATM 网络应具备所有这些管理功能。

1. 基于连接的业务流量管理

基于连接的业务流量管理，是针对每个连接，在连接建立阶段所实施的操作。对于具有可预测业务流量行为的应用，这类管理特别有效。

（1）连接许可控制。对于一个新连接请求，ATM 网络要执行一系列的操作，以决定是否有足够的资源来支持新的应用。这样一个过程称为连接许可控制（CAC-Connection Admission Control）。如果一个连接请求被接受了，在网络和应用端点之间要建立一个业务流量协定。而在连接建立好之后，对协定的遵守则需要通过逐个信元的业务流管理过程来监测和处理。

为避免网络资源的不当承付，以及为了保障网络中已有应用的带宽和 QoS，CAC 是很关键的因素。对于实时的应用，CAC 更是特别重要。在实时性的串流应用中，由于具有可预计的业务流量模式而且易于描述，因此 CAC 可以简单明了地操作。而对于阻塞式的实时性应用，由于业务流量模式不具可预见性，而且难以描述说明，因此只能以统计方式应用 CAC。

（2）网络资源管理。在 ATM 网络中，存在两套关键性资源，一个为带宽，另一个为缓冲区。网络资源管理（NRM）就是在连接建立阶段，按连接请求为一个应用分配带宽和缓冲区。实际上，对于一个新连接请求，是否有可利用的资源，CAC 依赖于 NRM 的报告。NRM 要在沿物理路径上的所有交换机中，管理可利用的带宽和缓冲区，以便对所有的应用而言网络资源不会发生过度承付，同时为所有应用确保 QoS。为了简化具有相同业务流量和相同 QoS 需求的业务的识别，NRM 功能可以包括将具有同类业务分配相同 VPI 的功能。

2. 基于逐个信元的管理

在建立好一个连接后，为确保所建立的业务流量协定在连接的生存期内得以遵守，有必要对逐个信元的传输行为进行监测和控制。只有这样，所有的应用才能够获得对资源的合理占用，才能使其性能得到相应的保障。基于逐个信元的业务流量管理有很多种，分述如下：

（1）利用度参数控制。在 CAC 应允一个应用连接后，要以连接建立信息为基础，在网络和用户端点间要设立一个业务流量协定。这个协定规范了应用产生的业务流量特性和网络提供的 QoS。为了确保协定被端点遵守，网络需要对每个连接所生成的业务流量进行监督，否则端点的无意或恶意的不当行为可能会影响到为其他应用提供的 QoS。利用度参数控制（UPC-Usage Parameter Control）就是由网络在 UNI 实现的监督机制。UPC 可以丢弃或标记那些违反协定的信元，其中标记（tag）就是将 ATM 信元头中的 CLP 比特置为低优先级。UPC 也可以在网络中实现，这时称为网络参数控制（NPC）。

ATM 论坛为 UPC 设计的性能要求包括：检测不一致业务业量的能力；改变被检测参数的能力；快速响应用户对协定的违背；保持针对不一致用户的操作，而对一致用户透明。

（2）调度。调度（scheduling）以逐个信元为基础，为每个连接分配带宽，一般在

ATM 交换机的输出端口实现。调度的目标，是为不同类别的服务提供特定的 QoS 支持。一个应用分配一个输出排队缓冲区，并以循环顺序逐个排队服务一次（发送一个信元），这样的调度算法称为循环赛（round-round-robin）算法。根据相对带宽为每个排队设定服务次数权重，就得到了加权循环赛（round-round-robin）算法。

（3）缓冲器管理。缓冲器管理，是一种在 ATM 交换机中分配缓冲器资源的管理。FIFO 四调度是在每个输出端口设立单个排队，并采用先到先缓冲（First Coming First Buffered，FCFB）排队算法的一个方式。FCFB 简单，易于实现，但只为应用提供一种类别的服务，在 ATM 网络中有明显的缺点。对于像 IP 这样的高层协议，由于 IP 分组在向网络发送之前，要拆分为多个 ATM 信元，因此，信元丢失会在分组层次上发生概率放大效应。

ATM 网络中，基于分组的缓冲器管理也称为选择式信元抛弃（Selection Cell Discarding，SCD）。其基本思想是，当排队出现溢出，某个分组的某个信元被丢失后，所有后续的从属于同一分组的其他信元将全部被丢弃。以 ALL5 来承载 IP 时为例，通过信元的 PTI 域来区分信元是否从属同一分组（最后一信元 PTI 为 001 或 011）。这种方法也称作为部分分组抛弃（PPD-Partial Packet Discard）。

显然，一个分组出现部分信元丢弃后，已发送的分组信元也是无效的。更有效的方法是在缓冲器接近溢出时，从新到分组的每一个信元开始，将所有同属于一个分组的信元全部抛弃。这种丢弃全部分组的方法，称为提早分组抛弃（EPD-Early Packet Discard）。EPD 比 PPD 在减小分组丢失率方面更有效。

（4）CLP 控制。ATM 信元头中的 CLP 比特，提供了一种简单的指示信元优先级的途径。CLP=0 表示正常优先级，CLP=1 则表示低优先级。通常在源端 CLP 缺省为 0。而如果 CLP=1，则表示当网络发生拥塞时，这类信元可以丢弃。

UPC 在判别出业务流量超出了业务流量协定时，可以将信元的 CLP 设为 1，这个过程称为信元标记（tagging）。沿物理路径上的任何一个交换机，在感受到拥塞时可以丢弃那些被标记信元。

（5）反馈控制。以上提到的业务流量控制隐含了一个基本假设，即应用向 ATM 连接传送的信元速率是在连接建立时确定的，并随后作为业务流量协定的一部分得到遵守。由于不存在可以由网络和接收方来调整，并得到新的业务流量条件的反馈机制，因此上述方法被称为开环控制（Open Loop Control）模式。

对于实时串流这样的应用，由于业务流量可预测性较好，开环控制是有效的。但对于实时阻塞式应用和非实时应用，在呼叫设立时建立的业务流量协定，其有效性只可能是过滤性的。特别是非实时应用，由于可利用带宽不断变化，业务负荷的产生应该在运行中控制。这种只有通过网络或者接收方的反馈信息，来实时地调整业务流端提交给网络的业务流量的闭环控制范式，是 ABR 业务的核心。

3. 业务流量协定

业务流量协定是 ATM 业务流量管理模式中最基本和最重要的成分，它规范了用户和网络信息源特性和 QoS 需求。针对连接的 ATM 业务流量协定，是通过连接的业务流量描述，以及一组 QoS 参数来定义的。

ATM 业务流量参数和信息源业务流量描述，以 UNI 4.0 信令在网络与用户间通信，其业务流量参数主要有峰值信元速率、持续信元速率、最大突发尺度和最小信元速率。这组业务流量参数构成了信息源业务流量的说明和描述。

(1) 峰值信元速率。峰值信元速率 PCR (Peak Cell Rate) 定义了源端可能发送的峰值带宽，它以每秒信元为单位。ATM 论坛定义了一个连续状态漏桶算法（也称为通用信元速率算法：GCRA）来测量 PCR。

考虑一个假想的漏桶 (Leaky Bucket)，并设这个漏桶以速率 R 漏过信元，桶能装入信元的数目（即大小）为 K。如果业务源端符合 PCR$=R$，则这个桶不应出现上溢。

(2) 可持续信元速率。可持续信元速率 SCR (Sustainable Cell Rate)，在概念上定义了业务源发送的平均数据速率，它以信元/s 作为单位。同样，也可以通过 SCR 参数的 GCRA 算法来测量 SCR。

(3) 最大突发尺度。最大突发尺度 MBS (Maximum Burst Size) 粗略地定义了能以 PCR 速率发送信元的最大信元数目。MBS 正比于漏桶大小，后者与 SCR 的定义相关。

(4) 最小信元速率。最小信元速率 MCR (Minimum Cell Rate) 的引入与 ABR 业务有关，它是为 ABR 连接所保证的最小带宽。MCR 可以设为零。

4. 连接的业务流量描述

连接的业务流量描述，除了包括上面提供的业务流量的描述外，还包括信元延时变化限度和用于 UPC 的一致性定义。

(1) 信元延时变化限度。信元延时变化限度 (Cell Delay Variation Tolerance CDVT) 在概念上定义了 ATM 网络所能承受的流入业务流量超出 PCR 限度。在用户 ATM 网络中，即使业务源遵从 RCR，可能存在的信元堆叠会在公共 UNI 上发生一致性的变化，因此需要非零的 CDVT。另外，同一连接 OAM 信元的复用，以及汇聚子层的开销也可能导致信元到达时间出现随机性。CDVT 表示在公共 UNI，检查一致性时，所允许的堆叠量。CDVT 正比于用来定义 PCR 一致性的漏桶的大小。

(2) 信元一致性和连接合格性。对于每条连接，网络必须基于逐个信元，判别业务流量是否与业务流量协定一致。另外，网络还要应用两个 GCRA 来判决信元与 PCR 和 SCR 是否一致。在 UNI 实现的 UPC 功能，并不仅限于 GCRA 算法，但无论如何，UPC 必须保证符合一致性要求的信元的 QoS 目标。

一个合格的连接并不意味所有的信元都符合一致性要求。对于一个合格连接中所有符合一致性要求的信元，网络需要遵守业务流量协定所规定的 QoS 目标。

第六节 多协议标记交换 (MPLS) 技术

多协议标记交换 (Multiprotocol Label Switch，MPLS) 技术作为一种新兴的路由交换技术，越来越受到业界的关注。MPLS 技术是结合二层交换和三层路由的 L2/L3 集成数据传输技术，不仅支持网络层的多种协议，还可以兼容第二层上的多种链路层技术。采用 MPLS 技术的 IP 路由器以及 ATM、FR 交换机统称为标记交换路由器 (LSR)，使用 LSR 的网络相对简化了网络层复杂度，兼容现有的主流网络技术，降低了网络升级的成本。此外，业界还普遍看好用 MPLS 提供 VPN 服务，实现负载均衡的网络流量工程。

一、MPLS 的基本原理

MPLS 将面向非连接的 IP 业务移植到面向连接的标记交换业务之上，在实现上将路由选择层面与数据转发层面分离。MPLS 网络中，在入口 LSR 处分组按照不同转发要求划分成不同转发等价类（FEC），并将每个特定 FEC 映射到下一跳，即进入网络的每一特定分组都被指定到某个特定的 FEC 中。每一特定 FEC 都被编码为一个短而定长的值，称为标记，标记加在分组前成为标记分组，再转发到下一跳。在后续的每一跳上，不再需要分析分组头，而是用标记作为指针，指向下一跳的输出端口和一个新的标记，标记分组用新标记替代旧标记后经指定的输出端口转发。在出口 LSR 上，去除标记使用 IP 路由机制将分组向目的地转发。

1. 基本原理

选择下一跳的工作可分为两部分：将分组分成 FEC 和将 FEC 映射到下一跳。在面向非连接的网络中，每个路由器通过分析分组头来独立地选择下一跳，而分组头中包含有比用来判断下一跳丰富得多的信息。传统 IP 转发中，每个路由器对相同 FEC 的每个分组都要进行分类和选择下一跳；而在 MPLS 中，分组只在进入网络时进行 FEC 分类，并分配一个相应的标记，网络中后续 LSR 则不再分析分组头，所有转发直接根据定长的标记转发。有些传统路由器在分析分组头的同时，不但决定分组的下一跳，而且要决定分组的业务类型（CoS-Class of Service），以给予不同的服务规则。MPLS 可以（但不是必须）利用标记来支持 CoS，此时标记用来代表 FEC 和 CoS 的结合。MPLS 的转发模式和传统网络层转发相比，除相对地简化转发、提高转发速度外，并且易于实现显式路由、流量工程、QoS 和 VPN 等功能。

2. 标记栈操作与标记交换路径

标记是一个长度固定（20bit/s）、具有本地意义的标识符，和另外 12bit/s 控制位构成 MPLS 包头，也成为垫层（shim）。MPLS 包头位于二层和三层之间，通常的服务数据单元是 IP 包，也可以通过改进直接承载 ATM 信元和 FR 帧。

MPLS 分组上承载一系列按照"后进先出"方式组织起来的标记，该结构称作标记栈，从栈顶开始处理标记。若一个分组的标记栈深度为 m，则位于栈底的标记为 1 级标记，位于栈顶的标记为 m 级标记。未打标记的分组可看作标记栈为空（即标记栈深度为零）的分组。标记分组到达 LSR 通常先执行标记栈顶的出栈（pop）操作，然后将一个或多个特定的新标记压入（push）标记栈顶。如果分组的下一跳为某个 LSR 自身，则该 LSR 将栈顶标记弹出并将由此得到的分组"转发"给自己。此后，如果标记弹出后标记栈不空，则 LSR 根据标记栈保留信息做出后续转发决定；如果标记弹出后标记栈为空，则 LSR 根据 IP 分组头路由转发该分组。

LSR 是 MPLS 网络的基本单元，MPLS 交换示意图如图 7-22 所示。LSR 主要由控制单元与转发单元两部分构成，这种功能上的分离有利于控制算法的升级。其中，控制单元负责路由的选择，MPLS 控制协议的执行，标记的分配与发布以及标记信息库（LIB）的形成。而转发单元则只负责依据标记信息库建立标记转发表（LFIB），对标记分组进行简单的转发操作。其中，LFIB 是 MPLS 转发的关键，LFIB 使用标记来进行索引，相当于 IP 网络中的路由表。LFIB 表项的内容包括入标记、转发等价类、出标记、出接口、出封装方式等。

MPLS 功能的本质是将分组业务划分为 FEC，相同 FEC 的业务流在标记交换路径（LSP）上交换。一般来说，由下游节点向上游节点分发标记，连成一串的标记和路由器序列就构成了 LSP。LSP 的建立可以使用两种方式：独立方式（Independent）和有序方式

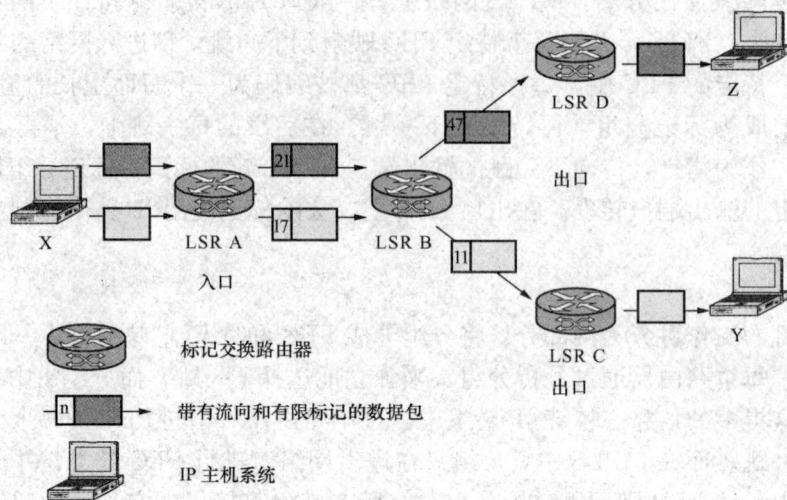

图 7-22　MPLS 交换示意图

(Ordered)。在独立方式中，任何 LSR 可以在任何时候为每个可识别的 FEC 流进行标记分发，并将该绑定分发给标记分发对等体；而在有序方式中，一个流的标记分发从这个 FEC 流所属的出口节点开始，由下游向上游逐级绑定，这样可以保证整个网络内标记与流的映射完整一致。

LSP 有序控制方式和独立控制方式应能够相互操作。一条 LSP 中，如果并非所有 LSR 均使用有序控制，则控制方式的整体效果为独立控制。LSR 应支持两种控制方式之一，控制方式由 LSR 本地选择。

3. MPLS 路由选择

这里的路由选择是指为特定 FEC 选择 LSP 的选路方法，MPLS 使用逐跳路由和显式路由两种路由方法。逐跳路由使用传统的动态路由算法来决定 LSP 的下一跳，每个节点独立地为 FEC 选择下一跳，对于下一跳的改变由本地决定，发生故障时路径的修复也由本地完成。显式路由则使用流量工程技术或者手工制定路由，不受动态路由影响，路由计算中可以考虑各种约束条件（如策略、CoS 等级），每个 LSR 不能独立地选择下一跳，而由 LSP 的入口/出口 LSR 规定位于 LSP 上的 LSR。

逐跳路由实现上比较简单，可以利用传统路由协议（如 OSPF、IS-IS）以及现有设备中的路由功能，但对于故障路径的恢复有赖于路由协议的汇聚时间，并且不具备流量工程能力。显式路由可以根据各种约束参数来计算路径，可以赋予不同 LSP 以不同的服务等级，可以为故障的 LSP 进行快速重路由，适于实现流量工程与 QoS 业务，能够更好地满足 LSP 的特定要求。

二、标记分发协议

LSP 实质上是一个 MPLS 隧道，而隧道建立过程则是通过标记分发协议的工作实现的。标记分发协议是 LSR 将它所做的标记/FEC 绑定通知到另一个 LSR 的协议族，使用标记分发协议交换标记/FEC 绑定信息的两个 LSR 被称为对应于相应绑定信息的标记分发对等实体。标记分发协议还包括标记分发对等实体为了获知彼此的 MPLS 能力而进行的任何协商。

目前主要研究三种标记分发协议：基本的标记分发协议（LDP）、基于约束的 LDP（CR-LDP）和扩展 RSVP（RSVP-TE）。LDP 是基本的 MPLS 信令与控制协议，它规定了各种消息格式以及操作规程，LDP 与传统路由算法相结合，通过在 TCP 连接上传送各种消息，分配标记、发布〈标记，FEC〉映射，建立维护标记转发表和标记交换路径。但如果需要支持显式路由、流量工程和 QoS 等业务时，就必须使用后两种标记分发协议。CR-LDP 是 LDP 协议的扩展，它仍然采用标准的 LDP 消息，与 LDP 共享 TCP 连接，CR-LDP 的特征在于通过网管制定或是在路由计算中引入约束参数的方法建立显式路由，从而实现流量工程等功能。RSVP 本来就是为了解决 TCP/IP 网络服务质量问题而设计的协议，将该协议进行扩展得到的 RSVP-TE 也能够实现各种所需功能，在协议实现中将 RSVP 作用对象从流转变为 FEC，降低了颗粒度，也就提高了网络的扩展性。可以看到，CR-LDP 和 RSVP-TE 在功能上比较相似，但在协议实现上有着本质的区别，难以实现互通，故而必须做出选择。

三、MPLS 技术应用

1. MPLS VPN

MPLS 的一个重要应用是 MPLS VPN。MPLS VPN 根据扩展方式的不同可以划分为 BGP MPLS VPN 和 LDP 扩展 VPN，根据骨干网边缘路由器 PE（Provider Edge）设备是否参与 VPN 路由可以划分为二层 VPN 和三层 VPN。

BGP MPLS VPN 主要包含骨干网边缘路由器（PE）、用户网边缘路由器（CE）和骨干网核心路由器（P）。PE 上存储有 VPN 的虚拟路由转发表（VRF），用来处理 VPN-IPv4 路由，是三层 MPLS VPN 的主要实现者；CE 上分布用户网络路由，通过一个单独的物理/逻辑端口连接到 PE；P 是骨干网设备，负责 MPLS 转发。多协议扩展 BGP（MP-BGP）承载携带标记的 IPv4/VPN 路由，有 MP-IBGP 和 MP-EBGP 之分。

BGP MPLS VPN 中扩展了 BGP NLRI 中的 IPv4 地址，在其前增加了一个 8 字节的 RD（Route Distinguisher）来标识 VPN 的成员（Site）。每个 VRF 配置策略规定一个 VPN 可以接收来自哪些 Site 的路由信息，可以向外发布哪些 Site 的路由信息。每个 PE 根据 BGP 扩展发布的信息进行路由计算，生成相关 VPN 的路由表。

PE-CE 之间交换路由信息可以通过静态路由、RIP、OSPF、IS-IS 以及 BGP 等路由协议。通常采用静态路由，可以减少 CE 设备管理不善等原因造成对骨干网 BGP 路由产生震荡影响，保障了骨干网的稳定性。

目前运营商网络规划现状决定现有城域网或广域网可能自成一个自治域，这时就需要解决跨域互通问题。在三层 BGP MPLS VPN 中引入了自治系统边界路由器（ASBR），在实现跨自治域的 VPN 互通时，ASBR 同其他自治域交换 VPN 路由。现有的跨域解决方案有 VRF-to-VRF、MP-EBGP 和 Multi-Hop MP-EBGP 三种方式。

对于二层 MPLS VPN，运营商只负责提供给 VPN 用户二层的连通性，不需要参与 VPN 用户的路由计算。在提供全连接的二层 VPN 时与传统的二层 VPN 一样，存在 N 方问题，即每个 VPN 的 CE 到其他的 CE 都需要在 CE 与 PE 之间分配一条物理/逻辑连接，这种 VPN 的扩展性存在严重问题。

用 LDP 扩展实现的二层 VPN，也可以承载 ATM、帧中继、以太网/VLAN 以及 PPP 等二层业务，但它的主要应用是以太网/VLAN，实现上只需增加一个新的能够标识 ATM、帧中继、以太网/VLAN 或 PPP 的 FEC 类型即可。相对于 BGP MPLS VPN，LDP 扩展在于只能建立点到点的 VPN，二层连接没有 VPN 的自动发现机制；优点是可以在城域网的范围内建立透明 LAN 服务（TLS），通过 LDP 建立的 LSP 进行 MAC 地址学习。

2. GMPLS

随着智能光网络技术以及 MPLS 技术的发展，自然希望能将二者结合起来，使 IP 分组能够通过 MPLS 的方式直接在光网络上承载，于是出现了新的技术概念多协议波长交换（MPλS）。随着对未来网络发展的研究，MPLS 的外延和内涵不断扩展产生了通用 MPLS（GMPLS）技术，其中也包含 MPλS 相关内容。

GMPLS 也是 MPLS 的扩展，更准确地说，是 MPLS-TE 的扩展。由于 GMPLS 主要是扩展了对于传输网络的管理，而传输网络的主要业务为点到点业务，这与 MPLS-TE 的业务模型非常相似，因此 GMPLS 主要借助 MPLS-TE 的协议栈，将其加以扩展而形成。

与 MPLS 完全相同，GMPLS 网络也由标记交换节点和标记交换两个主要元素组成。但 GMPLS 的 LSR 包括所有类型的节点，这些 LSR 上的接口可以细分为若干等级：分组交换能力（PSC）接口、时分复用能力（TDM）接口、波长交换能力（LSC）接口和光纤交换能力（FSC）接口。而 LSP 则既可以是一条传递 IP 包的虚通路，也可以是一条 TDM 电路，或是一条 DWDM 的波道，甚至是一根光纤。GMPLS 分别为电路交换和光交换设计了专用的标记格式，以满足不同业务的需求。在非分组交换的网络中，标记仅用于控制平面而不用于用户平面。一条 TDM 电路（TDM-LSP）的建立过程与一条分组交换的连接（PSC-LSP）的建立过程完全相同，源端发送标记请求消息后，目的端返回标记映射消息。所不同的是，标记映射消息中所分配的标记与时隙或光波——对应。

传统网络模型中，传输层、链路层、网络层在控制层面上相互独立，各自使用本层协议在本层内的设备之间互通，也形成了各自的标准体系。而在 GMPLS 的体系结构中，没有语言的差异，只有分工的不同，GMPLS 成了各层设备的共同语言。

第七节　软 交 换 技 术

一、什么是软交换

软交换（Softswitch，SS）是一种正在发展的概念，包含许多功能。其核心是一个采用标准化协议和应用编程接口（API）的开放体系结构。这就为第三方开发新应用和新业务敞开了大门。

我国信息产业部电信传输研究所对软交换的定义是："软交换是网络演进以及下一代分组网络的核心设备之一，它独立于传送网络，主要完成呼叫控制、资源分配、协议处理、路由、认证、计费等主要功能，同时可以向用户提供现有电路交换机所能提供的所有业务，并向第三方提供可编程能力。"

目前，我国已完成并颁布了《软交换设备总体技术要求》（YD C003—2001），明确规定了软交换在网络中的位置、功能要求、业务要求、操作维护和网管要求、协议和接口要求、计费要求和性能指标，并规定了与 IP 电话及智能网的互通要求等。值得一提的是，在移动软交换设备技术要求和设备规范中，针对软交换技术在移动网络中的移动性管理和鉴权等方面特征也进行了相应的扩展。不难看出，在分组交换日益普遍的情况下，软交换技术无论在固网还是移动网络的发展和融合当中，作为网络的核心技术，发挥着重要的结合作用。

软交换技术作为业务是控制与传送、接入分离思想的体现，成为下一代网络（Next Generation Network，NGN）体系结构中的关键技术，软交换是 NGN 的控制功能实体，为 NGN 提供具有实时性要求的业务呼叫控制和连接控制功能，是 NGN 呼叫与控制的核心。简单地看，软交换是实现传统程控交换机的"呼叫控制"功能的实体，但传统的"呼叫控制"功能是和业务结合在一起的，不同的业务所需要的呼叫控制功能不同，而软交换是与业务无关的，这要求软交换提供的呼叫控制功能是各种业务的基本呼叫控制。概括起来说软交换的特点如下：

（1）高效灵活：软交换体系结构的最大优势是将业务层和控制层与核心设备完全分离，有利于以最快的速度、最高效的方式引入各类新业务，缩短了新业务的开发周期。

（2）开放性：由于软交换体系架构中的所有网络部件之间均采用标准协议。因此各个部件之间既能够独立发展、互不干涉，又能有机结合成为一个整体，实现互联互通。

（3）多用户软交换：该设计思想迎合了电信网、计算机网和有线电视网三网合一的大趋势。强大的业务功能软交换可以利用标准的全开放应用平台为客户制定各种新业务和综合业务，最大限度地满足客户的需求。

软交换技术区别于其他技术的最显著特征，也是其核心思想的三个基本要素如下：

（1）开放的业务生成接口：软交换提供业务的主要方式是通过应用程序接口（Application Program Interface，API）与应用服务器配合以提供新的综合网络业务。与此同时，为了更好地兼顾现有通信网络，它还能够通过智能网络应用部分与智能网中已有的业务控制点配合以提供传统的智能业务。

（2）综合的设备接入能力：软交换可以支持众多的协议，以便对各种各样的接入设备进行控制，最大限度地保护用户投资并充分发挥现有通信网络的作用。

（3）基于策略的运行支持系统：软交换采用了一种与传统 OAM 系统完全不同的、基于策略（Policy-based）的实现方式来完成运行支持系统的功能，按照一定的策略对网络特性进行实时、智能、集中式的调整和干预，以保证整个系统的稳定性和可靠性。

二、软交换的体系结构

软交换的体系结构是目前面向网络融合的新一代多媒体业务整体解决方案，在继承的基础上实现了对目前在各个业务网络（如 PSTN/ISDN、PLMN、IN 和 Internet 等）之间进行互通的思想的突破。它通过优化网络结构不但实现了网络的融合，更重要的是实现了业务的融合，使得包交换网络能够继承原有电路交换网中丰富的业务功能，同时可以在全网范围内快速提供原有网络难以提供的新型业务。

软交换的体系结构如图 7-23 所示，将设备划分四个主要层次：媒体接入层、核心传输层、控制层和业务/应用层。而一部程控电话交换机可以划分为业务接入、路由选择（交换）和业务控制 3 个功能模块，各功能模块通过交换机的内部交换网络连接成一个整体。软交换技术是将上述 3 个功能模块独立出来，分别由不同的物理实体实现，同时进行了一定的功能扩展，并通过统一的 IP 网络将各物理实体连接起来，构成了软交换网络，这样在功能上仍然是一个交换机，只要满足技术要求，空间距离的差别不影响设备正常工作。其中差别最大的部分是程控交换机交换网络的 T 单元（S 单元）由传输网络代替。分开之后的结构满足业务与控制分离的思想，独立于传输网络，各种业务在网络中是传输还是交换没有区别。更重要的是各种业务的接入和控制更加灵活，传输网能够采用 IP 网络技术构建统一的传输平台，

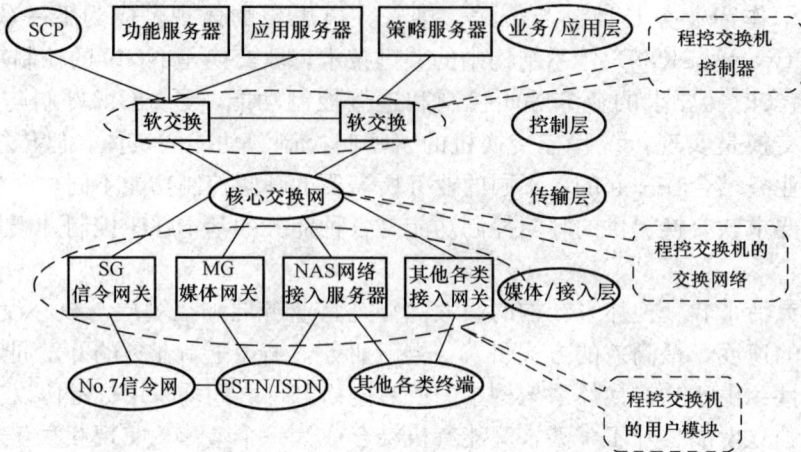

图 7-23　软交换的体系结构

实现传统业务与数据业务的统一管理，更能够体现下一代网络的思想。

1. 软交换设备的功能要求

（1）媒体网关接入功能：媒体网关功能是接入到 IP 网络的一个端点/网络中继或几个端点的集合，它是分组网络和外部网络之间的接口设备，提供媒体流映射或代码转换的功能。

（2）呼叫控制和处理功能：呼叫控制和处理功能是软交换的重要功能之一，可以说是整个网络的灵魂。它可以为基本业务/多媒体业务呼叫的建立、保持和释放提供控制功能，包括呼叫处理、连接控制、智能呼叫触发检出和资源控制等。支持基本的双方呼叫控制功能和多方呼叫控制功能，多方呼叫控制功能包括多方呼叫的特殊逻辑关系、呼叫成员的加入/退出/隔离/旁听等。

（3）业务提供功能：在网络从电路交换向分组交换的演进过程中，软交换必须能够实现 PSTN/ISDN 交换机所提供的全部业务，包括基本业务和补充业务，还应该与现有的智能网配合提供智能网业务，也可以与第三方合作，提供多种增值业务和智能业务。

（4）互连互通功能：下一代网络并不是一个孤立的网络，尤其是在现有网络向下一代网络的发展演进中，不可避免地要实现与现有网络的协同工作、互连互通、平滑演进。例如，可以通过信令网关（SG）实现分组网与现有 7 号信令网的互通，可以通过信令网关与现有智能网互通，为用户提供多种智能业务。

（5）协议功能：软交换是一个开放的、多协议的实体，因此必须采用各种标准协议与各种媒体网关、应用服务器、终端和网络进行通信，最大限度地保护用户投资并充分发挥现有通信网络的作用。

（6）资源管理功能：软交换应提供资源管理功能，对系统中的各种资源进行集中管理，如资源的分配、释放、配置和控制，资源状态的检测，资源使用情况统计，设置资源的使用门限等。

（7）计费功能：软交换应具有采集详细话单及复式计次功能，并能够按照运营商的需求将话单传送到相应的计费中心。

（8）认证与授权功能：软交换应支持本地认证功能，可以对所管辖区域内的用户、媒体网关进行认证与授权，以防止非法用户/设备的接入。同时，它应能够与认证中心连接，并可以将所管辖区域内的用户、媒体网关信息送往认证中心进行接入认证与授权，以防止非法用户，设备的接入。

（9）地址解析功能：软交换设备应可以完成 E. 164 地址至 IP 地址、别名地址至 IP 地址的转换功能，同时也可以完成重定向的功能。对于号码分析和存储功能，要求软交换支持存储主叫号码 20B，被叫号码 24B，而且具有分析 10 位号码然后选取路由的能力，具有在任意位置增、删号码的能力。

（10）话音处理功能：软交换设备应可以控制媒体网关是否采用语音信号压缩，并提供可以选择的话音压缩算法，算法应至少包括 G. 729、G. 723.1 算法，可选 G. 726 算法。同时，可以控制媒体网关是否采用回声抵消技术，并可对话音包缓存区的大小进行设置，以减少抖动对话音质量带来的影响。

图 7-24 所示为软交换设备的功能要求，它包含着上述的各个方面。

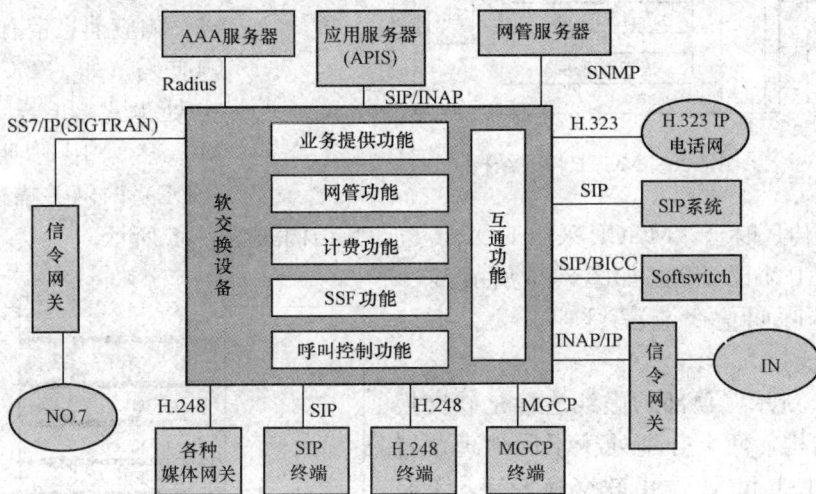

图 7-24 软交换设备的功能要求

2. 软交换设备的操作平台

（1）C-PCI 平台：采用符合 Compact PCI 标准的电信级平台，采用通用或专用的实时操作系统。已有多数电信设备厂商推出。

（2）交换机平台：有一部分的软交换机是从传统 TDM 交换机升级而来。

（3）商用服务器平台：主要以 SUN 商用服务器平台为主，采用商用的操作系统。几乎所有的 NGN 设备制造商均推出了此类软交换机。

3. 媒体网关

媒体网关（Media Gateway，MG）是用户业务接入设备，是在相应的媒体网关控制协议（Media Gateway Control Protocol，MGCP）下工作的。MGCP 是 1999 年由 IETF 制定的媒体网关控制协议。MGCP 定义的连接模型包括端点（endpoint）和连接（connection）两个主要概念：端点是数据源或数据宿，可以是物理端点，也可以是虚拟端点。端点类型包括数字通道、模拟线、录音服务器接入点及交互式话音响应接入点。端点标识由端点所在网关域名和网关中的地名两部分组成。连接可以是点到点连接或多点连接，点到点连接是两个互相发送数据的端点之间的一种关联，该关联在两个端点都建立起来后，就可开始传送数据。

MGCP 采用文本协议，协议消息分为命令和响应，每个命令需要接收方回送响应，采用三次握手方式证实。命令消息由命令行和若干参数行组成，响应消息带有 3 位数字的响应码。MGCP 采用媒体描述协议（SDP）向网关描述连接参数。为了减小信令传送时延，MGCP 采用 UDP 传送。

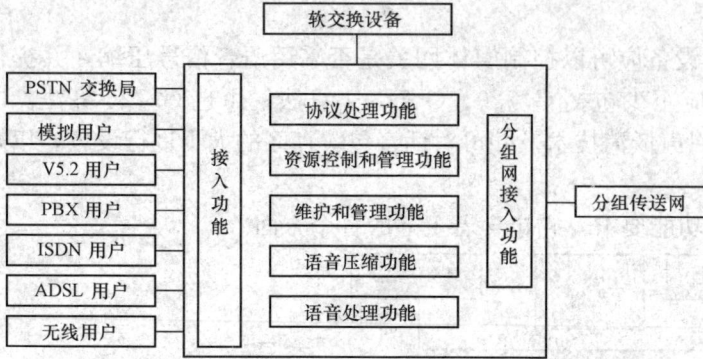

图 7-25　MGCP 协议结构

（1）MGCP 协议结构：MGCP 是一种文本协议。协议消息分为命令和响应两类，每个命令需要接收方回送响应，采用三次握手方式证实。命令消息由命令行和若干参数行组成。响应消息带有 3 位数字的响应码，如"200"代表"成功处理"和若干参数行。MGCP 采用呼叫数据描述（SDP）向网关描述连接参数。

为了减少信令传送时延，MGCP 采用 UDP 传送。其结构如图 7-25 所示。

（2）MGCP 协议命令，如图 7-26 所示。

（3）基本呼叫信令流程-呼叫建立、拆除原理。

如图 7-27 所示，顶部的虚线连接是软交换设备的基本结构，两个分别处于不同地理位置的媒体网关 MG1 和 MG2 由软交换控制，参与通信的全过程。为了深入理解软交换的工作原理，以电话 T1 和 T2 的通信工程为例，按照图 7-27 说明这个过程：

1）MG1 监测到 T1 "摘机"，并上报 MGC（软交换控制器）。

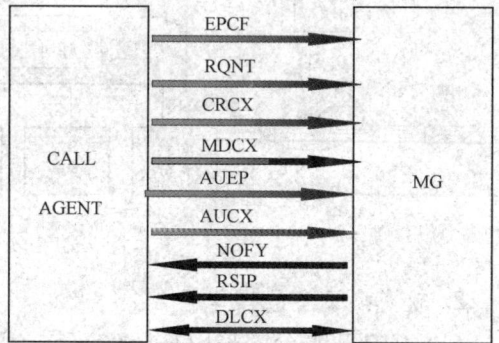

图 7-26　MGCP 协议命令

2）MGC 向 MG1 下发被叫号码表"（digitmap）"，要求 MG1 向主叫送"拨号音"，并同时监测"挂机"。

3）主叫用户拨被叫号码，MG1 在监测到第一位号码时停送拨号音，按照 digitmap 将收全的号码上报到 MGC。

4）MGC 经过被叫号码分析，找到被叫方后，命令 MG1 创建 context ID，选择分组终结点；MG1 在回应中写入"context ID＝n"，分组终结点＝TRTP1，以及主叫的媒体分组连接信息"SDP1"。

5）MGC 命令 MG2 创建 context ID，向被叫送"振铃"，监测"摘机"动作，选择分组终结点，告知主叫的媒体分组连接信息"SDP1"；MG2 在回应中返回"context ID＝m"，分组终结点＝TRTP2，被叫的媒体分组连接信息"SDP2"。

6）MGC 修改主叫的终结点参数，向主叫送"回铃音"，并告知被叫的媒体分组连接信

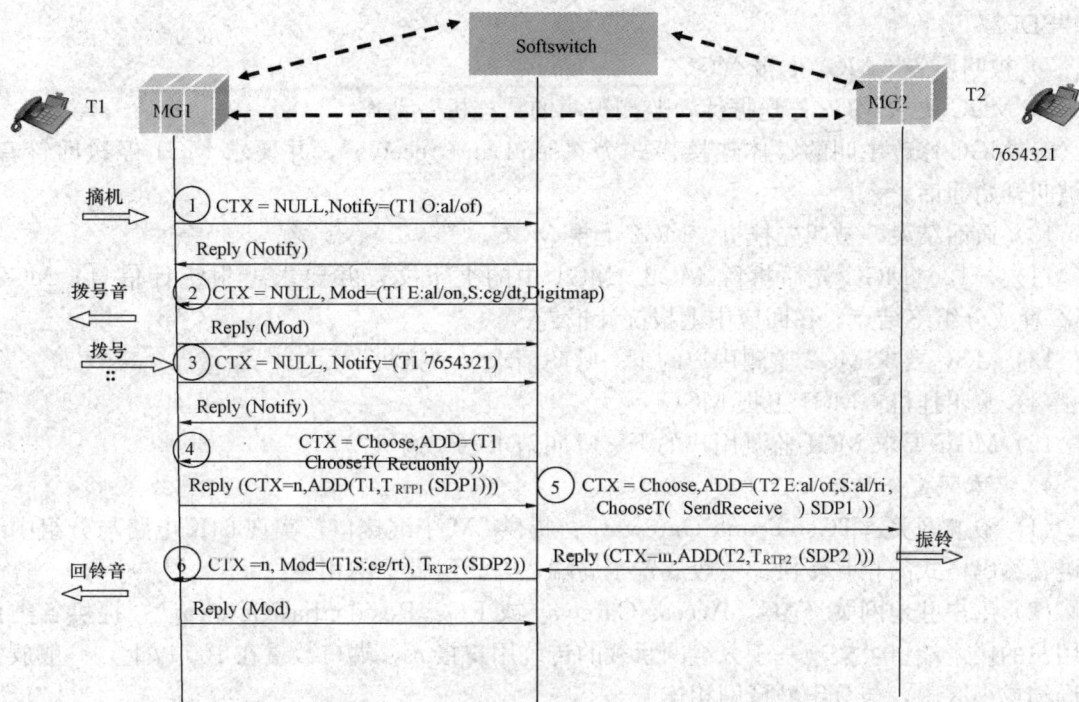

(a)

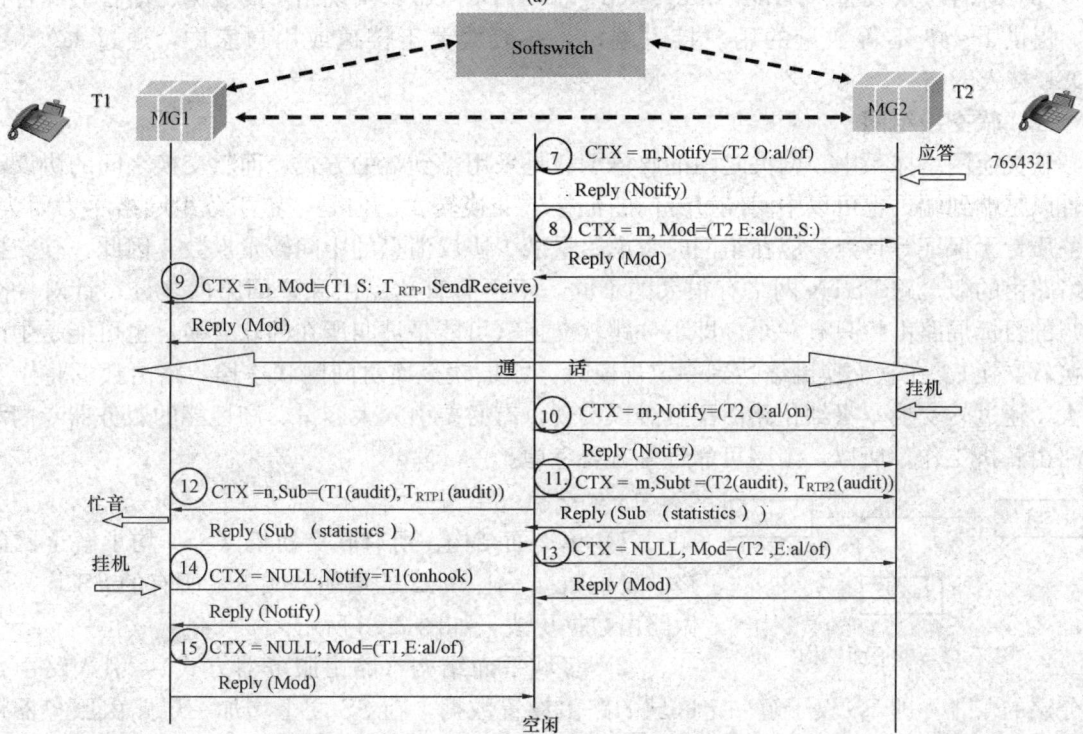

(b)

图 7-27 基本呼叫信令流程-呼叫建立、拆除过程

(a) 呼叫过程；(b) 通话与拆除过程

息 "SDP2"。

7）被叫应答，MG2 上报 MGC。

8）MGC 要求 MG2 停送振铃，监测被叫的 "挂机" 动作。

9）MGC 修改主叫的媒体连接模式为 "send and receive"，并要求 MG1 停送回铃音，主被叫开始通话。

10）通话结束，被叫先挂机，MG2 上报 MGC。

11）－12）MGC 先后拆除 MG2、MG1 中的上下文，并要求上报统计信息；MG2/MG2 释放分组终结点，在回应中上报统计报告。

13）MGC 要求 MG2 监测用户的下一呼叫请求（"摘机"）。

14）主叫挂机，MG1 上报 MGC。

15）MGC 要求 MG1 监测用户的下一呼叫请求（"摘机"）。

4．媒体网关分类

（1）中继网关（TG：Trunk Gateway）：提供 2M 中继接口，实现 64K 电路与分组中继的语音编码格式的相互转换，一般放置于局端，与分组骨干网相连。

（2）用户驻地网关（AG：Access Gateway 或 RG：Residential Gateway）：提供各类传统用户的接入端口，实现基于分组网承载的传统用户接入，端口数量在 100 以上，一般放置于局端或小区内，与分组城域网相连。

（3）综合接入设备（IAD：Integrated Access Device）：实现用户的数据、语音的综合接入，提供 1～48 不等数量的用户接入端口，一般放置于楼道或用户家中，通过 LAN 或 ADSL 接入网络。

三、软交换组网

软交换网络体系中，网关之间的媒体承载是采用端到端的方式，而软交换之间的协议消息可以是端到端，也可以中间经过专门的汇接软交换转发。但是，鉴于分组网络尽力而为、服务质量无保证等特点，应在组网时考虑尽量减少协议消息的中间转发次数。因此，软交换网络路由的概念跟 PSTN 网络有很大的不同，不再有直达路由和迂回路由之分，针对一个呼叫的目标局路由将只有一个，即下一跳软交换（可能是被叫所在的软交换，也可能是中间汇接软交换）。在软交换网络达到一定规模时，如果软交换之间网状连接，路由数据将十分庞大，通过软交换本身细化路由配置难以实现。有必要引入大容量、高性能的服务器专门承担路由解析工作，所以，组网可靠性是首要考虑。

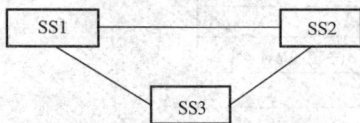

1．软交换的组网方式

（1）单平面结构：所有软交换机（SS）均了解全网的路由设置数据，任一 SS 的增加和减少，所有的 SS 均需要做路由数据更改，如图 7-28 所示。

图 7-28　单平面结构

（2）多域平面结构（路由服务器方式）：引入路由数据分层的概念，即 SS 仅了解一定区域的路由设置数据，在 SS 之上增加一层路由服务器用于对其他区域被叫用户的寻址路由服务器接受主叫端 SS 的寻址请求，通过数据查询或向其他路由向服务器发出寻址请求得到并向主叫端 SS 返回被叫的 SS 地址路由服务器不做呼叫控制信号的传递，呼叫控制信号的传递最多需要一跳路由服务器可以多级设置，如图 7-29 所示。

（3）分级结构：在软交换控制设备之上增加一层代理服务器或高级软交换机。代理服务器或高级软交换机接受下级软交换送来的呼叫控制信号，完成被叫用户的寻址，和呼叫的接续处理功能。在这种情况下，呼叫信号的传递路径大于一跳，如图 7-30 所示。

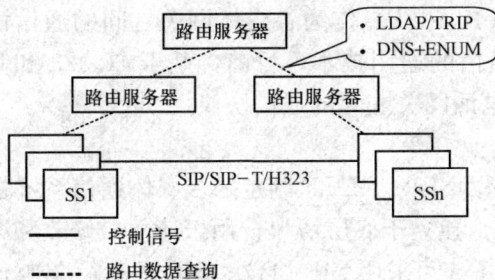

图 7-29　多域平面结构　　　　　图 7-30　分级结构

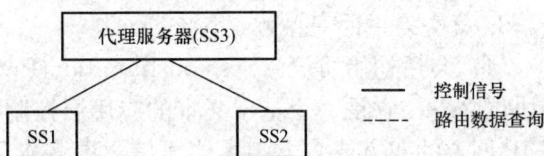

2. 软交换网中的协议及标准

软交换网络中同层网元之间、不同层的网元之间均是通过软交换技术定义的标准协议进行通信的。国际上从事软交换相关标准制定的组织主要是 IETF 和 ITU-T。它们分别从计算机界和电信界的立场出发，对软交换网协议做出了贡献。

（1）媒体网关与软交换机之间的协议：除信令网关（SG：Signaling Gateway）外的各媒体网关与软交换机之间的协议有 MGCP 协议和 MEGACO/H. 248 协议两种。

MEGACO/H. 248 实际上是同一个协议的名字，由 IETF 和 ITU 联合开发，IETF 称为 MEGACO，ITU-T 称为 H. 248。MEGACO/H. 248 称为媒体网关控制协议，它具有协议简单，功能强大，且扩展性很好的特点。

信令网关与软交换机之间采用 SIGTRAN 协议，SIGTRAN 的低层采用 SCTP 协议，为七号信令在 TCP/IP 网上传送提供可靠的连接；高层分为 M2PA、M2UA、M3UA。由于 M3UA 具有较大的灵活性，因此目前应用较为广泛。SIGTRAN/SCTP 协议的根本功能在于将 PSTN 中基于 TDM 的七号信令通过 SG 以 IP 网作为承载透传至软交换机，由软交换机完成对七号信令的处理。

（2）软交换机之间的协议：当需要由不同的软交换机控制的媒体网关进行通信时，相关的软交换机之间需要通信，软交换机与软交换机之间的协议有 BICC 协议和 SIP-T 协议两种。

BICC 协议是 ITU-T 推荐的标准协议，它主要是将原七号信令中的 ISUP 协议进行封装，对多媒体数据业务的支持存在一定不足。SIP-T 是 IETF 推荐的标准协议，它主要是对原 SIP 协议进行扩展，属于一种应用层协议，采用 Client-Serve 结构，对多媒体数据业务的支持较好、便于增加新业务，同时 SIP-T 具有简单灵活、易于实现、扩展性好的特点。目前 BICC 和 SIP 协议在国际上均有较多的应用。

（3）软交换机与应用服务器之间的协议：软交换机与 Radius 服务器之间通过标准的 Radius 协议通信。软交换机与智能网 SCP 之间通过标准的智能网应用层协议通信。一般情况下，软交换机与应用服务器之间通过厂家内部协议进行通信。为了实现软交换网业务与软交换设备厂商的分离，即软交换网业务的开放不依赖于软交换设备供应商，允许第三方基于应用服务器独立开发软交换网业务应用软件，因此，定义了软交换机与应用服务器之间的开放的 Parlay 接口。

（4）媒体网关之间的协议：除 SG 外，各媒体网关之间通过数据传送协议传送用户之间的语音、数据、视频等各种信息流。

软交换技术采用（Real-time Transport Protocol，RTP）作为各媒体网关之间的通信协议。RTP 协议是 IETF 提出的适用于一般多媒体通信的通用技术，目前，基于 H.323 和基于 SIP 的两大 IP 电话系统均是采用 RTP 作为 IP 电话网关之间的通信协议。

3. 软交换中的一些协议简介

（1）会话初始协议（Session Initiation Protocol，SIP）：IETF 制定的多媒体通信系统框架协议之一，它是一个基于文本的应用层控制协议，独立于底层协议，用于建立、修改和终止 IP 网上的双方或多方多媒体通信，即多媒体业务域间采用 SIP 协议。SIP 是在简单邮件传送协议（SMTP）和 HTTP 基础之上建立起来的。SIP 用来生成、修改和终结一个或多个参与者之间的会话。这些会话包括因特网多媒体会议，因特网（或任何 IP 网络）电话呼叫和多媒体发布。为了提供电话业务，SIP 还需要不同标准和协议的配合，例如，实时传输协议（RTP）、能够确保语音质量的资源预留协议（RSVP）、能够提供目录服务的 LDAP、能够鉴权用户的 RADIUS，并实现与当前电话网络的信令互联等。

SIP 协议借鉴了 HTTP、SMTP 等协议，还与 RTCP、SDP、RTSP、DNS 等协议配合，支持代理、重定向、登记定位用户等功能，支持用户移动。

（2）BICC 协议（Bearer Independent Call Control protocol，BICC）解决了呼叫控制和承载控制分离的问题，使呼叫控制信令在各种网络上承载，包括 MTP SS7 网络、ATM 网络、IP 网络。BICC 协议由 ISUP 演变而来，是传统电信网络向综合多业务网络演进的重要支撑工具，即电话业务域和多媒体业务域间采用 BICC 协议。BICC 协议由 CS1（能力集 1）逐步向 CS2、CS3 发展。CS1 支持呼叫控制信令在 MTP SS7、ATM 上的承载，CS2 增加了在 IP 网上的承载，CS3 则关注 MPLS、IP QoS 等承载应用质量以及与 SIP 的互通问题。

（3）H.248/Mcgaco（Media Getaway Control Protocol，MGCP）IETF、ITU-T 制定的媒体网关控制协议，用于媒体网关控制器和媒体网关之间的通信。H.248 协议又称为 MeGaCo/H.248，是网关分离概念的产物。网关分离的核心是业务和控制分离，控制和承载分离。这样使业务、控制和承载可独立发展，运营商在充分利用新技术的同时，还可提供丰富多彩的业务，通过不断创新的业务提升网络价值。

H.248/Megaco 是在 MGCP 协议的基础上，结合其他媒体网关控制协议特点发展而成的一种协议，它提供控制媒体的建立、修改和释放机制，同时也可携带某些随路呼叫信令，支持传统网络终端的呼叫。该协议在构建开放和多网融合的 NGN 中，发挥着重要作用。

（4）SIGTRAN　IETF 的一个工作组，其任务是建立一套在 IP 网络上传送 PSTN/ISDN 信令的协议，SIGTRAN 协议包括 SCTP、M2UA、M3UA，提供了和 SS7 MTP 同样的功能。

第八章 通 信 网

第一节 概 述

通信网是由许多能够连接用户使其能进行信息交换的硬件和软件组成的系统,一般来说,硬件包括通信终端设备、传输设备、传输媒介和交换设备等,而软件主要是支持通信必需的信令、协议和标准。

随着通信技术的飞速发展,通信网已经远远不同于早期的电话传输网络,它还承担起电视信号、数据和 Internet 等多种业务的传输任务。在专业通信网中,如电力通信网,具体的业务也更加重要和复杂,重新认识新的通信网技术和通信网的管理是十分必要的。本章将介绍通信网的分类、通信网主要技术和工程应用,特别是具体的业务传输过程和线路配置等方面技术细节,并给出一些实例。

一、通信网的分类

由于技术的快速发展,通信网变得非常复杂,通信网上传输的业务也越来越多,甚至难以给出合理的分类。一般的原则是按层次、功能、业务类别和传输媒介分类,可以得到大多数人的认同。

ITU-T 将全球信息基础设施(Global Information Infrastructure,GII)划分为核心网、接入网和用户住地网三部分,图 8-1 所示为 ITU-T 的 G.110 建议书给出的各类通信网配置原始实例,也就是 GII 的组成,该图能够全面地说明各种通信网互联时,应遵循标准的参考点位置。这种划分方法,有助于定义各参考节点,对于制定标准是非常必要的;若按功能划分,通信网内部还可以分为传输网、时钟网、信令网和管理网。但是,在人们的认识中,对于具体的信源业务更加熟悉,因此,通信网按信源业务类型划分可以叫做电视网、电话网、计算机网等;按传输媒介可以划分成有线(包括光纤)网、短波网、微波网、卫星网等;在电力系统中,还经常使用行政电话网、调度电话网、调度数据通信网、会议电视网等一些具体业务网络名称;在计算机技术领域还经常根据地理范围划分成局域网、城域网、农村网和广域网;按大的用途也可分公用网和专用网;在某种公共网络平台之上,还可以开展虚拟专用网(Vital Private Network,VPN)业务。因此,按照上述方法可以粗略地划分出各种通信网络,反映出通信网概念非常宽泛,而且各种类型的网络之间内涵和外延的界定也不十分明确,例如,计算机网络与通信网络之间的界限已经非常不明确,在采用的技术方面不断相互取长补短、相互融合,在业务上相互渗透,如果我们一定要找到两者之间的区别也是可以的,这种差别主要是观测者的出发点不同,得到的观测结果也不同。

二、通信网的基本结构

通信网的连接千变万化,从而给用户的通信需要带来了方便,一般来说,千变万化的通信网络连接,不外乎以下五种网络结构。

1. 网型

具有 N 个节点的完全互联网需要 $\frac{1}{2}N(N-1)$ 条传输链路,才能构成网络,如图 8-2(a)

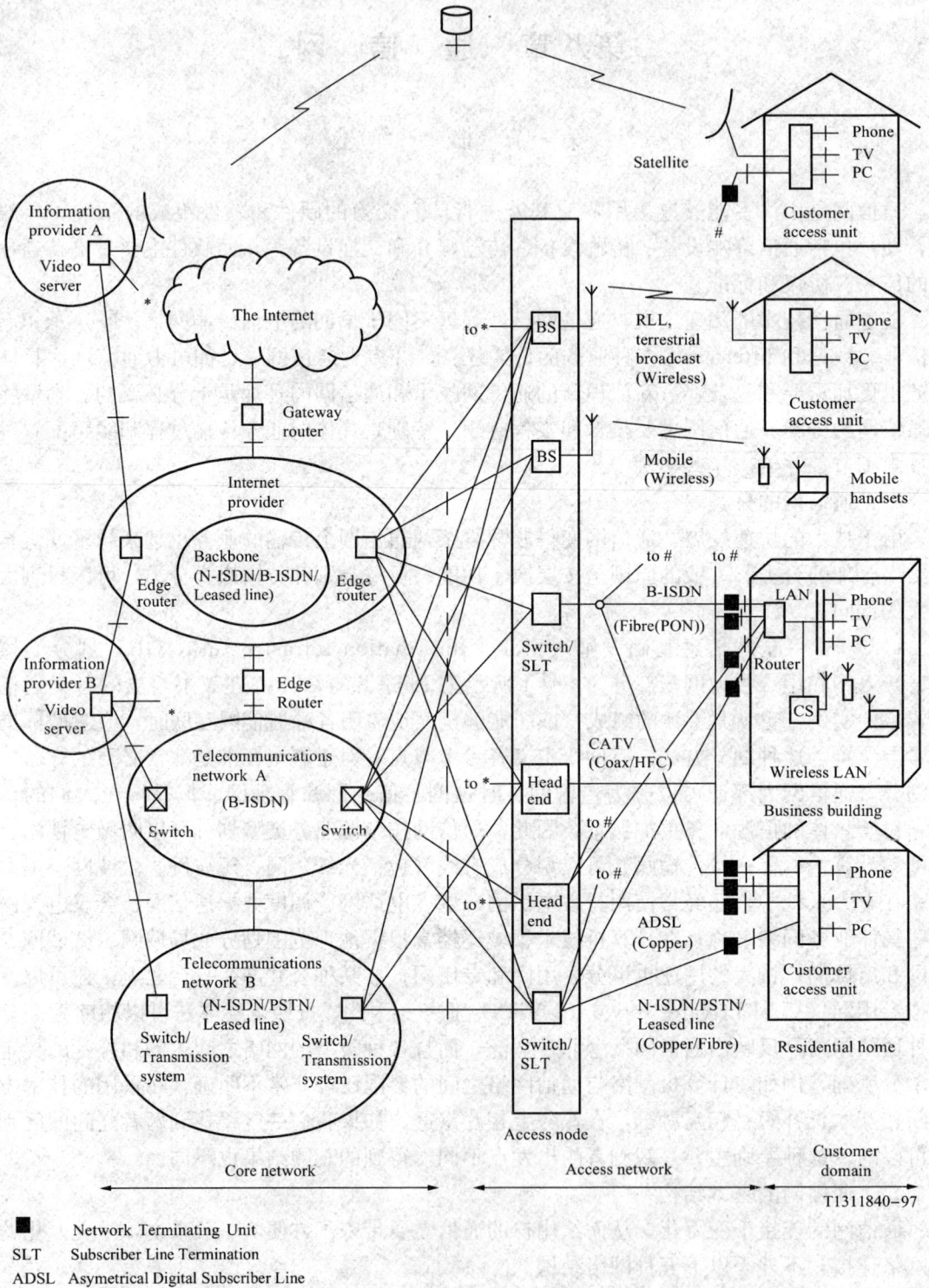

Satellite

Information provider A
Video server
*

The Internet

Gateway router

Internet provider

Backbone (N-ISDN/B-ISDN/Leased line)

Edge router

Edge router

Edge Router

Information provider B
Video server
*

Telecommunications network A
(B-ISDN)

Switch

Switch

Telecommunications network B
(N-ISDN/PSTN/Leased line)

Switch/Transmission system

Switch/Transmission system

to *

BS

BS

Switch/SLT

Head end

Head end

Switch/SLT

Access node

Phone
TV
PC
Customer access unit
#

RLL, terrestrial broadcast (Wireless)
Phone
TV
PC
Customer access unit

Mobile (Wireless)
Mobile handsets

to #   to #
B-ISDN (Fibre(PON))
LAN
Phone
TV
PC
Router
CS
Wireless LAN
Business building

CATV (Coax/HFC)

to *

to #

to *

to #
ADSL (Copper)

N-ISDN/PSTN/Leased line (Copper/Fibre)

Phone
TV
PC
Customer access unit
Residential home

Core network — Access network — Customer domain

T1311840-97

■   Network Terminating Unit
SLT   Subscriber Line Termination
ADSL   Asymetrical Digital Subscriber Line

图 8-1   ITU-T 全球信息基础设施 GII 的组成

所示。当 N 很大时传输链路数量将非常大，而传输链路的利用率也不是很高。这种网络结构只是实现互联时接通方便，互联时经过的环节少，因此可靠性高，而经济性未必很高，尤其在网络节点非常大时，经济性就很差。因此，在公网中很少采用这种结构。

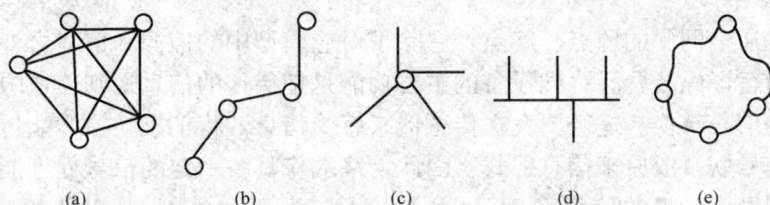

图 8-2　通信网基本结构
(a) 网型；(b) 线型；(c) 星型；(d) 总线型；(e) 环型

在电力系统中，由于特殊业务需求，如继电保护跳闸信号传输，其可靠性要求非常高，理论上要求尽量高，甚至百分之百的可靠，这时经济性成为次要性因素，采用这种网络结构，以保证特殊可靠性要求。

2. 线型

线型网络结构如图 8-2（b）所示，其是指网络中的各个节点用一条传输线路串联起来，实现互连互通的网络结构称为线型。尤其在通信建设的早期，线型网络结构非常多，主要目的是为主要节点的通信业务建立传输通道。公网的主干线路具有这种网络形态，但节点不一定是具体的用户，而可能是汇接局。

电力系统中的高电压等级的变电站之间，借助电力特种光缆，沿着电力线的自然走向架设光缆通信线路，连接起各个变电站之间的通信路由，经常见到线型网络结构。

3. 星型

星型网络结构是指放射状的结构如图 8-2(c)所示。具有 N 个节点的星型网需要 $(N-1)$ 条传输链路。当 N 很大时，线路建设费用低。但是，处于中心处的节点必须提供大容量的交换设备，才能满足互连业务的需求。中心节点的设备一旦出现故障，会明显影响整个网络的通信，甚至全部中断。当中心节点的交换设备接续能力不足时，会显著影响接续质量。

电力系统中的行政和调度电话交换网络，具有类似的结构，节点中心往往是电网公司、省电力公司，或者地区供电公司，而放射出去的节点可能是变电站、下级电力公司等部门。

4. 总线型

这种网络结构在计算机网络中比较常见，如以太网就是典型的总线结构。

5. 环型

环型网络结构如图 8-2（e）所示，可以看成是线型网络结构，从一端回到另一端形成环形。

电力系统目前建立了大量的环形网络，其目的是环内的用户具备收到两个方向来自同一节点业务的能力，当一个方向的传输线路出现故障时，另一个方向提供备用通道，以保证业务畅通，两个方向互为备用，从而提高了网络的可靠性。

三、通信网构成要素

支持通信网的主要技术设备是终端设备、接入设备、传输设备和交换设备，以及支持这些设备工作的协议。也就是说，不论什么网络形态，必然具备上述几个方面，才能组成网络。关于接入和传输技术和设备，在前面的章节中，都分别进行了阐述，本章将主要从组网的角度介绍。

1. 终端设备

终端设备是通信网中的源点和终点，它除了对应模型中的信源和信宿之外，还包括了部分信源编码和信宿译码装置。终端设备的主要功能是把待传的信息送到信道中去（包括接入设备）所必需的信号转换。这需要发送传感器来感受信息，将信息转换为能传送的信号，同时将接收到的信号恢复成原来信息形式，因此，终端应具备一定的信号处理能力。终端还应能够产生和识别网内所需的信令（signaling）信号或规约（协议），以便相互联系和应答。对于不同的业务，应有不同的终端设备。如电话业务的终端设备就是电话机；传真业务对应传真机；数据终端业务的终端设备可能是计算机。在电力系统中，终端设备可以是远动装置或控制装置。

2. 接入设备

它是国家信息基础设施（NII）的重要组成部分。接入设备不仅成为电信技术界的研究和开发热点，亦已引起电信包管公司的高度重视。随着光纤制造技术的日趋成熟，"FTTx"（光纤到路边、光纤到大楼、光纤到任何地方的统称）似乎已成为不容置疑的发展方向。基于铜线传输的"XDSL"（如 IDSL、SDSL、HDSL、ADSL、VDSL 等）技术、无源光网络（PON、WDM）及密集光波分复用（DWDM）和无线接入技术的迅速发展，也为更好地建设和发展接入网提供了不可或缺的基础技术。

ITU-T 提出的接入网，目的是综合考虑本地交换局（LE）、用户环路和终端设备（TE），通过有限的标准接口，将各类用户接入到业务点。接入所使用的传输媒体可以是多种多样的，可灵活支持混合的、不同的接入类型和业务。G. 963 规定，接入网作为本地交换机与用户端设备（CPE）之间的实施系统，可以部分或全部代替传统的用户本地线路网，可含复用、交义连接和传输功能。

电信网由长途网和本地网组成，而本地网则由本地中继网与用户接入环路（网）构成。接入网位于本地交换机与用户端设备之间。电话网中，用户接入网指一个交换区范围内的用户线路的集合，包括馈线线路、配线线路、用户引入线路和支撑这些线路的设备和建筑。

接入网处于电信网的末端，面大、量广，是电信网向用户提供业务的窗口，是信息高速公路的"最后一公里"。用户接入网的投资较大，占整个通信系统总投资的 30%～40%。数字业务的发展，要求接入网实现透明的数字连接，要求交换机能提供数字用户接入的能力。同时，为适应接入网中多种传输媒介、多种接入状态和业务，需要提供有限种类的接入接口。

3. 传输链路

传输链路是网络节点的连接媒介，是信息和信号的传输通路。它除主要对应于通信系统模型中的信道部分之外，也还包括一部分变换和反变换装置。传输链路的实现方式很多。最简单的传输链路就是简单的线路，如明线、电缆等。它们一般用于市内电话网用户端链路和局间中继链路；其次，如载波传输系统、PCM 传输系统、数字微波传输系统、光纤传输系统及卫星传输系统等，都可作为通信网传输链路的实现方式。

4. 转接交换设备

转接交换设备是现代通信网的核心。它的基本功能是完成接入交换节点链路的汇集、转接接续和分配。对不同通信业务网络的转接交换设备的性能要求也是不同的,例如,对电话业务网的转接交换节点的要求,不允许对通话电流的传输产生时延。因此,目前主要是采用直接接续通话电路的电路交换方式,用于话音交换的分组交换方式。对于主要用于计算机通信的数据通信网,由于计算机终端和数据终端可能有各种不同的速率,同时为了提高传输链路利用率,可将流入信息流进行存储,然后再转发到所需要的链路上去。这种方式叫做存储转发方式。例如,分组数据交换机就是利用存储转发方式进行交换的,这种交换方式可以做到较高效率地利用链路网络。

以上是通信网络包含的主要设备,但对于具体的通信网络,经常被赋予其特定的名称,如电话网、电视网、SDH 网和数据网等。对于管理者,可以根据业务特点,采取不同的技术措施。

第二节 电 话 网

电话网的发展已经经历了 100 多年的历史,纵观这 100 多年的历史,它从最早的直连方式到今天的数字程控交换网络,从单一的通话业务到能提供数十种新业务等,可以说,已经发展到了相当成熟的程度。电话作为人们相互之间进行通信的最主要的手段,已经在人们生活中扮演了重要角色。本节将从网络的角度对电话网加以描述。

一、电话网的网络结构

1. 分级结构

在电信网中,公共电话交换网(PSTN)是重要的电话业务支撑网络,为了更好地为用户服务,使任何两个终端之间都能进行通信,而且既要求经济合理,需要根据通信的流量和终端所在范围把整个网络分成区域,再把各区域的通信流量汇聚起来,以此来提高网络线路的利用率,更加有效地利用网络资源。从这一原则出发,一般把整个电话网分成若干等级,根据行政区域、通信流量的分布等情况设置各级汇接中心,以把这一区域中的通信流量汇聚起来,然后逐级形成辐射的星型网络和网型网络。

在我国,电话网分成长途网和本地网两部分,长途网中又分为一、二、三、四级交换中心,其分级结构如图 8-3 所示。各级交换中心的任务就是汇聚、分配该中心区域内的长途业务。

上面所述是电话网业务的一般结构,通常为了有效地利用网络线路和交换设备,并根据通信流量,一般把一级交换中心连接成网状,一级以下各级采用逐级汇接的方式,并辅以一定数量的直达电路,从而构成一个复合型的网络结构。

图 8-3 电话网分级结构

2. 无级结构

电话网除分级结构外,还有无级结构如图 8-4 所示。所谓无级是指网中各交换中心都是平等的,处于相同的级别上,既是端局,也是汇接局。在无级结构的网络中,采用动态无级

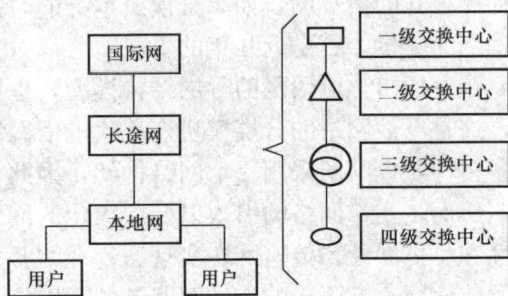

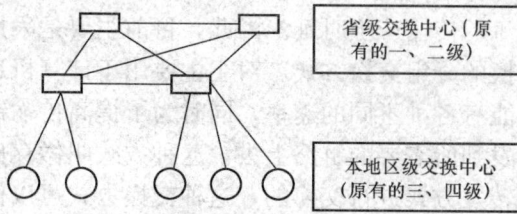

图 8-4　无级结构关系图

选路的方式，即网络中迂回路由的选择是可随时变化的，其选路准则基于费用最少。

根据电话网络的两种结构特点可知，电力通信网中的调度和行政电话基本属于无级结构。这是因为全国电力通信网络非常庞大，担当着电力生产管理、指挥和调度的重要任务，在行政管理上，虽然具有明显的上下级关系，但处于相同行政级别的电话交换中心，在一个省内是各个地区供电分公司，在一个电网区域内，是各个省电力公司，相应的电话交换中心既是端局，也是汇接局，电力通信网内使用汇接局的交换机不多，绝大部分是用户交换机。因此，属于无级结构。

3. 功能结构

如图 8-5 是电话网在正常运行时的功能结构。为了保证电话业务畅通，实现长途接续，在现代电信网中，仅仅有实实在在的话音交换设备和传输网络还是不够的，这其中还包括信令网、同步网和管理网。一般地讲，交换网和传输网部分称为基本网络，而将信令网、同步网和管理网称为支撑网络，基本网络和支撑网络二者密切"合作"，才能保证电话业务畅通。

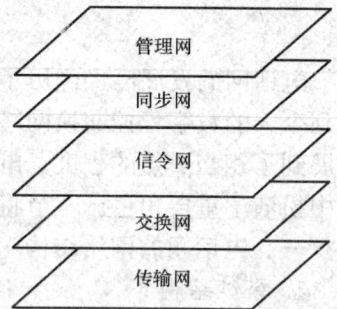

图 8-5　电话网分层结构模型

支撑网络不一定是独立的网络，可能嵌入在基本网络中，基本网络设备中的部分单元完成支撑网络的功能。支撑网络中的信令网也存在一些独立于交换网的节点设备或系统。信令网的信令链路，虽然大多是经过交换网提供的，但与交换网的中继电路，一般也不必存在一一对应关系。同步网和管理网，也存在类似的情况。

支撑网络并不是电话网所必需的部分。以随路信令系统作为交换机的信令通信基础时，不存在独立的信令网。如果交换机本身的时钟信号具有较高精度，同步网也不是必需的。而管理网的诞生，更是近几年的事。

顺便指出，电话网的分层结构模型，也同样适用于支持其他业务的网络，或者更一般地说，这是电信网络的分层模型，现代电信网络的建立，并不是单独只能支持一种业务，而是具备多种业务共同采用一个网络构架，因此，也具有相同的分层结构。

然而，支撑网络的引入以及层次化的网络结构，使电信网（包括电话网）具有更好的灵活性和可扩展性。传输网在实现数字化之后，无论是以 PDH 系统，还是以 SDH 系统为基础的传输网，都不影响交换网业务的开展。另外，当需要时，通过传输网提供的保护电路，还可以提高交换局之间通信的可靠性，或者减小故障修复时间。另一方面，随着新业务网络的引入，如果传统电话业务出现萎缩，传输网的资源还可继续服务于新的网络，避免大面积基础资源的浪费。

同样，信令网、同步网和管理网的层次化分离，也非常利于电信网的发展和演化需要。分层网络结构可能带来的最大不利因素是网络复杂度的增加，好在随着现代通信技术和网络技术的发展，网络在处理复杂度方面的能力在不断提高。多个交换机之间，相互连通的方式多种多样。

电力通信网的网络规模越来越大，目前，也按照上述分层结构，规划和构造电力通信网的建设。由于现代电信设备中的电路系统，已经远远区别于传统的分立元件电路系统，代之以超大规模集成电路或者微处理器，因此，如果没有网管网（系统），设备几乎不能工作，设备的工作必须由网管进行设置、管理和监视，才能运行，在设备故障或性能下降时，也必须通过网管系统找出原因，并进行排除。电力通信中的时钟网和管理网的建设，也正在逐步完善之中。

二、电话网的信令系统

电话网的作用是要为用户传递话音和非话音等业务信息。在电话网中，把用户与设备、设备与设备以及设备与用户之间，为建立通道和拆除通道而传递的信息以及用于管理、维护和统计等方面信息统称为信令（signaling）；传递和处理信令的实体称为信令设备；信令所遵守的协议或规定称为信令方式。各种信令方式和信令设备构成了电话网的信令系统。

1. 信令的分类

信令依据分类方式不同有不同的种类。按工作区域划分，信令可分为用户线信令、局间信令和交换机内部信令。

用户线信令是应用于用户和电话交换局之间的信令，主要在用户线上传送，主要包括用户状态信令（摘机、挂机等）、被叫号码信令、铃流和信令音信令。

局间信令是应用于交换局和交换局之间的信令，是局向中继线上传送，用来控制呼叫的连接和拆除。局间信令中用于线路监视的线路信令，主要有占用信令、拆线信令、被叫应答信令和被叫挂机信令。选择信令和操作信令也主要应用于局间。它们完成的功能成本和利用率有所区别，因此用户线信令和局间信令在数量传递方式上都有所不同。

交换机内部信令则是在交换机内部各电路或软件之间传递的信令，不属于电话网中信令系统类型。

监视信令也称为线路信令，主要用来检测和改变用户线以及网络中其他线路的状态或条件。比如，主/被叫用户的摘机、挂机信令、线路占用信令等。选择信令也称为记发器信令，它和呼叫建立过程有关，主要由被叫地址（即被叫用户的电话号码）组成。操作信令主要用于检测和传送网络拥塞信息、反映电路或设备是否可用的信息以及提供计费的信息。这些信息的功能是为了能有效地利用网络和交换设备资源，也称为管理信令。

信令按传递的方向分类有前向信令、后向信令之分。前向信令是指沿着建立接续的前进方向传递的信令，后向信令是逆着建立接续的前进方向所传送的信令。

按信令的功能分类，信令可分为三类：监视信令、选择信令和维护管理信令。监视信令是反映线路状态的信令，所以又称为线路信令；选择信令又称为地址信令，是表示呼叫的源和目的的信令。维护管理信令用于电话网的管理和维护，如网络状态、计费信息及故障信息。

按信令传递的途径分，信令可分为随路信令和公共信道信令。随路信令方式是由话路本身来传递各类信令，即用传送话音的通道来传送。公共信道信令方式是把多路信令共用一个公共信道传送，用标号说明信令是属于哪一路的。

下面来说明信令的传递过程。首先回顾一下电话通信的全过程。一次电话通信，从摘机开始，然后听拨号音，在线路正常情况下，可以听到拨号音，开始拨号，同时送出拨号信号（双音频、脉冲），等待对方的回铃音或忙音，在收到回铃音情况下，等待对方摘机，然后通

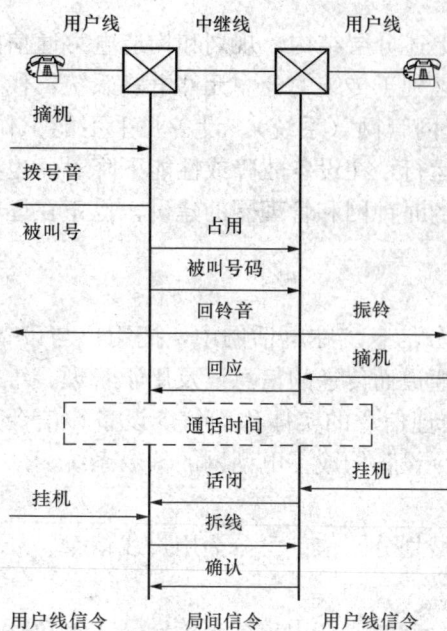

图 8-6　信令的传递过程

话，通话结束后，双方挂机，完成了一次完整的电话通信。其中的每一步，都需要在信令系统的协助下进行，否则，系统将出现配合上的问题，最终影响电话接通。图 8-6 所示为信令的传递过程，它说明了在整个过程中所需要的全部信令内容。上面的过程还可以总结为呼叫阶段、通话阶段和拆线阶段三个阶段。

呼叫阶段：当主叫摘机时，发端局向终端局送主叫摘机信令，并向主叫送拨号音。主叫用户拨号时，发端局根据主叫用户拨出的被叫号码选择局向和中继，并向终端局送选择信令。终端局根据选择信号中的被叫号码将呼叫连接接通至被叫用户，并向被叫发振铃音，同时向主叫用户送回铃音。

通话阶段：被叫应答时，终端局把应答信号转发至发端局，并根据计费方式开始计费，双方进入通话状态。

拆线阶段：通话完毕时，若被叫先挂机，终端局向发端局转发反向拆线信令，由发端局通知主叫用户挂机。如果主叫用户挂机，则发端局拆线，并向终端局发拆线信号，终端局收到拆线信号后，回送一拆线证实。

2. 随路信令系统

对于局间信令，根据信令与话路的关系，可以将其传送方式分为随路信令和共路信令。随路信令是在传送话音的信道中传送的为建立和拆除该话路所需的各种业务信令。

我国曾经普遍采用的随路信令系统是中国 1 号信令系统，包括线路信令和记发器信令。

(1) 线路信令。线路信令是在去话中继器和来话中继器之间，通过线路信令设备在话路中传送的信令。沿呼叫建立的前进方向传送的信令，称为前向信令，主要由占用、拆线、重复拆线等信令组成。相应地，后向信令则主要由应答、挂机、释放监护、闭塞等信令组成。

根据传送媒质的不同，线路信令有两种形式的格式：一种为模拟型的线路信令，包括直流线路信令和带内单频脉冲线路信令两种形式；另一种为数字型的线路信令，也有两种编码形式：带内 2600Hz 的 8 位编码和 4 位编码。PCM 30/32 帧结构中专门为传送信令作出了规定。从帧结构中可知，Ts16 时隙除了复帧同步码外，就是为了传递信令而设计的。4 位编码的数字型线路信令，为每个话路分配 4 个比特位。一个 PCM 一次群信号中话路的随路信令传送（第 0 号帧的一个八位组用于复帧同步控制）。

(2) 记发器信令。记发器信令是源于一个交换局的记发器，终结于另一个交换局记发器的信令，它的主要功能是控制电路的自动连接。中国 1 号信令系统中，采用多频互控方式，在 PCM 数字电路中透明传输。记发器信令也分前向信令和后向信令，它们是由多个频率组成的编码信令，称为双音多频（DTMF）。前向信令由 6 种频率组成，按 6 中取 2 编码方式组织成 15 种信令，后向信令则采用 4 中取 2 的方式组织成。

三、公共信道信令系统

公共信道信令系统是随着数字程控交换机的发展而出现的，克服了随路信令系统的信令传输速度慢、信令容量小等弱点，是一种高效、可靠的信令系统。目前 ITU－T 已规定了 No.6 公共信道信令系统和 No.7 公共信道信令系统。No.6 公共信道信令系统适用于模拟网，其信令传输速率为 2400b/s，而 No.7 公共信道信令系统适用于数字网，其信号传送速率为 64kb/s。当前，在现场运行的设备，特别是电力系统，几乎没有模拟通信系统的设备运行，因此，下面将主要介绍 No.7 公共信道信令系统。

1. No.7 公共信道信令系统

No.7 信令系统是通过专用的数据链路来传送信令信息的，从而可把随路信令中的信令与话音信息分开。采用专门的信令链路传输时，由于可以分时传送信令和信令链路具有高速率。因此在一条信令链路上可同时为多条话路传送信令，一般可为 2000 多条话路服务。

由于公共信道信令系统具有信号容量大，可同时传送话音和信令，信令系统不受话路系统的约束等特点，所以它对整个信令系统要求也比较高，除了应具有较高可靠性的传输信道外，还要求系统具有同步和设置备份的功能。具体地说，No.7 信令系统有以下几个特点。

No.7 信令系统采用模块化的结构，有利于各个功能块的扩展或更换，灵活性高，适应各种通信的要求。图 8-7 所示为 No.7 信令系统的模块化结构。

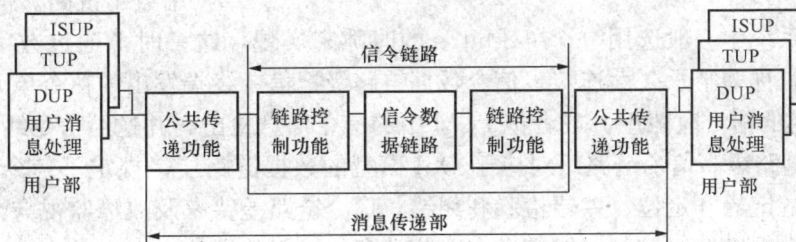

图 8-7　No.7 信令系统模块化结构

No.7 信令系统在各种应用中都详细规定了技术规范，也包含了可以任选的内容，因此，这种信令系统能够满足各类通信系统的不同要求。

No.7 信令系统是一个可靠的传送系统，能够在通信网的各个交换局和各中心之间进行各种形式的信息传送。

No.7 信令系统支持多种业务，可作为电话网络、电路交换数据网以及 N—ISDN 的局间信令，同时可以实现在各种运行、管理和维护中心之间的信息传递。

No.7 信令系统是 ITU-T 制定的新一代公共信道信令传输体系，也适用于数字程控交换机。

No.7 信令系统从功能上可分为消息传递（MIP）和用户（UP）两部分。

2. No.7 公共信道信令系统的结构

用户部分（UP）完成各种用户信令的定义和编码，包含特有的用户功能，具有与消息传递部分的接口功能。消息传递部分是各种类型用户的公共处理部分，完成信令的传递功能，保证信令在用户之间的可靠传递。

No.7 公共信道信令系统是按层次性准则设计的，它的层次称为"级"（Level），整个系统分成 4 级，第 1～3 级保证消息的可靠传输，即消息传递部分（MTP），第 4 级提供各种应用，即用户部分（UP）。虽然 No.7 公共信道信令系统并未与 OSI 七层模型达成严格一致，但它尽量向 OSI 模型靠近，下面将 OSI 的七层模型与 No.7 公共信道信令系统进行对照，以了解它们之间的异同点。如图 8-8 是 No.7 公共信道信令系统结构说明。

No.7 公共信道信令系统定义了 1～4 级，各级的作用介绍如下：

（1）数据链路级。数据链路级对应于 OSI 模型的物理层，定义了信令链路的物理特性、电气特性和功能特性以及数据链路的连接方法，提供了双向数据传输通路，其中两条通路采用相同的数据速率，但方向相反。该通路可分为数字链路和模拟链路两类，我国目前只采用数字链路。信令数据链路

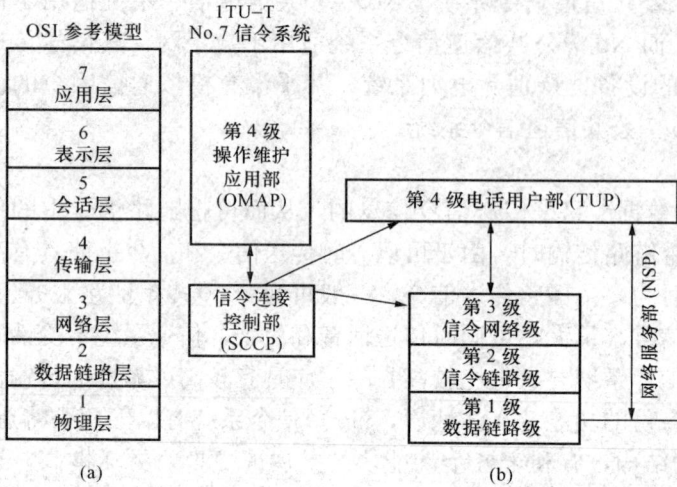

图 8-8　No.7 公共信道信令系统的结构

在 2Mbit/s 的系统中一般选用一个 64kbit/s 的时隙来实现，这一时隙通过数字交换局再与信令终端相连，称为半永久性连接。信令数据链路级把信令终端发出的信令单元按字节插入到 PCM 中规定的信令时隙里，或者把 PCM 中的信令信息检出，并送给信令终端。

（2）信令链路级。信令链路级对应于 OSI 模型的数据链路层，规定了信令消息的格式，完成信令单元的定界和定位、差错检验和纠错、信令链路差错率及故障监视与流量控制等功能，它与信令数据链路级一起完成信令点之间消息的可靠传送。

（3）信令网络级。信令网络级对应于 OSI 的网络层的部分功能，定义了传送的功能和过程，并要求每条信令链路都是公共的，与链路的工作状态无关，负责处理信令信息和网络管理。该级可分为信令网络管理和消息控制两部分。

（4）用户部分。用户部分用于处理各类用户业务，如电话用户部。分开的用户部便于处理各类业务服务质量要求，管理各类业务相关需求。电话用户部完成各种电话呼叫的建立、监视和释放控制；ISDN 部处理相应的各类控制信令；操作维护应用部是操作维护应用部分，处理与网络维护操作相关的消息；用户数据部和事务处理应用部分别用于数据网和智能网的应用。

四、电话网络接口

接口是通信网络的重要设备，既是设备互连的关键，也是技术标准实施的参考点。以数字程控交换机为主组成的电话网对外接口大致分为两大部分，即内线部分和外线部分。内线部分有用户接口、并行数据接口与串行数据接口。外线部分有磁石中继接口、环路中继接口、数字中继接口、载波中继接口、E/M 中继接口。

由于国内各行业系统电信网较多，各种接口在不同电信网中、不同的通信设备中使用差别较大。下面列举数字程控交换机常用的接口及技术要求。

1. 数字中继接口 （2048kbit/s）

主要技术要求：标称比特率 2048kbit/s；比特率容差±50ppm；码型 HDB3；时隙 30/32。

电气特性：输入阻抗标称值 75Ω（不对称同轴电缆接口）；可改成 120Ω 对称接口；输入阻抗特性 2.5%～5%（51.2～102.4kHz）；回波衰减≥12dB 5%～100%（102.4～2048kHz）；回波衰减≥18dB 100%～150%（2048～3072kHz）；回波衰减≥14dB。

输入信号：对标称值衰减 0～6dB（1024kHz）应正常接收；输出负载阻抗 75Ω 电阻性；脉冲（传号）的标称峰值电压 2.37V；无脉冲（空号）的峰值电压 0±0.237V；标称脉冲宽度 244ns；脉冲宽度中点处正负脉冲幅度比应优于 0.95～1.05；脉冲半幅度处正负脉冲宽度比应优于 0.95～1.05。

2. 载波接口

接口类型：4 线多频（MFC）；4 线双音频（DTMF）；2 线多频（MFC）；2 线双音频（DTMF）。

线路信令频率和电平输出：2600±5Hz －8±1dBm；输入：2600±15Hz －21～－1dBm；输入输出阻抗为 600Ω；频率带宽为 300～3400Hz；带内单频脉冲线路信令宽度为脉冲 150ms，间隔 150ms；允许发送偏差±30ms；接收识别范围≥100ms，脉冲 600ms，间隔 600ms；允许发送偏差±120ms，接收识别范围≥450ms。

3. E/M 接口

接口类型：2E/M 多频（MFC）；2E/M 双音频（DTMF）；1E/M 双音频（DTMF）；话路类型：4 线或 2 线；输入输出阻抗为 600Ω；话路频率带宽为 300～3400Hz；E/M 电压、电流；阻抗输出：电压 48V，阻抗 300Ω～3kΩ 可调；输入：电流为 10～30mA，阻抗 300Ω～3kΩ 可调。

第三节 数据通信网

数据通信网是完成数据传输与数据交换的基础，随着科学技术的发展和人们对数据应用需求的增加，数据网不论是从类型上、范围上还是从网络协议及业务上都获得了很大发展。从严格意义上来讲，数据网与通信网是相互融合的，这不仅体现在网络体系结构与具体协议的技术实现上，而且从传输信道和业务范围来讲也是不可能截然分开的。网络的发展趋势是越来越朝着窄带与宽带一体化、传输与交换一体化、有线与无线一体化、业务的高度综合与智能化的方向发展，这就使得网络分类的概念越来越模糊。但是，为了使读者有一个较清晰的概念体系，仍沿用传统分类方法，对各类数据网加以简单介绍。

一、公用数据网和专用数据网

数据网有公用数据网和专用数据网之分。公用数据网一般是指由国家电信部门建立和管理，为社会广大用户提供数据通信业务服务的网络。而专用数据网则是由某个部门或团体组建，专门针对解决各部门或团体内的需求而设计的，这种网络的所有权属于该部门或团体。电力系统数据通信就是畅通全国电力系统的专用数据网。电力系统通信技术方面的内容，本章将在后面专门介绍。

1. 公用数据网的特点

（1）公用数据网的高效地共享网络资源，如通信线路和交换机等，从而降低建网成本及维护费用。

（2）限制不兼容的数据网类型的发展，便于管理和标准化的实现；

（3）减轻了电报网与电话网的负担，扩展了公众业务。

（4）采取适当的技术手段及措施，如虚拟局域网技术（VLAN）和闭合用户群等，保证了网络业务的灵活性及安全性等。

所以，在财力有限或通信资源不足的情况下，建立若干形式的公用数据网是一个良好的想法。

2. 专用数据网的特点

专用网有针对性强、传输质量高、保密性好的特点。电力调度专用数据网，就具有很高的可靠性和安全性。虽然在利用率方面不高，但它适用于电力安全生产的需要。

电力系统的数据业务可以分成三大类、十几种，分别通过专线网、调度电话交换网、行政电话交换网、电视会议网、电话会议网、城域网和广域数据网等多个业务网来实现。三大类业务的具体内容主要包括：

生产控制类业务（Operational Services），包括调度自动化（远动）信息、电能量计量信息、水调自动化信息、雷电定位信息、通信监测信息、发电厂报价信息、日发电计划与实时电价信息等。

行政管理类业务（Administrative Services），包括管理信息系统（包括调度生产管理系统）间的交换信息、政务信息、电子邮件信息等，查询服务：即基于 Web 技术的多媒体信息检索服务，视频业务：如会议电视、视频监控等。

市场运营类（Energy Market Services），包括电力系统负荷预测信息，网络设备运行、检修状况信息，电力市场规则，电力市场交易、结算以及合同信息等的发布和查询，电力行业内不同公司之间的 B2B、电力公司与电监会等政府部门之间的 B2G 以及电网公司与用电客户之间的 B2C 等。

如此多的电力系统数据业务，在信息传送和信息处理方面，既要采用公共网络技术标准构造自己的数据网络，又要考虑电力系统的特殊性。目前，支持电力数据业务的通信网分别称为"国家电力调度数据网"和"国家电力数据通信网"。国家电力调度数据网支撑电力生产调度的相关业务传送，为了网络的安全可靠运行与公网没有互联。而国家电力通信数据网主要支持除调度以外的其他数据业务。这些业务主要是前面提到的行政管理类和市场运行类。

数据网的发展非常迅速，电力数据网的主要技术具有相同的技术特征，如网络结构、网络互联和网络管理，都遵循公共数据网络的技术标准，以便在设备采购和技术升级等方面不会遇到太多的困难。为了保证电力生产安全可靠，数据网的安全还是要放在首位。

二、基于 X. 25 协议的国家电力数据通信网

国家电力数据通信网早期建设的是一个基于 X. 25 协议的窄带数据网，国家电力数据通信网一级网络目前已覆盖了全国各网（分）公司和直属省公司共 17 个节点（已于 1994 年投入运行），网络为 X. 25 分组交换网，包括三类设备：14 套 DDN（数字数据网）设备分别安装在 13 个地点，24 套数据交换设备分别安装在 14 个地点，34 套路由设备分别安装在 18 个地点，如图 8-9 所示。

该数据通信网目前主要用于传输电力调度实时数据、应用软件用的准实时数据、调度生产管理用的批次数据，在该网络的基础上，实现了全国各级调度中心 DMIS 的互联。同时，

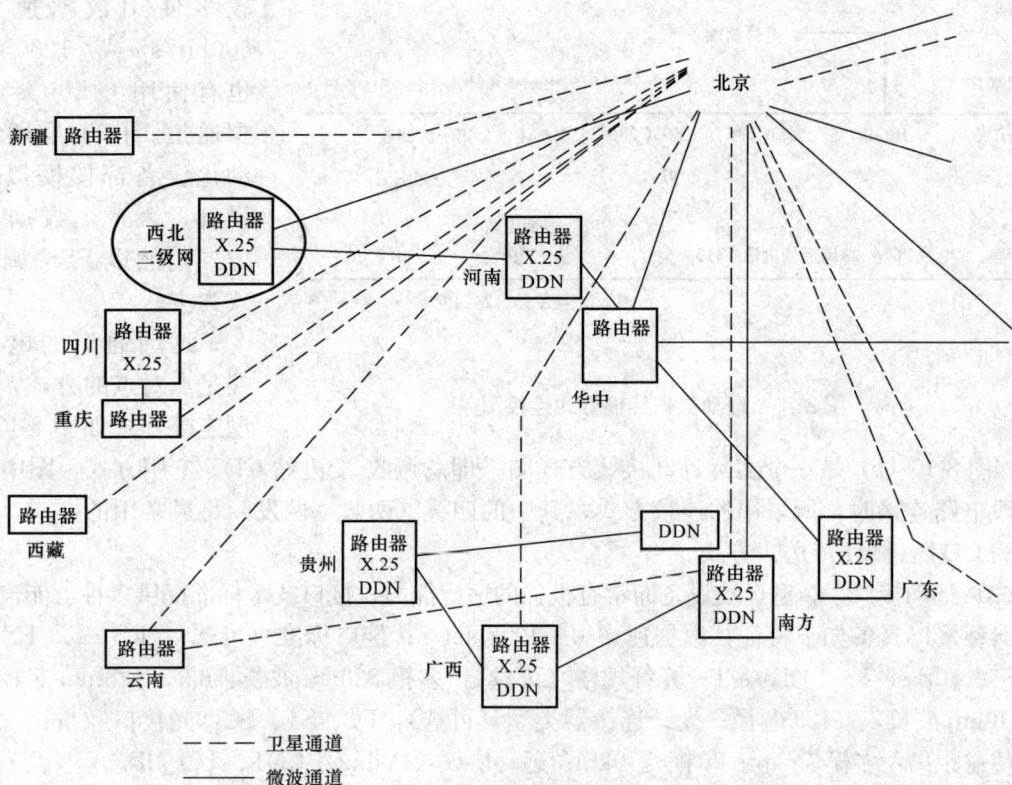

图 8-9　基于 X.25 国家电力数据通信网

该网络为信息应用系统提供了平台，实现了公司机关与在京单位、华中、华东、华北、东北、南方、西北六个网（分）公司以及云南、贵州、四川、广西、福建、山东、重庆七个直属省（市）公司、华能电力集团、广东省公司的系统互联，向用户提供基本服务功能，如文件传输、虚拟终端、远程登入、电子邮件等，实现了与国家经济信息系统的网间互联。

三、网（分）、省（市）电力公司数据通信网概况

电力系统内部分网（分）、省（市）电力公司的数据通信网已建成并投入使用，另有部分网（分）、省（市）电力公司的数据通信网已完成设计或招标。据不完全统计，已建成并投入使用数据通信网的网（分）、省电力公司有华北、西北、河南、河北、湖北、江苏、浙江、广东、山东、黑龙江、天津、湖南、吉林、甘肃、陕西、新疆、四川、辽宁网（分）、省电力公司等。这些数据通信网络主要覆盖范围是网（分）、省（市）公司直属电业局；网（分）电力公司所管辖的电厂、变电站。

四、电力通信网的特殊数据业务

电力系统的特殊业务是指对实时性要求强的业务，如远动数据传送、继电保护的跳闸数据传送，以及今后传送故障录波数据等，这些业务都对延时、可靠性方面有严格的规定，尤其是跳闸信息的传输，对每一处理过程的延时有严格的限制。因此，这些业务的通信链路不采用带交换功能的网络结构，而是点对点的专线连接。

1. 远动数据传送

（1）远动电路方式。远动数据从变电站上传到控制中心，大部分采用 FSK 调制方式，

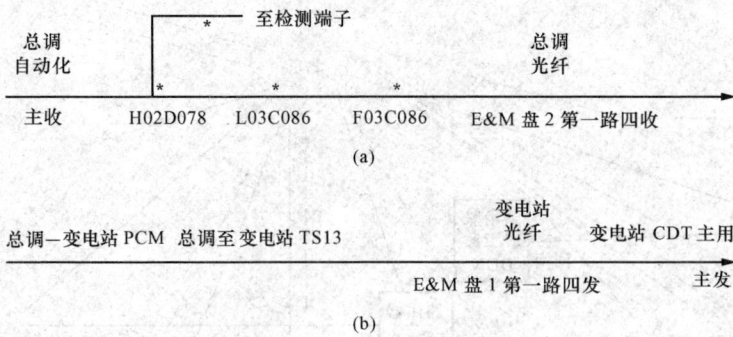

图 8-10　远动数据传输方式连接图

所示。图 8-10（b）是一个实际远动接线方式图，即总调收-变电站 CDT 主用方式，图中给出了各段电路连接时，所采用的连接方式，其中的四线（两收、两发）是最常用的方式，远动规约为 CDT（循环传送）方式。

（2）远动接口。新型远动设备通常有很强的适应能力，接口技术标准提供多种可能连接功能，典型接口具备如下特征：数据速率 0～19.2kbit/s；接口标准（可选）：RS-232、RS-422、RS-485、10Base-T、100Base-T；光纤规格（可选）：多模 820nm 波长、62.5/125mm 芯径；单模 1310nm 波长、9/125 芯径；光纤连接器类型（可选）：FC、ST、SC；光接口数量：二收二发；传输距离：多模≤4km；单模≤30km；远动协议：Polling、CDT、TCP/IP。

2. 继电保护信号传输

在电力系统中，要实现安全生产和电力系统稳定运行，继电保护起着至关重要的作用。继电保护方式很多，其中线路保护需要在变电站之间传送跳闸信号，这是电力通信网重要的数据业务，对跳闸信号传输的实时性有着非常严格的要求，线路传输时延一般在十几毫秒的数量级。

继电保护装置的保护信号的物理传输通道有多种选择，包括电力线载波、微波、光纤等。其中光纤通道由于具有抗电磁干扰、可靠性高、传输容量大等特点，是继电保护信号传输的首选方式。另一方面，虽然电力线路故障和通信通道故障同时发生的概率微乎其微，但由于保护信号的重要性，一般在传输通道上会选择两条独立的物理通道，一条为主用通道，另一条为备用通道，分别走不同的物理路由即双传输通道。保护通信设备实时监测传输通道的质量，当主用传输通道发生故障或通信质量降低（误码、不可用等）的时候，可以通过备用通道继续保持通信，在主用通道恢复正常时再从备用通道切换回主用通道。这种双传输通道保护方式在更大程度上保证保护信号的不间断传输。虽然用两个传输通道的成本更大，但对于超高压电力线路而言，安全性是压倒一切的要求。

在上面讨论的双传输通道保护方案中，不同厂家的继电保护装置对传输通道提供的通信接口也有不同的形式，大致可以分为 64kbit/s、E1 和光纤接口三种。对于光纤接口，可以直接上光纤进行传输，其传输通道保护的功能在继电保护装置的通信部分已经完成，这里不讨论。由于继电保护的信号一般是继电保护装置的继电器触点开关状态等数据，数据内容比较少，64kbit/s 的速率已经完全能够满足其通信要求，因此很多情况下继电保护装置对传输通道提供的通信接口是一个符合 ITU-T G.703 标准的 64kb/s 接口。但由于光纤传输通道一

较多使用数据速率为 600bit/s 或 1200bit/s，也有使用 64kbit/s 的数据通道。由于早期的自动化设备都按模拟通道设计，因此，数据传送方式仍然以 FSK 调制方式为主。

远动通道的电路连接是点对点的方式，其典型连接方式如图 8-10（a）

般提供的通信接口是 E1 接口，需要一个 64kbit/s 到 E1 转换的复用设备（一般是 PCM 设备），通过复用设备将 64kbit/s 复用为 E1 后上传输系统进行传输。

这时，对传输系统而言就要提供保护切换功能：能够将一路数据在两个传输通道中传输，并能够根据传输通道的质量情况自动完成切换等。对于 SDH 光纤传输系统而言，可以通过 SDH 的环网自愈保护来完成保护切换。

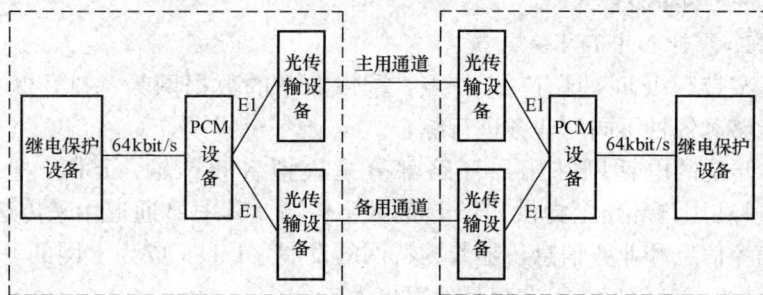

图 8-11　继电保护信号的双通道保护光传输

对于 PDH 光纤传输系统而言，不提供保护切换的功能，这个功能将由 PCM 设备来完成。具体的网络图如图 8-11 所示。

继电保护信号传输是采用点对点的连接方式，以保证传输时延的要求。图 8-12 所示为继电保护通道的电路连接方式。

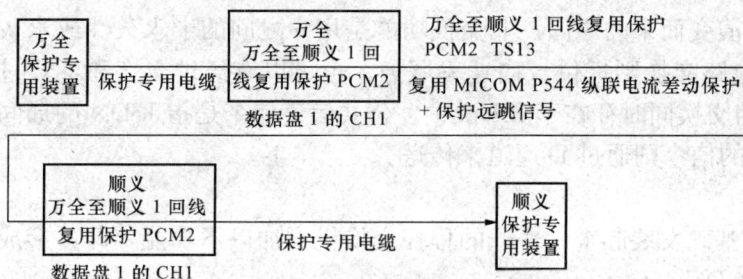

图 8-12　继电保护通道的电路连接方式

3. 继电保护接口

（1）64k 接口部分：传输速率 64kbit/s；接口特性：同向型接口；特性阻抗 120Ω，平衡；接口码型：符合 G703.1 同向接口码型的要求。

（2）2M 接口部分：传输速率 2.048Mbit/s；线路码型：HDB3 码；特性阻抗 75Ω，非平衡；接口码型：符合 G703.6 接口码型的要求。

（3）光纤接口部分：传输速率 64kbit/s；线路码型：1B2B 码；光纤接收灵敏度 −35dBm；发送电平 −15～0dBm（选用不同的光收发模块）；标准发送电平 −11±2dBm；允许最大通道衰耗 15dB（标准）、30dB（最大）；光纤连接器 FC 型。

第四节　ISDN 和 ATM 网络

综合业务数字网（ISDN）是在现有电话网基础上经济有效地利用网络资源的一种技术，它是采用端到端数字连接和标准的接口向用户提供包括语音、数据和图像等多媒体的综合业务。利用 ISDN，用户可以在一条普通电话线上实现边上网边打电话、边打电话边发传真、两部电脑同时上网或者同时使用两部电话。ISDN 中的综合是指对各种不同业务的综合，如数字电话、用户电报（Telex）、智能用户电报（Teletex）、可视图文（Videotex）、用户传真、电视电话、电子邮件、电视会议等业务，均可以数字信号的形式通过 ISDN 传送。ISDN 涉及多方面的技术，如电路交换技术、分组交换技术、数字传输技术、公共信道信令技术、网络管理和集中控制技术等。在介绍 B-ISDN（宽带综合业务数字网）之前，先来了解一下 N-ISDN（窄带综合业务数字网）的概念和功能，以便更好地理解 B-ISDN。

一、N-ISDN

1. 窄带 N-ISDN 的特点

窄带 N-ISDN 具有三个特点：①以原来的数据网为基础；②提供端到端的数字连接；③能够对各种不同的业务进行综合。

传统的电话网在用户环路部分是模拟音频传输，ISDN 把数字化延伸到用户环路，ISDN 在用户环路上提供 2B+D 的数字传输，其中 B 通道用来传送业务信息，D 通道用来传送信令信息和业务信息。随着因特网的发展，ISDN 成为上网的一种有效接入的方法，提供 128kbit/s 或 64kbit/s 的较高速率接入。

ISDN 的综合，一方面是对业务的综合，另一方面也是交换技术的综合，既有电路交换又有分组交换功能。

2. ISDN 的基本功能结构

ISDN 的基本功能结构有七个方面的功能：①ISDN 的用户—网络信号功能；②64kbit/s 电路交换功能；③64kbit/s 非电路交换功能；④分组交换功能；⑤公共信道信令功能；⑥大于 64kbit/s 电路交换功能；⑦大于 64kbit/s 非电路交换功能。

64kbit/s 电路交换功能是 ISDN 最基本的功能，是由程控数字交换机来完成的，这也是 ISDN 是由数字电话网为基础演变而来的原因。非交换功能是用户之间的半永久性或永久性的数字连接。大于 64kbit/s 电路交换则提供较高速率服务，也可以有经过交换和不经过交换两种连接。分组交换和电路交换同时存在于 ISDN 中。公共信道信令是指 ISDN 的局间的 No.7 信令系统，用户—网络的信令则通过 D 通道来传送。

3. N-ISDN 的基础

ISDN 是以程控交换机为基础发展起来，普通的程控交换机增加以下功能，即可形成以程控交换机为核心的窄带的 ISDN。

（1）提供数字用户接口，包括 2B+D 基本接口和 30B+D 数字接口。

（2）扩展信令处理功能，包括能处理 D 信道的协议，增加 No.7 信令系统中的 ISDN 用户部分。

（3）提供不同类型的连接，除了 64kbit/s 的连接，还包括 384、1536、1920kbit/s 等速率的连接。

（4）具有分组处理功能，按 X.25 协议对分组进行处理，按 X.75 协议和分组交换公用数据网（PSPDN）互通。

（5）扩展呼叫处理功能，当呼叫请求到来时，需要核对用户是否有权得到它所申请的业务，在路由选择阶段，根据 SETUP 消息的号码来选用合适的网络资源。

二、B-ISDN

B-ISDN 是传送宽带业务的综合业务数字网。窄带业务和宽带业务一般以 2Mbit/s 为界，高于此速率的业务为宽带业务，否则为窄带业务。典型的宽带业务有宽带可视电话、宽带图文检索、宽带电子邮件、视频点播、远程教育、远程医疗等。B-ISDN 以 ATM 和 SDH 技术为基础。

在 ATM 技术中，信息被拆开以后形成固定长度的信元，由 ATM 交换机对信元进行处理，实现交换和传送功能。ATM 是一种面向连接的通信方式，在网络中设置两个层次的虚连接，虚路经 VP 和虚信道 VC，信元沿着在呼叫建立时确定的虚连接传送。由于 AIM 交换机对信元的高速处理，ATM 网络的时间响应特性较之其他类型的分组交换网络有明显的改进，可以对图像话音和数据提供实时通信，采用 ATM 技术的宽带网络有着广阔的发展前景。

三、ATM 网络

ATM 交换技术已经在第七章进行了详细介绍，这里将 ATM 网络的情况作进一步的介绍。

1. ATM 物理层支持的接口

ATM 物理层支持的接口分为用户网络接口（见表 8-1）和公共网络接口（见表 8-2）。

表 8-1　　　　　　　　　　　用 户 网 络 接 口

比特率（Mbit/s）	PMD	长 度	TC 子层	说　明
25.6	3 类 UTP	100m	信源流	NRZI，4B/5B 编码
51.84	3 类 UTP	100m	STS-1	CAP 调制
51.84	单模光纤 多模光纤 同轴线对	2km 2km 900ft	STS-1	
100	多模光纤	2km	FDDI	NRZI，4B/5B 编码
155.52	5 类 UTP	100m	STS-3c	NRZ
155.52	单模光纤 多模光纤 同轴线对	2km 2km 900ft	STS-3c	
155.52	多模光纤 STP	2km 100m	信源流	8B/10B 编码
155.52	3 类 UTP	100m	STS-3c	
622.08	单模光纤	300m	STS-12	
622.08	多模光纤	2km	STS-12	

表 8-2　　　　　　　　　　　公 共 网 络 接 口

比特率（Mbit/s）	PMD	长 度	TC 子层	说　明
1.544	双绞线	3kft	DS1	可用于专用 UNI
2.048	双绞线 同轴线对		E1	CAP 调制
$n \times 1.544$	双绞线		$n \times T1$	
6.312	同轴线对		J2	用于日本
34.368	同轴线对		E3	
44.736	同轴线对	900ft	DS3	可用于专用 UNI
51.84	单模光纤	15km	STS-1	
155.52	单模光纤	15km	STS-3c	
622.08	单模光纤	15km	STS-12	

从表 8-1 和表 8-2 中可以看出，由于 B-ISDN 的要求，ATM 几乎支持所有数据接口类型。

2. ATM 的 QoS 参数

应用的 QoS 需求是通过 ATM 层的 QoS 参数而定义的。端点在请求连接时，在指定业务流量参数的同时，还要指定它的 QoS 参数。如果端点符合了业务流量协定，那么网络就要求保证应用的 QoS。主要的 QoS 参数包括最大信元传送延时、信元延时变化和信元丢失率。

（1）最大信元传送延时。最大信元传送延时（Cell Tnau sfor Delag，CTD）规定了从源端 UNI 出发到离开宿端 UNI 之间，信元所经历的时间。一条连接的最大 CTD，被定义为一个统计担保，具有一个概率参数 α（一般很小，比如 10^{-6}）。网络要保证以 $1-\alpha$ 的概率满足最大 CTD 要求。

（2）逐个峰值信元延时变化。信元延时变化（Cell Delay Variation，CDV）规范了 ATM 网络中发生的延时变化，其正式定义为逐峰（Peak-to-Peak）CDV，是一条连接中所有信元的 CTD 的最大差值。由于 CDV 是定义在网络中两个分离点（源端 UNI 和宿端 UNI）之间，因此也称为两点 CDV，在数值上 CDV 等于最大 CTD 减去最小 CTD。

（3）信元丢失率。信元丢失率（Cell Loss Ratio，CLR）规定了连接中信元的丢失概率。它等于连接过程中总的丢失信元数与所发送信元数之比。

第五节　IP 网络技术

IP 是对应 OSI 第三层的网络互连协议，除去 IPv4 和 IPv6 的差别，也即 IPv6 的应用正在研究外，协议本身已经非常完善，没有进一步研究的空间。IT 业将 IP 协议承载各种业务时，如语音、视频和数据等，如何满足它们的 QoS 与支持 IP 网络互联的相关技术问题成为研究的热点。

Internet 的飞速发展和广泛应用，促使 IP 技术获得了以往通信和信息技术从未有过的高速发展。目前，IP 技术无论是网络结构、传输能力还是增值业务都较从前有了巨大的变化。TCP /IP 技术是 20 世纪 70 年代作为网间互联协议提出来的，在几乎 20 年的时间里，IP 技术除了在美国局域网互联中使用外，一直默默无闻，ITU-T 也一直没有接纳这个标准。直到 90 年代初 Web 业务的出现才从根本上改变了这种状况，IP 网获得了飞速发展，从而 IP 技术也获得了飞速发展，目前，TCP/IP 技术已经是广泛接受的通信协议。

客户—服务器的应用方式在迅速扩展，从办公室、校园扩展到城市，进而扩展到全国和全球。这种快速扩展使过去网络业务量 80% 是本地，20% 是广域的情况发生了根本性的变化，现在这一比例已变为 50% 和 50%，将来这个比例将会是 20% 和 80%，这意味着对 IP 网的压力越来越大。同时随着 IP 网上业务的多样化，特别是多媒体业务的应用，对 IP 网又提出了一系列新的技术要求，从而促使 IP 网络结构发生了巨大的变化和发展。

2000 年初国际电信联盟（ITU-T）召开会议讨论因特网革命和因特网经济对电信业的冲击和影响，总结出因特网和传统电信网不同的两个特点：一是无连接和面向连接不同，分组交换和电路交换不同；二是收费方法不同。因特网收费与距离远近和通信时间都没有关系、因特网中两个网互联是免费的；而电信网则是按流量计费，按通话距离和时间收费。这是收费体制上的差别。另外，在因特网的互联问题上美国的做法是不公平的，任何一个国家与美国连接，连接线路全部由该国自己负担。而对于电信网而言，连接两个国家或两个公司之间的线路是由双方共同负担的。在因特网上业务流和价值流并不直接对应，而且是美国居于绝对统治地位。新一代因特网如果能够提供传统电信的各种业务，就会对传统电信业的零售、批发体制构成威胁。因特网的收费是非常简单的，干线网上彼此互相连接就不收费，对个人用户则采用包月制收费，系统非常简单。在因特网上按照传统电信体制收费将会遇到很多问题：要区分不同类型的流并加以标记就有困难，要测量流量并在两边记账非常难，要确立网络中间多个节点的相对关系就更难。目前基本上有两种解决方案：一种是仍然按照因特网目前的收费办法，QoS 做简单些，网络带宽尽量做宽，只要不出现堵塞就没有 QoS 问题，也不需要对服务进行分类；另一种方案是，设法实现比现代电信网更方便快捷的各种服务，提供分类服务和相应的收费系统。比如说，用户想在不同城市或地点之间开个电视会议，现在的方法是向电信公司租用线，然后再联网，运用要很长的时间。而在未来的因特网上，用户可以到门户站点上登记，把连接地点、带宽、延时抖动限制和会议时间等要求提出来，签订协议后很快可以连通并提供服务，同时按照协议自动计费。这将发展出一种企业消费型服务新概念。这项技术的基础是扩展标准语言 XML。超文本标注语言 HTML 在 Web 的网页描述中起了很大作用，没有它就没有今天的 Web。但是它只是一种显示的描述，不能用于网络资源的调动和控制，XML 语言的出现和发展解决了这个问题，通过 XML 语言就可以控制调动网上资源。所以，基于 Web 提供的各种传统电信业务和新业务都可以统一使用 XML 语言。这样就能够做到网上即时注册即时提供服务，而用户端设备只是一个多功能的服务点接入设备。用户通过接入点的设备进网，用的时候只要通过计算机上网和门户约定，然后做一个合同，就可以接受各种各样的服务。同时其他网上应用（ASP）所提供的服务也可以得到。比如有另外一个公司专门提供财会服务，那么通过网络不但可以联通本单位几个点，还可以接受另一公司提供的财务服务。

以上这些新变化、新形势，都是我们必须关注 IP 网络技术的原因。了解和掌握 IP 网络技术已经成为工作的必然。同样，电力通信网络发展，也紧跟这一技术趋势，建立起自己的基于 IP 的数据网络。

在电力系统数据通信网络的建设规划中，网络结构、网络基础和网络技术体制等方面，都明确了构建 IP 网络的方向。

根据电力传输网络建设以 SDH 为基础平台的实际，以及技术发展和电力的业务需求特点，近几年的电力传输网络建设，仍需大力发展 SDH 光纤传输网络。在这一基本需求和建网条件下，比较适合的网络技术平台为 MPLS＋ IP over SDH。

IP 网络技术的构成，与具体的网络支持业务，网络形态有密不可分的关系，因此，建立 IP 网络的技术框架，还存在仁者见仁、智者见智的特点。

新一代宽带 IP 网主流技术主要有 IP over ATM、IP over SDH、IP over WDM 等。其中 IP over ATM 融合了 IP 和 ATM 的技术特点，发挥了 ATM 支持多业务，提供 QoS 的技术优势；IP over SDH 直接在 SDH 上传送 IP 业务，对 IP 业务提供了完善的支持，提高了传输效率；而 IP over WDM 采用高速路由交换机和 DWDM 技术，极大地提高了网络带宽，对不同速率、不同数据帧格式的业务提供全面的支持。

一、IP 网络主要技术方案

1. IP over ATM

IP 网传统上是由路由器和数据专线组成的，用专线将地域上分离的路由器连接起来就构成了我们曾经长期使用的 IP 网，但低速的数据专线（2～4.5Mbit/s）和为普通业务而设计的路由器，显然在性能上有很多方面无法满足 IP 网的迅猛发展和业务要求，因此，IP 网络技术发展的首选就是 IP over ATM。

基本原理和工作方式是把 IP 数据包在 ATM 交换机的 ATM 层全部封装成 ATM 信元，然后以 ATM 信元在信道中传输。当网络中的交换机收到一个 IP 数据包后，首先按照 IP 数据包的 IP 地址通过某种机制进行路由地址处理，按路由转发；然后再按照已计算的路由在 ATM 网中建立虚电路 VC，最终所有以后接收到的 IP 数据包将在已建立的虚电路 VC 上以直通方式传输到网络边缘的路由器上，从而有效解决了路由器的瓶颈问题，并把 IP 数据包的转发速度提高到交换速度。

（1）分类：

用 ATM 技术来承载 IP 业务，可以分为叠加模式和集成模式两大类。

1）叠加模式。即 IP 网的寻址是叠加在 ATM 网的寻址基础上的，也就是说在该模式中 ATM 的寻址方式是不变的，IP 地址在网络边缘设备中被映射成 ATM 地址，然后 IP 数据包再据此被传输到网络另一端的边缘设备。该模式最大的特点就是 IP 业务只是 ATM 网承载的众多业务之一，比较典型的有局域网仿真（LANE），经典的 IP over ATM（CIPoA-Classical IP over ATM），ATM 上的多协议（Multi-Protocol over ATM，MPoA）。

2）集成模式，就是 ATM 网设备和 IP 网设备集成在同一设备中，此时 ATM 网的寻址已不再是独立的，将要受到 IP 网设备的干预，ATM 层可看成 IP 层的对等层，ATM 端点设备也只需使用 IP 地址标识，不需地址解析协议，从而使得该模式下 IP 数据包的传输效率较高。比较典型的有 IP 交换（IP Switch）技术，标记交换（Tag Switch）技术和 MPLS 技术。

上述分类是按照 ATM 信令来分类的，如果从网络整体的性能角度来看，ATM 有两种方法来支持 IP over ATM。

1）ATM 作为链路，即使用 ATM 的永久虚通路将地域上分离的路由器连接起来的工作方式，此时 ATM 只是作为链路将若干路由器连接起来，并没参与 IP 网的寻址功能，因而其本质上仍然是一个路由器网，并没改变 IP 网的整体性能，只是提高了某些部分的传输速率而已。

2）ATM 作为网络，即 ATM 网以网络的形式来支持 IP over ATM，此时 ATM 参与了 IP 网的寻址功能，同时由于 ATM 的寻址功能及其他性能要远远优于普通路由器，因而在网络性能方面大大提高了 IP 网的性能，提高了传输速率，缩短了传输时延，例如 MPLS 即是如此。

（2）IP over ATM 的优缺点。

优点：

1）可利用 ATM 技术提供的 QoS 保证来提高 IP 业务的服务质量。

2）具有良好的流量控制均衡能力及故障恢复能力，网络可靠性高。

3）可利用 ATM 技术提供的多业务支持能力支持 IP 网的可扩展能力。

4）对其他多种协议如 IPX 等都能支持。

缺点：

1）IP 优先级（COS）分类还不能映射到 ATM 的 QoS 质量保证。

2）对 IP 路由支持一般，且由于 IP 数据包封装时加入大量头信息，造成带宽浪费。

3）在复制多路广播方面效率不高。

4）由于 ATM 本身技术复杂，导致管理困难。

2. IP over SDH

IP over SDH，也即 Packet over SDH（PoS），它是以 SDH 网络作为 IP 数据网的物理传输网络，即使用链路及 PPP 把 IP 数据包封装在 PPP 帧中，然后再由 SDH 通道适配层把封装后的 IP 数据包映射到 SDH 的净荷中，再向下，经过 SDH 传输层，加上相应开销，封装入 SDH 帧中，最后才在光纤中传输，因此，它保留了 IP 面向无连接的特征。

SDH 网是基于时分复用，在网管配置下完成半永久性连接的传输网络，因此，在 IP over SDH 工作方式中，SDH 只可能以链路方式来支持 IP 网。由于不能参与 IP 路由的寻址工作，它的作用只是将地域上分离的路由器以点对点的方式连接起来，提高点对点的传输速率，不可能从整体上提高 IP 网的性能，所以，这种工作方式下的 IP 网，其本质仍然是一个路由器网。此时，网络整体性能的提高将取决于路由器技术的突破性发展（如吉比特路由器），但同时却又带来了设备的复杂性。所以，IP over SDH 的优缺点可总结如下。

优点：

1）对 IP 路由的支持能力较强，具有较高的 IP 数据包传输效率。

2）符合 Internet 业务的要求（如多路广播的方式）。

3）能利用 SDH 技术的环路和自愈合能力达到链路纠错和提高网络的稳定性。

4）省略 ATM 层，从而简化了网络结构。

缺点：

1）仅能对 IP 业务提供较好的业务支持，不适合于多业务平台。

2）不能像 IP over ATM 那样提供较好的 QoS 服务质量保证。

3）对 IPX 等其他主要网络协议技术支持有限。

3. IP over WDM

IP over WDM（波分复用），也称作光因特网，是目前最新的技术。在发送/接收端，将不同波长的光信号复用送入同一根光纤中传输，将在同一根光纤中传输的光信号按不同波长解复用至不同的终端，即将 IP 数据包直接放在光纤上传输。它是一种链路层数据网，此时，高性能的路由器通过光 ADM 或 WDM 耦合器，直接连至 WDM 光纤上，由它来控制波长完成接入、交换、选路和保护。IP over WDM 的帧结构有：SDH 帧结构和吉比特以太网帧结构两种，现在可以系统实地运行的还是 SDH 帧结构，因此，基于这种工作方式的 IP over WDM，其本质上还是 IP over SDH。

在 WDM（波分复用）或 DWDM（密集波分复用）传输系统中，其每一种波长的光信号称为一个传输通道，每个通道都可以是一路 155、622Mbit/s 和 2.5Gbit/s 的 ATM，甚至是 10Gbit/s 的 ATM、SDH 或吉比特以太网信号等，也就是提供了接口的协议和传输速率的无关性，即在同一条光纤通路上，可以同时支持 ATM、SDH 和吉比特以太网，保护了已有投资，同时也提供了极大的灵活性。

从以上分析可以看出，IP over WDM 具有如下所述的优缺点。

优点：

1）能充分利用有限的光纤资源，极大地提高带宽和传输速率。

2）对所传输数据的传输码率、数据格式及调制方式透明，如可以传输不同码率的 ATM、SDH 和吉比特以太网信号。

3）具有较强的兼容性，并支持未来的宽带业务网及网络升级。

缺点：

1）到目前为止，工作波长的标准化还没有实现。

2）WDM 系统的网络管理还不成熟。

3）到目前为止，WDM 系统的网络拓扑结构还只是基于点对点的工作方式，并没有形成"光网"。

通过前面三种宽带 IP 网主流技术的分析和比较，我们可以发现：在高性能、宽带的 IP 业务方面，IP over SDH 技术由于省掉了 ATM 设备，从而投资少、见效快而且线路利用率高。而 IP over ATM 技术则可充分利用已经存在的传统 ATM 网络和技术，发挥 ATM 网络的多业务技术优势，避免不必要的重复投资，适合于提供高性能的综合通信服务，如 Voice、Video 及 Data 等多项业务，是传统电信服务商的较好选择。对于 IP over WDM 技术来说，由于它能够极大地拓展现有网络带宽，从而最大限度地提高线路利用率，并且在局域网中吉比特以太网技术成为主流技术的情况下，唯有它能够真正地实现无缝接入，因此，IP over WDM 技术将代表着宽带 IP 网技术的未来。

二、IP 网络的 QoS 协议结构和策略

IP 网结构的基本设计原理是将"智能"放在位于网络边缘的源点和终点的网络主机上，而使网络核心尽可能的"傻"。在网络交叉节点上，路由器的作用就是检查终点地址，查转发表决定如何进行 IP 数据分组的"下一跳"。如果排队等候转发的数据分组很多，数据分组不能及时转发就会出现时延，如果排队器不够用，路由器被允许丢弃数据分组，这就是 IP 的"尽力而为"服务。随着因特网应用发展，用户数量快速增加，网络出现拥塞，就会产生时延、时延抖动乃至分组丢失等现象。这虽然对电子邮件、文件传输、Web 浏览等典型的因特网应用影响不大，但是显然不能满足话音、视频、广播等各种实时业务的需要。因此，一方面，要求网络有足够的带宽，还要求 IP 网络具有严格的时延限制，也要求具有一点对多点、多点对多点的信息传输能力，即"广播"功能。

增加网络带宽是非常重要的，目前采用 IP/DWDM 等 IP 优化光网络技术可以成百上千的提高带宽，并能上百倍地降低成本，是解决 QoS 问题最简单最便宜的方法。但是，这仅仅是解决问题的一个侧面。发展合理分配网络资源的 QoS 技术也同样是非常必要的。在网络交通流量出现突发时，会出现拥塞。甚至在网络负载很轻时，时延变化也可能影响实时业务。为此，需要给网络增加一些"智能"，使它能够区分对必要时要求不同的数据流，这些要求确定了对时延、时延抖动和分组丢失的宽容度。设计 QoS 协议就是为了这个目的，QoS 不能增加带宽，但是可以管理带宽，提高其使用效率以满足不同应用的需求。QoS 的目的是在"尽力而为"之外，提供某种程度的预测和控制能力，此外，支持多点广播也是非常重要的。

为了将问题简化，在 QoS 结构的选择中，主要研究提供端到端连接的 QoS。基本原理仍然是把复杂技术留给边缘而保持"核心"简单。

三、QoS 协议

所谓 QoS 就是使网络及其设备（即应用、主机或路由器）为网络数据传输和服务提供某种程度保证的能力。为了实现 QoS 要求，需要从上到下网络的各个层，以及两端之间网络上各个设备协同工作。QoS 并不能增加带宽，它仅仅是按照应用要求和网络管理的设置来管理带宽。实现 QoS 的一种方法是按照服务水平的要求给每一个数据流分配资源，这种采用"资源预约"进行带宽分配的方法并不适用于"尽力而为"应用。由于带宽资源是有限的，设计者引入优先级的概念，在资源预约后"尽力而为"，数据流的传输也能得到保证。据此 Qos 可以分为两种基本类型：

(1) 资源预约（综合服务），即网络资源按照一种应用的 QoS 要求进行分配，制定带宽管理策略。

(2) 优先级划分（区分服务），即对网络上的数据流进行分类。按照带宽管理策略准则分配网络资源，保证 QoS 网络部件对分类识别有更高要求的数据流给予优先处理。

这些 QoS 方法可以被用于单个数据流或综合的数据流。根据数据流的种类可以用另一种 QoS 类型的分类方法。

1) 按单个数据流实施。"数据流"被定义为在两个应用（发送者和接收者）之间的单个的、单向的数据流，可以用 5 种参数来分类，如传输协议、源地址、源端口号码、终点地址和终点端口号码。

2) 按综合流实施。综合流由两个或更多个流组成。这些流有一些共同点，即上述参数中任意一个或多个标记优先级以及一些认证信息。

应用、网络拓扑和策略决定哪一种 QoS 可以适用于哪种数据流或综合流。为了满足不同类型 QoS 的需求，需要有多种不同的 QoS 协议和算法，主要有以下四种：

(1) 资源预约协议（RSVP），提供信令以实现网络资源的预约（或者看成是综合服务），显然一般是按流实施，RSVP 也可以用来为综合流预约资源。

(2) 区分服务（DiffServ），提供一种粗糙而简单的方法，对网络中的数据流或综合流进行分类和定优先级。

(3) 多协议标记交换（MPLS），按照在包头中的标记，通过网络选路控制对综合流进行带宽管理。

(4) 子网带宽管理（SBM），在共享的交换的 IEEE 802 网络第二层实现分类和定优先级。

四、资源预留协议（RSVP）

IETF 在 IP 网络的 QoS 方面建议了一些服务模型和机制，其中最基本的是综合业务型模型（IntServ）和区别型业务模型（DiffServ）。综合业务（IntServ）模型使用资源预留协议（RSVP）。这一模型的思想是"为了给特定的客户包流提供特殊的 QoS，要求路由器必须能够预留资源，反过来要求路由器中有特定流的状态信息"。综合业务模型的优点是能够提供绝对有保证的 QoS。RSVP 运行在从源端到目的端的每个路由器上，可以监视每个流，以防止其消耗比其请求、预留和预先购买的要多的资源。该模型的缺点主要有伸缩性不好、对路由器的要求高和无法在以太网上实施。

RSVP 提供预约设置和控制以实现综合业务（IntServ）。它最接近在 IP 网上实现电路仿真。对于应用（主机）和网络设备（路由器和交换机），在所有 QoS 协议中，RSVP 是最复杂的。因此在服务保证，资源分配的粒度和对保证 QoS 应用及用户反馈的细节方面，它都能够提供最高级的 QoS。

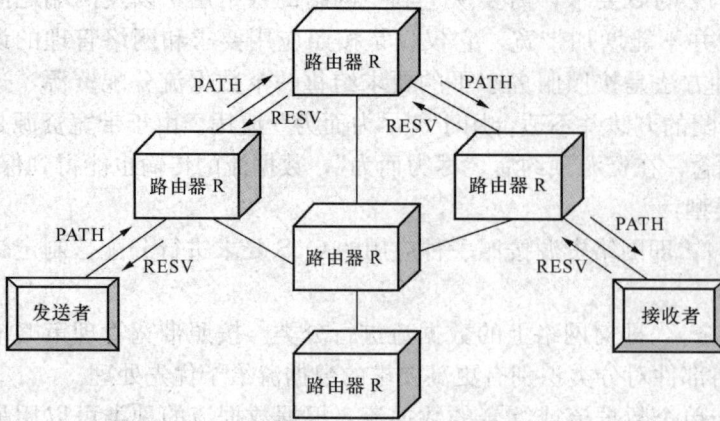

图 8-13 RSVP 工作过程

图 8-13 所示为 RSVP 的工作过程。RSVP 协议中的"PATH"和"RESV"消息用来在发送者和接收者之间建立资源预留。发送者对发出的数据流的带宽、时延和时延抖动设置上限和下限。RSVP 由发送者发出"PATH"消息，消息中包含流量特性（Tspec）信息给出终点地址。每一个有 RSVP能力的路由器沿着下行路由建立一个"路径—状态"，其中包含在"PATH"消息中的源地址，即面向发送者的下一跳"上行流"。

RSVP 是用单工方式要求资源，即只是单向地要求资源。因此 RSVP 在发送器的处理上，将它同接收器在逻辑上截然分开，即使同一应用程序也可能将发送器和接收器作为一个整体同时工作。RSVP 是运行在 IPv4 或 IPv6 层的上面，占据协议栈中传输层的位置。但 RSVP 并不传输应用数据，而是像 ICMP、IGMP 或路由协议一样，是一种因特网控制协议。它的实施也像路由和管理协议一样，典型地在背景中而不在数据进行的路径上执行。

RSVP 协议有下列基本特征：①面向接收者，即对资源预留的发起与维护都由数据流接收者负责；②可以为单播与组播应用提供资源预留；③采用动态方式（即软状态），从而可以适应路由及广播组成员的变化；④业务流控制和策略控制参数对于 RSVP 透明；⑤可以为不同的应用提供不同的预留"模式"；⑥对不支持 RSVP 的路由器或网络，RSVP 可以透明通过；⑦RSVP 仅为单向数据流进行资源预留；⑧RSVP 同时支持 IPv4 和 IPv6；⑨独立于其他网络协议。

RSVP 实现两种综合服务：

（1）保证型服务，尽量接近虚电路的仿真。它通过并在路径上不同的网络设备，来提供确定端到端排队延时边界，按照 Tspec 参数来确保带宽的利用（IntServ 保证）。

（2）可控制的负载，等效于在无负载情况下的"尽力而为"服务。因此，它优于"尽力而为"服务。但是它不能像保证型服务那样的承诺，提供限制边界的服务。

五、区分服务（DiffServ）划分优先级

区分型业务（Diffserv）定义了 TOS 字节的格式（术语叫 DS 字段），以及一个包转发处理库的集合（术语叫 Per-Hop 行为，或 PHB）。通过对一个包 DS 字段的不同标记，以及基于 DS 字段的处理，能够产生一些不同的服务级别。因此，区分型业务本质上是一种相对优先级策略。

区分型业务模型的优点是便于实现，只在网络的边界上才需要复杂的分类、标记、管制和整形操作。ISP 核心路由器只需要实现行为聚集（BA）的分类，因此实现和部署区分型业务都比较容易。区分型业务本质上只是实现了一种相对优先级策略，因此并不能严格保证业务端到端的 QoS。

区分服务是针对不同应用给分类服务提供一种简单、粗糙的方法。虽然还没有其他的可能，目前定义两种每跳行为标准（PHB）来代表两种服务水平。

第一种，迅速转发（EF）有单个码点（Codepoint，DiffServ 值）EF 使时延和时延抖动最小，并且可以提供最高级的综合 QoS，任何交通流超过由本地策略确定的流量规划值时，将被丢弃。

第二种，确保转发（AF）具有 4 类。每一类有 3 种丢弃顺序（共计 12 个码点）。超过的 AF 流，不会按照未超过规划值时那么高的概率传送。这意味着它可以被降级，但是不需要丢弃。

如图 8-14 所示，按照预先决定的策略原则，在网络的进入点（网络边界入口），在调节器内将 PHB 加到交通流上。在这些点交通流被加上标记，并且按照标记进行选路，然后在

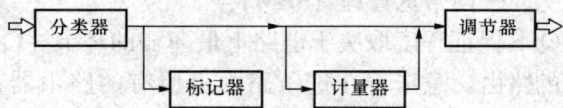

图 8-14 确保转发的工作原理

网络输出点（网络边界出口）除去标记。原主机也可以进行 DiffServ 加标记，这么做有多种好处。

区分服务结构，在一些特性上有突破。虽然不是在任何时候这些功能都有用，但是每一个 DiffServ 路由器都具有这些功能。

DiffServ 假设在拥有共同边界的网络之间有服务水平协议 SLA。SLA 确立了策略原则，制定交通流规划。希望在输出点按照 SLA 对交通流执行策略和平滑，而任何越过规划的交通流在输入点将得不到保证。策略原则的使用对象包括每天的时间、源点和终点地址、传输端口号码。基本上任何上下关系或交通流内容（包括字头和数据）都可以被用来执行政策。

在区分服务中，使用"DS-byte"，相当于 IPv4 中使用的服务类型位 TOS 和在 IPv6 中的业务流类型（Trafffic Class），如图 8-15 所示。虽然 DS 场使用 RFC791 定义的 IPv4 TOS 位，但是它不保存 RFC1349 定义的原始的 TOS 数值。无论如何，IP 优先位（0～2）还是被保存的。虽然可以在其范围内分配任何的 PHB 给码点，要求的缺少的 PHB 等效 IP 优先服务描述，RFC1812 描述了其细节。

图 8-15 区分服务码点 DSCP 重新定义在 IPv4 中的 TOS 位

区分服务对交通流优先级的简化会降低其灵活性和能力。区分服务使用 RSVP 参数或专门应用类型来鉴别和分类恒定比特率（CBR）交通流，这样就可能建立完全定义的综合流，能被导向成为的固定带宽的管道。结构就可以更有效的享用资源并且仍提供保证的服务。

六、多协议标记交换（MPLS）

多协议协记交换在某些方面类似于区分服务，它也是在网络进入边界对交通流加标记，在输出点除去标记。但是不像区分服务是在路由器内用标记来决定优先级，MPLS 标记（20b 标记）主要被设计用来决定下一个路由器的跳。MPLS 既不是被应用控制的（没有

MPLS API），也没有端点主机协议部件。

流量工程（Traffic Engineering）是 MPLS 实现 QoS 的重要保证，从研究成果来看，通过实施一些流量工程，利用核心网的路由器 DiffServ 和 MPLS 的支持能力，是一个发展方向。MPLS 可以与区分型业务用在一起来提供 QoS。基于 DS 字段的体系结构和基于 MPLS 的体系结构能够很容易地互操作。

关于 MPLS 的技术特点详见第七章、第六节。

七、子网带宽管理（SBM）

QoS 保证程度取决于链路上最薄弱的环节。QoS"链"是端到端的介于发送者和接收者之间的路由，意味着在这条路由上所有的路由器都必须支持前述的 QoS 技术。QoS"链"从上到下必须考虑两个方面：

发送者和接收者主机必须实现 QoS，而应用可以明显地实现 QoS，或者系统可以代表应用隐含地实现 QoS。应用层以下的 OSI 每一层都必须支持 QoS，以确保高优先地发送和接收请求，接收来自主机网络系统的高优先级处理。

局域网（LAN）必须实现 QoS，当穿过网络媒体时高优先帧接受高优先处理（即主机到主机、主机到路由器、路由器到路由器）。LAN 是 OSI 的第二层，而 QoS 技术是在第三层（DiffServ）及其以上各层（RSVP 和 MPLS）。

第二层一些技术早已经被用于实现 QoS，如 ATM 等。但是其他更常用的 LAN 技术，如以太网并不是被设计用来提供 QoS 的。作为共享广播媒体，以太网提供的服务，类似于标准的"尽力而为"的 IP 服务，它的变化的时延不能满足实时应用需求。但是"改进"型以太网和其他第二层技术提高采用区分交通流协议机制可以用来提供 QoS 支持。

IEEE802.1p、802.1q 和 802.1D 标准定义为什么以太网交换机能够通过对帧分类来隐含传送有定时要求的交通流。IETF"在专门的链路层上提供综合业务"的工作组

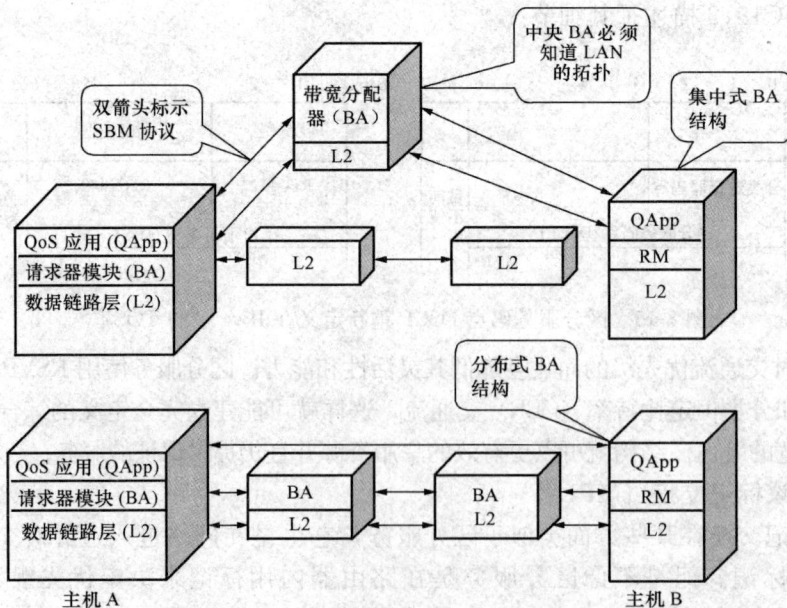

图 8-16 SBM 系统主要组成

（ISSLL），定义上层 QoS 协议和服务与这些以太网一类的第二层技术之间的映射关系。其结果就是"子网带宽管理器"（SBM）适用于 802.1LAN，如以太网、令牌环和 FDDI 等。SBM 是一个信令协议，允许网络节点和交换机之间在 SBM 框架内进行通信和协调，并实现向高层 QoS 的映射。

SBM 框架中基本要求是所有的交通流必须通过至少一个 SBM 交换机，图 8-16 所示是 SBM 系统主要部件。

第六节 网 络 管 理 技 术

根据电信网络分层结构，现代电信网的网络管理是网络的重要组成部分，可以毫不夸张地说，如果没有网络管理，现代电信网络根本不能运行。电信网络管理（TMN）模型也是分层结构，从上到下分别为事务管理层、业务管理层、网络管理层和网元管理层。每一层中还包括性能管理、故障管理、配置管理、计费管理和安全管理五大功能。

一、TMN 管理功能

ITU-T 的 M.3xxx 建议中规定了五个方面的管理功能，由于 ITU-T 在建议中没有考虑事务层和业务层的管理，这些功能主要是指网络层和网元层的管理。这五个方面的管理是性能管理、故障管理、配置管理、计费管理和安全管理。下面对它们的管理功能分别加以叙述。

1. 性能管理

性能管理分为性能监测、性能分析和性能控制。

（1）性能监测是指通过对网络中的设备进行测试，来获取关于网络运行状态的各种性能参数值，对于各种不同类型的网络，可以监测各种不同的性能参数，如对交换网可监测接通率、吞吐量、时间延迟等，对传输网可监视误码率、误码秒百分数、滑码率等。

（2）性能分析是在对通信设备采集有关性能参数的基础上，创造性能统计日志，对网络或某一具体设备的性能进行分析，如存在性能异常，则产生性能告警并分析原因，同时对当前性能和以前的性能进行比较以预测未来的趋势。

（3）性能控制是设置性能参数门限值，当实际的性能参数超出门限，则进入异常情况采取措施来加以控制。

2. 故障管理

故障管理可以分为故障检测、故障诊断和定位以及故障恢复。

（1）故障检测，是指在对网络运行状态进行监视的过程中检测出故障信息，或者接收从其他管理功能域发来的故障通报，在检测到故障以后，发出故障告警信息，并通知故障诊断和故障修复部分来进行处理。

（2）故障诊断和定位，首先启用一备份的设备来代替出故障的设备，然后再启动故障诊断系统对发生故障的部分进行测试和分析，以便能够确定故障的位置和故障的程度，启动故障恢复部分排除故障。在引入故障诊断专家系统之后，可提高故障诊断的准确性，更充分地发挥网络管理的功能和作用。

（3）故障恢复，是在确定故障的位置和性质以后，启用预先定义的控制命令来排除故障，这种修复过程适用于对软件故障的处理。对于硬件故障，需要维修人员更换故障管理系统指定设备中的硬件。

3. 配置管理

配置管理是网络管理的一项基本功能，对网络中的通信设备和设施的变化进行管理，例如通过软件设定来改变电路群的数量和连接。从网管信息模型的角度上来讲，配置管理就是对网络管理对象的创建、修改和删除。

在其他几个管理功能域中，对网络中的设备和设施进行控制时，需要利用配置管理功能来实现，例如在性能管理中启动一些电路群来疏散过负荷部分的业务量，在故障管理中需要启用备份设备来代替已损坏的通信设备。

4. 计费管理

计费管理部分采集用户使用网络资源的信息，例如通话次数、通话时间、通话距离，然后一方面把这些信息存入用户账目日志以便用户查询，另一方面把这些信息传送到资费管理模块，以便资费管理部分根据预先确定的用户费率计算出费用。

计费管理系统还支持费率调整、用户查询、根据服务管理规则调整某一功能。

5. 安全管理

安全管理的功能是保护网络资源，使网络资源处于安全运行状态。安全是多方面的，例如进入网络安全保护、应用软件访问的安全保护、网络传输信息的安全保护。

安全管理中一般要设置权限、口令、判断非法的条件，利用设置的权限、口令条件对非法侵入进行防卫，以达到保护网络资源，达到网络安全正常运行的目的。

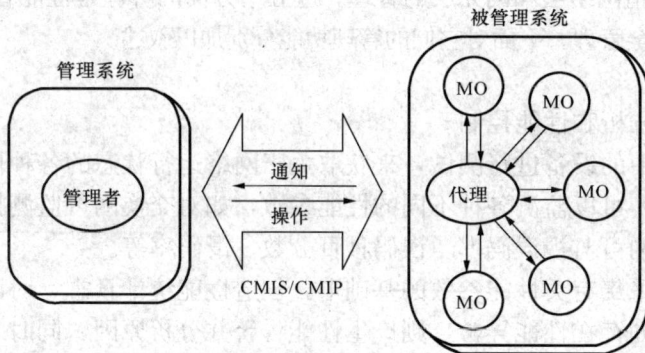

图 8-17 TMN 的管理模型

二、网络管理模型

TMN 采用了 OSI 管理系统中的管理者/代理模型，根据这个模型，TMN 管理系统由以下三个部分组成：管理者、代理和被管理对象，如图 8-17 所示。

管理者是负责管理的一个管理进程，负责发出命令和接收事件报告，代理根据管理进程的要求对被管对象执行管理功能。在管理进程和代理之间传送的信息包括管理操作和通知。代理不需要知道它接收的管理操作和它发送的通知的具体情况，例如代理可以发送一个通知，但并不需要知道这个通知携带的是告警信息还是其他性能参数。

电信网的管理系统传送关于被管对象的各种不同类型的信息，这些信息可以归纳为如下。

1. 数据

在管理进程和代理之间传送的数据信息，例如，它可以是关于通信链路状态的信息，如链路处于运行状态或处于备用状态等。

2. 控制

这类信息在 OSI 管理系统中用来改变被管对象的状态或参数，例如控制信息可以把通信链路从备用态改变为激活状态。

3. 事件

这类信息用来通知某一用户已经发生一个事件，例如一个事件可以是指通信链路的状态从备用改变为激活状态以及这个事件发生的时间。

三、TMN Q3 接口

在电信管理网中，计算机管理系统通过 Q3 接口和通信设备相连，Q3 接口的通信协议是按照 OSI 参考模型来设计的。随着计算机技术面向通信领域的渗透，其应用范围已经逐渐扩大，成为制定电信网协议的重要基础。目前在网络的协议结构中采用 OSI 参考模型的网络有数据通信网、窄带综合业务数字网、No.7 公共信令网、用户接入网、局域网、电信管理网、SDH ECC 通道等。

TMN 的 Q3 接口是系统互连的一个标准，定义了 OSI 的七层通信协议，具体内容如图 8-18 所示。

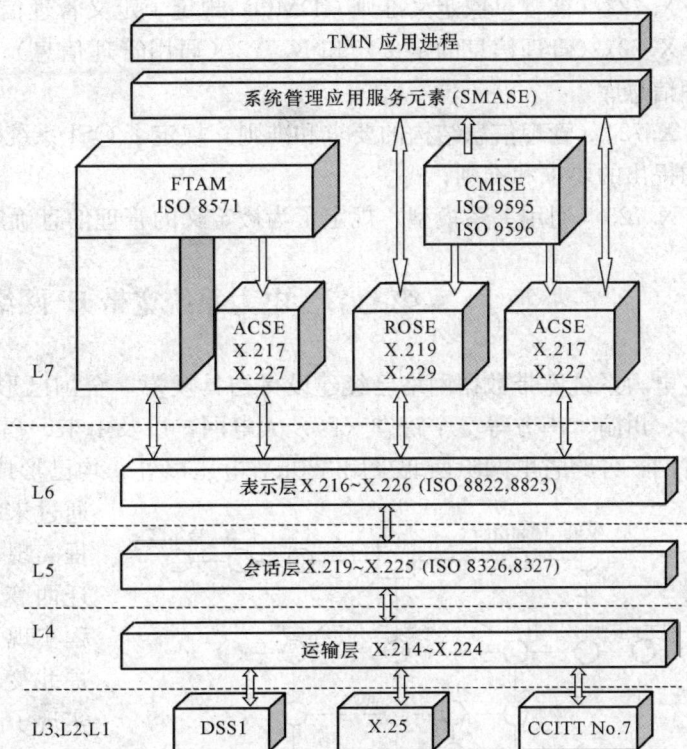

图 8-18 Q3 接口的通信协议栈

ACSE—联系控制服务单元；ROSE—远程操作服务单元；

FTAM—文件传送、访问及管理；CMISE—公共管理信息服务单元

四、TMN 的信息模型

网络管理系统的基本任务是通过对网管信息的传送和处理来实现对网络资源的管理。为了更好地实现这个任务，需要对网络资源建立相应的网络管理信息模型。信息模型的建立过程是将网络资源转换为概念上的被管对象并规定对象的类别、属性及其数值，采用抽象语法标记 1（ASN.1）提供统一的方法来表示对象的类别、属性、操作和通知；采用被管对象定义准则（GDMO）来定义被管对象，然后根据被管对象之间的继承和包含关系建立管理信息库。信息模型一旦建立，对网络资源的描述可以转化成对其信息模型的特性及参数的描述，因此管理信息模型的建立是对网络资源进行管理的基础。

在建立网管信息模型的过程中，主要采用面向对象的编程技术。在面向对象的编程技术中，把对象类、子类对应于实际问题的物理或逻辑实体，从而可以减少软件编程的工作量；面向对象的编程技术的采用增加了软件开发的灵活性和扩充性，降低了软件维护的复杂性；可以自然地与分布式并行程序、多机系统、网络通信模型取得一致，从而有力地支持复杂大系统的分析与运行，并能很好地适应复杂系统不断发展与变化的要求。以面向对象的编程技术为基础的网络管理系统正是充分利用了上述的技术优势而发展起来的。

管理信息模型的标准已在 ITU-T 的 X.720～X.725 建议中作了如下规定：

X.720（管理信息模型）描述了对被管的资源进行分类和表示的概念和方法；

X.722（被管对象定义准则 GDMO）规定了定义管理信息的符号；

X.721（管理信息的定义）和 X.723（通用管理信息）包含了在 GDMO 中预先定义的管理信息库；

X.724（管理信息结构的要求和准则）规定了 OSI 系统管理的实行者对相关的管理信息结构提出的要求和准则；

X.725（通用关系模型）规定了为被定义的管理信息确定关系而采用的符号。

第七节　电力系统宽带 IP 网络简介

电力系统宽带数据网络已经建设得初具规模，全国已形成了东北、华北、华东、华中、西北、川渝、南方等 7 个跨省（区）大电网，以及山东、福建、新疆、海南、西藏等 5 个独立省网；各跨省电网除西北采用 330kV 电压以外，均已形成 500kV 骨干网架；华中和华东通过宋家坝至南桥±500kV 直流输电工程实现了跨大区联网，华北和东北通过迁西变和绥中电厂 500kV 交流输电工程实现了跨大区联网，华东和福建通过福北变和金华变 500kV 交流输电工程实现了跨大区联网，华中和川渝通过龙泉换流站和万县变 500kV 交流输电工程实现跨大区联网。

图 8-19 所示为电力系统数据网络架构示意图。

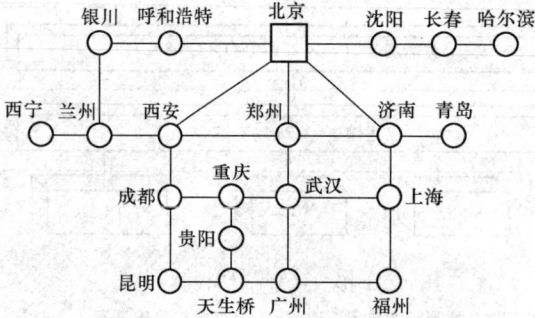

图 8-19　电力系统数据网络架构

一、全国电力通信传输网

根据全国电力"十五"通信规划，到 2005 年，全国电力通信传输网将形成由光纤通信电路组成的三纵四横的主干网架结构。2000～2005 年主干传输网通信电路汇总见表 8-3。

表 8-3　　　　　　　　　2000～2005 年全国电力通信主干传输网通信电路规划明细表

序号	电路起止点	长度(km)	主要路由
0	北京光纤环网	273	国调、备调、华北局、北京供电局
1	北京—上海	1704	北京、天津、德州、济南、三堡、斗山、上海
2	上海—福州	366	上海、南桥、金华、福北、福州变电站
3	福州—广州	470	角美、蒲美、饶平、晋宁、汕尾、惠州等 220kV 变电站
4	北京—哈尔滨	1402	北京、迁西、沈阳、长春、哈尔滨
5	北京—武汉	1452	北京、郑州、武汉
6	武汉—广东	861	武汉、长沙、广东
7	三峡—广东（直流）	957	荆州、益阳、惠州
8	重庆—三峡	610	重庆、陈家桥、长寿、万县、三峡
9	武汉—上海	1150	三峡、龙泉、政平、上海
10	呼和浩特—银川	510	呼和浩特、包头、海勃湾、石嘴山、银川
11	南昌—长沙	600	南昌、新余、宜春、萍乡、株洲、长沙
12	天生桥二级—安顺变	210	天生桥、安顺变
13	天生桥—南方公司	1070	天生桥、平果、来宾、梧州、罗洞、广州
14	昆明—宝峰变—罗平变—天生桥	290	昆明、宝峰、罗平、天生桥

二、电力系统应用的业务分析

1. 业务的分类和属性

数据业务根据所用的分组技术分为 X.25、DDN、FR、ATM、IP 业务。ITU-T 在 ISDN 中业务性质将通信业务分为承载业务、用户终端业务和补充业务；在 B-ISDN 中将业务分为固定比特率业务（CBR）、实时可变比特率业务（rt-VBR）、非实时可变比特率业务（nrt-VBR）、可用比特率业务（ABR）和不确定比特率业务（UBR）。通信业务还可按媒体划分为话音业务、数据业务、视频业务和多媒体业务。从网络设计的角度，业务分类宜按媒体和应用进行划分。

2. 业务属性描述

ITU-T I.140 建议关于业务属性的描述主要有信息传递方式、信息传递速率、信息传递能力、连接的建立、对称性、通信配置、信息接入协议、业务质量等。根据电力专用通信网的特点，主要业务属性有传输速率、传输时延、误码率或丢分组率、可用性、完整性、通信配置、接入协议。

3. 电力通信业务分析

在电力数据网，对电力系统内部应用考虑的业务：

数据业务包括管理信息系统、办公自动化系统数据和电力市场信息、通信统计管理信息系统、通信调度运行系统。

多媒体业务包括会议电视、信息检索、科学计算和信息处理、电子邮件、Web 应用、可视图文、远程教育、电子商务。

话音业务包括电话、会议电话。各种业务的技术特征见表 8-4。

表 8-4   业 务 特 性 表

	传输速率	传输时延	误码率	可用性	整 性	通信配置	协议
数 据 业 务							
企业管理信息数据	4Mbit/s	一般		一般		双向/广播	IP
电力市场数据	64K 2Mbit/s	≤500ms	≤10^{-5}	99.99%		双向/广播	IP
多 媒 体 业 务							
会议电视	384K 2Mbit/s	≤400ms	≤10^{-5}	较高		双向/广播	专用/IP
远程教育	2Mbit/s	150ms					IP
电子邮件	4.8kbit/s	分级					IP
Web 浏览	10kbit/s	秒级					IP
文件传输	33.6kbit/s	分级					IP
GIS	512kbit/s	秒级					IP
电子商务		秒级		99.99%			IP
变电站、机房视频监视	384k~2Mbit/s	≤400ms	≤10^{-5}	较高		双向/广播	专用/IP
话 音 业 务							
会议电话	64k	≤250ms	≤10^{-5}	高	一般	单向广播	TDM/AAL1
生产管理电话	16~64k	≤250ms	≤10^{-5}	高	一般	双向	TDM/AAL1
IP 电话及 IP 会议电话	8~64k	≤250ms	≤10^{-5}	高	一般	双向	IP

从上述各应用系统的业务需求可以看出，国家电力数据通信网对内服务的业务范围包括

了数据、图像、多媒体和话音业务。电力应用正在由基于话音通信为主而逐步转变为基于数据通信为主。数据通信的业务量已超过总带宽需求的 80%。在各种数据业务中，IP 协议占据了主导地位，如电力市场数据、企业管理信息数据、电子商务、远程教育、Web 浏览、电子邮件和文件传输等均采用 IP 协议。

三、技术体制

电力系统全国 SDH 骨干传输网络正在形成，如图 8-20 所示。

大量的 SDH 设备已经部署完成，投入运行，部分电路正在建设，对在建及拟建电路可采用 MSTP 平台，并积极研究其应用，如用 GE（千兆以太网接口）取代 POS 或 2M 接口，利用 MSTP 将数据网延伸到厂站等。

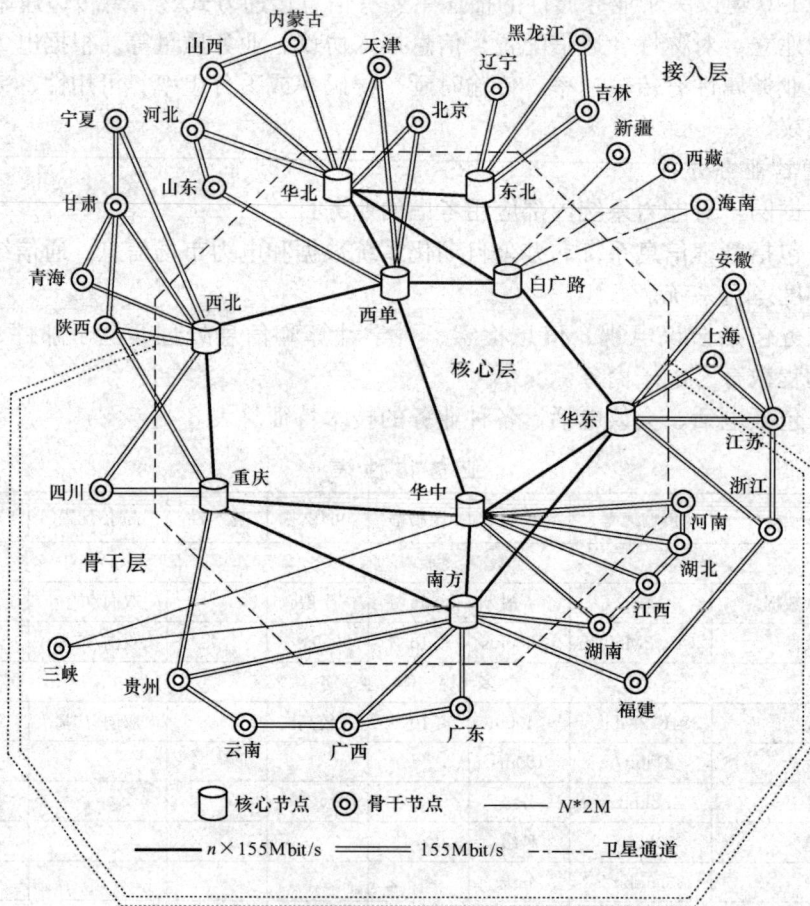

图 8-20　国家电力数据通信网骨干网络拓扑图

第八节　下一代网络（NGN）

一、什么是下一代网络

下一代网络（Next Generation Network，NGN）是内涵十分丰富，外延极其宽泛的一个术语，它泛指一个不同于目前的，大量采用创新技术，以 IP 为中心，同时可以支持语音、数据和多媒体业务的融合网络。下一代网络的概念已经提出多年，存在诸多不同的解释，国际电联 NGN 会议上，经过激烈的辩论，NGN 的定义终于有了定论：NGN 是基于分组的网络，能够提供电信业务；利用多种宽带能力和 QoS 保证的传送技术；其业务相关功能与其传送技术相独立。NGN 使用户可以自由接入到不同的业务提供商；NGN 支持通用移动性。

国际电信联盟电信标准化局（ITU-T）第 13 研究组在 Y.2001［1］建议书中为 NGN 给出的定义是：能提供电信服务，能使用多宽带、确保服务质量（QoS）的传输技术的基于分组的网络。在该网络内，与服务相关的功能不依赖于与传输相关的基础技术，它能使用户无约束地接入网络，并能促进服务供货商的竞争，并使其自主选择服务。它支持广泛的移动性。NGN 的基本特征如下：

分组传送；

控制功能从承载、呼叫/会话、应用/业务中分离；

业务提供与网络分离，提供开放接口；

利用各基本的业务组成模块，提供广泛的业务和应用（包括实时、流、非实时和多媒体业务）；

具有端到端 QoS 和透明的传输能力；

通过开放接口与传统网络互通；

具有通用移动性；

允许用户自由地接入不同业务提供商；支持多样标志体系，并能将其解析为 IP 地址以用于 IP 网络路由；

同一业务具有统一的业务特性；融合固定与移动业务；

业务功能独立于底层。

有关 NGN 的建议如表 8-5 所示。

表 8-5　　　　　　　　　　　　ITU-T 有关 NGN 的建议表

编　　号	标　　　题
Y.NGN-Overview	General overview of NGN
Y.GRM-NGN	General principles and general reference model for Next Generation Networks
Y.NGN-FRM	Functional architecture model（ex-Functional requirements and architecture of the NGN）
Y.NGN-SRQ	NGN service requirements
Y.NGN-MOB	Mobility management requirements and architecture for NGN（NGN）
Y.NGN-MAN	Framework for manageable IP network
Y.NGN-MIG	Migration of networks（including TDM networks）to NGN
Y.NGN-CONV	Regulatory consideration of the NGN
Y.e2eqos	End-to-end QoS architecture for IP networks evolving into NGN
Y.123.qos	A QoS architecture for Ethernet-based IP access network
Y.NGN-TERM	Next Generation Networks terminology：Terms and definitions

二、NGN 功能参考模型

将 NGN 垂直划分为业务层和传输层。参考 Y.2011（Y.NGN-Overview）建议，从上到下定义的层次如图 8-21 所示。

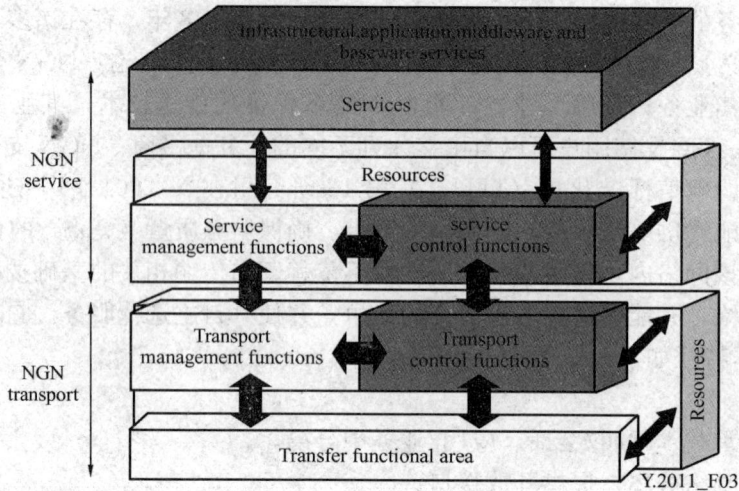

图 8-21　Y. 2011 定义的功能参考模型

业务层（NGN Service）：包括了各种会话型和非会话型业务，如语音、数据、视频等多媒体业务。

传输层（NGN transport）：用于通信实体间的信息传输，实现对 NGN 业务的支持。同时又将业务层和传输层水平划分为用户平面、控制平面和管理平面。在 NGN 的参考模型中还提出了广播与电信的融合、多媒体业务支持、用户和终端的标示与定位、应急通信、与非 NGN 互通、安全以及服务质量 QoS 方面的基本要求。

三、NGN 的体系结构

在设计 NGN 的功能和体系结构时，NGN 业务定义及规范和实际网络技术规范之间有明显的界限，与具体实施技术相互独立。NGN 的业务体系必须具有如下特征。

分布式控制：以适应 IP 网络分布处理的结构特点，消除依赖于传统 7 号信令的结构缺陷，支持分布计算的位置透明性。

开放式控制：应将网络控制接口开放，支持第三方控制的业务创建、业务更新和业务逻辑。

业务提供和网络运营分离：基于上述分布式控制和开放式控制机制，推出独立于网络运营商的业务提供商，促使 NGN 业务提供竞争格局的形成，以利于丰富多样的增值业务的快速提供。

支持网络业务的融合：目前特别需要具有灵活而方便地生成话音/数据融合业务的能力，以充分体现下一代网络的技术潜力和市场价值。

完善的安全保护：这是开放式体系的基本要求，在开放网络控制接口的同时，必须确保业务提供者的可信任性，保证网络基础设施的安全运行。

NGN 的体系结构如图 8-22 所示。

1. 传送相关功能实体及其功能（Transport functions）

传送相关功能实体负责链路维护、媒体协商、媒体转换及处理和传送，接入策略执行和防火墙策略执行功能等。

传送相关功能实体包括：接入处理功能（APF）、接入媒体网关功能（AMGF）、中继

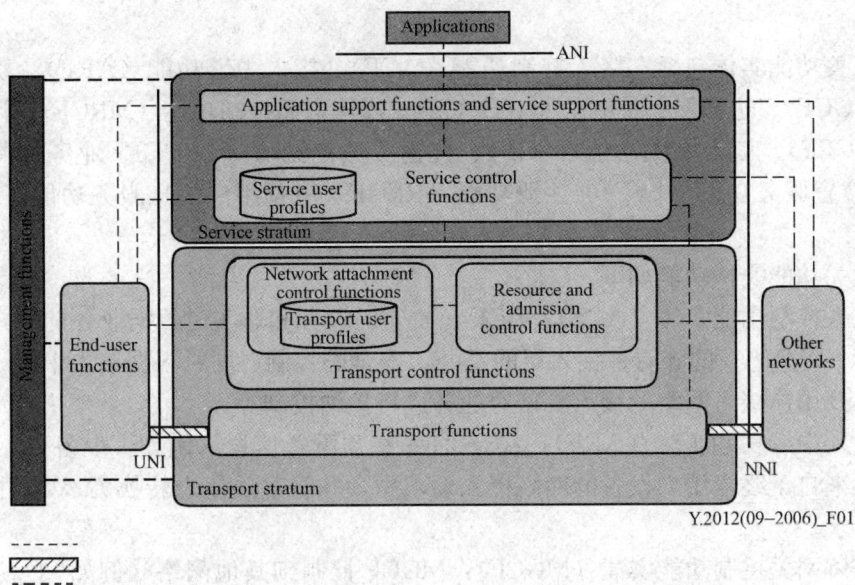

图 8-22 NGN 的体系结构

媒体网关功能（TMGF）、分组互通媒体网关功能（PIMGF）、媒体资源功能（MRF）、传输策略执行功能（TPEF）等功能实体。而应用相关功能实体负责应用逻辑控制以及一些内容资源提供功能等。传送相关功能实体功能如下：

（1）接入处理功能实体（APF）：APF 负责媒体相关的处理，例如防火墙功能，NAPT功能，QoS 标记功能以及流量监控功能等，APF 工作在 ACF 和 TRCF 的控制之下。

（2）接入媒体网关功能实体（AMGF）：AMGF 在 MGCF 的控制之下，在 IP 网络和模拟或数字终端之间实现媒体映射和语音、视频的编解码转换功能，即提供模拟或数字电话机接入 IP 网络，将媒体流分组化并在分组网上传输分组化的媒体流，同时媒体接入网关也能反向将分组化媒体流转换成用户模拟信号或用户数字信号。

（3）中继媒体网关功能实体（TMGF）：TMGF 终结交换电路网络的承载通道以及分组网络的媒体流［例如，IP 网络的 RTP（Real-Time Transport Protocol）流］，在 MGCF 的控制下，提供媒体的转换功能。

（4）分组互通媒体网关功能实体（PIMGF）：PIMGF 负责多 NGN 域之间的媒体互通功能，也可以在不同的域之间互相屏蔽，也可以在出口网关控制功能（BGCF）的控制之下实现媒体的转换。

（5）媒体资源功能实体（MRF）：MRF 在 MRCF 的控制下为用户提供内容服务资源（如视频、文档和页面等）和一些专门的媒体资源（如放音、录音及录音通知、语音识别、会议桥、交互式语音应答、编解码格式转换、DTMF 码采集与解码等功能）。

（6）传输策略执行功能实体（TPEF）：TPEF 在 TRCF（传输资源控制功能实体）的控制之下，负责传输的处理功能，例如链路协商/建立、分组转发以及服务质量处理方法（例如分组标记、资源建立和释放、资源保留、队列管理等）。

2. 控制相关功能实体及其功能（Transport control functions）

控制相关功能实体负责会话/呼叫控制、连接控制、接入控制、接入策略控制和资源控制等。

控制相关功能实体包括：接入控制功能（ACF）、接入中继功能（ARF）、媒体网关控制功能（MGCF）、边界网关控制功能（BGCF）、媒体资源控制功能（MRCF）、用户控制代理功能（UCPF）、信令网关功能（SGF）、传输资源控制功（TRCF）、业务控制代理功能（SCPF）、位置服务功能（LSF）、注册功能（REGF）以及用户信息服务功能（UPSF）等功能实体。

控制相关功能实体功能如下：

（1）接入控制功能实体（ACF）：ACF负责实时业务和非实时数据业务的用户接入控制功能，包括FW/NAT的穿透、接入层的QoS、安全的控制、同时根据接入中继设备的资源占用情况以及用户接入网络的接入策略对业务进行接纳控制等。

（2）接入中继功能实体（ARF）：ARF将一些预配置信息（例如，设备ID、位置信息等）插入到来自于终端用户设备的网络接入请求中，并将这些信息转换为ACF能够解释的网络接入请求。

（3）媒体网关控制功能实体（MGCF）：MGCF控制到其他网络（例如PSTN）的媒体网关功能实体（MGF）和接入媒体网关功能实体（AMGF）及控制协议互操作。

（4）边界网关控制功能实体（BGCF）：BGCF负责控制分组互通媒体网关功能实体（PIMGF），以便实现与其他的分组域之间的互通功能。

（5）媒体资源控制功能实体（MRCF）：MRCF分配和控制媒体资源，包括流媒体业务（例如视频流媒体业务）、通告消息以及对交互式语音应答（IVR）接口的支持。为控制平面中的内容服务器功能实体（CSF）（例如视频流媒体服务器）、控制平面中的业务逻辑控制实体（例如呼叫服务器）以及用户平面中的资源处理实体提供接口。

（6）用户控制代理功能实体（UCPF）：UCPF具有信令接续能力，按业务需求代理/中继会话报文给业务控制代理功能（SCPF）完成业务处理或者在没有专用信令用于资源控制的时候，代理/中继含有资源控制信息的会话报文给SCPF，分配相关呼叫的资源；也按需要执行协议转换功能，比如从用户会话层协议转换成上层业务需要的协议（如H.323到SIP等）。

（7）信令网关功能实体（SGF）：SGF负责NGN和各种网络（例如PSTN、IN和SS7等）之间信令传送的互通。

（8）传输资源控制功能实体（TRCF）：TRCF管理和控制传送层的资源，处理网络资源的搜集，维护网络资源的状态信息，并且同接入处理功能实体（APF）和传输策略执行功能实体（TPEF）进行交互。

（9）业务控制代理功能实体（SCPF）：SCPF处理的功能与业务逻辑控制，会话的建立、更改和拆除有关，包括业务触发、计费记录的产生等，并且与认证和注册功能进行交互。

（10）位置服务功能实体（LSF）：LSF负责同其他域交换用户的位置信息。LSF能够从用户信息服务功能实体（UPSF）获得域间的用户位置信息，如果被叫位于域外，LSF从业务控制代理功能实体（SCPF）接受/处理查询请求，并且响应相应的BGCF信息。

（11）注册功能实体（REGF）：REGF把用户身份和用户的可达性地址绑定在一起，完成用户有效性的注册。

（12）用户信息服务功能实体（UPSF）：UPSF 基于用户信息以及业务使用的认证控制执行用户的认证和授权控制。考虑到对于移动性的支持，UPSF 可以定义为归属地 UPSF（home-USPF）和代理 UPSF（proxy-USPF），所有来自域外用户的请求将通过 proxy-USPF 中继到 home-USPF，然后仅仅由 home-USPF 控制用户配置信息，以确保业务的一致性和漫游特性。

3. 应用相关功能实体及其功能（Application support functions）

应用相关功能实体包括：应用服务器功能（ASF）和应用服务器网关功能（ASGF）等功能实体。

应用相关功能实体功能如下：

（1）应用服务器功能实体（ASF）：ASF 提供业务执行环境，为 NGN 用户提供增值的智能业务和各种个性化的业务，可以实现业务逻辑的定制与业务的生成，与 MGCF 等控制实体的交互实现业务对网络的控制。

（2）应用服务器网关功能实体（ASGF）：ASGF 对外提供一组开放的与网络使用的技术无关的 API，向第三方应用/业务开发者屏蔽底层网络的复杂性，提供了一种独立于网络的、安全高效的、开放的业务接入 NGN 网络能力的方式。

上述各种功能实体之间通过标准的接口和协议进行连接和通信。

4. 管理相关功能实体及其功能（Management functions）

管理相关功能实体负责配置及更新管理、统计及性能管理、故障管理、维护及安全管理等。参考标准的 TMN 管理结构，NGN 的管理功能实体包括事务管理功能（BMF）、末端接入设备管理代理功能（EAMAF）、网元管理功能（EMF）、网络管理功能（NMF）和业务管理功能（SMF）等功能实体。

管理相关功能实体功能如下：

（1）事务管理功能实体（BMF）：BMF 负责所有的事务管理，并且访问其他管理功能实体中的信息和功能。BMF 被包含在管理结构中以便于它对其他管理功能需求能力的描述，例如：网元管理功能和网络管理功能等。当业务和网络管理功能实体的主要功能是实现现有电信网络资源的最优利用时，BMF 的主要功能就是实现网络的最佳投资和新资源的利用。

（2）末端接入设备管理代理功能实体（EAMAF）：EAMAF 属于管理平面的扩展功能实体，满足 NGN 网络中对于大量分组终端设备的管理需求。

（3）网元管理功能实体（EMF）：EMF 管理单个的网元或者一个区域内网元组中的每一个网元，并且支持网元层提供的功能的抽象。EMF 有一个或多个网元实体，这些实体各负其责，在网络管理层中一个区域上的网元实体作为网元管理层的一些子集。

（4）网络管理功能实体（NMF）：NMF 负责由 EMF 支持的网络的管理。该实体中包含了广域地理区域的管理的选择功能。整个网络的完全可见性通过具有代表性的以及技术无关的视图来表示，该视图作为一种对象将被提供给业务管理功能实体。

（5）业务管理功能实体（SMF）：SMF 与业务合同有关，并且负责向客户或者可能潜在的新客户提供业务合同。一些主要的功能包括业务顺序的处理、用户申诉的处理等。

四、NGN 的关键技术

从 NGN 的概念和体系结构中可以看出，NGN 不是具体某种形态的网络，而是从接入、传输、交换、应用和协议等多方面体现出了一种新思想的网络。在体系结构中，包括传输层、控制层、业务层、应用层和管理层，每一层都有称之为关键技术的内涵。如光传输网、软交换，宽带接入等关键技术。

1. NGN 传送层关键技术

NGN 传送层包括核心传送网、接入传送网、网络附着子系统和准入控制子系统四个部分。

传送网将支持多种接入方式：xDSL 接入（如 ADSL，SDSL，VDSL）；Cable 接入；光纤网络接入（如 FTTH，FTTC，FTTB 等）；以太网 LAN 接入；固定无线接入（如 WLAN、WiMAX）；固定 IP 连接（如 Gigabit Ethernetlink）；移动无线接入（如 3GPP 和 3GPP2 定义的 IP-CAN）。

网络附着子系统是位于传送层的一个重要的传送控制子系统，主要负责动态分配 IP 地址、终端参数配置、IP 层面的认证鉴权和位置信息管理等功能。

对 WCDMA 网络，NASS 功能可以通过 WCDMA 分组域网元来实现。具体地说，鉴权功能可以通过分组域网元与 HLR 配合完成；IP 地址分配功能可以通过 GGSN 或者 DHCPServer 完成；位置管理功能可以通过分组域网元与无线接入网络配合完成。针对固定网络，NASS 功能尚不能通过现有设备实现，因此需要网络附着子系统配合完成。

针对 WCDMA 网络，准入控制子系统的功能可以通过 WCDMA 分组域网元实体 PDF 和 GGSN 来实现，但端到端的 QoS 仍然需要底层承载网络来保证。针对固定网络，准入控制子系统的功能还无法通过现有设备来实现，因此需要准入控制子系统配合完成。

在核心传输层，自动交换光网络（Automatically Switched Optical Net-work ASON）是典型的关键技术，是指在选路和信令控制之下完成自动交换功能的新一代光网络，也可以看作是一种标准化的智能光传送网。

软交换技术（详见第七章第七节）是控制与传送、接入分离思想的体现。软交换是 NGN 的控制功能实体，为 NGN 提供具有实时性要求的业务呼叫控制和连接控制功能，是 NGN 呼叫与控制的核心。

固定无线接入（如 WLAN、WiMAX）是近年来快速发展的宽带接入技术，与 3G 配合能够有效解决宽带用户的接入需求。

2. NGN 业务层关键技术

NGN 业务层主要包括 PSTN/ISDN 仿真子系统、PSTN/ISDN Emulation 子系统、多媒体子系统以及各种公用功能模块四个部分。

多媒体子系统主要负责提供各种多媒体业务，如流媒体业务、内容传送业务等；公共功能模块主要负责为其他子系统提供共用的模块功能，如用户数据库（UPSF）、SLF、应用服务器（ASF）、CDF、边缘网关等。NGN 的功能模块化特点为未来灵活引入新的子系统提供了方便和可能。

PSTN/ISDN Simulation 子系统是 NGN 业务层面的一个重要的业务控制子系统，主要负责为用户提供基于 SIP 协议多媒体业务和部分传统的固定电话业务。PSTN/ISDN Simulation 子系统采纳了 3GPP 定义的 IMS 的框架结构，提供基本的会话控制功能；同时，IMS 通过向上的开放业务接口，与应用服务器配合，提供端到端或者端到网络的包括语音、数据和多媒体在内的多种媒体类型的电信业务；此外，IMS 还提供业务漫游、计费信息等功能。

IMS 基本框架结构。其中，CSCF 负责基本的会话控制功能，并向上提供基于 OSAAPI

的接口：MGCF 负责 IMS 域与电路交换域的信令转换，并对 MGW 进行资源分配与管理；MRFC 负责控制 MRFP，提供会议桥、回铃音、混音等功能。

此外。为了支持多种接入技术，ETSI 还在 3GPPIMS 的基础上进行了扩展，主要体现在各 IMS 网元实体的功能增强，例如，P-CSCF 支持多种资源预留方式并增加了 ALG 功能，还支持与 NASS 的接口；S-CSCF 支持多种鉴权方式；MRFP 支持多种媒体类型等。

3. 协议

NGN 的发展方向除了大容量高带宽的传输、选路、交换以外，还必须提供大大优于目前 IP 网络的 QoS。IPv6 和 MPLS 提供了这种可能性。

IPv4 是当前 Internet 使用的 IP 协议版本，正因为各种自身的缺陷而举步维艰，在 IPv4 面临的一系列问题中，IP 地址即将耗尽无疑是最为严重的。尽管使用网络地址转换（NAT）技术、无类别域间路由选择，以及采用超网络（CIDR）技术在一定程度上延缓了 IP 地址的紧张局面，但是移动通信技术的发展对 IP 地址空间提出了更大的需求，引入并采用新的地址方案势在必行。而多媒体数据流的加入，对数据流真实性的鉴别以及出于安全性等方面的需求都迫切要求新一代 IP 协议的出现，即 IPv6。

IPv6 与 IPv4 相比具有许多新的特点，它采用了新型 IP 报头、新型 QoS 字段、主机地址自动配置、内置的认证和加密等许多技术。IPv6 可以彻底解决 IPv4 网络地址不足的问题，并对移动数据业务有较好的支持。近几年来，IPv6 技术日益受到了重视，设备制造商、网络运营商和研究组织进行了大量的研究和实验工作。

目前 IPv6 业界期望一种"平滑"的演进机制，但研究和实践表明，从现有 IPv4 网络向 NGI 网络、演进不可能是绝对的"平滑"，而将是一个长期的、复杂的过程。在实施演进与过渡时必须遵循相应的原则，如业务驱动，新业务的开展必须能为运营商带来实际利润；不能对原有的 IPv4 网络结构、性能和运行产生较大的影响和冲击，方案必须是易于理解和实现的、易于管理，不能太复杂等。

核心层面的演进与过渡主要体现在设备和链路的选择上。目前设备通过两种方式实现 IPv6 数据包的处理：硬件转发和软件转发，硬件转发指在路由器板卡中将 IPv6 包的选路和转发模块通过 ASIC 硬件来实现，硬件实现较好地保证了转发的性能和效率；软件实现指通过软件模块来执行 IPv6 的数据包的选路和转发，软件实现在转发的速度上和硬件转发相比具有很大的差距。

目前，设备提供商的部分高端板卡支持 IPv6 数据包的硬件转发，而运营商现网上的许多设备板卡均不支持 IPv6 的硬件转发，在转发性能上和硬件实现会有较大的差距，即使将原有网络通过软件升级方式转变为双栈网络，也不会取得好的效果。因此，当初期 IPv6 业务量不大时，且已有的 IPv4 网络设备不能很好支持 IPv6 协议时，不建议采用升级 IPv4 网络设备为双栈的方式，应根据实际需求添加一些支持双栈的路由器设备来构建 IPv6 网络。

基于 MPLS 的 IP 网络技术是目前国内外主流运营商的一致选择。从今后的整体网络定位和业务发展趋势来看，逐步向网络边缘扩展的 MPLS 是面向传统和新型业务的核心承载技术，是实现网络融合的统一基础承载平台。随着技术及应用的发展，需要在 MPLS 网络中逐步部署 MPLSOAM 功能。MPLS 主要用来提供成熟的 BGP/MPLS 方式的三层 VPN 和 Martini 方式的二层 VPN 业务。在全网统一的策略前提下，以 DifServ 模式结合多种节点 QOS 保证技术，逐步实现 IP 网络业务的分类控制，满足关键业务及用户对网络传送的带宽、时延和抖动等性能要求；业务控制协议以 COPS 和 RADIUS 协议为主。

4. 终端

网络的发展是为业务服务的，而业务的提供需要通过终端加以实现，必须为下一代网络提供新型终端，包括智能型终端、具有移动性的终端。目前终端的单调和业务功能的不统一，使用户对新网络业务接受的缓慢，导致了在基础核心网络部署后，新型增值业务的发展缓慢和推广困难。因此，对于网络终端的革新、实现融合多种功能的统一业务终端势在必行。

5. 应用

视讯作为电信运营商目前可提供的业务在总体上分 2 大类：一是以客户/服务器模式服务提供内容服务为基础的以 VOD 等为服务形式的狭义流媒体服务，如 VOD 视频点播、IPTV 和远程教育等；另一类是以点到点或多点视音频通信为主要服务形式的视讯会议、远程医疗、远程教育等服务。二者都应属于广义流媒体（或多媒体）的范畴，与电视、电影等传统的视音频节目最大的区别在于可以提供交互式服务形式（优势所在）。此外，还有一些如远程视频监控、视频检索等介于以上两者之间的服务。多媒体视讯业务在宽带业务中是非常重要的应用，从用户通信需求的角度讲，通信的"可视化"是一个必然的发展趋势。当前 IP 视讯技术主要集中在视音频编解码技术、视听多媒体框架和视频通信业务平台等方面，这些新业务都将在今后对运营商的盈利带来较大的影响。

第九章　接 入 网 技 术

第一节　接 入 网 概 述

接入网是整个电信网的一部分，图 9-1 所示为传统电信网简单示意图。其中，传输网目前已实现了数字化和光纤化，交换网也已实现了数字化和程控化，而以铜线结构为主，被称为"最后一公里"的用户接入网发展缓慢，直接影响了电信网的容量、速度和质量，成为制约全网发展的瓶颈。因此，接入网的数字化、宽带化受到通信业的极大关注。

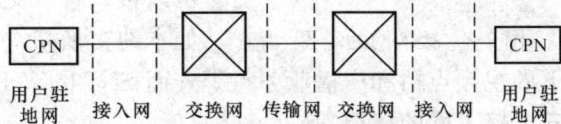

图 9-1　传统电信网简单示意图

一、接入网的产生

早期，用户终端设备到局端交换机由用户环路（又称用户线）连接，主要由不同规格的铜线电缆组成。随着社会的发展，用户对业务的需求由单一的模拟话音业务逐步转向包括数据、图像和视频在内的多媒体综合数字业务。由于受传输损耗、带宽和噪声等的影响，这种由传统铜线组成的简单用户环路已不能适应当前网络发展和用户业务的需要，在这种新形势下，各种以接入综合业务为目标的新技术、新思路不断涌现，这些技术的引入增强了传统用户环路的功能，也使之变得更加复杂。用户环路渐渐失去了原来点到点的线路特征，并开始表现出交叉连接、复用、传输和管理网的特征。基于电信网的这种发展演变趋势，

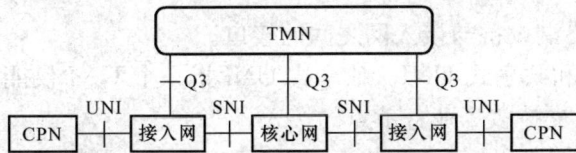

图 9-2　电信网组成示意图

ITU 正式提出了用户接入网的概念（简称接入网，AN），其结构、功能、接入类型和管理功能等在 G. 902 中有详细描述。图 9-2 给出了目前国际上流行的电信网结构，其中用户驻地网（CPN）指用户终端到用户网络接口（UNI）之间所包含的机线设备，是属于用户自己的网络，在规模、终端数量和业务需求方面差异很大，CPN 可以大到公司、企业、大学校园，由局域网络的所有设备组成，也可以小到普通民宅，仅由一对普通话机和一对双绞线组成。核心网包含了交换网和传输网的功能，或者说包含了传输网和中继网的功能。接入网则包含了核心网和用户驻地网之间的所有设施与线路，主要完成交叉连接、复用和传输功能，一般不包括交换功能。

由此可知，接入网已经从功能和概念上代替了传统的用户环路，成为电信网的重要组成部分，其技术发展必将给整个网络的发展带来巨大影响。接入网的投资比重占整个电信网的50% 左右，具有广阔的市场应用前景。

二、接入网的定义与定界

1995 年 7 月，ITU-T 第 13 研究组通过的建议 G. 902 对接入网定义为：接入网是由业务节点

接口（SNI）和用户网络接口（UNI）之间的一系列传送实体（如线路设施和传输设施）组成的，为传送电信业务提供所需传送承载能力的实施系统，可经由管理接口进行配置与管理。

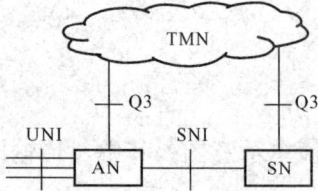

图 9-3 接入网的定界

如图 9-3 所示，接入网所覆盖的范围可由三个接口定界，即网络侧经业务节点接口（SNI）与业务节点（SN）相连，用户侧经用户网络接口（UNI）与用户相连，管理侧经 Q3 接口与电信管理网（TMN）相连，通常需经适配再与 TMN 相连。其中 SN 是提供业务的实体，是一种可以接入各种交换型或永久连接型电信业务的网络单元，如本地交换机、IP 路由器、租用线业务节点或特定配置情况下的视频点播和广播业务点等，而 SNI 是 AN 与 SN 之间的接口。

三、接入网的接口

接入网作为一种公共设施，其最大功能和最大特点是能够支持多种不同的业务类型，以满足不同用户的多样化要求。根据电信网的发展趋势，接入网承载的接入业务类型主要有本地交换业务、租用线业务、广播模拟或数字视音频业务、按需分配的数字视频和音频业务等几种。而从另一个角度来说，接入网的业务又可分为话音、数据、图像通信和多媒体类型。不管采用哪一种分类方法，接入网所能提供的业务类型都与用户需求、传输技术和网络结构有着密切的关系，需要经历一个由单一的窄带普通电话业务到数据、视频等宽带综合性业务的发展过程，其传输媒质也由单一的一对铜线发展为同轴、光纤和无线等多种传输媒质。

将上述多种类型的业务接入到核心网需要相应类型接口的支持。接入网主要有三类接口，即用户网络接口、业务节点接口和维护管理接口。

1. 用户网络接口（UNI）

UNI 位于接入网的用户侧，是用户终端设备与接入网之间的接口。

UNI 分为两种类型，即独享式 UNI 和共享式 UNI。独享式 UNI 指一个 UNI 仅能支持一个业务节点，共享式 UNI 指一个 UNI 支持多个业务节点的接入。

共享式 UNI 的连接关系如图 9-4 所示。可见，一个共享式 UNI 支持多个逻辑接入，每个逻辑接入由不同的用户口功能（UDF）支持，并通过不同的业务口功能（SPF）经由不同的业务节点接口（SNI）连接到不同的业务节点（SN）上。系统管理功能（SMF）对接入网中的 UPF、SPF 等功能进行指配和管理。

UNI 主要包括 POTS 模拟电话接口（Z 接口）、ISDN 基本速率（2B＋D）接口、ISDN 基群速率接口（30B＋D）、模拟租用线 2 线接口、模拟租用线 4 线接口、E1 接口、话带数据接口 V.24 及 V.35 接口、CATV（RF）接口等。

2. 业务节点接口（SNI）

SNI 位于接入网的业务侧，是接入网（AN）与一个业务节点（SN）之间的接口。如果 AN-SNI 侧和 SN-SNI 侧不在同一个地方，

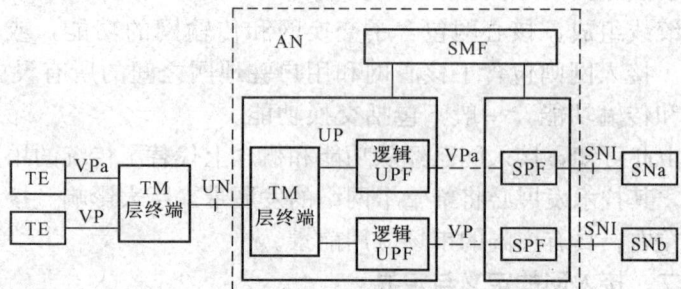

图 9-4 共享式 UNI 的配置示例

可以通过透明通道实现远端连接。

不同的接入业务需要通过不同的 SNI 与接入网连接。为了适应接入网中的多种传输媒质，并向用户提供多种业务的接入，SNI 主要支持三种接入：

（1）仅支持一种专用接入类型。

（2）可支持多种接入类型，但所有类型支持相同的接入承载能力。

（3）可支持多种接入类型，且每种接入类型支持不同的接入承载能力。

根据不同的业务需求，需要提供相对应的业务节点接口，使其能与交换机相连。从历史发展的角度来看，SNI 是由交换机的用户接口演变来的，分为模拟接口（Z 接口）和数字接口（V 接口）两大类。Z 接口对应于 UNI 的模拟 2 线音频接口，可提供普通电话业务或模拟租用线业务。随着接入网的数字化和业务类型的综合化，Z 接口将逐渐被 V 接口所代替。为了适应接入网内的多种传输媒质和业务类型，V 接口经历了从 V1 到 V5 接口的发展，V5 接口是本地数字交换机数字用户的国际标准，能同时支持多种接入业务。

3. 维护管理接口（Q3）

Q3 接口是电信管理网（TMN）与电信网各部分相连的标准接口，作为电信网的一部分，接入网的管理也必须符合 TMN 的策略。接入网通过 Q3 接口与 TMN 相连来实施 TMN 对接入网的管理与协调，从而提供用户所需的接入类型及承载能力。接入网作为整个电信网络的一部分，通过 Q3 接口纳入 TMN 的管理范围之内。

四、接入网的功能结构

接入网有 5 个基本功能，分别是用户口功能（UPF）、业务口功能（SPF）、核心功能（CF）、传送功能（TF）和 AN 系统管理功能（SMF），图 9-5 给出了各功能之间的相互关系。

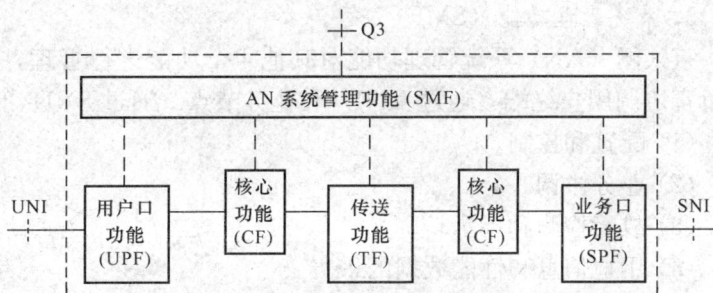

图 9-5　接入网的功能结构图

1. 用户口功能（UPF）

用户口功能的主要作用是将特定的 UNI 要求与核心功能和管理功能相匹配，具体包括：

（1）UNI 的激活/撤销激活。

（2）处理 UNI 承载通路及容量。

（3）UNI 测试和 UPF 维护。

（4）A/D 转换和信令转换。

（5）管理和控制功能。

2. 业务口功能（SPF）

业务口功能的主要作用是将特定的 SNI 规约的要求与公用承载通路相适配，以便核心功能处理，同时负责选择收集有关信息，以便系统管理功能处理。具体功能包括：

（1）终结 SNI 功能。

（2）将承载通路的需要和即时的管理等需求映射进核心功能。

（3）特定 SNI 所需的协议映射。

（4）SNI 的测试和 SPF 的维护。

（5）管理和控制功能。

3．核心功能（CF）

核心功能处于 UPF 和 SPF 之间，其主要作用是将个别用户口通路承载要求或业务口承载通路要求与公共承载通路适配，还负责对协议承载通路的处理。具体功能包括：

（1）接入承载通路处理。

（2）承载通路集中。

（3）信令及分组信息的复用。

（4）ATM 传送承载通路的电路模拟。

（5）管理和控制功能。

4．传送功能（TF）

传送功能的主要作用是为接入网中不同地点之间公用承载通路的传送提供通道，同时也为所用传输媒质提供适配功能。具体包括：

（1）复用功能。

（2）交叉连接功能（包括疏导和配置）。

（3）管理功能。

（4）物理媒质功能。

5．系统管理功能（SMF）

接入网（AN）系统管理功能对其他 4 个功能进行管理，如配置、运行、维护等，同时也负责协调用户终端（通过 UNI）和业务节点（通过 SNI）的操作功能，具体包括：

（1）配置和控制。

（2）业务协调。

（3）故障检测和指示。

（4）用户信息和性能数据的采集。

（5）安全控制。

（6）协调用户终端和业务节点的操作。

（7）资源管理。

五、接入网的特点

由于在电信网中的位置和功能不同，接入网与核心网有着非常明显的差别。接入网主要有以下特点：

（1）具备复用、交叉连接和传输功能，一般不含交换功能。接入网主要完成复用、交叉连接和传输功能，一般不具备交换功能，提供开放的 V5 标准接口，可实现与任何种类的交换设备的连接。

（2）接入业务种类多，业务量密度低。接入网的业务需求种类繁多，除了接入交换业务外，还可接入数据业务、视频业务以及租用业务等，但是与核心网相比，其业务量密度很低，经济效益差。

（3）网径大小不一，成本与用户有关。接入网只是负责在本地交换机和用户驻地网之间建立连接，但是由于覆盖的各用户所在位置不同，造成接入网的网径大小不一，例如市区的住宅用户可能只需 1～2km 长的接入线，而偏远地区的用户可能需要十几千米的接入线，成本相差很大。而对核心网来说，每个用户需要分担的成本十分接近。

（4）线路施工难度大，设备运行环境恶劣。接入网的网络结构与用户所处的实际地形有关，一般线路沿街道敷设，敷设时经常需要在街道上挖掘管道，施工难度较大。另外接入网的设备通常放置于室外，要经受自然环境甚至人为的破坏，这对设备提出了更高的要求。根据美国贝尔通信研究中心估计，由于电子元器件和光元器件的性能变化随温度的指数关系变化，所以接入设备中的元器件性能的恶化速度比一般设备快 10 倍，这就对元器件的性能和极限工作温度提出了相当的要求。

（5）网络拓扑结构多样，组网能力强大。接入网的网络拓扑结构具有总线型、环型、星型、链型、树型等多种形式，可以根据实际情况进行灵活多样的组网配置。其中环型结构可带分支，并具有自愈功能，优点较为突出。在具体应用时，应根据实际情况进行针对性的选择网络拓扑结构。

六、接入网的技术分类

接入网研究的重点是围绕用户对话音、数据和视频等多媒体业务需求的不断增长，提供具有经济优势和技术优势的接入技术，满足用户需求。就目前的技术研究现状而言，接入网主要分为有线接入网和无线接入网。有线接入网包括铜线接入网、光纤接入网和混合光纤/同轴电缆接入网；无线接入网包括固定无线接入网和移动接入网。此外接入网还有以太网接入、卫星 Internet 接入及新兴的电力线接入。各种方式的具体实现技术多种多样，特色各异。有线接入主要采取如下措施：一是在原有铜质导线的基础上通过采用先进的数字信号处理技术来提高双绞铜线对的传输容量，提供多种业务的接入；二是以光纤为主，实现光纤到路边、光纤到大楼和光纤到家庭等多种形式的接入；三是在原有 CATV 的基础上，以光纤为主干传输，经同轴电缆分配给用户的光纤/同轴混合接入。无线接入技术主要采取固定接入和移动接入两种形式。另外有线和无线结合的综合接入技术也在研究之列。由于光纤具有容量大、速率高、损耗小等优势，因此从长远来看光纤到户应该是接入网的最理想选择，但是考虑到价格、技术等多方面的因素，接入网在未来很长时间内将维持多种技术共存。另外，随着因特网业务的迅速增长，传送以太网技术逐渐渗透到接入网领域，形成了以太网接入技术，它具有简单、低廉等显著特点，在近期内将会得到迅速发展。而利用 220V 低压电力线传输高速数据又被认为是提供"最后一公里"解决方案最具竞争力的技术之一。

从目前通信网络的发展状况和社会需求来看，未来接入网的发展趋势是网络数字化、业务综合化和 IP 化，在此基础上，实现对网络的资源共享、灵活配置和统一管理。

第二节　V5 接 口

V5 接口是业务节点接口的一种，是专为接入网（AN）的发展而提出的本地交换机（LE）与接入网之间的接口。该接口不仅把交换机与接入设备之间模拟连接改变为标准化的数字接口连接，解决了过去模拟连接传输性能差、设备费用高、数字业务发展难的问题，而且该接口具有很好的通用性，使接入网与交换机之间能够采用一个自由连接的接口。鉴于V5 接口的重要性和接入网发展的迫切性，国际电信联盟标准部（ITU-T）于 1994/1995 年以加速程序通过了 V5 接口规范。我国相应的 V5 接口标准经过多次评审和修改，也于 1996年 10 月颁布实施。

已颁布的 V5 接口规范包括 V5.1 接口（ITU-T 建议 G.964，邮电部标准 YDN-020－1996）和 V5.2 接口（ITU-T 建议 G.965，邮电部标准 YDN－021－1996）。V5.1 接口由单个 2.048Mb/s 链路构成，时隙与业务端口一一对应，不含集线功能；V5.2 接口按需可以由 1～16 个 2.048Mb/s 链路构成，并支持集线功能，时隙动态分配。

一、V5 接口的特点

V5 接口是一个在接入网中适用范围广、标准化程度高的新型数字接口。V5 接口的标准化代表了重要的网络演进方向，对于接入网的发展具有巨大影响和深远意义，对于设备的开发应用、各种业务的发展和网络的更新起着重要作用，主要表现在以下几个方面：

（1）V5 接口使长期以来封闭的交换机用户接口成为标准化的开放型接口，使本地交换机可以和接入网经标准接口任意连接，不受限于某一厂商，也不局限于特定的传输媒质，具有极大的灵活性。

（2）V5 是规范化的数字接口，允许用户与本地交换机直接以数字方式相连，消除了接入网在用户侧和交换机侧多余的 A/D 和 D/A 转换，提高了通信质量，使网络更经济有效。

（3）与专为 ISDN 用户制定的 V1～V4 接口不同，V5 接口取代了交换机原有的模拟用户接口、各种专线接口和 ISDN 用户接口，支持 PSTN 和 ISDN 的综合接入，使网络更简单有效。

根据连接的 PCM 链路数及 AN 具有的功能，V5 接口分为 V5.1 和 V5.2 两种形式。V5.1 接口使用一条 PCM 基群（2048kbit/s，30 路）线路连接 AN 和交换机，支持 PSTN 接入、64kbit/s 的综合业务数字网（ISDN）基本速率接入（BRA）以及用于半永久连接的、不加带外信令的其他模拟接入或数字接入，对应的 AN 不含集线功能，一般在连接小规模的 AN 时使用；V5.2 接口支持多达 16 条 PCM 基群线路，除了支持所有 V5.1 接口的接入类型外，还支持 ISDN 一次群速率接入（PRA），具有集线功能。V5.1 可以看成 V5.2 的子集，V5.2 是 V5.1 的发展。

二、V5 接口支持的业务

V5 接口支持以下几种业务的接入：

（1）PSTN 业务。V5 接口既支持单个用户的接入，也支持用户交换机（PBX）的接入。用户信令可以是双音多频信号或线路状态信号，对用户的附加业务没有影响。使用 PBX 时，支持用户直接拨入功能。

（2）ISDN 业务。V5.1 支持 ISDN 的基本速率接入（BRA），V5.2 既支持 ISDN 的基本速率接入，还支持 ISDN 一次群速率接入（PRA）。V5 接口不直接支持低于 64kbit/s 的比特速率，它们将被视为在 64kb/s 的 B 通路内的一种用户应用。对于 ISDN 接入，B 通路和 D 通路的承载业务、分组业务和补充业务都不受限制。

（3）专线业务。专线业务包括永久租用线、半永久租用线和永久线路能力，可以是模拟用户，也可以是数字用户。其中永久租用线和永久线路能力使用 ISDN 中的一个或多个 B 通路，旁通 V5 接口；半永久租用线使用 ISDN 中的一个或两个 B 通路或使用无带外信令的模拟/数字租用线，通过 V5 接口。

三、V5 接口的功能描述

V5.2 接口的功能特性如图 9-6 所示，它主要包括以下功能要求：

（1）承载通路。为 ISDN-BRA 和 ISDN-PRA 用户端口分配 B 通路或为 PSDN 用户端的

PCM64kbit/s 通路信息提供双向的传输能力。

（2）ISDND 通路。为 ISDN-BRA 和 ISDN-PRA 用户端口的 D 通路信息提供双向的传输能力。

（3）PSDN 信令信息。为 PSTN 用户端口的信令信息提供双向的传输能力。

（4）用户端口及公共控制信息。提供 ISDN 和 PSTN 每一用户端口状态和 V5 接口重新启动、同步指配数据等公共控制信息传输能力。

（5）2048kb/s 链路控制。对 2048kb/s 链路的帧定位，复帧同步，告警指示和 CRC 信息进行管理控制。

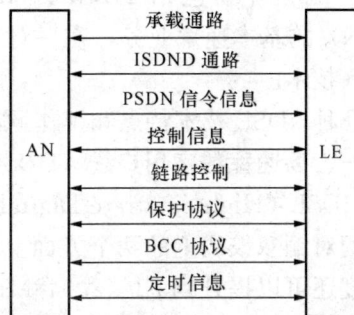

图 9-6　V5 接口的功能描述

（6）保护协议。在多个 2048kb/s 链路存在时，支持在不同的 2048kb/s 链路上交换逻辑通路的能力。

（7）承载通路连接（BCC）协议。用在 LE 控制下，分配承载通路。

（8）定时信息。提供比特传输、字节识别和帧同步必要的定时信息。

V5.1 接口与 V5.2 接口相比、没有链路控制、保护和 BCC 协议信息。

V5 接口是一种综合的业务节点接口，完全符合接入网关于业务接口功能的要求。然而特别需要明确的是基于 V5 接口的技术规范中关于 V5 接口功能的规定和描述远远超过了 V5 接口作为 SNI 接口的内容，实际上 V5 接口涉及了接入网的几乎全部功能。

第三节　铜线接入技术

普通用户线由双绞铜线对构成，是为传送 300～3400Hz 的话音模拟信号设计的，目前采用 V.90 标准的话带调制解调器（V.90 MODEM），它的上行速率是 33.6kbit/s，下行速率是 56kbit/s，这几乎接近了香农定理所规定的电话线信道（话带）的理论容量，而这种速率远远不能满足宽带多媒体信息的传输需求。

由于 V 系列 MODEM 占用的频带十分有限，只有 3400Hz，因此传输速率进一步提高的潜力不大。为适应对因特网接入的需求，要进一步提高传输速率，必须充分利用双绞铜线的频带，于是各种 DSL（数字用户线）技术应运而生。最先出现的是 N-ISDN，它使用 2B1Q 的线路码，在一对双绞线上双工传送 160kb/s 的码流，占用 80kHz 的频带，传输距离达到 6km，如果使用更新、功能更强大的 DSP，传输距离还可进一步增加。在美国，N-ISDN 的应用并不广泛，因此有些人认为 N-ISDN 在美国是失败的。但在欧洲某些国家，如德国，N-ISDN 是相当成功的。我国的部分地区也已经开通了 N-ISDN 的服务。

为了适应新的形式和需要，出现了多种其他铜线宽带接入技术，即充分利用原有的铜线（电话用户线）这部分宝贵资源，采用各种高速调制和编码技术，实现宽带接入。这类铜线接入主要是 xDSL 技术，DSL 是数字用户线（Digital Subscriber Line）的缩写，DSL 技术是基于普通电话线的宽带接入技术，它在同一铜线上分别传送数据和语音信号，数据信号并不通过电话交换机设备，减轻了电话交换机的负载；并且不需要拨号，一直在线，属于专线上网方式，这意味着使用 DSL 上网不需缴付另外的电话费。DSL 中的"x"代表了各种数字用户线技术，包括 HDSL、ADSL、VDSL 等。DSL 技术主要用于综合业务数字网 (ISDN) 的基本速率业务，在一对双绞线上获得全双工传输，因而它是最现实、最经济的宽带接入技术。

几种 xDSL 技术特点和工作原理如下：

一、高速率数字用户线 （HDSL） 技术

HDSL （High-data-rate Digital Subscriber Line） 是一种上下行速率相同的 DSL 技术，它在两对铜双绞线上的两个方面上均匀传送 1.544Mbit/s 带宽的数据，若是使用三条双绞线时速度还可以提升到 E1 （2.048Mbit/s） 的传输速率。HDSL 采用了高效的自适应线路均衡器和全双工回波抵消器，传输距离可达 3～5km。HDSL 的性能远好于传统的 T1、E1 载波设备，不需要中继，安装简单，维护方便。因此在美国，已不再安装老式的 T1 载波设备，全部代以 HDSL。HDSL 还可作为连接蜂窝电话基站和交换机的链路，以及用于线对增容，传输多路话音。

HDSL 采用的编码类型为 2B1Q 码或 CAP 码，可以利用现有用户电话线缆中的两对来提供全双工的 T1/E1 信号传输，对于普通 0.4～0.6mm 线径的用户线路来讲，传输距离可达 3～6km，如果线径更粗些，传输距离可接近 10km。

美国国家标准协会 （ANSI） 制定的 T1E1.4/94－006 以及欧洲电信标准协会 （ETSI） 提出的 DTR/DM－0.3036 定义了 HDSL 的电气及物理特性、帧结构、传输方式及通信规程等标准。由于采用回波抑制自适应均衡技术，增强了抗干扰能力，克服了码间干扰，可实现较长距离的无中继传输。HDSL 系统分别置于交换局端和用户端，系统由收发器、复用与映射部分以及 E1 接口电路组成。收发器包括发送与接收两部分，是 HDSL 系统的核心。发送部分将输入的 HDSL 单路码流通过线路编码转换，再经过 D/A 交换以及波形形成与处理，由发送放大器放大后送到外线。接收部分采用回波抵消器，将泄漏的部分发送信号与阻抗失配的反射信号进行回波抵消，再经均衡处理后恢复原始数据信号，通过线路解码变换为 IIDSL 码流，然后送到复用与映射部分处理。其中回波抵消器和均衡器作为系统自适应调整并跟踪外线特性变化，动态调整系统参数，以便优化系统传输性能。

HDSL/SDSL 技术广泛应用于 TDM 电信网络的接入上，也用于企业宽带上网应用中。优点是双向对称，速率比较高。

二 、非对称数字用户线 （ADSL） 技术

ADSL （Asymmetric Digital Subscriber Line） 是一种非对称的宽带接入方式，即用户线的上行速率和下行速率不同，根据用户使用各种多媒体业务的特点，上行速率较低，下行速率则比较高，特别适合检索型网络业务。ADSL 典型的上行速率为 16～640kbit/s，下行速率为 1.544～8.192Mbit/s，传输距离为 3～6km，ADSL 是拥有标准的传输业务。ADSL 宽带接入可以和普通电话业务共享同一条用户线。实际应用中，ADSL 有选线率的问题，一般的选线率在 10% 左右。另外，ADSL 的速率是随着线路长度的增加而减少。由于存在各种限制因素，因此 ADSL 的实际业务速率在下行 512kbit/s～1Mbit/s，上行 64kbit/s 左右。

ADSL 的核心技术实际上就是编码技术，目前我国使用的是基于 DMT （Discrete Multitone，离散多音） 复用编码方式。此外，常用的还有 CAP （Carrierless Amplitude/Phase：抑制载波幅度/相位） 编码方式。比较而言，DMT 技术具有很强的抗干扰能力，而

且对线路依赖性小。DMT 将整个传输频带以 4kHz 为单位分为 25 个上行子通道和 249 个下行子通道。ADSL 中使用了调制技术，即采用频分多路复用（FDM）技术或回波抵消技术实现有效带宽的分隔，从而产生多路信道，而回波抵消技术还可以使上行频带与下行频带叠加，使频带得到复用，因此使得带宽得以增加。此外，DMT 还可根据探测到的信噪比自动调整各个子通道的速率使总体传输速度接近给定条件下的最高速度。

传统的电话系统使用的是铜线的低频部分（4kHz 以下频段）。而 ADSL 采用 DMT（离散多音频）技术，将原先电话线路 0Hz 到 1.1MHz 频段划分成 256 个频宽为 4.3kHz 的子频带。其中，4kHz 以下频段仍用于传送 POTS（传统电话业务），20kHz 到 138kHz 的频段用来传送上行信号，138kHz 到 1.1MHz 的频段用来传送下行信号。DMT 技术可根据线路的情况调整在每个信道上所调制的比特数，以便更充分地利用线路。一般来说，子信道的信噪比越大，在该信道上调制的比特数越多。如果某个子信道的信噪比很差，则弃之不用。因此，对于原先的电话信号而言，仍使用原先的频带，而基于 ADSL 的业务，使用的是话音以外的频带。所以，原先的电话业务不受任何影响。

国内目前最主流的宽带接入方式，ADSL 接入服务能有较高的性能价格比，可以在现有的线路上提供高速 Internet 接入等应用，具有一定的发展潜力。

三、甚高速数字用户环路（VDSL）技术

甚高速数字用户环路 VDSL（Very-high-bit-rate Digital Subscriber line）是 ADSL 的快速版本。使用 VDSL，短距离内的最大下传速率可达 55Mbit/s，上传速率可达 19.2Mbit/s，甚至更高。VDSL 速率大小通常取决于传输线的长度，最大下行速率目前考虑为 51Mbps～55 Mbit/s，长度不超过 300 米，13Mbit/s 以下的速率可传输距离为 1.5 公里以上，VDSL 技术是 xDSL 技术中速率最快的一种，在一对铜质双绞电话线上，下行数据的速率为 13～52Mbit/s，上行数据的速率为 1.6 到 2.3Mbit/s，但是 VDSL 的传输距离只在几百米以内，VDSL 可以成为光纤到家庭的具有高性价比的替代方案虽然线路速率较 ADSL 高许多，但是线路长度较短，且应用环境较单纯，不必像 ADSL 那样面对复杂的应用环境，因此实现起来较 ADSL 要简单一些，成本也相应会低一些。由于 VDSL 覆盖的范围比较广，能够覆盖足够的初始用户，初始投资少，便于设备集中管理，也便于系统扩展。因此，使用 VDSL 技术的解决方案是适合中国实际情况的宽带接入解决方案。

高速铜线/缆接入是研究的一个热点。它以其优良的性能/价格比获得广泛的应用。

第四节　光纤接入技术

一、概述

尽管人们采取了多种改进措施来提高双绞铜线对的传输能力，最大限度保护现有投资，但是由于铜线本身存在频带窄、损耗大、维护费用高等固有缺陷，因此从长远角度看，各种铜线接入技术只是接入网发展过程中的临时性过渡措施。而光纤具有频带宽、容量大、损耗小、不易受电磁干扰等突出优点，成为骨干网的主要传输手段。随着技术的发展和光缆、光器件成本的下降，光纤技术将逐步得到更加广泛的应用。

光纤接入技术指在局端与用户之间采用光纤为主要传输媒质来传送用户信息，泛指本地交换机或远端模块与用户之间采用光纤通信或部分采用光纤通信的系统，又称为光纤用

户环路（Fiber In The Loop，FITL）。其主要优点是支持宽带业务，有效解决宽带网的"瓶颈效应"问题，而且传输距离长、质量高、可靠性好，成为未来信息网络的主要基础设施。

　　光纤用户网的主要技术是光波传输技术。目前光纤传输的复用技术发展相当快，多数已实用化。复用技术用得最多的有时分复用（TDM）、波分复用（WDM）、频分复用（FDM）、码分复用（CDM）等。根据光纤深入用户的程度，可分为FTTC（光纤到路边）、FTTZ（光纤到小区）、FTTO（光纤到办公室）、FTTF（光纤到大楼）、FTTH（光纤到家）等。FTTH是接入网的长期发展目标，各个国家都有明确的发展计划，但由于成本、用户需求和市场等方面的原因，FTTH仍然是一个长期的任务。目前主要是实现FTTC，而从ONU到用户仍利用已有的铜线双绞线，采用xDSL传送所需信号。根据业务的发展，光纤逐渐向家庭延伸，从窄带业务逐渐向宽带业务升级。WDM-PON超级PON可以适应将来更进一步发展的需要。

二、有源与无源光网络接入技术

　　按光分配网ODN中是否含有源设备，光接入网可以分为有源光网络（AON）和无源光网络（PON），前者采用电复用器分路，后者采用光分路器分路。

（一）有源光网络（AON）

　　AON使用有源电复用设备代替无源光分路器，可延长传输距离，扩大ONU的数量。在AON中SDH技术应用较为普遍，在接入网中应用SDH技术，可以将SDH技术在核心网中的巨大带宽优势带入接入网领域，充分利用SDH在灵活性、可靠性以及网络运行、管理和维护方面的独特优势。但干线使用的机架式大容量SDH设备不是为接入网设计的，接入网中需要的SDH设备应是小型、低成本、易于安装和维护的，因此应采取一些简化措施，降低系统成本，提高传输效率。而且，光接入网的发展需要SDH的功能和接口尽可能靠近低带宽用户，使得低带宽用户能够以低于STM-1的Sub-STM-1或STM-0子速率接入，这就需要开发新的低速率接口。

　　目前，SDH技术在接入网中的应用只是达到了光纤到路边、光纤到楼宇的程度，光纤的巨大带宽仍未到户。因此，要真正向用户提供宽带接入能力，单用SDH技术解决馈线、配线段的宽带化是不够的，在引入线部分可结合采用FTTB/C＋xDSL、FTTB/C＋Cable Modem、FTTB/C＋LAN接入等方式为用户提供宽带业务。

（二）无源光网络（PON）

　　PON采用无源光功率分配器（光分路器）将信号送到用户，优点是消除了户外的有源设备，所有的信号处理功能均在交换机和用户宅内设备完成，避免了外部设备的电磁干扰和雷电影响，减少了线路和外部设备的故障率，提高了系统可靠性，同时节约了维护成本，且造价低，无需另设机房。但由于采用了无源光功率分配器，每个1：2光功率分配器将产生3～4dB损耗，使光功率降低，PON比较适合于短距离情况，传输距离较长时，应使用光纤放大器增强信号。

1. 基于ATM的无源光网络（APON）

　　APON是基于ATM的无源光网络，用于宽带综合业务的接入。APON采用数据链路层ATM技术与物理层PON技术的结合，利用ATM的集中和统计复用，再结合无源光分路器对光纤和光线路终端的共享作用，使成本比传统的以电路交换为基础的PDH/SDH接入系统低 20%～40% 左右。APON 是以 21 个全球主要电信运营商为主的 FSAN（全业务接入网）集团于 20 世纪 90 年代中期开发完成的。当时为了制定一个基于光纤的能支持语音、数据、视频的全业务接入网的解决方案的标准，而选择了 ATM 和 PON 分别作为网络协议和网络平台，因为当时 ATM 被看作是能够提供各种类型通信的唯一协议，而 PON 是最经济的宽带光纤解决方案。经过 FSAN 集团的不懈努力，1998 年 10 月 ITU-T 正式通过了全业务接入网采用 APON 标准，即 ITU-T G.983.1；2000 年 4 月 ITU-T 批准其控制通道规范标准 ITU-T G.983.2；2001 年又发布了关于波长分配的标准 ITU-T G.983.3。

在国外，美国南方贝尔、法国电信、英国电信、CNET、日本 NTT、德国电信、KPN、SwissCom、SBC、Telecom Italia/CSELT 等国际机构在全业务接入网的研究方面已经取得了阶段性成果，均已做出基于 ITU-T G.983 建议的系统级 APON 实验或商用产品。我国在光宽带网络的研究、开发方面起步较晚，在 ASIC 芯片工艺、微电子、元器件方面与国际先进水平有较大差距。另外，接入网的规划涉及技术、经济、标准、政策法规等多方面的问题，并非某一商家持有先进的技术就能投入市场运营。近年来华为等公司推出了基于 PON 的产品，但仍然属于窄带系统。随着未来宽带业务的增加，市场驱动将使宽带接入成为必然趋势。

APON 可以发挥 ATM 和 PON 的优势，是支持多业务、多比特接入和宽带、透明传输能力的一种较好的解决方案，但目前实际的 APON 产品的业务供给能力仍很有限，成本过高，其市场前景由于 ATM 在全球范围的受挫而不理想。

EPON 是一种新型的光纤接入网技术，它采用点到多点结构、无源光纤传输，在以太网之上提供多种业务，利用 PON 的拓扑结构实现了以太网的接入。因此，它综合了 PON 技术和以太网技术的优点：成本低；带宽高；扩展性强，灵活快速的服务重组；与现有以太网的兼容；管理方便，等等。EPON 不需任何复杂的协议，光信号就能精确地传送到最终用户，来自最终用户的数据也能被集中传送到中心网络。在物理层，EPON 使用 1000BASE 的以太 PHY，同时在 PON 的传输机制上，通过新增加的 MAC 控制命令来控制和优化各 ONU 与 OLT 之间突发性数据通信和实时的 TDM 通信。在协议的第二层，EPON 采用成熟的全双工以太技术。使用 TDM，由于 ONU 在自己的时隙内发送数据报，因此没有碰撞，不需 CSMA/CD，从而充分利用带宽。另外，EPON 通过在 MAC 层中实现 802.1p 来提供与 APON 类似的 QoS。

2. 千兆以太无源光网络（GEPON）

由于最早的 EPON 标准基于 100M 快速以太网传送，市场上很多被称为 EPON 的产品实际上都是基于百兆以太网 PON 技术，为区别于原有的技术和产品，一般基于千兆以太网的 PON 技术被称为 GEPON。同以往的其他 PON 技术相比，GEPON 技术同样采用点到多点的用户网络拓扑结构，利用光纤实现数据、语音和视频的全业务接入的目的。但与以往基于 ATM 技术的 APON/BPON 相比，GEPON 实现在用户接入网中传输以太帧，非常适合 IP 业务的传送。此外，由于目前 IP 网络的普遍建设，基于以太网的技术的元器件结构比较简单，性能高且价格便宜，使得 GEPON 相比其他 PON 技术更容易大规模商用；而基于 IP 的各种业务的高速发展以及下一代网络 IP 融合的趋势使得 GEPON 可以适用的范围更广并且符合未来网络的发展趋势，成为最重要的 FTTH 技术。

第五节　混合光纤/同轴接入技术

HFC（Hybrid Fiber Coax）混合光纤/同轴接入光纤同轴电缆混合网，采用光纤和有线电视网络传输数据的宽带接入技术。HFC的概念最初由 Bellcor 提出，其基本特征是在有线电视网的基础上以模拟传输方式综合接入多种业务，可用于解决 CATV、电话、数据等业务的综合接入问题。HFC技术充分利用现有的有线电视网资源，由传统的单向广播式有线电视网改造而成，即它使用光纤作为有线电视网的骨干网，再用同轴电缆以树型总线结构分配到小区的每一个用户。由于同轴电缆拥有丰富的带宽资源，而且有线电视网的覆盖率很高，充分利用起来，通过双向化和数字化改造构成宽带接入网。

目前我国的接入网仍以传统的铜缆用户线为主，少数城市地区采用了光纤接入设备。城市地区接入网的网络拓扑结构绝大多数是以星型或总线型为主，传输媒介以市话电缆、双绞线为主。因而，重点研究混合光纤同轴网（HFC）在我国接入网向实现光纤化的过渡过程中具有非常重要的实际意义。

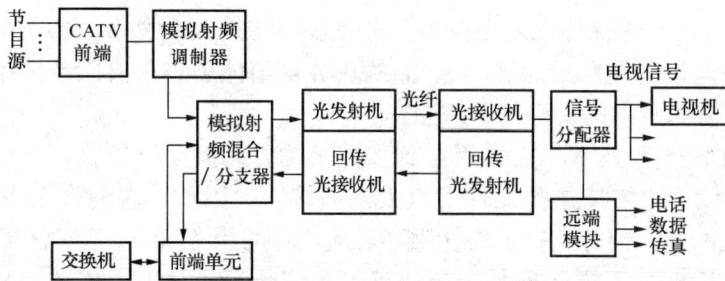

图 9-7　HFC 系统结构

一、HFC 的结构

HFC 的结构如图 9-7 所示。下行信号工作过程为：模拟电视信号被调制在射频载波上，前端单元将电话信号也调制在射频载波上，二者在模拟射频混合/分支器混合送至光发射机，对光源进行强度调制后，变成光信号送入光纤。光信号送入光节点后，为光接收机接收，并将光信号变为电信号（射频）。电信号在信号分配器中分开为电视信号和电话（数据）信号。电视信号再次被解调为视频信号，经较短的同轴电缆送给用户，用户利用现有电视机，不需要加机顶盒就能接收模拟电视信号。

电话（数据）信号经远端模块从射频上解调下来，再经解码和解复用，恢复为单路的语音（数据、传真）信号，以较短的双绞线（或同轴电缆）送至用户。

二、HFC 的频谱分配

HFC 的上、下行频谱的分配如图 9-8 所示。其中 5～30 (42) MHz 是前端与用户间的上行信道，传输语音、数据和信

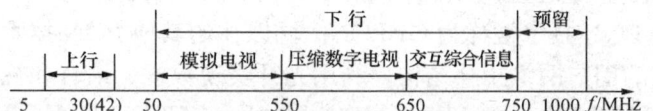

图 9-8　HFC 的频谱分配

令。50～750MHz 最多可提供约 110 个模拟电视频道，其中 550～750MHz 也可传送电话、数据、VOD 和数字视像广播。

三、HFC 的优缺点

（1）HFC 的优点：①成本低；②频带较宽；③适合当前模拟制式为主体的视频业务及

设备市场，用户使用方便；④与现有铜线接入网相比，运营、维护费用较低。

（2）HFC 的缺点：①取代现存铜线环路的初期投资较大；②寿命约 10 年；③建设周期长；④HFC 是建立在模拟频分复用基础上的，对数字化发展不利；⑤HFC 是在 CATV 网的基础上发展的，要想传输电信业务必须将单向网络改为双向网络；⑥一个光节点只能服务500 用户，扩容困难。

第六节 无线接入技术

一、概念

无线接入是指从交换节点到用户终端部分或全部采用无线手段接入技术。无线接入系统具有建网费用低、扩容可以按照需要确定、运行成本低等优点，可以作为发达地区有线网的补充，能迅速及时替代有故障的有线系统或提供短期临时业务，在发展中地区或边远地区可广泛用来替换有线用户环路，节省时间和投资。因此，无线接入技术已成为通信界备受关注的热点。

二、分类

根据终端入网方式无线接入技术可以分为移动接入和固定接入两大类。

1. 移动无线接入

移动无线接入网包括蜂窝区移动电话网、无线寻呼网、无绳电话网、集群电话网、卫星全球移动通信网直至个人通信网等等，是当今通信行业中最活跃的领域之一。其中移动接入又可分为高速和低速两种。

（1）高速移动接入。一般包括蜂窝系统、卫星移动通信系统、集群系统等。

（2）低速移动接入。一般为 PCN（个人通信）的微小区和毫微小区，如 CDMA 的本地环 WLL、PACS、PHS 等。

2. 固定无线接入

固定无线接入是指从交换节点到固定用户终端采用无线接入，实际上是 PSTN/ISDN 网的无线延伸，其目标是为用户提供透明的 PSTN/ISDN 业务，固定无线接入系统的终端不含或仅含有限的移动性。固定无线接入系统以提供窄带业务为主，基本上是电话业务，接入方式有微波一点多址、蜂窝区移动接入的固定应用、无线用户环路及卫星 VSAT 网等。无线用户环路（WLL）目前正逐渐从模拟系统向数字系统发展。

主要的固定无线接入技术有三类，即已经投入使用的多路多点分配业务（MMDS）、直播卫星系统（DBS）以及正在做现场试验的本地多点分配业务（LMDS）。前两者已为人熟知，而 LMDS 则是刚刚兴起，近来才逐渐成为热点的新兴宽带无线接入技术。

总的来看，宽带固定无线接入技术代表了宽带接入技术的一种新的不可忽视的发展趋势，不仅开通快、维护简单、用户较密时成本低，而且改变了本地电信业务的传统观念，最适于新的本地网竞争者与传统电信公司与有线电视公司展开有效竞争，也可以作为电信公司有线接入的重要补充而得到应有的发展。

无线接入技术按照接入网的数据传输速率的大小又可以分为窄带、准宽带和宽带三类。

窄带无线接入主要用来提供语音业务，解决部分地区不能通过有线手段提供语音通信的问题，同时满足部分用户的移动语音需求，是有线接入的有效补充；宽带无线接入主要用来提供综合的语音和数据业务,以满足用户对宽带数据业务日益增长的需求。窄带还是宽带是个相对概念,一般 2Mbit/s 以上属于宽带。

信息通信从窄带向宽带、从有线向无线转变乃大势所趋。话音业务与数据业务的融合,注定会使未来的移动网与固定网相融合。因此,我们有理由相信,固定宽带无线接入与移动宽带无线接入未来在技术上、业务上也会不断融合、统一,成为一个广阔的无线通信网。

三、宽带无线接入技术

近年来,随着电信市场的开放和通信与信息产业技术的快速发展,各种高速率的宽带接入不断涌现,而宽带无线接入系统凭借其建设速度快、运营成本低、投资成本回收快等特点,受到了电信运营商的青睐。

目前宽带无线接入技术的发展极为迅速:各种微波、无线通信领域的先进手段和方法不断引入,各种宽带固定无线接入技术迅速涌现,包括 LMDS 宽带无线接入系统、无线局域网 WLAN、全球微波互联接入 WiMAX 等。

1. 本地多点分配业务

本地多点分配业务 (Local Multi-point Distribution Service,LMDS) 是一种宽带固定无线接入系统,其中文名称为本地多点分配业务系统或区域多点传输服务。第一代 LMDS 设备为模拟系统,没有统一的标准。目前通常所说的 LMDS 为第二代数字系统,主要使用 ATM(异步传输模式)传送协议,具有标准化的网络侧接口和网管协议。LMDS 具有很宽的带宽和双向数据传输的特点,可提供多种宽带交互式数据及多媒体业务,能满足用户对高速数据和图像通信日益增长的需求,因此 LMDS 是解决通信网无线接入问题的锐利武器。

LMDS 是一种微波宽带系统,它工作在微波频率的高端(频段为 20~40GHz),组网灵活方便,使用成本低,是一种非常有前途的宽带固定无线接入新技术。从理论上讲,LMDS 在上行和下行链路上的传输容量是一样的,因此能方便的提供各种交互式应用,如会议电视、VOD、住宅用户互联网高速接入等,LMDS 也可以支持所有主要的语音和数据传输标准,如 ATM、MPEG-2 等标准。LMDS 由一系列蜂窝状的无线发射枢纽组成,每个蜂窝由点对多点的基站和用户站构成,其主要技术特点有以下几个方面。

(1)可提供极高的通信带宽。LMDS 工作在 28GHz 微波波段附近,可用频带为 1GHz 以上,理论上可提供所有业务,并可支持所有的语音和数据传输标准。

(2)蜂窝式的结构配置可覆盖整个城域范围。LMDS 属于无线访问的一种新形式,典型的 LMDS 系统利用地理上分散的类似蜂窝的配置。它由多个枢纽发射机(或称为基站)管理一定范围内的用户群,每个发射机经点对多点无线链路与服务区内的固定用户通信。每个蜂窝站的覆盖区为 2~10km,覆盖区可相互重叠,每个覆盖区又可划分为多个扇区,可根据需要在该扇区提供特定业务或服务。基站服务区和子扇区系统的划分可视用户端的地理分布及容量要求而定,不同的单个基站的接入容量有所不同,最高可达 4.8Gbit/s,单个扇区子系统的接入容量可达 20Mbit/s。LMDS 天线的极化特性用来降低同一个地点不同扇区以及不同地点相邻扇区的干扰,这样理论上能够保证在同一地区使用同一频率。

(3)LMDS 可提供多种业务。它在理论上可以支持现有的各种语音和数据通信业务。LMDS 系统可提供高质量的语音服务,而且没有时延,用户和系统之间的接口通常是 RJ-11 电话标准,与所有常用的电话接口是兼容的。LMDS 还可提供低速、中速和高速业务。低速数据业务的速率为 1.2~9.6kbit/s。能处理升级协议的数据。网络允许本地接入点接到增值业务网并可以在标准话音电路上提供低速数据。中速数据业务速率为 9.6kbit/s～2Mbit/s，这样的数据通常是增值网本地接入点。在提供高速数据业务（2～55Mbit/s）时要用100Mbit/s 的快速以太网和光纤分布数据接口（FDDI）等。另外还要支持物理层，数据链路层和网络层的相关协议。除此之外，LMDS 还能支持高达 1 Gbit/s 速率的数据通信业务。

（4）LMDS 能提供模拟和数字视频业务，如远程医疗、高速会议电视、远程教育、商业及用户电视等。

但 LMDS 也有其不足之处：

（1）毫米波只能工作于视距范围，传输距离一般 5km 之内。

（2）毫米波通信质量受降雨和树叶衰减影响较大，这主要通过增大发射功率、提高天线高度来补偿。

2. 无线局域网 WLAN 与无线高保真 WIFI

在有线接入技术系统中，局域网占据了非常重要的地位，它提供了计算机接入因特网的方式，获得了广泛应用。WLAN（Wireless Local Area Networks，无线局域网络）是针对无线环境开发的接入技术，近年来得到广泛应用。WLAN 是一种利用射频（Radio Frequency RF）技术进行据传输的系统，该技术的出现可有效弥补有线局域网络之不足，使得用户利用简单的架构，实现无网线、无距离限制的通畅网络访问。

WLAN 使用 ISM（Industrial、Scientific、Medical）无线电广播频段通信。目前 WLAN 所包含的协议标准有：IEEE802.11b、IEEE802.11a、IEEE802.11g、IEEE802.11n 、IEEE802.11i、IEEE802.11e/f/h。WLAN 的 IEEE 802.11a 标准使用 5GHz 频段，支持的最大速度为 54Mbit/s，而 IEEE 802.11b 和 IEEE 802.11g 标准使用 2.4GHz 频段，分别支持最大 11Mbit/s 和 54 Mbit/s 的速度，IEEE 802.11n 计划将传输速率增加至 108Mbit/s 以上，且向下兼容。工作于 2.4GHz 频带不需要执照，该频段属于工业、教育、医疗等专用频段，是公开的，工作于 5.15-8.825GHz 频带需要执照。

WIFI（WirelessFidelity，无线高保真）技术是一个基于 IEEE 802.11 系列标准的无线网路通信技术的品牌，目的是改善基于 IEEE 802.11 标准的无线网路产品之间的互通性，由 Wi-Fi 联盟（Wi-Fi Alliance）所持有，简单来说 WIFI 就是一种无线联网的技术，以前通过网络连接电脑，而现在则是通过无线电波来连网。而 Wi-Fi 联盟（也称作无线局域网标准化的组织 WECA）成立于 1999 年，当时的名称叫做 Wireless Ethernet Compatibility Alliance（WECA），在 2002 年 10 月，正式改名为 Wi-Fi Alliance。WIFI 是专为 WLAN 接入设计的，狭义的 WIFI 专指 IEEE 802.11b，目前使用的通信标准为多个，如 IEEE802.11b、IEEE802.11a、IEEE802.11g 等。WIFI 是 WLAN 的一个标准，WIFI 包含于 WLAN 中，属于采用 WLAN 协议中的一项新技术。如今，WIFI 和 WLAN、IEEE 802.11 几乎成了同义词。

3. 全球微波互联接入 WiMAX 技术

WiMAX 全称为 Worldwide Interoperability for Microwave Access，即全球微波互联接入，是一项新兴的宽带无线接入技术，WiMAX 是基于 IEEE802.16 标准的宽带无线接入（Broadband Wireless Access，BWA）技术，它是一项无线城域网（WMAN-Wireless Metropolitan Area Network）技术，能提供面向互联网的高速连接，数据传输距离最远可达50km。

802.16/WiMax 网络参考架构可以分成终端、接入网和核心网 3 个部分，如图 9-9 所示。图 9-9 中，802.16/WiMax 终端包括固定、漫游和移动 3 种类型终端；802.16/WiMax 接入网主要为无线基站，支持无线资源管理等功能；802.16/WiMax 核心网主要是解决用户认证、漫游等功能及 802.16/WiMax 网络与其他网络之间的接口关系。

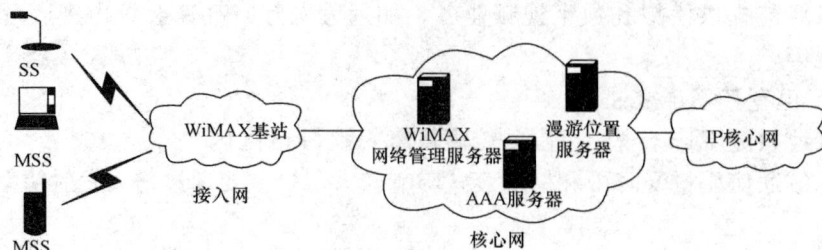

图 9-9　802.16/WiMax 网络参考架构

在标准中提供的 PMP（Point to Multi-Point，点到多点模式）工作模式是通信系统中的基础模式，整个小区由一个 BS（Base Station，基站）角色管理，所有的 SS（Subscriber Station，终端）的通信都需要 BS 的调度，况且由于移动性的引入，移动用户要在不同的 BS 覆盖区间移动并实施通信链路的切换，需要为移动用户提供无缝的网络覆盖以便保障用户的 QoS。

作为一种只定义了无线空中接口标准的新兴网络，WiMax 在组网过程中首先是对现有无线网络和 3G 网络的一种补充，用于满足远距离传输、高速宽带接入及多媒体通信等方面的需要，其发展的重要一步就是和 3G 网络的互联互通并充分利用其核心网，进而实现网络间的无缝切换。

WiMAX 是针对微波和毫米波频段提出的一种新的空中接口标准。它可作为线缆和 DSL 的无线扩展技术，从而实现无线宽带接入。WiMAX 采用波束赋形、多入多出 MIMO、OFDM/OFDMA 等超 3G 的先进技术来改善非视距性能，更高的系统增益也提供了更强的远距离穿透阻挡物的能力，WiMAX 技术的优势在于集成了 Wi-Fi（Wireless Fidelity，无线保真）无线接入技术的移动性与灵活性，以及 DSL 和电缆调制解调器等基于线缆的传统宽带接入的高带宽特性和相对理想的 QOS 服务质量。WiMAX 作为"最后一公里"宽带无线接入技术，由于它包含了接入技术的移动性与灵活性、业务网络组建的便捷性等特点，因而具有极强的市场吸引力。

WiMAX 的技术起点较高，采用了代表未来通信技术发展方向的，随着技术标准的发展，WiMAX 将逐步实现宽带业务的移动化，而 3G 则将实现移动业务的宽带化，两种网络的融合程度将会越来越高。

随着通信技术和新业务的部署以及市场与技术的相互作用，未来通信领域的一些新特点逐渐显现出来。一方面，传统宽带固定接入用户已经不满足于仅在家庭和办公室等固定环境内使用宽带业务，对宽带接入移动服务的要求越来越高；另一方面，传统的移动用户也不满足于简单的语音、短信和低速数据业务，高数据速率业务日益成为电信运营商竞争的焦点。用户需求的变化使固定宽带接入服务和移动服务在技术和业务上呈现融合的趋势，宽带移动化和移动宽带化逐渐成为两个领域技术发展的趋势，并互为补充、互相促进。

3G、4G 将为移动宽带接入技术提供保障，关于 3G、4G 见第六章移动通信技术。

四、近距离无线接入技术

1. 蓝牙技术（Blue Tooth）

蓝牙是一种支持设备短距离通信（一般是 10m 之内）的无线连接技术。能在包括移动电话、PDA、无线耳机、笔记本电脑、相关外设等众多设备之间进行无线信息交换。用于提供一个低成本的短距离无线连接解决方案。家庭信息网络由于距离短，可以利用蓝牙技术。蓝牙采用 2.4GHz 的 ISM（工业、科研和医疗）频段，可免受各国频率分配不统一的影响；采用 FM 调制方式，降低了设备成本；采用快速跳频、前向纠错（FEC）和短分组技术，可减少同频干扰和随机噪声，使无线通信质量有所提高。蓝牙的传输速率为 1Mbit/s，传输距离约 10m，加大功率后可达 100m，蓝牙的标准是 IEEE802.15。

最早使用的是 1994 年爱立信公司推出的蓝牙系统，其标准是 IEEE 802.15.1，数据率为 720kbit/s，通信范围在 10m 左右。蓝牙系统一般由天线单元、链路控制（固件）单元、链路管理（软件）单元和蓝牙软件（协议栈）单元四个功能单元组成。蓝牙使用 TDM 方式和扩频跳频 FHSS 技术组成不用基站的皮可网（piconet，称"微微网"，表示这种无线网络的覆盖面积非常小）。每一个皮可网有一个主设备（Master）和最多 7 个工作的从设备（Slave），通过共享主设备或从设备，可以把多个皮可网链接起来，形成一个范围更大的扩散网（scatternet），这种主从工作方式的个人区域网实现起来价格就会比较便宜。图 9-10 给出了蓝牙系统的皮可网结构。

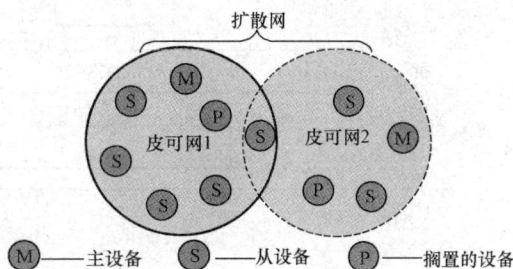

图 9-10　蓝牙系统的皮可网结构

蓝牙系统由无线射频单元、连接控制单元、链路管理器和软件组成，每个单元功能描述如下。

（1）无线射频单元。

蓝牙微波收发信机是一个微波扩频通信系统，无线发射功率衰减系数按 0dB/m 设计，符合前向纠错 ISM 波段，扩频技术使发射功率增加到 100mW，最大跳频速率为 1600 跳/秒，在 2.480GHz 之间采用 79 个 1MHz 带宽的频点，通信距离 10cm～10m，增加发射功率，可达 100m。

（2）连接控制单元。

含基带数字信号处理硬件并完成基带协议和其他底层链路规程。包括建立物理链路，在主从设备间建立两种物理连接，即面向连接的同步链路（用于同步话间传输）和无连接的异步链路（用于分组数据传输）；确认分组类型；产生时钟信号和随机跳频序列，完成跳频同步和定时；信道控制和模式设置，建立连接；执行分组的发送和接收；差错校验和验证、加密。

（3）链路管理器。

链路管理软件实现链路的建立、验证、链路配置及其协议，链路管理层通过链路控制器提供的服务实现上述功能。服务包括，发送和接收数据，设备号请求，链路地址查询，建立连接，验证，协商并建立连接方式，确定分组类型，设置监听方式，保持方式和休眠方式等。

（4）软件。

蓝牙系统的软件完成的功能包括配置及诊断、蓝牙设备的发现、电缆仿真、与外围设备的通信、音频通信及呼叫控制、交换名片电话号码等。

协议栈是蓝牙技术的核心组成部分，它能使设备之间互相定位并建立连接，通过这个连接，设备间能通过各种各样的程序进行交互和数据交换。蓝牙协议体系中的协议栈如图9-11所示。

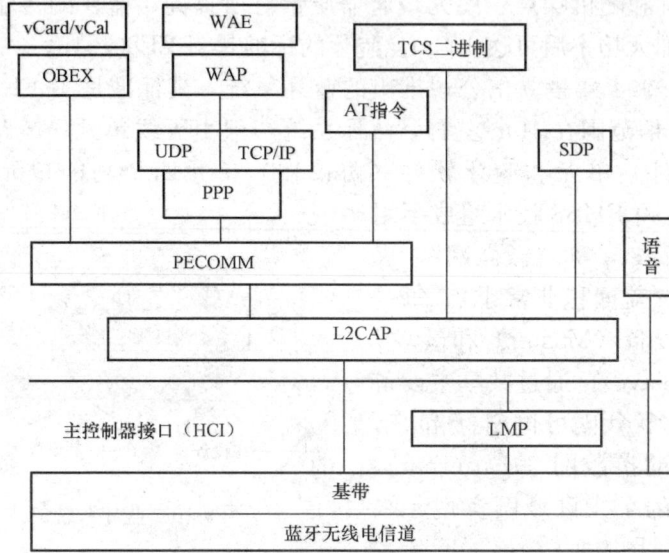

图9-11　蓝牙协议栈

蓝牙技术的应用范围相当广泛，可以广泛应用于局域网络中各类数据及语音设备，如PC、拨号网络、笔记本电脑、打印机、传真机、数码相机、移动电话和高品质耳机等，应用蓝牙技术的典型环境有无线办公环境、汽车工业、信息家电、医疗设备以及学校教育和工厂自动控制等。蓝牙技术作为一个开放的无线应用标准，能通过无线连接方式将一定范围内的固定或移动设备连接起来，使人们能够更方便更快速地进行语音和数据的交换，这无疑将会成为未来无线通信领域的一个重要的研究方向。

2. 超宽带技术 UWB

超宽带技术（Ultra Wideband，UWB）是一种无载波通信技术，即不采用正弦载波，而是利用纳秒级的非正弦波窄脉冲传输数据，因此其所占的频谱范围很宽。图9-12给出了窄带、宽带 CDMA、超宽带的频谱占用对比。UWB 始于 20 世纪 60 年代兴起的脉冲通信技术，利用频谱极宽的超短脉冲进行通信，又称为基带通信、无载波通信。UWB 具有低功耗、高带宽、高传输速率、低复杂性、抗多径能力强、发射信号功率谱密度低、安全性高等优点，适用于高速、近距离的无线个人通信。按照 FCC 的规定，从 3.1GHz 到 10.6GHz 之间的 7.5GHz 的带宽频率为 UWB 所使用的频率范围。

2002 年 2 月，美国联邦通信委员会（FCC）修订了第 15 标准，定义 UWB 信号为相对带宽（信号带宽与中心频率之比）大于 0.2，或在传输的任何时刻绝对带宽不小于 500MHz

的信号，其中信号带宽定义为：低于最高发射功率 10dB 的截止频率间的带宽。

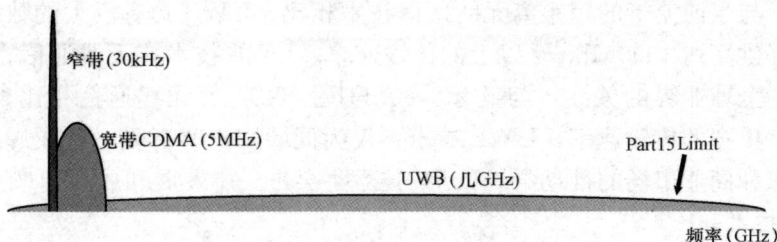

图 9-12　窄带、宽带 CDMA、超宽带的频谱占用

　　FCC 还规定，UWB 的使用频段范围是 3.1～10.6GHz，且其发射功率必须在 1mW 以下。

　　与传统通信系统相比，超宽带系统有着其独特之处。从时域上讲，一般的通信系统是通过发送射频载波进行信号调制，而 UWB 是利用起、落点的时域脉冲（几十纳秒）直接实现调制，超宽带的传输把调制信息过程放在一个非常宽的频带上进行，而且以这一过程中所持续的时间来决定带宽所占据的频率范围。从频域上讲，超宽带有别于传统的窄带和宽带，它的频带更宽。

　　UWB 技术最基本的工作原理是发送和接收脉冲间隔严格受控的高斯单周期超短时脉冲，超短时单周期脉冲决定了信号的带宽很宽，接收机直接用一级前端交叉相关器就把脉冲序列转换成基带信号，省去了传统通信设备中的中频级，极大地降低了设备复杂性。UWB 技术采用脉冲位置调制 PPM 单周期脉冲来携带信息和信道编码，一般工作脉宽 0.1～1.5ns （1ns＝10^{-10}s），重复周期在 25～1000ns。

　　UWB 应用领域包括以下几个方面：

　　（1）通信。

　　UWB 系统带宽极大，可支持大的信道容量，同时系统功率受限，只能传播较短距离，因此 UWB 技术特别适合于短距离高速无线通信。例如基于 UWB 技术的无线 USB 2.0，可取代有线 USB，实现 PC 之间及消费类电子设备（电视、数码相机、DVD 播放器、MP3 等）之间的无线数据互连与通信；无线个域网（WPAN）、高速智能无线局域网、智能交通系统，公路信息服务系统，汽车检测系统，舰船、飞机内部通信系统，楼内通信系统、室内宽带蜂窝电话，战术组网电台，非视距超宽带电台，战术/战略通信电台，保密无线宽带因特网接入等。

　　（2）雷达、探测。

　　超宽带依赖于极微弱的、与雷达中所使用的相近的基带窄脉冲，具有很强的穿透能力，能穿透树叶、墙壁、地表、云层等障碍，辨别出障碍物后隐藏的物体或运动着的物体，测距精度的误差只有一两厘米。可以应用在：穿墙雷达、安全监视、透地探测雷达、工业机器人控制、监视和入侵检测、道路及建筑检测、贮藏罐内容探测等。

　　（3）测距，定位。

　　超宽带信号在户内和户外都可以提供精确地定位信息，在军事和民用上都有广泛的应用。例如在敌方领土上营救人员，儿童搜寻，寻找丢失的宠物和行李，跟踪、搜索和解救人员，定位贵重的物品的位置等。

　　UWB 系统在很低的功率谱密度的情况下，已经证实能够在户内提供超过 480Mbit/s 的可靠数据传输。与当前流行的短距离无线通信技术相比，UWB 具有巨大的数据传输速率优势，最大可以提供高达 1000Mbit/s 以上的传输速率。UWB 技术在无线通信方面的创新性、利益性已引起了全球业界的关注。与蓝牙、80211b、80215 等无线通信相比，UWB 可以提供更快、更远、更宽的传输速率，UWB 技术不仅为低端用户所喜爱，且在一些高端技术领域，在军事需求和商业市场的推动下，UWB 技术将会进一步发展和成熟起来。

　　3. Zigbee 技术

　　ZigBee 是一种新兴的短距离、低复杂度、低功耗、低数据速率、低成本的无线网络技术，主要用于近距离无线连接。它基于 IEEE 802.15.4 标准，在数千个微小的传感器之间相互协调实现通信。802.15.4 强调的就是省电、简单、成本又低的规格。802.15.4 的物理层（PHY）采用直接序列展频（DSSS）技术，再经由编码方式传送信号避免干扰。在媒体存取控制（MAC）层方面，主要是沿用 802.11 系列标准的 CSMA/CA 方式，以提高系统兼容性，所谓的 CSMA/CA 是在传输之前，会先检查信道是否有数据传输，若信道无数据传输，则开始进行数据传输动作，若有产生碰撞，则稍后重新再传。可使用的频段有三个，分别是 2.4GHz 的 ISM 频段、欧洲的 868 MHz 频段，以及美国的 915MHz 频段，而可使用的信道分别是 16、1、10 个。

　　ZigBee 的特点：

　　（1）数据传输速率低：10～250kbit/s，专注于低传输应用。

　　（2）功耗低：在低功耗待机模式下，两节普通 5 号电池可使用 6～24 个月。

　　（3）成本低：ZigBee 数据传输速率低，协议简单，所以大大降低了成本。

　　（4）网络容量大：网络可容纳 65 000 个设备。

　　（5）时延短：典型搜索设备时延为 30ms，休眠激活时延为 15ms，活动设备信道接入时延为 15ms。

　　（6）安全：ZigBee 提供了数据完整性检查和鉴权功能，采用 AES-128 加密算法（美国新加密算法，是目前最好的文本加密算法之一），各个应用可灵活确定其安全属性。

　　（7）有效范围小：有效覆盖范围 10～75m，具体依据实际发射功率大小和各种不同的应用模式而定。

　　（8）工作频段灵活：使用频段为 2.4GHz、868MHz（欧洲）和 915MHz（美国），均为免执照（免费）的频段。

　　ZigBee 用于工业控制、消费性电子设备、智能用电、楼宇自动化、医用设备控制等。

　　ZigBee 适合传输的三类数据：

　　（1）周期性数据：如家庭中水、电、气三表数据的传输；烟雾传感器；

　　（2）间断性数据：如电灯、家用电器的控制等数据的传输；

　　（3）反复性的低反应时间的数据：如鼠标、操作杆传输的数据。

　　ZigBee 不适合图像和视频等流媒体业务。

　　中国在物联网领域的发展已经进入高速时代，ZigBee 成为物联网领域的核心技术之一，已经被广泛应用。zigbee 可以作为物联网网络层的一环，是一种近距离无线组网技术，将现有的 zigbee 模块应用于传感器，可以实现传感器件间的协调通信。ZigBee 联盟制定的 ZigBee 标准是世界公认的物联网无线传感器网络技术中的权威标准，在此标准上形成了一整套系列的物联网关键性技术，针对智能电网、智能建筑、消费电子、医疗和无线通信等行业领域也逐渐产生了大量的应用规范和专利技术。其中，很多标准已被广泛应用。

4. 射频识别 RFID 技术

现代物流业的发展，对识别技术提出了更高的要求。传统的磁卡、IC 卡识别技术已不能达到人们的期望。射频识别技术（RFID，即 Radio Frequency Identification）是非接触式自动识别技术，它利用射频方式进行非接触式双向通信交换数据以达到识别目的。它通过射频信号自动识别目标对象并获取相关数据，识别工作无需人工干预，可工作于各种恶劣环境。RFID 技术可识别高速运动物体并可同时识别多个标签，操作快捷方便。射频识别技术（RFID）是一种利用无线电射频信号进行物体识别的新兴技术，可应用于防盗、门禁、仓储管理等方面，尤其在物流系统中，RIFD 可以加快供应链的运转，提高物流的效率。

和传统的磁卡、IC 卡相比，射频卡最大的优点在于非接触，因此完成自动识别过程无需人工干预，适合实现系统的自动化。除此之外，射频卡不易损坏，可识别高速运动的物体，能同时识别多个射频卡，操作快捷方便，数据存储容量大。射频卡不怕油腻、灰尘等恶劣环境，短距离的射频卡还可替代条形码，用在工厂的流水线等场合跟踪物体；长距离的射频卡可用于交通上，如自动收费或车辆身份识别等。

RFID 应用系统由四部分组成：

（1）RFID 电子标签。RFID 电子标签能够储存有关物体的数据信息。在自动识别管理系统中，每个 RFID 标签中保存着一个物体的属性、状态、编号等信息。标签通常安装在物体表面。

（2）读写器。用于识读及写入标签数据，其主要功能是：查阅 RFID 电子标签中当前储存的数据信息；向空白 RFID 电子标签中写入欲存储的数据信息；修改 RFID 电子标签中的数据信息；与后台管理计算机进行信息交互。

（3）发送接收信号的天线。天线是标签与阅读器之间传输数据的发射、接收装置。

（4）通信网络系统。包括数据库服务器和其他信息系统。数据库服务器负责处理读写器传送过来的信息，并进行信息处理。其他信息系统根据需要向读写器发送指令，对标签进行相应操作。

射频识别系统能支持多种不同的频率，但应用得最广泛的主要有四种：低频频段（大约在 125kHz）、高频频段（大约在 13.56MHz）、超高频频段（大约 860～960MHz）、微波频段（2.45GHz 或 5.8GHz）。在不同的国家各个频段具体的使用频率有所不同。

目前国际上与 RFID 相关的通信标准主要有：ISO/IEC 18000 标准（包括 7 个部分，涉及 125KHz、13.56MHz、433MHz、860～960MHz、2.45GHz 等频段），ISO11785（低频），ISO/IEC 14443 标准（13.56MHz），ISO/IEC 15693 标准（13.56MHz），EPC 标准（包括 Class 0、Class 1 和 GEN2 三种协议，涉及 HF 和 UHF 两种频段），DSRC 标准（欧洲 ETC 标准，含 5.8GHz）。

RFID 作为物联网中最为重要核心技术，对物联网的发展起着至为重要作用。也会随着物联网产业发展有更大的发展空间。RFID 技术也存在一些问题，如隐私权，如何由条形码向电子标签过渡，安全性、标签成本过高、国际标准的制定等问题。这些问题都在一定程度上阻碍了 RFID 的发展，只有解决了这些问题，RFID 技术才能更好的推广和发展。

第七节　电力线接入技术 PLC

一、电力线技术概述

电力线接入技术俗称"电力线上网"，简称 PLC（Power Line Communication，电力线通信），它是电力线通信的一种，电力线通信有几十年的发展史，它是一种实现在输电线上传输远程数据和语音通信的技术。由于电力网具有庞大覆盖的特点，人们就产生了利用电力线来实现上网宽带接入想法。电力线上网应用电力线载波，以低压配电网为通信介质实现 Internet 宽带接入，家庭用户通过电源插座插入就可以实现上网。

PLC 该技术是将载有信息的高频信号加载到电力线上，用电力线进行数据传输，通过专用的电力线调制解调器将高频信号从电力线上分离出来，传送到终端设备。它的应用范围主要是在一个变压器范围内进行数据的传输，用电力线调制解调器将电信号从电力线上提取下来。目前，该技术主要应用于水、煤气、电表等的自动抄表系统，同时该技术也是局域网接入很有竞争力的一种接入技术。

PLC 技术在不需要重新布线的基础上，利用现有电线实现数据、语音和视频等多业务的承载，最终可实现四网合一。终端用户只需要插上电源插头，就可以实现因特网接入，电视频道接收节目，打电话或者是可视电话（见图 9-13）。电力线上网不再需要任何新的线路铺设，充分利用现有的电力线资源，节省费用。接入通信速率可达 14Mbit/s（将来通过升级设备可达 100Mbit/s）。以前该技术只作为长距离调度的通信手段，随着 Internet 技术的飞速发展，利用 220V 低压电力线传输高速数据的价值越来越为人们所重视，被认为是提供"最后一千米"解决方案最具竞争力的技术之一。

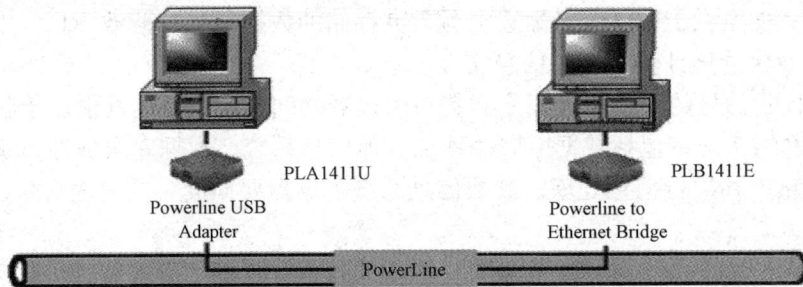

图 9-13　PLC 接入示意图

英国 NORWEB 通信公司在 1990 年就开始对电力载波通信进行研究，1995 年，该公司又与加拿大 Nortel 公司联手，共同开发这项新技术。1996 年 9 月在 CIGRE 大会期间向各国代表展示了技术原理和演示产品，提供了在曼彻斯特进行 20 户小范围试验的录像资料，传输速率达到 1Mbit/s，利用包交换规约以及先进的网络调制技术，可以实现数字化声音和数据传输，但由于资金上的原因，于 1999 年放弃该项工作；1998 年，美国 lntelogis 公司推出了 passPort 商业化 PLC 产品，用于户内联网，最高速率为 350kbps。由于技术不成熟，亦未能大规模商用，以使 PLC 技术在研究和改进中发展。到 2001 年初，PLC 专用芯片制造技术的进展明显加速，美国 lntellon 公司用于户内联网的 14Mbit/s 芯片达到实用水平；欧洲西班牙 DS2 公司的芯片速率也达到 45Mbit/s；随之，许多国家的研究机构开展了 PLC 技术的研究和开发，如美国的 Intellon、Inari（Intelogis）、ITRAN 等公司，韩国的 Xeline 公司，欧洲的 ASCOM、Polytrax 等公司，PLC 芯片的传输速率从 1Mbit/s 发展到 2Mbit/s、14Mbit/s、45Mbit/s。

随着 PLC 技术的发展，相继成立了相关的国际性 PLC 组织，如（HomePlug Powerline Alliance）、电力线通信技术论坛（PLC Forum）和电力线作为可供选择的本地接入系统协会 PALAS（Powerline as an Alternative Local Access）等。其中 HomePlug 电力线联盟由思科系统、英特尔、惠普、松下和夏普等 13 家公司于 2001 年 4 月成立，致力于创造共同的家用电线网络通信技术标准。美国 Advanced Micro Devices（AMD）、美国 Conexant Systems、美国 Enikia、美国 Intellon、美国 Motorola、Panasonic、美国 S3 下属的 Diamond Multimedia、美国 Tandy/RadioShack 以及美国 Texas Instruments 等都参加了 HomePlug Powerline Alliance。目前，HomePlug 电力线联盟已有 90 家公司参与该组织标准的制定工作，并已制定了第一个标准草案（HomePlug 1.0 specification）。这些组织正在研究 PLC 技术标准、市场推进和政府管制政策等问题。

二、PLC 关键技术和接入原理

电力线不同于普通的数据通信线路，当作为一种数据传输的媒介时，遇到许多干扰：首先，电力线上有许多不可预料的噪声和干扰源，如吸尘器、开关电源、电冰箱、洗衣机等，其次，电力线通信具有时间上不可控、不恒定的特点。与信号洁净、特性恒定的 Ethernet 电缆相比，电力线上接入了很多电器、音响设备，这些设备任何时候都可以插入或断开、开机或关闭电源，因而导致电力线的特性不断地变化。为了克服各种干扰，电力线通信系统采用的调制技术主要是 OFDM（正交频分复用）、DMT（多载波调制）、扩频及常规的 QPSK，FSK 等，为适应高速率的传输要求，多载波正交频分复用将是解决传输频带利用的有效方法。

应用中在配电变压器低压出线端安装 PLC 主站，PLC 主站的一侧通过电容或电感耦合器连接电力电缆，注入和提取高频 PLC 信号。另一侧通过传统通信方式，如光纤连接至 Internet。在用户侧，PLC 调制解调器直接插入墙上插座，提取高频 PLC 信号并转换为以太网信号通 RJ45 口连接至用户电脑，或可加个小型网络交换机进行小型局域网组网。

三、PLC 网络单元

PLC 网络使用供电网络作为传输介质传输不同种类的信息，并提供各类通信和自动控制服务。然而，通信信号只有转换成适合供电网络传输的信号格式才能进行可靠传输。为了这个目的，PLC 网络包括了一些特定的网络单元以确保格式的转换和信号在供电网络中的可靠传输。

1. 基本网络单元

对于利用供电网实现服务而言，有些基本单元是必需的。这些基本单元的主要作用是完成信号产生和变换，使得信号能够通过电力线传输并实现接收。每个 PLC 接入网都包含着下面两类设备：PLC 调制解调器（PLC Modem）和 PLC 主/基站（PLC Master/Base Station）。

PLC 调制解调器将用户所使用的标准通信设备与电力线传输介质相连接。用户端的接口能够为不同的通信设备提供各类标准接口。这类设备既包括用于实现数据传输的以太网和通用串行总线等的接口，也包括用于提供电话业务的 S0 和 a/b 接口。另一端，PLC 调制解调器是通过一种特殊的方法连接到供电网络上的，这种方法确保了通信信号能够送入电力线介质及信号的可靠接收。

PLC 主/基站将 PLC 接入网连接到其骨干网络上，它实现了骨干通信网络与电力线传输介质之间的连接。然而，基站不直接连接用户终端设备，而是提供各种网络的通信接口。这其中包含了 xDSL、用于连接高速网络的同步数字系列（SDH）、用于无线互联的 WLL等。通过这种方式，PLC 基站可以应用各种通信技术实现与骨干网络之间连接。通常，基站控制着 PLC 接入网的运行。然而，对于网络的控制或者某些特殊功能的实现可以通过分布的方式实现。在特殊应用中，每个 PLC 调制解调器都可以用来实现网络运行的控制或者与骨干网络的连接。

2. 中继器

在某些情况下，低压供电网络中的 PLC 用户之间以及用户与基站之间的距离非常长，超过了常规 PLC 接入系统的有效连接距离。为了实现更长距离的网络连接，就必须采用中继技术。中继器将整个 PLC 接入网分成若干个网段，每一段都在 PLC 接入系统的有效距离内，每一个网段之间通过不同频带分割或者不同时间分割的方法相互隔离。

3. PLC 网关（Gateway）

PLC 用户通过墙上的电源插座实现与 PLC 接入网的相连接的方式有两种方式：

（1）直接连接；

（2）通过一个网关的间接连接。

在第一种连接方式中，PLC 调制解调器直接连到了整个的低压网络中，并通过该网络与基站相连。这种连接方式没有室内和室外之分，通信信号能够通过电表单元实现传输。然而，由于室内和室外的供电网络在特性方面有很大的不同，因此所带来的额外的问题是 PLC 信道的传输特性和电磁兼容性方面的要求都有所不同。因此，相对于直接通过墙上电源插座接入 PLC 接入网的方式而言，使用一个网关的间接接入方式是一个更为常用的方法。

网关用于将 PLC 接入网和室内 PLC 网络分割成两个部分，它同样也承担了将传输信号在接入和室内应用时所规定的不同频率段间进行频率转换的任务。这样一个网关通常位于邻近房屋的电表单元的附近。不仅如此，PLC 网关同时也能够确保在逻辑网络层面上实现接入和室内领域的区分。这样一来，用于网络室内连接的 PLC 调制解调器间能够实现内部的相互通信而不会出现信息流入到接入网中的情况。在这种情形下，一个 PLC 网关的功能就如同一个控制室内 PLC 网络的逻辑基站，一方面协调其内部 PLC 调制解调器间的通信，另一方面也协调着内部设备与 PLC 接入网间的通信。

四、电力线上网的优缺点

1. 电力线上网的优点

电力线上网是通过电力线进行传输数据的，不用增设更多的线路及其他设备，只需将一调制解调器插入电源插座就可以联线上网，使用简单，成本低。电力线遍布城市和乡村，覆盖面是现有网络所不能比拟的。由于电源插座随处可见，很适应于构造局域网，包括家庭内部的局域网，一个单元的局域网，一个小区的局域网，也有利于将来信息家电的就地上网。

PLC 宽带网络为住户带来的最大好处就是不用再穿墙打洞地将网线引入家中，不仅可以保全住户家中耗尽心血的装修，且省时省力。而住户上网再也不需要围着家中固定的网络接口打转，因为 PLC 模式早已使住户家中的任何电源接口全部处于接入互联网的准备状态。

电力线上网能够提供高速传输，目前可达到的通信速率依具体设备不同在 4.5Mbit/s～45Mbit/s 之间。

2. 电力线上网的不足

电力线上网的缺点主要表现在电力线的噪声干扰大、信号衰减、安全性低以及稳定性不足方面。由于这些问题的存在，使得电力线上网的各种性能指标相对比较低，这些都是制约电力线上网推广的障碍。同时，目前所运行的电力线上网技术都是在将 PLC 装置装设在配电变压器的靠近用户侧，用户数目也就受到限制。因此，信号传输通过变压器也是电力线上网的一个重要的难题，这个难题得以解决，才能充分发挥电力线覆盖广的特点。另外，电力线上网是多用户共享出口带宽，使得用户的网速不稳定。

第十章 智能电网通信技术

第一节 智能电网概述

什么是智能电网？它与传统的电网有什么区别？智能电网的目标是什么？以及智能电网与现代信息通信技术的关系如何？这一系列问题都将在本章进行探讨。

传统的电力系统是指由发电、变电、输电、配电和用电等环节组成的电能生产与消费系统。其功能是将自然界的一次能源通过发电动力装置（主要包括锅炉、汽轮机、发电机及电厂辅助生产系统等）转化成电能，再经输变电系统及配电系统将电能供应到各负荷中心，通过各种设备再转换成动力、热、光等不同形式的能量，为地区经济发展和人民生活服务。由于电源点与负荷中心多数处于不同地区，电能也无法大量储存，故其生产、输送、分配和消费都在同一时间内完成，并在同一地域内有机地组成一个整体，电能生产与消费必须保持时刻平衡。因此，电能的集中开发与分散使用，以及电能的连续供应与负荷的随机变化，就制约了电力系统的结构和运行。据此，电力系统要实现其功能，就需在各个环节和不同层次设置相应的信息与控制系统，以便对电能的生产和输运过程进行测量、调节、控制、保护、通信和调度，确保用户获得安全、经济、优质的电能。

建立结构合理的大型电力系统不仅便于电能生产与消费的集中管理、统一调度和分配，减少总装机容量，节省动力设施投资，且有利于地区能源资源的合理开发利用，更大限度地满足地区国民经济日益增长的用电需要。电力系统建设往往是国家及地区国民经济发展规划的重要组成部分。电力系统的出现，使得高效、无污染、使用方便、易于调控的电能得到广泛应用，推动了社会生产各个领域的变化，开创了电力时代，发生了第二次技术革命。电力系统的规模和技术水准已成为一个国家经济发展水平的标志之一。

从发电角度看，新能源技术（如光伏发电和风力发电等发电系统）的不断出现，并具有分布、断续和变化发电等特点。而从用户角度看，如何高效合理利用电能，在用户自发电充裕时如何回送到电网中，这些问题都将对电网提出新的要求。而从电网角度看，传统电网不能很好地满足这些要求，主要原因是供电系统和设备不具备"智能"的能力，供电管理者也不能及时充分地了解和掌握用户的需要，缺乏有效的信息交互途径，甚至不具备信息交互的系统和设备的支持。

智能电网为满足新的要求而被提出来了，针对上述多方面进行了概念和框架设计，不同国家和地区又根据各自的情况对智能电网的内涵进行了补充和说明。

一、智能电网的定义

美国国家标准研究院（National Institute of Standards and Technology）对智能电网（smart power grids）进行了定义，即一个由众多自动化的输电和配电系统构成的电力系统，以协调、有效和可靠的方式实现所有的电网运作，具有自愈功能；快速响应电力市场和企业业务需求；具有智能化的通信架构，实现实时、安全和灵活的信息流，为用户提供可靠、经济的电力服务。

中国国家电网公司给出了坚强智能电网的描述，即以坚强网架为基础，以通信信息平台为支撑，以智能控制为手段，包含电力系统的发电、输电、变电、配电、用电和调度各个环节，覆盖所有电压等级，实现"电力流、信息流、业务流"的高度一体化融合，是坚强可靠、经济高效、清洁环保、透明开放、友好互动的现代电网。

中国南方电网公司也对智能电网进行了概括：即智能电网是一个智能、高效和可靠的绿色电网。其中，智能旨在实现电网信息的标准化、一体化、全局化、实时化、共享化、感知化、智能化，开展电网全方位、全过程、全要素的监测、诊断，完善电网精当决策、精准控制、精细管理，支撑电网的高效、可靠运行，支撑绿色电网的发展。

二、智能电网的主要特征

上述对智能电网的定义或描述尽管有一些差别，但智能电网应具有的主要特征还是相同的。

（1）坚强。在电网发生大扰动和故障时，仍能保持对用户的供电能力，不发生大面积停电事故；在自然灾害、极端气候条件下或外力破坏下仍能保证电网的安全运行；具有确保电力信息安全的能力。

（2）自愈。具有实时、在线和连续的安全评估和分析能力，强大的预警和预防控制能力，以及自动故障诊断、故障隔离和系统自我恢复的能力。

（3）兼容。支持可再生能源的有序、合理接入，适应分布式电源和微电网的接入，能够实现与用户的交互和高效互动，满足用户多样化的电力需求并提供对用户的增值服务。

（4）经济。支持电力市场运营和电力交易的有效开展，实现资源的优化配置，降低电网损耗，提高能源利用效率。

（5）集成。实现电网信息的高度集成和共享，采用统一的平台和模型，实现标准化、规范化和精益化管理。

（6）优化。优化资产的利用，降低投资成本和运行维护成本。

（7）互动。用户将和电网进行自适应交互，成为电力系统的完整组成部分之一。

（8）优质。提供21世纪所需要的优质电能，用户的电能质量将得到有效保证。

（9）协调。实现电力系统标准化、规范化、精细化管理，进一步促进电力市场化。

三、智能电网的先进性和优势

与现有电网相比，智能电网体现出电力流、信息流和业务流高度融合的显著特点，其先进性和优势主要表现以下几点：

（1）具有坚强的电网基础体系和技术支撑体系，能够抵御各类外部干扰和攻击，能够适应大规模清洁能源和可再生能源的接入，电网的坚强性得到巩固和提升。

（2）信息技术、传感器技术、自动控制技术与电网基础设施有机融合，可获取电网的全景信息，及时发现、预见可能发生的故障。故障发生时，电网可以快速隔离故障，实现自我恢复，从而避免大面积停电的发生。

（3）柔性交/直流输电、网厂协调、智能调度、电力储能、配电自动化等技术的广泛应用，使电网运行控制更加灵活、经济，并能适应大量分布式电源、微电网及电动汽车充放电设施的接入。

（4）通信、信息和现代管理技术的综合运用，将大大提高电力设备使用效率，降低电能损耗，使电网运行更加经济和高效。

（5）实现实时和非实时信息的高度集成、共享与利用，为运行管理展示全面、完整和精细的电网运营状态图，同时能够提供相应的辅助决策支持、控制实施方案和应对预案。

（6）建立双向互动的服务模式，用户可以实时了解供电能力、电能质量、电价状况和停电信息，合理安排电器使用；电力企业可以获取用户的详细用电信息，为其提供更多的增值服务。

四、智能电网的架构

由 NIST 给出的智能电网的架构如图 10-1 所示，共包括七个工作域。从左下方开始到右下方分别为大容量发电、输电、配电和用户四个工作域。

（1）大容量发电系统（The Bulk Generation Domain）：这一部分是指大规模可再生能源和不可再生能源发电厂。而可再生能源还可以分为动态的和非动态的，如太阳能和风能是动态的，非动态的有水电，生物发电，地热发电和能量存储等系统。非可再生能源则包括核电、煤电、天然气发电。

（2）输电（The Transmission Domain）：通过长距离电力线输送大容量电能到达智能电网的用户。包括电力系统的各级变电站、输电和配电变电站，也包括输电系统层面的能量存储装置和替代性能源。

（3）配电（The Distribution Domain）：配电系统分配电能到终端用户。配电网络连接智能电表和所有智能域的装置，通过无线或有线通信网络管理和控制这些设备，也连接配电层面的能量存储装置和替代性能源。

（4）用户（The Customer Domain）：是指家庭、商业/楼宇和工业用户，这些用户通过智能电表连接到配电网。智能电表控制和管理着能量消费和用电类型的用户，以及传输和能源供应商之间的信息。每一个用户都有自己的住地双向通信网络，并具有发电、存储能源、管理能源使用和电力汽车的接口。

而从图 10-1 的左上到图的右上分别为电力市场、运行维护和服务提供商三个工作域。

（5）电力市场（The Markets Domain）：参与电力市场的运作和协同。提供生产管理、

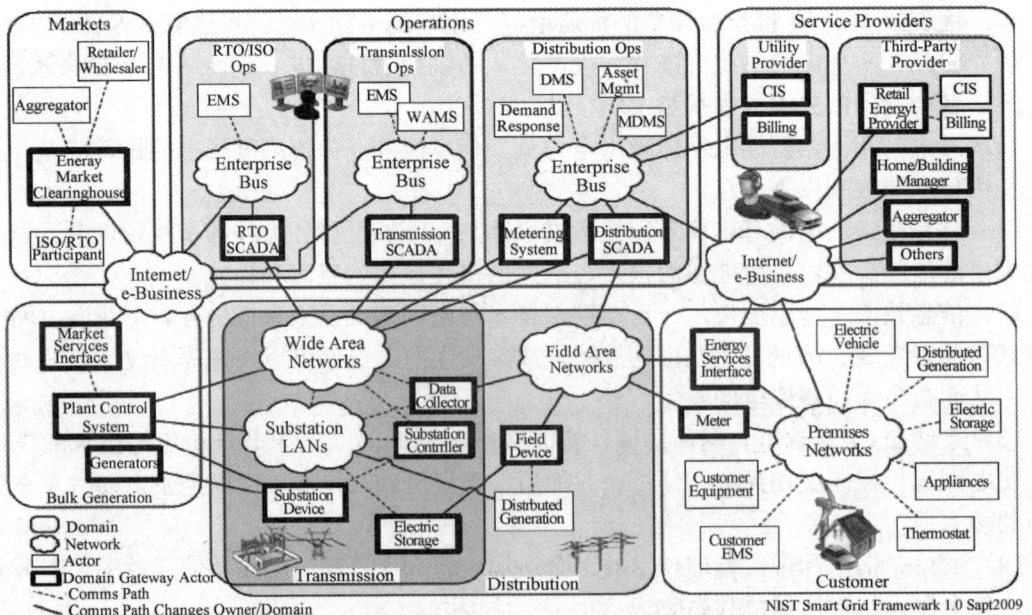

图 10-1　美国国家标准研究院给出的智能电网架构

批发包销、零售和能源贸易服务的运作，与所有其他域的接口确保协同和市场竞争环境。市场域还处理能源信息、票据和第三方服务。

（6）维护运行（The Operations Domain）：管理和控制电能在不同域之间的流动。利用双向通信网络连接变电站、用户住地网和其他智能域装置。提供监视、报告、控制和状态监视、重要信息的处理与决断。收集和处理来自用户、网络和智能商务数据，做出决策支持。

（7）服务提供者（The Service Provider Domain）：处理所有域内第三方运作。如：终端用户的能源消费效率管理；通过 WEB 端口的数据交换获得有关用户、公共事业机构和电力供应者之间的数据，也管理其他公共事业机构，如需求侧响应程序、供电中断和区域服务。

在图 10-1 中，还给出了智能电网中信息与通信的需求状况，其中，虚线代表通信线路；实线代表信息网络的连接关系。可见，各个工作域之间都需要建立通信网络，以完成各种信息的传输。

第二节 智能电网中的通信技术

一、智能电网对通信的总体要求

建立高速、双向、实时、集成的通信系统是实现智能电网的基础，没有这样的通信系统，任何智能电网的特征都无法实现。因为智能电网的各种数据的获取，保护和控制指令的发出都需要这样的通信系统的支持，因此建立通信系统是迈向智能电网的第一步。同时，通信系统要和电网一样深入到千家万户，这样就形成了两张紧密联系的网络—电网和通信网络，只有这样才能实现智能电网的目标和主要特征。

高速、双向、实时和集成的通信系统使智能电网成为一个动态的、实时信息和电力交换互动的大型的基础设施。当这样的通信系统建成后，它可以提高电网的供电可靠性和资产的利用率，繁荣电力市场，抵御电网受到的攻击，从而提高电网价值。高速双向通信系统的建成，智能电网可实现连续不断地自我监测和校正。应用先进的信息通信技术，实现其最重要的特征—自愈特征。可以监测各种扰动，进行补偿，重新分配潮流，避免事故的扩大。高速双向通信系统使得各种不同的智能电子设备（IEDs）、智能表计、控制中心、电力电子控制器、保护系统以及用户进行网络化的通信，提高对电网的驾驭能力和优质服务的水平。

对于通信技术的总体要求是：开放的通信架构，形成一个"即插即用"的环境，使电网元件之间能够进行网络化的通信；统一的技术标准，它能使所有的传感器、智能电子设备（IEDs）以及应用系统之间实现无缝的通信，即信息在所有这些设备和系统之间能够得到完全的理解，实现设备与设备之间、设备与系统之间、系统与系统之间的互操作功能。由于现有通信系统已经承担传统电网的维护运行，智能电网也是在现有电网和信息通信网络基础上进行建设与发展，不存在重新建设一个电网叫做智能电网的可能，因此，也没有必要针对智能电网的要求重新研发新的信息通信技术。必须利用各种已存在的信息通信领域的标准、规范和建议，利用已存在的各种信息通信技术来满足智能电网的要求。

未来的智能电网将取消所有的电磁表计及其读取系统，取而代之的是可以使电力公司与用户进行双向通信的智能固态表计。基于微处理器的智能表计将有更多的功能，除了可以计量每天不同时段电力的使用和电费外，还能储存电力公司下达的高峰电力价格信息及电费费率，并通知用户实施什么样的费率政策。更高级的功能有用户自行根据费率政策，编制时间表，自动控制用户内部电力使用的策略。

对于电力公司来说，参数量测技术给电力系统运行人员和规划人员提供更多的数据支持，包括功率因数、电能质量、相位关系（WAMS）、设备健康状况和能力、表计的损坏、故障定位、变压器和线路负荷、关键元件的温度、停电确认、电能消费和预测等数据。新的软件系统将收集、储存、分析和处理这些数据，为电力公司的其他业务所用。

未来的数字保护将嵌入计算机代理程序，极大地提高系统可靠性。计算机代理程序是一个自治和交互的自适应的软件模块。广域监测系统、保护和控制方案将集成数字保护、先进的通信技术以及计算机代理程序。在这样一个集成的分布式的保护系统中，保护元件能够自适应地相互通信，这样的灵活性和自适应能力将极大地提高可靠性，因为即使部分系统出现了故障，其他的带有计算机代理程序的保护元件仍然能够保护系统。

二、各工作域对通信的要求

在图 10-1 给出的智能电网的架构中，划分了工作域，不同的工作域其地理范围不同，对通信信息网络的要求也不同。与之相对应的信息通信网络可划分成广域网（Wide Area Network，WAN）、场区网（Field Area Network，FAN）或邻域网（Neighborhood Area Network，NAN）以及用户网（Home Area Networks，HAN）三类。由于地理范围不同，承载的业务也不同，能够适应的信息通信网络也就不同。

各种通信技术是在网络的用户之间提供双向通信，这里用户是指区域市场管理者、公共事业机构、服务提供商和消费者。允许电力系统运行管理者监视他们自己的系统和相邻系统，以保证能源更可靠地分配和输送。协调和整合技术系统，例如可再生资源、需求侧响应、电能贮藏装置和电力交通运输系统，确保电网和通信网的安全。

通信信息网络将面临的问题还有：通信信息网络是否可靠而富有弹性？能否 100% 覆盖？智能电表的抄通率能否达到 99.9%？采用的技术能否随技术的发展而跟进？能否防止来自网络的攻击？在考虑通信网络弹性时，必须考虑到处理网络事件的能力，数据的可靠性，网络提供的服务质量。实现端到端的可靠性，通信基础设施需要设计具有多种单元组，如果接入网发生中断时，可利用冗余线路改变路由。这些单元组和网络的建立需要多个地理分布和后备电源，确保可以满足一定服务水平和范围的可靠性和弹性要求，并进行定期的紧急事件演习，确保当事故发生时很快利用备份网络处理网络中断的发生。如果采用专用/非商用通信基础设施，必须持续资助通信网络的维护运行和管理，以保证网络的可靠性和弹性，减轻网络安全风险。在做出采用公网还是专网的决定之前，电力公司公司要清楚依靠公网和专网的费用成本差别。

如果信息通信网络缺乏覆盖面，信息收集不全，可靠性将变差。覆盖面的考虑要从住宅延伸到市区、郊区和农村。为了智能电网有效应用，网络基础设施需要多种技术措施。采用光纤、无线、电力线通信（BPLC）和卫星等通信技术构造信息通信网络。根据图 10-1 给出的工作域划分，将采用的信息通信技术可以概括如下。

1. WAN 技术

地理范围一般几十千米以上，甚至达到几千千米，这个范围网络称为广域，WAN 技术是指适合在这个距离以上的信息通信技术。与 WAN 相适应的信息传输主要是光纤通信系统。光纤通信具有足够的带宽，且可靠性高、经济性好和易于维护等优点，因此，大范围的通信系统首选光纤通信，应用广泛的 SDH、ASON 和 OTN 技术都基于光纤而建立系统，物理层面的密集波分复用（DWDM）和粗波分复用（CWDM）更是针对光通信而提出的，使得光通信占据主导地位。

在我国电力系统中，输变电系统和维护运行管理者（电力企业）之间已经建立起电力通信专用网络，并具有很高的信息传输带宽和可靠性。这些通信网络以电力特种光缆为传输媒介，以 SDH 传输设备为主结合多业务传送平台（MSTP）接入各类业务，以满足电力生产的要求。SDH/MSTP 技术是电力系统通信网的主流技术，在主干电力传输网中的应用非常广泛，它以高传输带宽、支持多种环网保护协议、抗干扰性强等性能为电力通信提供了一个健壮的平台。而在部分配电系统中，光通信网络也得到广泛应用，将电力特种光缆铺设到低压变电站，建立通信网络，完成电力信息传输。在图 10-1 中，智能电网中的 WAN 范围一般是指高压输电系统所到达的范围，作为 220kV 和 500kV 主干输电线路，一般为几十到几百千米范围内，甚至上千千米。因此，适合于这里的 WAN 通信系统仍然是光通信技术。

卫星通信系统作为 WAN 技术也具有一定的优势，卫星通信也具有带宽比较宽、可靠性高和经济性较好的特点。如果业务量不是很大，可通过租用卫星转发器建立专用通信系统。

在 WAN 范围内，其他无线通信技术也可以作为信息通信技术的补充，如 2G、3G 和 4G 网络都能够承载部分业务，但由于带宽的限制，大容量业务传输由 2G 和 3G 承载是不现实的。

2. FAN（NAN）技术

城域网（MAN：Metropolitan Area Network）的范围一般是在几公里到几十公里。对照图 10-1 可知，FAN（NAN）处于配电系统的范围内，也包括农电网络，与 MAN 的范围相当。

（1）配电网的构成。配电网是由架空（大城市采用地埋）线路、电缆、杆塔、配电变压器、隔离开关、无功补偿电容以及一些附属设施等组成的。在电力网中起分配电能作用的网络就称为配电网。

（2）配电的类型。配电网按电压等级来分类，可分为高压配电网（35～110kV）；中压配电网（6～10kV，个别地区有 20kV 的）；低压配电网（220/380V）；在负载率较大的特大型城市，220kV 电网也有配电功能。

按供电区的功能来分类，配电网可分为城市配电网，农村配电网和工厂配电网等。在城市电网系统中，主网（输电）是指 110kV 及其以上电压等级的电网，主要起连接区域高压（220kV 及以上）电网的作用。

（3）配电网的特点。35kV 及其以下电压等级的电网，作用是给城市里各个配电站和各类用电负荷供给电源。配电网一般采用闭环设计、开环运行，其结构呈辐射状。在配电网中，城市 10kV 线路的长度比较短，最长仅为几千米的距离。

智能电网的终端用户就处于配电网内，配电系统的信息通信业务包括：配电自动化信息，用电信息、用户需求信息和未来的电能交易信息等。

配电自动化（DA）是一项集计算机技术、数据传输、控制技术、现代化设备及管理于一体的综合信息管理系统，其目的是提高供电可靠性，改进电能质量，向用户提供优质服务，降低运行费用，减轻运行人员的劳动强度。对于工厂/建筑等终端用户的配电设备的自动化管理，是为了提高配电系统运行的可靠性，对于事故实现提前预告，提高工作效率，并达到经济运行的目标。

配电自动化的功能是负责城区 10kV 系统的配网的监视/控制的自动化管理，优化城区配网结构，合理高效用电管理，事故的预告和故障的及时处理。传送的信息包括配电网

SCADA 信息、配电地理信息系统数据、需方管理（DSM）信息、调度员仿真调度指令、故障呼叫服务系统和工作管理系统信息等一体化的综合自动化信息，形成了集变电站自动化、馈线分段开关测控、电容器组调节控制、用户负荷控制和远方抄表等系统于一体的配电网管理系统（DMS），功能多达 140 余种。

由于 FAN（NAN）的主要管理对象是配网自动化信息的传输，其业务特点是数据量大，但传输距离短。因此，一些接入网技术得到了广泛的应用。适合于 FAN（NAN）的信息通信技术主要是无源光网络（PON）技术，如 EPON 和 GPON 技术，宽带电力线通信（Band Power Line，BPL）技术以及无线通信技术。无线通信技术可以采用 Mesh、WI-FI或者其他无线通信技术。在配电网自动化通信中，SDH 设备对其工作环境要求较高、带宽利用率较低、施工难度较大、成本较高，使得 SDH/MSTP 技术在配电网中自动化系统中的应用有些不切实际。

3. HAN 技术

对于用户而言，采用什么技术是自己的选择，一般不受在 WAN 和 FAN（NAN）中应用技术的制约，用户可以构建自己的网络形态，只要在网络互连时提供适合的接口即可。对于一个家庭来说，HAN 的范围很小，小到几米的范围，大到几十米或上百米。适合于这个范围的网络技术都很成熟，种类繁多，应用广泛。基于 IEEE Std 802.15.4 个人局域网（如ZigBee SEP 2.0 个域网），基于 IEEE Std 802.11 无线局域网（WLAN），基于 IEEE Std 1901 宽带电力线通信，基于 IEEE Std 802.3 局域网（LAN），基于 IEEE Std 802.16 的WiMax 等多种技术，都得到了广泛的应用。在智能电网条件下，用户不仅仅是从电网获得电能的消费者，也为电网提供电能，以发挥更大的能源供给能力和能源利用效率。

在 HAN 中，交换的信息特点是：抄表信息端到端的传输时延为<4ms～15s；其他业务的典型带宽为：1kbit/s～30Mbit/s，传输时延在 <1～1500ms，数据包长度为 10B～1500B。

对于公司和楼宇类型的用户来说，HAN 的范围要比家庭大很多，因此，局域网技术应用最为广泛。今后，随着 4G 网络的建设与发展，建立与智能电网的信息互通途径，无线宽带通信技术将成为重要的接入网技术。

第三节　几种典型通信技术及其应用

1. PON 技术

EPON 是一种新型的光纤接入网技术，其物理层采用了 PON 技术，在链路层使用以太网协议，综合了 PON 技术和以太网技术的优点。

EPON 系统的主要设备有光线路终端（OLT：Optical Line Terminal），光网络单元（ONU：Optical Network Unit），光网络终端（ONT：Optical Network Terminal），光分配网（ODN：Optical Distribution Network）其系统结构如图 10-2所示。

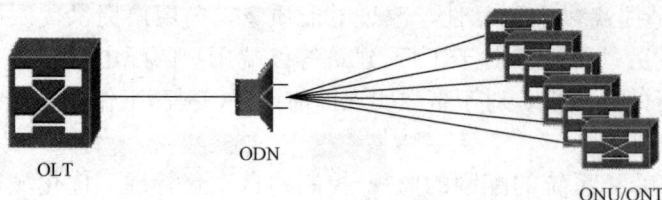

图 10-2　EOPN 的系统组成

EPON 系统采用 WDM 技术,实现单纤双向传输。为了分离同一根光纤上多个用户的来去方向的信号,采用两种复用技术:下行数据流采用广播技术;上行数据流采用 TDMA 技术。

MPCP 即 Muti-Point Control Protocol 多点控制协议,是 MAC control 子层的一项功能。MPCP 使用消息、状态机、定时器来控制访问 P2MP(点到多点)的拓扑结构。在 P2MP 拓扑中的每个 ONU 都包含一个 MPCP 的实体,用以和 OLT 中的 MPCP 的一个实体相互通信。因为 PON 的多点广播特性,所有的下行数据都会被广播到 PON 系统中所有的 ONU 上。如果有一个匿名用户将它的 ONU 接收限制功能去掉,那么它就可以监听到所有用户的下行数据,这在 PON 系统中称为"监听威胁",PON 网络的另一个特点是,网络中 ONU 不可能监测到其他 ONU 的上行数据。在 PON 上解决安全性的措施是 ONU 通过上行信道传送一些保密信息(如数据加密密钥),OLT 使用该密钥对下行信息加密,因为其他 ONU 无法获知该密钥,接收到下行广播数据后,仍然无法解密获得原始数据。

GEPON 和 EPON 在标准定义方面是一脉相承的。基于 IEEE802.3av 的 10GEPON 在波长规划、控制协议和管理机制等方面都进行了完善的考虑,10GEPON 几乎完全继承了现有的 EPON 标准,仅仅是对 EPON 的 MPCP 协议(IEEE802.3)进行扩展,增加了 10Gbit/s 能力的通告与协商机制,保证了 10G EPON 可以充分利用现有 EPON 的运维方案和管理机制。是智能电网中 FAN(NAN)可选择的技术之一。而且,大量 EPON 示范工程已经证实了该技术的适用性。

采用 EPON 技术,为智能电网提供信息通信支撑。光缆/光纤网络的投资比重很大,光缆/光纤网络的调整和改造涉及面广,周期长,工程复杂,建成后需长期、稳定使用,后续技术和带宽升级最好在设备层面实施。

配用电通信网骨干网采用以太网无源光网络(EPON)技术时,可覆盖 110kV 变电站至 10kV 开关站,拓扑结构以"手拉手"全保护倒换型为主。EPON 适合于利用城市配电杆塔架设线路,或者预设管道的城市,而已经规划到地下的输电线路再挖开重新铺设光缆,显得费用过高。

采用 EPON 技术构建配电通信系统,光缆布放是随着配电网电缆走向实施的,通信网络的结构与电力配电网缆线结构相符合,图 10-3 所示为 EPON 链型组网,其结构契合单电源辐射网络,在配电子站布放 OLT,通过 OLT 的 1 个 PON 口级联多个 POS,POS 可置于每一个分段(如杆塔或缆线分支箱),每个 ONU 置于 FTU 或其他箱体内。

图 10-4 所示为 EPON 全链路保护组网,其结构契合双电源手拉手网络,在两个配电子站分别布放 OLT,通过两个方向利用 POS 进行

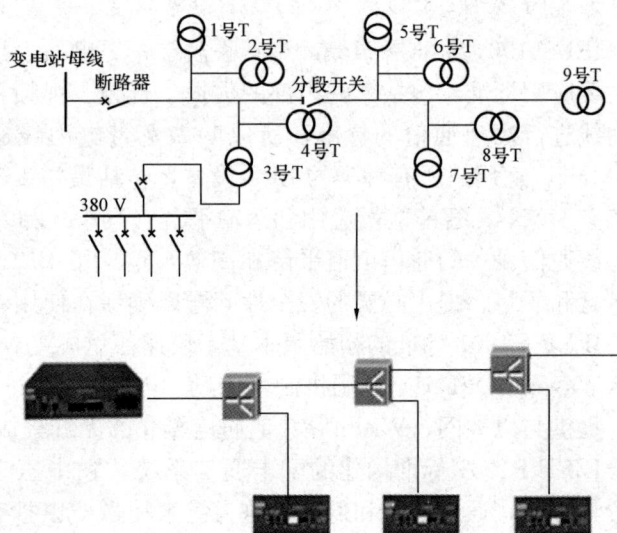

图 10-3 EPON 链型组网

级联延伸，每个 ONU 的上行链路都通过双 PON 口进行链路 1+1 冗余保护，设备布放位置同链形组网方式。为了提高可靠性，还可以采用其他网络结构。

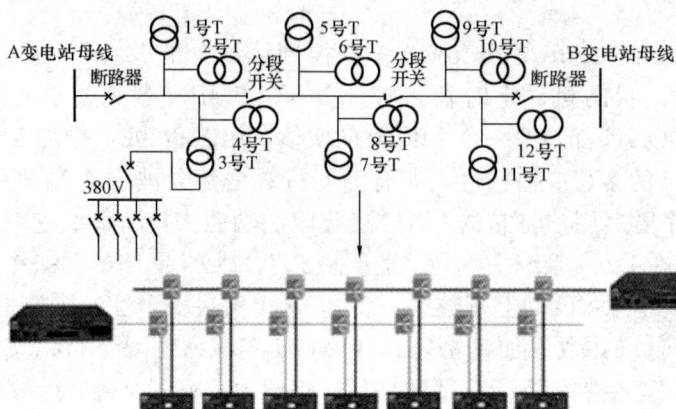

图 10-4　EPON 全链保护组网

EPON 设备的取电通常可以通过电压互感器变换电压、二次侧可输出为 220VAC，就近配电变压器取电等方式进行，工程实际中，开闭所、负荷中心、用户电表处取电相对方便，环网柜、柱上开关、变压器等处可靠电压互感器＋蓄电池（UPS）方式取电。目前市场上的 ONU 设备基本能够采用宽泛的电压设计或者交直流双备份的方式实现电源保障。现有配电网通信终端（FTU/DTU/RTU）的通信接口以 RS232/485 为主，随着以太网技术应用的不断发展，以太口（RJ45）最终会取代绝大部分的电力通信设备的接口。与传统的调度自动化系统相比，配电系统自动化终端节点数量极大，并且节点分散、通信距离短、每个节点的数据量较小、实时性要求高，各种不同类型终端的速率要求大致分布在 300bit/s～2Mbits之间，而 EPON 系统基本可提供 1.25Gbit/s 的上下行速率，并提供以以太口为主、RS232/485 口为辅的数据接口，满足配电自动化系统的带宽和接口的发展要求。

2. BPL 技术

IEEE 1901 标准是 HomePlug 联盟首先提出的，是电力线通信中覆盖物理层和 MAC 层的主要应用标准。包括家庭内部的数据、音频、视频和电动汽车等设备的联网。定义了借助电力线进行高速通信的标准，所以叫做宽带电力线通信（BPL）。该标准的应用频率小于100MHz，适用于所有种类的 BPL 设备，包括最初 1 千米和最后 1 千米接入到宽带的服务，即楼宇 LANs、智能能量应用和运输平台（汽车）和其他分布式数据。该标准着重关注各种电力线通信设备的通信信道平衡和高效，定义了 BPL 设备的共存和互操作机制，以确保所需带宽和质量，提出必要的安全性问题以确保在使用者之间的隐私通信和敏感服务。

IEEE P1901 标准的初始版本基于快速傅里叶变换（FFT）和离散小波变换正交频分复用（Wavelet OFDM）调制机制，借助 BPL 设备通过交流供电线提供超过 100Mbit/s 的带宽，提供与以太网、Wi-Fi 等其他通信媒介的无缝集成。

IEEE P1901 标准构建的配电通信系统，在中压（MV）设置骨干节点，在低压（LV）设置集中器，通过中压和低压的电力线来输送或以抄表数据为主的信息。LV 集中器和 MV 节点用于连接智能电表与电力企业的中央控制中心，建构成一个双向实时的 TCP／IP 网络。在能源管理应用上，家庭用户可以通过 PLC 产品进行远程控制及监视家里的电器，从而达到节能省电的目的。IEEE P1901 标准更适合于用户数据量不大，大范围居住（农村、牧区），居住分散的布局的场合。图 10-5 所示为一种 BPL 技术应用系统结构。

3. 无线 Mesh 技术

Mesh 网络即无线网格网络，是一个无线多跳网络，由 ad hoc 网络发展而来，是解决"最后一公里"问题的关键技术之一。在下一代网络演进的过程中，无线是一个不可或缺的技术。无线 mesh 可以与其他网络协同通信。是一个动态的可以不断扩展的网络架构，任意的两个设备均可以保持无线互联。

图 10-5　BPL 技术的应用

Mesh WLAN 网络要比单跳网络更加稳定，这是因为在数据通信中，网络性能的发挥并不是仅依靠某个节点。在传统的单跳无线网络中，如果固定的 AP 发生故障，那么该网络中所有的无线设备都不能进行通信。而在 Mesh 网络中，如果某个节点的 AP 发生故障，它可以重新再选择一个 AP 进行通信，数据仍然可以高速地到达目的地。从物理角度而言，无线通信意味着通信距离越短，通信的效果会越好。因为随着通信距离的增长，无线信号不但会衰弱而且会相互干扰，从而降低数据通信的效率。而在 Mesh 网络中，是以一条条较短的无线网络连接代替以往长距离的连接，从而保证数据可以以高速率在节点之间快速传递。Mesh 技术可以使 WLAN 的安装部署，网络扩容更加方便。许多厂家都推出了功能丰富的 Mesh 产品，从而使部署大规模运营级无线城域网成为可能。某些产品开发了 DMA 协议（Dynamic Mesh Architecture，动态 mesh 架构），使无线访问点具有自动配置网络，并使网络效率最优化的特性。提供自我组织，自我修复，更新动态网络连接，确保网络安全等功能。

无线 Mesh 网络基于呈网状分布的众多无线接入点间的相互合作和协同，具有宽带高速和高频谱效率的优势，具有动态自组织、自配置、自维护等突出特点，因此，无线 Mesh 技术和网络的研究开发与实际应用，成为当前无线移动通信的热门课题之一，特别在未来移动通信系统长期演进（LTE）中，无线 Mesh 技术和网络成为瞩目焦点。无线 Mesh 网络技术具有以下诸多无可比拟的优势：

骨干网 Mesh 结构是由 Mesh 路由器网状互连形成的，无线 Mesh 骨干网再通过其中的 Mesh 路由器与外部网络相连。Mesh 路由器除了具有传统的无线路由器的网关、中继功能外，还具有支持 Mesh 网络互连的路由功能，可以通过无线多跳通信，以低得多的发射功率获得同样的无线覆盖范围。

客户端 Mesh 结构是由 Mesh 用户端之间互连构成一个小型对等通信网络，在用户设备间提供点到点的服务。Mesh 网用户终端可以是手提电脑、手机、PDA 等装有无线网卡、天线的用户设备。这种结构实际上就是一个 Ad hoc 网络，可以在没有或不便使用现有的网络

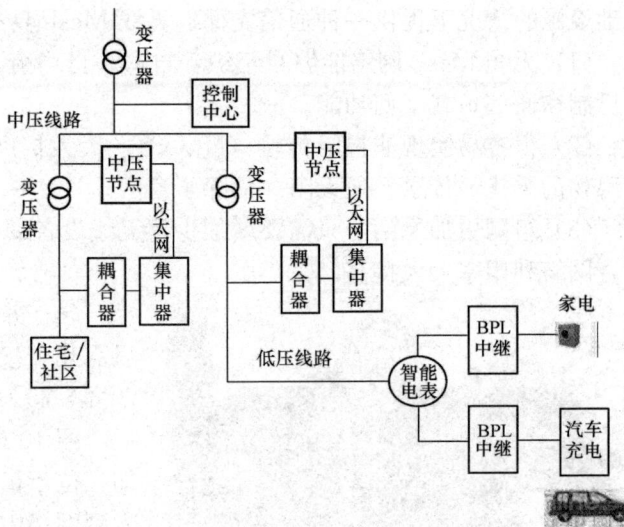

基础设施的情况下提供一种通信支撑。无线 Mesh 具有如下特点。

（1）无线 Mesh 网络能够自组织、自愈、自均衡，可靠性大大增强，还提供了更大的冗余机制和通信负载平衡功能。

（2）很容易实现非视距传输（NLOS），大大扩展了应用领域和覆盖范围，信号避开了障碍物的干扰，传送畅通无阻，消除了盲区。

（3）组网更加灵活，只需要增加少量无线设备即可。网络的柔韧性和可行性更强大更完善，网络利用率大大提高。

（4）兼容多种类型接入方式，连接到 Internet 只需几个接入点，大大减少网络成本，能够降低 70％～75％的运营和安装成本。

图 10-6 是无线 Mesh 应用示意图。从图中可知，位于街道旁的用户可以方便地将数据信息接入到网络中，实现信息传输的目的。

该项技术适合于 FAN 或 NAN 的环境中。配合 EPON 技术，可以构建大范围的信息通信网络，是智能电网建设信息通信系统的有力方案之一。

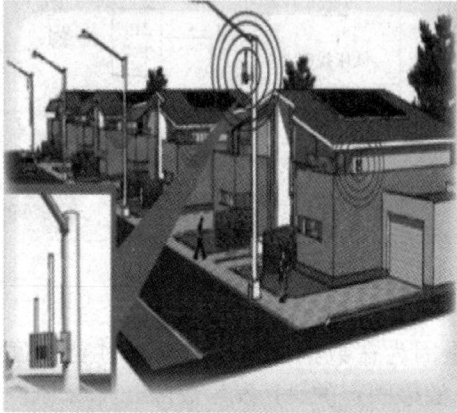

图 10-6　无线 mesh 网络的应用示意图

4. WiMax 技术

WiMax 具有 QoS 保障、传输速率高、业务丰富多样等优点。WiMAX 的技术起点较高，采用了代表未来通信技术发展方向的 OFDM/OFDMA、先进天线系统（AAS）、多输入多输出（MIMO）等先进技术，随着技术标准的发展，WiMAX 逐步实现宽带业务的移动化，而 3G 则实现移动业务的宽带化，两种网络的融合程度会越来越高。

WiMAX 标准支持移动，便携式和固定服务选项。用于固定 WiMAX 部署中，服务提供商提供客户端设备（CPE），作为指向无线"modem"以提供的界面为 WiMAX 网络为特定位置，如家庭、网吧，或办公室。WiMAX 也以及适合新兴市场作为的经济方法提供高速度互联网。

在 WiMax 技术的应用条件下（室外远距离），无线信道的衰落现象非常显著，在质量不稳定的无线信道上运用 TCP/IP 协议，其效率可能十分低下。WiMax 技术在链路层加入了 ARQ 机制，减少到达网络层的信息差错，可大大提高系统的业务吞吐量。同时 WiMax 采用天线阵、天线极化方式等天线分集技术来应对无线信道的衰落。这些措施都提高了 WiMax 的无线数据传输的性能。

WiMax 适合于大范围用户，数量不够集中的场合应用。作为智能电网信息通信技术的选择时，适合接入郊区或山区等地域的用户，建设成本较低。

5. LTE 技术

LTE（Long Term Evolution 长期演进）技术是 3G 的演进，始于 2004 年 3GPP 的多伦多会议。LTE 通常被人们误解为 4G 技术，而是 3G 与 4G 技术之间的一个过渡，是 3.9G 的全球标准，它改进并增强了 3G 的空中接入技术，采用 OFDM 和 MIMO 作为其无线网络演进的唯一标准。在 20MHz 频谱带宽下能够提供下行 326Mbit/s 与上行 86Mbit/s 的峰值速率。改善了小区边缘用户的性能，提高小区容量和降低系统延迟。

用户平面内的单向传输时延低于 5ms，控制平面从睡眠状态到激活状态的迁移时间低于 50ms，从驻留状态到激活状态的迁移时间小于 100ms；支持最大 100km 半径的小区覆盖；能够为 350km/h、最高 500km/h 高速移动的用户提供＞100kbit/s 的接入服务；支持成对或非成对频谱，并可灵活配置从 1.25MHz～20MHz 多种带宽。

LTE 网络结构与核心技术：LTE 采用由 NodeB 构成的单层结构，这种结构有利于简化网络和减小延迟，实现了低时延，低复杂度和低成本的要求。接入网主要由演进型 NodeB (eNodeB) 和接入网关（Access Gateway，AGW）两部分构成。AGW 是一个边界节点，若将其视为核心网的一部分，则接入网主要由 eNodeB 一层构成。eNodeB 不仅具有原来 NodeB 的功能外，还能完成原来 RNC 的大部分功能，包括物理层、MAC 层、RRC、调度、接入控制、承载控制、接入移动性管理和 Inter-cell RRM 等。Node B 和 Node B 之间将采用网格（Mesh）方式直接互联，这也是对原有 UTRAN 结构的重大改进。

LTE 的主要技术特征：3GPP 从系统性能要求、网络的部署场景、网络架构、业务支持能力等方面对 LTE 进行了详细的描述。与 3G 相比，LTE 具有如下技术特征：

（1）通信速率有了提高，下行峰值速率为 100Mbit/s、上行为 50Mbit/s。

（2）提高了频谱效率，下行链路 5（bit/s）/Hz，（3～4 倍于 R6 版本的 HSDPA）；上行链路 2.5（bit/s）/Hz，是 R6 版本 HSU-PA 的 2～3 倍。

（3）以分组域业务为主要目标，系统在整体架构上将基于分组交换。

（4）QoS 保证，通过系统设计和严格的 QoS 机制，保证实时业务（如 VoIP）的服务质量。

（5）系统部署灵活，能够支持 1.25MHz～20MHz 间的多种系统带宽，并支持"paired"和"unpaired"的频谱分配。保证了将来在系统部署上的灵活性。

（6）降低无线网络时延：子帧长度 0.5ms 和 0.675ms，解决了向下兼容的问题并降低了网络时延，时延可达 U-plan＜5ms，C-plan＜100ms。

（7）增加了小区边界比特速率，在保持目前基站位置不变的情况下增加小区边界比特速率。如 MBMS（多媒体广播和组播业务）在小区边界可提供 1bit/s/Hz 的数据速率。

（8）强调向下兼容，支持已有的 3G 系统和非 3GPP 规范系统的协同运作。

与 3G 相比，LTE 更具技术优势，具体体现在高数据速率、分组传送、延迟降低、广域覆盖和向下兼容。随着 LTE 技术的完善，智能电网信息通信技术的选择中必将引入该技术。

6. ZigBee 技术

Zigbee 是基于 IEEE802.15.4 标准的低功耗个域网协议。主要适用于自动控制和远程控制领域，可以嵌入各种设备，是一种便宜的，低功耗的近距离无线组网通讯技术。

ZigBee 协议从下到上分别为物理层（PHY）、媒体访问控制层（MAC）、传输层（TL）、网络层（NWK）、应用层（APL）等。其中物理层和媒体访问控制层遵循 IEEE 802.15.4 标准的规定。

在智能电网的建设中，物联网技术得到广泛的应用，各类信息（温度、电压、电流、油液位等）的采集，需要通过网络收集，Zigbee 作为一种短距离无线通信技术，为用户提供无线数据传输功能，因此在物联网领域具有非常强的可应用性。

第四节 物联网与智能电网

一、物联网概念的提出与发展历程

物联网即 IOT (The Internet of Things)，早在 1995 年，比尔·盖茨在其《未来之路》一书中已提及物联网概念。

物联网的概念最早于 1999 年由麻省理工学院 Auto-ID 研究中心提出，定义为：把所有物品通过射频识别（RFID）、红外感应器、全球定位系统、激光扫描器等信息传感设备与互联网连接起来，实现智能化识别和管理。这个概念，实质上等于 RFID 技术和互联网的结合应用。RFID 标签可谓是早期物联网最为关键的技术与产品环节，当时人们认为物联网最大规模、最有前景的应用就是在零售和物流领域，利用 RFID 技术，通过计算机互联网实现物品或商品的自动识别和信息的互联与共享。

2005 年，国际电信联盟（ITU）在 IOT 报告中对物联网概念进行扩展，提出任何时刻、任何地点、任何物体之间的互联，无所不在的网络和无所不在计算，除 RFID 技术外、传感器技术、纳米技术、智能终端等技术将得到更加广泛的应用。

2009 年 1 月，自 IBM 提出"智慧地球"后，物联网在世界范围再掀热潮，发展物联网技术被迅速纳入多个国家的重大信息发展战略中。

2009 年 8 月，温家宝总理提出"感知中国"，"物联网"成为国内热点，加快物联网技术研发，促进物联网产业的快速发展已成为国家战略需求。

到目前为止，物联网概念已逐步深入人心，在国外，物联网被视为危机时代的"救世主"，许多发达国家将发展物联网视为新的经济增长点，在国内物联网被称为信息技术的第三次革命性创新得到大规模发展，应用扩展到多个行业，形成大量示范工程。

二、物联网定义与特征

1. 物联网的定义

物联网是指通过射频识别（RFID）、红外感应器、全球定位系统、激光扫描器等信息传感设备，按约定的协议，把任何物品与互联网相连接，进行信息交换和通信，以实现对物品的智能化识别、定位、跟踪、监控和管理的一种网络。

2. 物联网的特征

物联网的具有如下三个特征：

（1）全面感知，利用 RFID，传感器，二维码等随时随地获取物体的信息。

（2）可靠传递，通过各种电信网络与互联网的融合，将物体的信息实时准确地传递出去。

（3）智能处理，利用云计算，模糊识别等各种智能计算技术，对海量的数据和信息进行分析和处理，对物体实施智能化的控制。

物联网是一个基于互联网、传统电信网等信息承载体，让所有能够被独立寻址的普通物理对象实现互联互通的网络。它具有普通对象设备化、自治终端互联化和普适服务智能化特征。

3. 物联网与互联网关系

最早的是固定互联网，离开了连接线不可能进入网络。后来，随着移动通信的发展，出现了移动互联网。但不论移动的还是固定的互联网，都是人和人相连。第三代互联网是人和物相连，这个时候，我们把互联网叫做物联网，在中国叫做传感网。

与互联网相比，物联网在 anytime、anyone、anywhere 的基础上，又拓展到了 anything。人们不再被局限于网络的虚拟交流，有人与人（P2P），也包括机器与人（M2P）、人与人（P2P）、人与机器（P2M）、机器对机器即 M2M 之间广泛的通信和信息的交流。

三、物联网的体系架构

物联网大致被公认为有三个层次：底层为用来感知数据的感知层，第二层为数据传输的网络层，最上面则为内容应用层，如图 10-7 所示。各层的功能如下：

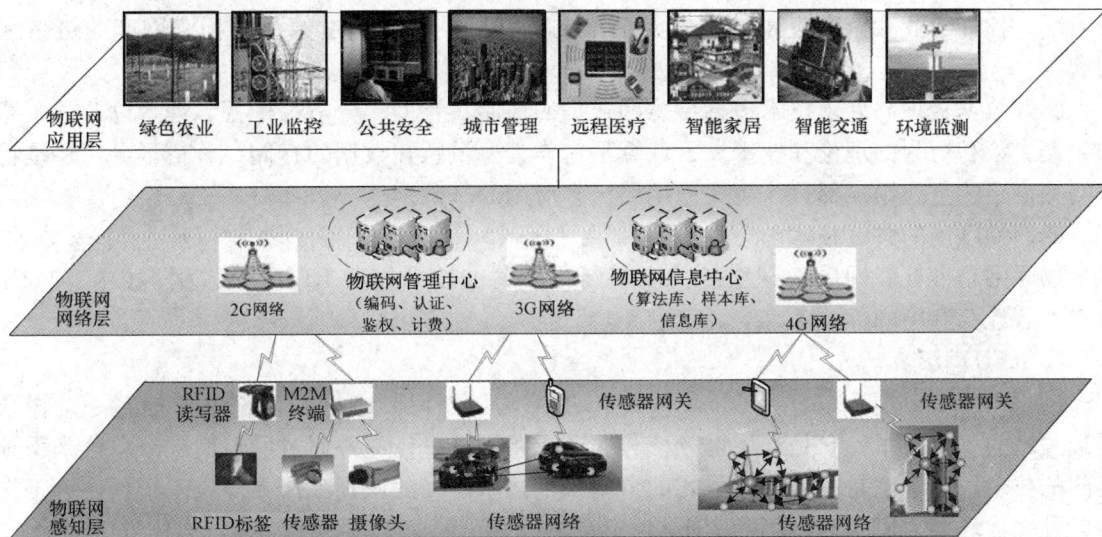

图 10-7 物联网的三层体系架构

（1）感知层。

感知层包括传感器等数据采集设备，包括数据接入到网关之前传感器网络。

对于目前关注和应用较多的 RFID 网络来说，张贴安装在设备上的 RFID 标签和用来识别 RFID 信息的扫描仪、感应器属于物联网的感知层。在这一类物联网中被检测的信息是 RFID 标签内容，高速公路不停车收费系统、超市仓储管理系统等都是基于这一类结构的物联网。

用于战场环境信息收集的智能微尘（Smart Dust）网络，感知层由智能传感节点和接入网关组成，智能节点感知信息（温度、湿度、图像等），并自行组网传递到上层网关接入点，由网关将收集到的感应信息通过网络层提交到后台处理。环境监控、污染监控等应用是基于这一类结构的物联网。

感知层是物联网发展和应用的基础，RFID 技术、传感和控制技术、短距离无线通信技术是感知层涉及的主要技术。其中又包括芯片研发，通信协议研究，RFID 材料，智能节点供电等细分的技术。

（2）网络层。

物联网的网络层将建立在现有的移动通信网和互联网基础上。物联网通过各种接入设备与移动通信网和互联网相连，如手机付费系统中由刷卡设备将内置手机的 RFID 信息采集上传到互联网，网络层完成后台鉴权认证并从银行网络划账。

网络层也包括信息存储查询，网络管理等功能。网络层中的感知数据管理与处理技术是实现以数据为中心的物联网的核心技术。

（3）应用层。

物联网应用层利用经过分析处理的感知数据，为用户提供丰富的特定服务。物联网的应用可分为监控型（物流监控、污染监控），查询型（智能检索、远程抄表），控制型（智能交通、智能家居、路灯控制），扫描型（手机钱包、高速公路不停车收费）等。

应用层是物联网发展的目的，软件开发、智能控制技术将会为用户提供丰富多彩的物联网应用。各种行业和家庭应用的开发将会推动物联网的普及，也给整个物联网产业链带来利润。

感知数据管理与处理技术包括传感网数据的存储、查询、分析、挖掘、理解以及基于感知数据决策和行为的理论和技术。云计算平台作为海量感知数据的存储、分析平台，将是物联网网络层的重要组成部分，也是应用层众多应用的基础。

四、物联网的关键技术

物联网是继互联网后又一次的技术革新，其关键技术包括 RFID、传感网技术、M2M 技术、云计算和中间件技术。

1. RFID 技术

RFID 是 Radio Frequency Identification 的缩写，即射频识别，俗称电子标签，是物联网最关键的一个技术。它是利用射频信号实现无接触信息传递并通过所传递的信息达到识别目的的技术。由于它是一种非接触式的自动识别技术，因此识别工作无需人工干预，可工作于各种恶劣环境。RFID 技术可识别高速运动物体并可同时识别多个标签，操作方便快捷。

RFID 系统一般由读写器、标签及信息处理系统三个部分组成。标签是一个内部保存数据的无线收发装置，负责发送数据给读写器。读写器是一个捕捉和处理标签数据的装置，同时还负责与后台处理系统接口。信息处理系统则是在读写器与标签之间进行数据通信所必需的软件集合。

在 RFID 中要实现物体之间的互联就必须给每件物体一个识别编码，也就是用于身份验证的 ID。每个物品都有一个 ID 来证明它的唯一性。正是 RFID 对物体的唯一标识性，使其成为物联网的热点技术。而作为条形码的无线版本 RFID 技术有条形码不具备的防水、防磁、耐高温、可加密等优点。

2. 传感网技术

传感网由大量部署在监测区域内的传感器节点构成的多个无线网络系统，即无线传感网（WSN），它能够实时检测、感知和采集感知对象的各种信息，并对这些信息进行处理后通过无线网络发送出去。物联网正是通过各种各样的传感器以及由它们组成的无线传感网来感知整个物质世界的。

在物联网中，首先要解决的就是获取准确可靠的信息，而传感器是获取信息的主要途径与手段。传感器是一种检测装置，用来感知信息采集点的环境参数，例如声、光、电、热等信息，并能将检测感知到的信息按一定规律变换成电信号或所需形式输出，以满足信息的传输、处理、存储和控制等要求。

传感网是物联网的底层和信息来源，因此需要对其运行状态及信号传输的通畅性进行监测，才能实现对网络的有效控制。传感网除了具有一般无线网络所面临的信息泄露、信息篡改等多种威胁外，还面临节点容易被操纵的威胁，因而在通信前进行节点的身份认证很有必要。

3. M2M 技术

M2M 通过实现人与人（Man to Man）、人与机器（Man to Machine）机器与机器（Machine to Machine）的通信，让机器、设备、应用处理过程与后台信息系统共享信息。M2M 技术的应用几乎涵盖了各行各业，通过"让机器开口说话"，使机器设备不再是信息孤岛，实现对设备和资产有效地监控与管理。

M2M 产品主要无线终端、传输通道和行业应用中心三部分构成。无线终端是特殊的行业应用终端，传输通道是从无线终端到用户端的行业应用中心之间的通道，行业应用中心是终端上传数据的集中点。

M2M 包括硬件和软件平台。其硬件是使机器具有通信或联网能力的部件，能够从各种机器、设备处获取数据并传送到通信网络硬件厂商。M2M 的软件包含中间件、通信网关、实时数据库、集成平台、构件库及行业化的应用套件等。

4. 云计算

云计算（Cloud Computing）是网格计算、并行计算、网络存储等传统计算机技术和网络技术发展融合的产物，旨在通过网络把多个成本相对较低的计算实体整合成一个具有强大计算能力的完美系统。

物联网要求每个物体都与该物体的唯一标示符相关联，这样就可以在数据库中进行检索。随着物联网的发展，终端数量的急剧增长，会产生庞大的数据流，因此需要一个海量的数据库对这些数据信息进行收集、存储、处理与分析，以提供决策和行动。传统的信息处理中心是难以满足这种计算需求的，这就需要引入云计算。

云计算可以为物联网提供高效的计算、存储能力，通过提供灵活、安全、协同的资源共享来构造一个庞大的、分布式的资源池，并按需进行动态部署、配置及取消服务。其核心理念就是通过不断提高"云"的处理能力，最终使用户终端简化成一个单纯的输入输出设备，并能按需享受"云"的强大计算处理能力。

5. 中间件

中间件（Middleware）是处于操作系统和应用程序之间的软件，它屏蔽了底层操作系统的复杂性，使程序开发人员面对一个简单而统一的开发环境，减少程序设计的复杂性，将注意力集中在自己的业务上，从而大大减少了技术上的负担。中间件带给应用系统的，不只是开发的简便、开发周期的缩短，也减少了系统的维护、运行和管理的工作量。

物联网的理念是要实现任何时间、任何地点及任何物体的连接，这个特点决定了屏蔽底层硬件的多样性及应用的复杂性。中间件的特性正好提供了良好的平台，以实现各类信息的关联、融合与互动。基于物联网的应用，中间件的研究应着重于支持多种传感设备的数据采集和处理功能，向上层应用提供终端能力调用接口等。

五、物联网的应用

大规模理想状态的全物联网应用尚未真正实现，但是在智能物流、智能视频监控、智能交通、智能家居等方面物联网进行了大胆的尝试和应用，取得了很好的效果，成为其成功应用的典型案例。

1. 智能物流

所谓智能物流,是基于互联网、物联网技术的深化应用,利用先进的信息采集、信息处理、信息流通、信息管理、智能分析技术,智能化地完成运输、仓储、配送、包装、装卸等多项环节,并能实时反馈流动状态,强化流动监控,使货物能够快速高效地从供应者送达给需求者,降低物流成本、提升物流效率,降低自然资源和社会资源的消耗。

随着现代社会对物流智能化和信息化服务的需求,基于物联网技术的智能物流应运而生,也让物流的科技应用进入一个崭新的阶段,但也面临前所未有的挑战。

智能物流技术至少包括三个层面:最下层是感知互动层,包括 RFID 设备、传感器与传感网等,主要用于物流信息的获取;感知互动层之上是进行物流信息交换传递的资料通路,包括各类接入网与核心网;最上层的是应用服务层,包括资料交换平台、公共服务平台和使用者服务平台。

智能物流系统可用于铁路物资的智能配送、仓储管理,还可用于电子商务环境下的智能物资配送等,而物联网是实现物流智能化的技术手段。

2. 智能交通

智能交通是在当代科学技术充分发展和进步的背景下产生的,旨在将先进的信息技术、数据通信技术、电子控制技术及计算机处理技术等综合运用于地面交通管理体系,建立起一种大范围、全方位、实时、准确、高效的交通管理系统。可以认为智能交通系统是将信息技术应用于交通的设计、规划、管理的一种新型交通系统。智能交通系统是解决城市交通问题的主要方法之一,实质上是利用高新技术对传统的运输系统进行改造而形成的一种信息化、智能化、社会化的新型运输系统。

交通物联网是在物联网战略背景下提出来的。在物联网相关技术应用的背景下,交通物联网可以实现交通工具全程追踪,保证运输的安全;实现城市交通的智能化管理;实现车辆能自动获得更丰富的路况信息,实现自动驾驶等。例如,通过随处都安置的传感器,我们可以实时获取路况信息,帮助监控和控制交通流量。人们可以获取实时的交通信息,并据此调整路线,从而避免拥堵。未来,我们将建成自动化的高速公路,实现车辆与网络相连,从而指引车辆更改路线或优化行程;通过 RFID 技术以及利用激光、照相机和系统技术等的先进自由车流路边系统来无缝地检测、标识车辆并收取费用。

3. 智能家居

智能家居可以定义为一个目标或一个系统,利用计算机技术、数字技术、网络技术和综合布线技术,将与家庭生活密切相关的防盗报警系统、家电控制系统、网络信息服务系统等各子系统有机地结合在一起,通过中央管理平台,让家居生活更安全、舒适和高效。

智能家居是物联网应用中最重要最基础的应用。物联传感智能家居系统,以 zigbee 技术协议为平台,系统设计极具人性化特点,安装、操作方便灵活,与普通智能家居相比,在通信可靠性、系统安全性、成本经济性、施工便捷性、组网方便性、信号清晰度等方面具有无可比拟的优势,物联传感智能家居注重优化系统成本的同时,组网也非常灵活高效,系统运行也稳定可靠,不仅为地产商提供了高附加值的产品,同时也为用户提供了一个安全舒适、高效便利的生活环境。

物联网还可用于工业自动化、环境监测、公众医疗、公共服务等方面,但无论是规模还是技术都还有一段路要走。

六、面向智能电网的物联网技术及应用

智能电网与物联网作为具有重要战略意义的高新技术和新型产业，已经引起了世界各国的高度重视，美国、日本等发达国家纷纷将其列为国家战略。我国政府也极其重视，不仅将物联网、智能电网上升为国家战略，而且在产业政策、重大科技项目支持、示范工程建设等方面进行了全面部署。智能电网和物联网技术的发展，不仅能够创造一大批原创性的具有国际领先水平的科研成果，打造千亿级的产业规模，占领技术和产业的世界制高点，也将大大促进信息通信、智能电网与物联网的相互渗透和深度融合，引领以信息化、自动化、互动化为基本特征的、以全方位多维深度感知为基础的新一轮电力工业革命，促进电力工业的结构转型和产业升级。

智能电网和物联网的融合发展不仅能够实现电厂、电网以及智能电网各环节之间的互联，也将实现电网与用户的互联，将使世界更小，沟通更畅通，生活更智能、更节能。

智能电网的实现，首先依赖于电网各个环节重要运行参数的在线监测和实时信息掌控，物联网作为推动智能电网发展的信息感知和"物物互联"重要技术手段，已经在电力设备状态监测、智能巡检、用电信息采集、智能用电等方面得到一定范围的应用。

电网各个环节重要运行参数的在线监测，对设备状态的预测、预防、调控，基于可靠监控信息建立输电线路的辅助决策和配电环节的智能决策，加强与用户间的双向互动，开拓新的增值服务等是建设智能电网的部分核心任务。而这些智能化任务的实现，必须依托于透彻的信息感知、可靠的数据传输、健全的网络架构及海量信息的智能管理和多级数据的高效处理等技术。

物联网以其独特的优势能在多种场合满足智能化电网发、输、变、配、用等重要环节上信息获取的实时性、准确性、全面性的需求。

（1）在发电环节，利用物联网技术在常规机组内部布置传感监测点，可了解机组的运行情况，包括各种技术指标与参数，从而提高常规机组状态监测的水平。通过在坝体部署传感器网络，监测坝体变化情况，可规避水库运行可能存在的风险。同样，物联网技术可以以风电、光伏发电厂所处的微气象地理区域、地理环境为监测对象，以微功耗的数据采集器为核心设备，通过气象传感器进行风速、风向、温度、湿度、气压、降雨、辐射、覆冰等气象要素的实时采集，实现对新能源发电厂的监测、控制和功率预测。

（2）在输电环节，利用物联网技术，可以提高对输电线路、高压电气等电网设备的感知能力，并很好地结合信息通信网络，实现联合处理、数据传输、综合判断等功能，提高电网的技术水平和智能化水平。输电线路状态监测是输电环节的重要应用，主要包括气象环境监测、线路覆冰、导线微风振动、导线温度与弧垂、输电线路风偏、杆塔倾斜、图像监控、绝缘子污秽等监测和预警。这些都需要物联网技术的支持，包括传感器技术、智能分析和处理技术、数据融合技术以及可靠通信技术。

（3）在设备维护方面，利用物联网技术，可以提高电网设备的自动化和数字化水平、设备检修水平及自动诊断水平。通过物联网可对设备的环境状态信息、机械状态信息、运行状态信息进行实时监测和预警诊断，提前做好故障预判、设备检修等工作。由于各种原因，电力设备会产生发热现象，设备各部位温度是表征设备运行情况的一个重要参数，采用无线传感器网络技术，可实现对设备运行温度的实时监测。同样，物联网技术可以用于电力杆塔或重要设施的全方位防护。通过在杆塔、输电线路或重要设备上部署各种智能传感器和感知设

备，组成多传感器协同感知的物联网网络，实现目标识别、侵害行为的有效分类和区域定位，从而达到对电力设备全方位防护的目标。由于电力现场作业的复杂性和危险性，电力现场作业管理历来是电力安全生产的极其重要的环节，常会出现误操作和安全隐患。物联网技术可在电力现场作业监管方面发挥重要作用：可以进行身份识别、电子标签与电子工作票、环境信息监测、远程监控等，实现确认对象状态，监控工作程序和记录操作过程，减少误操作风险和安全隐患，实现调度指挥中心与现场作业人员的实时互动。在电力巡检管理方面，通过识别标签辅助设备定位，实现到位监督，指导巡检人员执行标准化和规范化的工作流程。利用智能巡检，可监控设备运行环境，掌握运行状态信息，进行辅助状态检修和标准化作业指导等。

(4) 在用电环节，作为智能电网直接面向社会、面向客户的重要环节，智能用电是社会各界感知和体验智能电网建设成果的重要载体。随着智能电网的发展，用户将实现与电网的双向互动，提高用电效率。同时，大量分布式电源、微电网、电动汽车充放电设施、储能设备也将接入电网。物联网技术能够有力支撑这些业务需求，拥有广泛的应用空间。利用物联网技术有助于实现智能用电双向交互服务、用电信息采集、智能家居、家庭能效管理、分布式电源接入以及电动汽车充放电，为实现用户与电网的双向互动、提高供电可靠性与用电效率以及节能减排提供技术保障。

(5) 物联网技术也可应用于电动汽车及其充电网络的智能化管理。利用物联网技术可以实时感知电动汽车运行状态、电池使用状态、充电设施状态以及当前网内能源供给状态，通过对电动汽车及充电设施的综合监测与分析，实现对电动汽车、电池、充电设施、人员及设备的一体化集中管控、资源的优化配置，保证电动汽车运行在稳定、经济、高效的状态下。

(6) 物联网技术可应用于电力资产全寿命周期管理。将射频标签和标识编码系统应用于电力设备，实现对电力资产信息的智能采集、自动识别、资产盘点、自动巡检、智能调配等资产身份管理、资产状态实时监测以及辅助决策等功能，为实现电力资产全寿命周期管理、提高运转效率、提升管理水平提供技术支撑。智能电网信息化、自动化、互动化的特征，决定了目前的传统电网需要在各个环节与先进物联网技术相融合。随着智能电网的建设以及物联网技术的大量应用，将会形成一个以电网网络为依托，覆盖城乡、连接家庭、用户、用电设备的庞大的物联网网络，成为"感知中国"的最主要基础设施之一。智能电网和物联网的相互渗透、深度融合和广泛应用，将能有效整合通信基础设施资源和电力系统基础设施资源，提高电力系统信息化水平、安全运行水平、可靠供电及优质服务水平，降低线损、提高电能传输效率和使用效率。智能电网的实践，为"感知中国"工程提供了很好的行业应用示范。

第五节　智能电网信息物理融合系统

近年来，智能电网已经成为电力工业界和学术界关注的热点。智能电网应具有灵活、高效、持续、高可靠性、高安全性等重要特征。此外，智能电网还必须能够支持大规模间歇性可再生能源和分布式电源，能够促进电力市场公平、有效运营，能够促进用户侧参与等。要满足上述要求，就需要进一步发展电力系统现有的理论、模型、方法和算法体系。其中，引入新的计算、通信和传感技术，并实现信息系统和电力系统更紧密的融合与协作是实现电力系统智能化的关键。信息物理融合系统（cyber physical system，CPS）为解决这些问题提供了一种新的途径。

到目前为止，对于 CPS 尚没有来自权威机构的标准中文翻译。国内有多种不同的译法，如信息物理系统、信息物理融合系统、联网物理系统、虚实交互系统等。CPS 是涉及信息系统和物理系统交互与融合的一个新的研究领域。根据美国国家科学基金会（NSF）的定义，CPS 是将计算与物理资源紧密结合所构成的系统。更具体地说，CPS 是集成了计算系统、大规模通信网络、大规模传感器网络、控制系统和物理系统的新型互联系统。CPS 应具有对大规模互联物理系统进行实时监视、仿真、分析和控制的功能，最终目标是使未来的物理系统具有目前尚不具备的灵活性、自治性、高效率、高可靠性和高安全性。CPS 研究的长期发展目标是成为一切大规模工业系统的基础，而各个行业系统如交通、物流、制造、能源、医疗等均将成为统一的 CPS 的子系统。CPS 是物理过程、经济过程和计算过程的集成系统，描述人类与物理世界的交互。可以看出，CPS 与物联网概念有相似之处，即两者都强调物理实体的互联。然而，CPS 与物联网也有显著区别。建立物联网的主要目的在于采集各种物理实体信息，以实现对物理世界的感知。另一方面，CPS 可以看做是对物联网的进一步发展，其目标是在感知物理世界的基础上，进一步实现对各种物理实体的最优控制。CPS 愿景的实现意味着人类将拥有远超以往的对物理世界的强大控制能力。考虑到 CPS 对于国民经济和社会发展的重大意义，美国总统科学技术咨询委员会（PCAST）在 2007 年向美国总统提交的报告中明确建议将 CPS 列为美国联邦政府研究投入的第一优先领域，这使得美国迅速掀起了 CPS 研究热潮。

一些学者提出，在现有的智能电网概念基础上，结合计算和通信方面的发展与前沿技术构造电力 CPS。作为下一代电力系统的基本架构，电力 CPS 应具备智能电网所应具有的各种功能，如支持可再生能源和分布式电源、具有高可靠性和安全性、支持用户侧参与等。另一方面，作为未来统一 CPS 的子系统，电力 CPS 必须能够实现计算、通信、传感、控制和电力系统的无缝集成，并可在统一的通信和接口标准下与其他 CPS 子系统实现信息共享和协作。可以看出，电力 CPS 是一个智能化的、有自主行为的系统，是智能电网与 CPS 这两种概念的有机结合。由于智能电网的各种"智能化"属性必须依靠先进信息技术才能实现，因此电力 CPS 概念的提出是智能电网概念不断发展的结果。

一、CPS 概述

1. CPS 的定义和功能

CPS 是具有下列特点的系统：

（1）该系统由计算设备、通信网络、传感设备与物理设备共同组成。所有设备相互协同和相互影响，共同决定整个系统的功能和行为特征。

（2）由于系统的计算/信息处理过程和物理过程紧密结合并相互影响，这导致无法区分系统的某个行为究竟是计算过程还是物理过程作用的结果。

上述定义着重强调了 CPS 的核心内涵，即实现计算系统与物理系统的深度融合。虽然目前已经有了分别设计和实现计算系统、物理系统的有效方法，但这两种系统在相当程度上还是相互孤立的。信息技术专家在设计信息系统时对物理环境的特点通常只有模糊认识；行业专家在设计物理系统（如电力系统）时，一般仅将信息系统简单地看做执行算法的设备，而忽略其作为一个系统与物理系统的相互影响。这种在设计和实现过程方面的人为割裂使信息系统和物理系统常常无法适应对方的特点，从而最终导致整体系统的低效率、不灵活和安全性差等问题。因此，实现信息系统与物理系统的融合是 CPS 研究最核心的目标。

CPS 系统应具有下列几个重要功能：

（1）信息与物理系统的实时监控和综合仿真。

与传统物理系统相比，CPS 的一个重要优势在于它可以借助传感器网络和通信网络获得全面而详细的系统信息。以电力系统为例，除了通过现有的数据采集与监控（SCADA）系统，未来的电力系统还可以借助相量测量单元（PMU）、智能家电、电动汽车的车载无线传感器等获得更全面的系统信息。这些信息通过多个不同的通信网络（如 Internet、电力系统专用通信网络、无线通信网络）集成到 CPS 的控制中心用于系统分析和仿真。需要特别强调的是，CPS 的监控系统不仅收集物理系统的信息，也要收集信息系统（通信、传感、嵌入式计算等）的信息。CPS 也不仅仅针对物理系统进行分析和仿真，而是将物理系统和信息系统作为一个整体进行综合分析和仿真。通过综合仿真可以显式评估信息系统与物理过程的相互影响，从而能够更准确地刻画出 CPS 作为一个系统的整体行为特征。这种分析和仿真方式是 CPS 区别于传统物理系统的最重要特征之一。

（2）信息集成、共享和协同。

在 CPS 中传感器网络不断地采集数汇总到 CPS 控制中心。对于大规模 CPS，如此产生的数据量将非常惊人。海量数据流的传输、集成和存储是现有的行业信息系统无法解决的，也是 CPS 必须具备的重要功能。此外，CPS 是由通过网络互联的大量物理设备组成的。这里所谓的网络既包括物理网络（如输电、配电网络），也包括信息网络（如 Internet）。由于 CPS 一般覆盖广阔的地域，系统中的信息设备和物理设备一般分属于很多不同的所有者。CPS 既要让参与者能及时获得需要的信息，又要确保他们只能严格地按照其权限获取信息。为 CPS 设计新的信息共享和协同机制是解决这一问题的关键。

（3）大规模实体控制和系统全局优化。

实现 CPS 的最终目标是增强对物理系统的控制能力。现有的一些物理系统采用相对简单而固定的控制模式，控制的灵活性差，且由于难以实现系统范围内的最优控制而不得不牺牲系统的整体运行效率。以电力系统为例，调度中心的控制范围一般仅限于容量较大的发电机组和输电、配电网络。由于计算能力不足，对于系统中大量的其他物理设备如小容量分布式电源、保护装置等则一般采用分散方式进行控制。这样就无法从系统整体上协调全部可用资源，从而导致系统的整体运行效率不高。解决这一问题的根本途径在于实现分散控制和集中控制的有机结合。未来 CPS 的大部分物理部件中都将植入嵌入式控制设备并通过通信网络与 CPS 控制中心互联。这样，这些设备既可以分散控制，在必要时也可以由控制中心集中控制。控制器的设计应尽量灵活，控制中心在必要时应该可以在线修改具体控制器的参数设置，甚至直接升级控制器软件。这样，控制中心可以根据传感器网络收集的系统信息不断调整整个控制系统以实现系统的全局优化。

2. CPS 的技术特征

与现有信息系统和物理系统相比，CPS 具有下列几个重要的技术特征：

（1）虚实共存同变。

CPS 系统具有对信息系统、物理系统进行实时监控和综合仿真的功能。物理系统的状态通过传感器和通信网络反馈回 CPS 的控制中心，CPS 根据来自物理系统的实时信息不断修正仿真模型参数以提高仿真精度；仿真结果又将通过 CPS 对物理系统的控制影响物理系统的行为。这样，在 CPS 中相当于构造了物理系统在计算机虚拟环境中的一个镜像，物理系统和其虚拟镜像将同步变化并相互影响。物理系统信息的高速反馈可以保证虚拟镜像的精度。

（2）多对多动态链接。

一般而言，组成 CPS 的各个部件之间的链接关系在很大比例上是动态的，这与现有物理系统的联网方式有很大区别。例如，电力 CPS 可以把电动汽车和各种智能家电也包括在内。这些设备可通过无线网络接入 CPS 的信息系统，其连接状态和接入网络的位置可以不断变化。因此，点对点网络（ad2hocnetwork）[4] 将成为 CPS 的重要技术基础。

（3）实时并行计算和信息处理。

CPS 一般对分析和仿真的实时性要求很高。此外，CPS 系统需要处理的信息量远远大于传统的信息系统。这些都对 CPS 的计算和信息处理能力提出了很高的要求。传统的集中式计算平台难以满足要求。因此，可以考虑基于大规模分布式计算技术框架如云计算来构建 CPS 计算平台。云计算通过整合大量分布广阔的计算设备来获得强大的计算和存储能力。此外，云计算的分布式架构与 CPS 要求实现集中控制和分散控制相结合的要求正相吻合。可以基于云计算技术实现 CPS 的分布式控制系统。

（4）自组织和自适应。

从规模上讲，CPS 一般覆盖一个大的区域甚至整个国家。因此，接入 CPS 的设备数量可能非常庞大。对于数量庞大的物理设备实行人工管理显然是行不通的。因此，CPS 应具有自组织功能。例如，电力 CPS 应能够自动识别和搜索接入系统的分布式电源；换而言之，一个分布式电源一旦接入了系统，控制中心就应当能够立即获得该电源的各种信息，并能够随时控制该电源。此外，CPS 还应具有自适应功能，也就是说，CPS 应具有自动排除各种系统故障（包括物理系统故障和信息系统故障）、保证系统正常运行的能力。

除了上述几个重要特征外，CPS 在性能方面还应具有灵活性（易于升级扩展，易于与 CPS 的其他子系统接口）、完备性（物理系统与其虚拟镜像同步且一致）、可靠性（能够在不确定环境下可靠工作）、安全性（能够抵御物理的和虚拟的攻击）等特征。

综上所述，CPS 不是信息系统与物理系统的简单结合，而是全方位的深度融合。CPS 研究将给现有的信息与工程技术的基础理论、体系结构、技术、工具、方法等带来全方位的变化。从某种意义上讲，CPS 将是继 Internet 之后的又一场技术革命。CPS 的建立将极大地增强人类控制物理世界的能力。

二、电力 CPS 的体系结构

电力 CPS 的体系结构如图 10-8 所示。可以看出，电力 CPS 主要由大量的计算设备（服务器、计算机、嵌入式计算设备等）、数据采集设备（传感器、PMU、嵌入式数据采集设备等）和物理设备（大型发电机组、分布式电源、负荷等）组成。这些设备又通过两个大型网络互连。其中，各种信息设备（计算、传感、控制）通过通信网络相互连接，而各种物理设备（电源、负荷）则通过输电、配电网络相互连接。电力 CPS 不同于常见电网控制体系的特点是：①电力 CPS 具有远大于智能电网的信息采集范围；②电力 CPS 的通信网络是有线网络和无线网络的结合；③电力 CPS 中包括大量分布式计算设备；④在电力 CPS 中，各种负荷设备和分布式电源也与控制中心联网并可以由控制中心直接控制。更具体地讲，电力

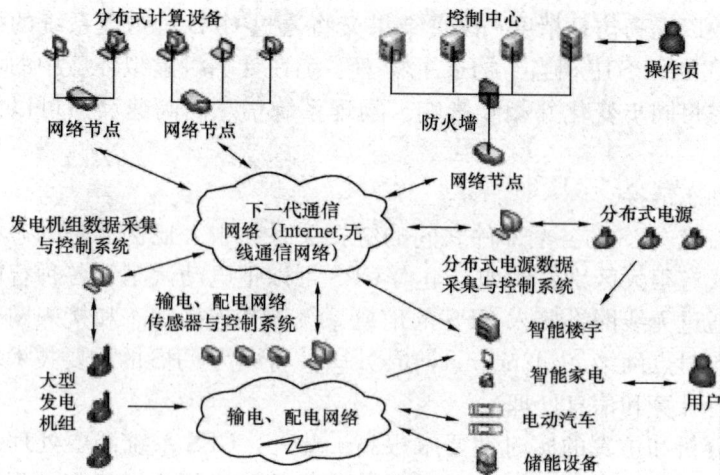

图 10-8　电力 CPS 的体系结构

CPS 主要由以下部分组成：

（1）控制中心。

控制中心扮演着类似于目前电力系统调度中心的角色，是整个电力 CPS 的核心。控制中心的主要功能包括：综合所有数据采集设备获得的系统信息；根据收集到的系统信息修正系统模型并进行系统仿真和各种分析；基于系统仿真和分析结果控制各物理设备，并在必要时修改有关物理设备的控制器参数。控制中心通过通信网络与 CPS 的其他子系统（如交通 CPS）互联以实现整个 CPS 的协作。控制中心一般还会通过 Internet 与若干数据源如区域气象数据库连接，以获取温度、湿度、风速等与系统运行相关的信息。

（2）分布式计算设备。

电力 CPS 需要实时处理海量系统信息，并实现对大量物理设备的最优控制。强大的计算和信息处理能力是实现这一目标的关键。传统的集中式电力系统计算平台的计算能力难以满足电力 CPS 要求。可以考虑基于网格计算或云计算等大规模分布式计算技术构建新一代电力系统计算平台。网格计算或云计算平台可以通过整合系统中各种异构计算设备以获得强大的计算和存储能力。

（3）通信网络。

电力 CPS 的通信网络可由电力系统专用有线网络、一般有线网络和无线网络三个部分组成。电力系统专用有线网络一般用于连接控制中心和系统中的传感/控制设备。由于电力系统对于分析和控制的实时性要求很高，建立专用网络有助于降低通信延迟和提高信号传输可靠性。一般有线网络可用于连接非关键设备如部分计算设备、备份数据镜像等。无线网络可用于连接部分活动的设备如电动汽车等，也可用于连接系统中的无线传感设备。

（4）输电、配电网络。

未来输电、配电网络中的传感器数量将大大增加。同时，输电、配电网络中的一些物理设备如保护设备和灵活交流输电系统（FACTS）应与控制中心联网并可以在必要时由控制中心直接控制。考虑到对于大规模电力系统实行集中控制的复杂性，可以采取由控制中心与变电站协同控制的办法。

（5）电源和负荷。

电力 CPS 中的分布式电源和各种负荷设备未来都可以加装嵌入式信息采集和控制系统并通过网络与控制中心相连。基于为 CPS 设计的专用通信协议如 CPS2IP，可以给每个接入 CPS 的物理设备分配唯一的网络地址，从而实现对物理设备的自动识别和搜索。控制中心可以在必要时直接控制分布式电源和各种负荷设备。在被迫切负荷时，控制中心可以选择断开部分次要负荷设备（如部分智能家电），而不是中断对一个区域的供电，以减少停电波及范围、提高供电可靠性和用户的满意程度。电力 CPS 可以与 CPS 的其他子系统通过网络连接并协同工作。例如，电力 CPS 可以与交通 CPS 一起对电动汽车进行协同控制。一方面，未来的交通 CPS 将通过车载无线传感和控制系统控制电动汽车以实现车辆防撞、防交通堵塞、减少能耗等目标。另一方面，由于电动汽车既是用电设备，又可以作为分布式电源，因此将是未来电力系统的重要组成部分。电动汽车的车载传感设备提供的车辆位置、电池状态等信息，既可以被交通 CPS 用于车流量调度，也可以被电力系统用于负荷预测和发电调度。在交通 CPS 进行车流量调度时，也可以把对电力系统的影响考虑在内，这有利于在更广的范围内实现节能减排目标。

三、实现电力 CPS 对通信技术的要求

CPS 是一种新型网络系统，因此需要为其构造专门的网络通信协议栈。学术界已经提出了针对 CPS 的通信协议栈，例如：CPS2IP 和 CPI（cyberphysical Internet）六层通信协议栈。以 CPI 协议栈为例，它继承了传统 TCP/ IP 协议栈的五层结构（物理层、数据链路层、网络层、传输层、应用层），并针对 CPS 的特点（如实时性要求高、结构灵活等）进行了相应调整；此外，在应用层之上增添了专门针对 CPS 的信息物理层（cyber physical layer）以描述物理系统的特征与动态。针对 CPS 的通信协议尚有大量技术问题有待进一步研究。例如，如何保证网络内所有计算系统同步，如何处理各种性质完全不同的物理设备，如何为物理设备的状态数据定义格式等。

由于电力 CPS 中可能接入大量无线设备，如电动汽车的传感与控制系统，以及其他无线传感设备，这就构成了一个典型动态网络。此外，由于电力系统对可靠性和在线计算分析的速度要求很高，这就要求通信网络必须具有很强的处理通信延迟和中断的能力。延迟和中断容忍网络是近年来兴起的新的通信网络技术，其一般通过复制和发送多个同样的数据包，并采取边存储边推进（store and forward）的方法克服网络连接质量差所导致的短时间内数据传输路径不完全的问题。针对延迟/ 中断容忍网络已经提出了专门的 Bundle 协议栈。可以预期：动态网络和延迟/ 中断容忍网络技术将成为电力 CPS 的基础。

参 考 文 献

1. 刘增基，周洋溢，等．光纤通信．西安：西安电子科技大学出版社，2001.
2. 鲜继清，张德民．现代通信系统．西安：西安电子科技大学出版社，2003.
3. 孙学康，张政．微波与卫星通信．北京：人民邮电出版社，2003.
4. 周卫东，等．现代传输与交换技术．北京：国防工业出版社，2003.
5. 杨武军，等．现代通信网概论．西安：西安电子科技大学出版社，2004.
6. 纪越峰，等．现代通信技术．北京：北京邮电大学出版社，2002.
7. 孙学康，张金菊，等．光纤通信技术．北京：北京邮电大学出版社，2001.
8. 曹宁，胡弘莽．电网通信技术．北京：中国水利水电出版社，2003.
9. 王守礼，严永新，等．电力系统光纤通信线路设计．中国电力出版社，2003.
10. 赵宏波，卜益民，陈风娟．现代通信技术概论．北京邮电大学出版社，2003.
11. 张辉，曹丽娜．现代通信原理与技术．西安：西安电子科技大学出版社，2002.
12. 殷小贡，刘涤尘．电力系统通信工程．武汉：武汉水利电力大学出版社，2000.
13. 吴德本，李惠敏．新编电信技术概论．北京：人民邮电出版社，2003.
14. 唐宝民，王文鼎，李标庆．电信网技术基础．人民邮电出版社，2001.
15. 侯自强．宽带 IP 技术进展．人民邮电出版社，2001.
16. 刘云．通信与网络技术概论．中国铁道出版社，2001.
17. 赵慧玲，石友康．帧中继技术及其应用．人民邮电出版社，1997.
18. 陈锡生，糜正琨．现代电信交换．北京邮电大学出版社，1999.
19. 啜钢，王文博，等．移动通信原理与应用．北京：北京邮电大学出版社，2002.
20. 孙晨．对 GPRS 在电力系统应用的分析[J]．电力系统通信，2003(11).
21. 张明德，孙小菡．光纤通信原理与系统．南京：东南大学出版社，2003.
22. 张宝富．全光网络．北京：人民邮电出版社，2001.
23. 吴云．基于光纤＋SDH＋IP 技术的继电保护及故障信息传输系统．电力系统自动化[J]，第 28 卷 NO.1，2004.
24. 章坚武．移动通信．西安：西安电子科技大学出版社，2003.
25. 樊昌信，等．通信原理．6 版．国防工业出版社，2006.
26. 曹志刚，等．现代通信原理．北京：清华大学出版社，1992.
27. 王福昌．通信原理学习指导与题解．武汉：华中科技大学出版社，2002.
28. 周炯磐，等．通信原理．北京：北京邮电大学出版社，2002.
29. 袁世仁．电力线载波通信．北京：中国电力出版社，1998.
30. 毛恩启，戚宇林．载波通信原理．天津：天津科学出版社，1992.
31. 中国电力百科全书编辑委员会．中国电力百科全书：电力系统卷．北京：中国电力出版社，2001.
32. 丁道齐．迈入 21 世纪的中国电力通信．中国电机工程学会电力通信专业委员会第二届学术会议论文集，1996.
33. 潘莹玉．电力线载波通信现状分析．电网技术，1998(4).
34. 曹惠彬．世纪之交中国电力通信的发展[J]．电力系统通信，1999(1)：7～13.
35. 牛忠霞，冉崇森，等．现代通信系统．北京：国防工业出版社，2003.
36. 张继荣，屈军锁，等．现代交换技术．西安：西安电子科技大学出版社，2004.

37. 杨德贵，等．网络与宽带 IP 技术．北京：人民邮电出版社，2002.
38. 唐朝京，魏急波，等．数字微波通信技术．北京：国防工业出版社，2002.
39. 顾婉仪，等．光纤通信．2 版．北京：人民邮电出版社，2011.
40. 顾婉仪，李国瑞．光纤通信系统．北京：人民邮电出版社，2006.
41. 王延恒，等．光纤通信技术及其在电力系统中的应用．北京：中国电力出版社，2006.
42. 张平，等．WCDMA 移动通信系统．2 版．北京：人民邮电出版社，2004.
43. 郎为民，刘波．WiMAX 技术原理与应用．北京：机械工业出版社，2008.
44. 崔鸿雁，蔡云龙，刘宝玲．宽带无线通信技术．北京：人民邮电出版社，2008.
45. (德) Halid Hrasnica, Abdelfatteh Haidine, Ralf Lehnert. 宽带电力线通信网络设计．宋健，赵丙镇，李晓译．北京：人民邮电出版社，2008.
46. 陶小峰，等．4G/B4G 关键技术及系统．北京：人民邮电出版社，2011.
47. 王朝炜，等．物联网无线传输技术与应用．北京：北京邮电大学出版社，2012.
48. 武文彦．智能光网络技术及应用．北京：电子工业出版社，2011.
49. 张新社，于友成．光网络技术．西安：西安电子科技大学出版社，2012.
50. 杜珊三．VSAT 卫星通信在电力系统中的应用分析，中山大学硕士学位论文．2010.
51. 王义明．卫星通信在应急通信中的应用．第六届卫星通信新业务新技术学术年会．2010.
52. 王兴亮．现代接入技术概论，北京：电子工业出版社，2009.
53. 李祥珍，刘建明．面向智能电网的物联网技术及其应用[J]．电信网技术，2010(8)：41-45.
54. 刘建明．物联网与智能电网．北京：电子工业出版社，2012.
55. 张春红．物联网技术与应用．北京：人民邮电出版社，2011.
56. 武奇生，刘盼芝．物联网技术与应用．北京：机械工业出版社，2012.
57. 赵俊华，文福拴，薛禹胜，等．电力 CPS 的架构及其实现技术与挑战[J]．电力系统自动化，2010(16)：1-7.